中国农村金融发展报告 2016

张承惠　潘光伟　等◎编著

REPORT OF CHINA RURAL FINANCE DEVELOPMENT

中国发展出版社
CHINA DEVELOPMENT PRESS

图书在版编目（CIP）数据

中国农村金融发展报告 . 2016/张承惠，潘光伟等编著 . 北京：中国发展出版社，2017. 11

ISBN 978 - 7 - 5177 - 0779 - 0

Ⅰ. ①中…　Ⅱ. ①张…　②潘…　Ⅲ. ①农村金融—研究报告—中国—2017　Ⅳ. ①F832. 35

中国版本图书馆 CIP 数据核字（2017）第 251221 号

书　　　名：中国农村金融发展报告 . 2016
著作责任者：张承惠　潘光伟　等
出 版 发 行：中国发展出版社
（北京市西城区百万庄大街 16 号 8 层　100037）
标 准 书 号：ISBN 978 - 7 - 5177 - 0779 - 0
经　销　者：各地新华书店
印　刷　者：北京明恒达印务有限公司
开　　　本：787mm × 1000mm　1/16
印　　　张：28
字　　　数：450 千字
版　　　次：2017 年 11 月第 1 版
印　　　次：2017 年 11 月第 1 次印刷
定　　　价：80. 00 元

联 系 电 话：（010）68990642　68990692
购 书 热 线：（010）68990682　68990686
网 络 订 购：http：//zgfzcbs. tmall. com//
网 购 电 话：（010）68990639　88333349
本 社 网 址：http：//www. develpress. com. cn
电 子 邮 件：fazhanreader@ 163. com

本书编委会名单

PREFACE 序 一

当前，我国农村正处于经济转型和全面建成小康社会的关键阶段。2017 年的中央一号文件明确提出“深入推进农业供给侧结构性改革，加快培育农业农村发展新动能”。在深入推进农业供给侧结构性改革的背景下，我国农村金融市场基础和环境正在发生深刻的变化，对农村金融服务提出了新要求和新任务。一是推进农村普惠金融服务，促进建成全面小康社会。推进农村普惠金融服务是加快实现农业现代化和农村建成全面小康的重要途径，需要农村金融机构针对中低收入农户的现实需求，积极创新产品和服务方式，在有效控制信用风险的前提下加大金融服务的支持力度。二是支持农业生产方式转型，促进农业现代化。截至 2016 年底，全国土地流转比例超过 35%，家庭农场、农民专业合作社、农业产业化龙头企业等新型农业经营主体总量达到 280 万个，新型职业农民超过 1270 万人。随着这些新型农业经营主体的发展，农村信贷需求发生了重大变化，传统的信贷产品及其风控模式已很难适应，需要加快业务模式创新。三是服务城镇化和农村产业融合发展，促进城乡一体化建设。随着我国城镇化的推进，农民向市民的转型加快，需要金融机构为之提供经营、消费方面的服务和支持。同时，在农业现代化过程中，农村一二三产业融合发展，农村产业链延长和价值链提升，也需要农村金融机构加大支持力度。四是提供综合服务，促进农民增收。农民增收的关键在于提升技术水平，降低农业风险，提高市场议价能力。这就需要农村金融机构通过拓展服务领域、跨行业合作等方式，在技术咨询、市场开拓、品牌塑造、加工销售多个环节为“三农”提供综合金融服务。

面对农村金融服务的新形势和新任务，我们要进一步完善相关政策框架的顶层设计，推动农村金融机构深化改革，创新支农机制，建设高效、稳健、富有活力的农村金融服务体系。过去十多年来我国农村金融机构在模式创新、服务体系、风险控制方面取得很大成效，但在服务机制、服务理念和服务方式等方面尚不适应当前的新要求和新任务。面对农业供给侧结构性改革的新形势和新的服务需求，农村金融机构必须加快改革创新，不断提升竞争力和服务能力，为“三农”提供更好的金融服务。例如，在新型农业经营主体蓬勃发展的背景下，如何创新支农服务模式，提高专业化服务能力；在经济发展新常态背景下，如何探索有效的风险控制模式，防范金融风险；在利率市场化背景下，如何提升效率，妥善应对利差缩小带来的挑战；在农业现代化和农村产业融合的背景下，如何积极探索跨业、跨部门协同，提供更加全面的金融产品，支持农业经营主体拓展价值链；在“互联网+”背景下，如何加强金融科技支持，扩大业务覆盖面，促进服务创新，提高业务效率。

自 2014 年以来，国务院发展研究中心金融研究所连续组织编写系列年度《中国农村金融发展报告》。《中国农村金融发展报告 2016》在大量实地调查研究的基础上，系统总结了 2016 年以来农村金融发展的新情况、新探索和新经验。我相信，报告有助于金融机构把握农村金融市场发生的深刻变化，创新支农机制；有助于金融监管部门认识新形势下农村金融风险的形成机制，调整监管政策；有助于政策制定部门了解农村金融发展的最新实践，完善相关政策，推动农村金融改革。

2017 年是我国供给侧结构性改革的深化之年，也是推进农业供给侧结构性改革的元年。今年的中央一号文件明确提出“加快农村金融创新”。创新农村金融服务，可以推动农村各项改革，激活农业农村内生发展动力。推动农村金融改革创新，建设高效、稳健、富有活力的农村金融服务体系，既是时代赋予我们的使命，也是这一代人应有的责任和担当。我曾经分管 2003 ~ 2005 年全国农村信用社改革试点的实施和全面推进，见证和参与了中国农村信用社改革的关键转折阶段。现在虽然已经不再具体分管农村金融工作，但作为曾经对农村金融改革倾注了大量心血和热情的一名老兵，我始终对农村金融改革发展情有所系、心有所向，热切盼望中国农村金融体系实现新发展，在改善农村金融服务方面实现新突破，为推动农业供给侧改革以及实现农村全面建成小康社会作出新贡献。

国务院发展研究中心主任、研究员

2017 年 6 月

PREFACE 序 二

农业丰则基础强，农民富则国家盛，农村稳则社会安。“三农”问题始终是党和国家关注的焦点。习近平总书记在多个场合就“三农”问题发表一系列重要讲话，明确提出“全面建成小康社会，不能丢了农村这一头”“任何时候都不能忽视农业、忘记农民、淡漠农村”“中国要强，农业必须强；中国要美，农村必须美；中国要富，农民必须富”，深刻阐述了“三农”问题始终是我国现代化建设进程中带有全局性和战略性的问题。

农村经济的发展离不开金融的支持。在党中央、国务院的高度重视下，当前我国农村金融市场主体的类型不断丰富，初步形成了包括银行业金融机构、非银行业金融机构和其他微型金融组织共同组成的多层次、广覆盖、适度竞争的农村金融服务体系，政策性金融、商业性金融和合作性金融功能互补、相互协作，推动农村金融服务的便利性、可得性持续增强。农村金融服务覆盖面不断扩大，服务水平不断提高，呈蓬勃发展之势，有效地支持了农村经济和农业产业化发展。

党的十八大以来，党中央、国务院把扶贫开发工作纳入“四个全面”战略布局，作为实现第一个百年奋斗目标的重点工作，摆在更加突出的位置。当前，我国扶贫开发已进入啃硬骨头、攻坚拔寨的冲刺期，广大县域及农村偏远地区是脱贫攻坚的主战场。金融扶贫是脱贫攻坚的关键之举。银行业金融机构是金融扶贫的重要力量。长期以来，银行业金融机构始终按照党中央和国务院决策部署，明确职责、勇担重任，在农村金融领域主动作为，取得了较好发展。据统计，2016 年，银行业金融机构涉农贷款余额达 28.2 万亿元，比年初增长 2.4 万亿元，同比增长 7.1%。银行业网点已覆盖全部农村 3 万多个乡镇，实现机构网点覆盖的省（区、市）达到 24 个，农村金融服务“村村通”工程加速推进，基础金融服务已覆盖全国 54.2 万个行政村，覆盖率达到 95%。各地银行业金融机构以扶贫小额信贷为重点，实现信贷资金精准投放，全年小额信贷余额增加 1000 多亿元，余额达到 1658 亿元，发放扶贫项目贷款余额 802.7 亿元，支持建档立卡贫困户 402 万户。

在服务模式创新方面，近年来银行业对金融服务薄弱领域、偏远地区和弱势群体探索了不少有效做法。如通过双基联动、网格覆盖等方式，将基层政权组织与基层金融服务联系起来，解决信息不对称和信用约束问题；通过增设营业网点，设立助农取款点、开流动服务车、创新“马背银行”与“拎包银行”等做法，解决边远地区“最后一步路”的问题；创新“夜市银行”做法，通过错峰上班、错时上门等方式，解决银行服务与客户工作时间冲突问题，等等。这些探索具有中国特色，符合国情实际，值得深入总结借鉴和全面推广。

目前，我国农村金融市场基础和发展环境正在发生重大变化。农业大户、家庭农场和农民互助社的发展促进农业生产集约化程度持续提高，农业科技的发展推动高效农业的理念日益普及，新型城乡一体化和城镇化进程不断加快。此外，随着互联网及移动互联网技术的发展进步，金融科技得到快速发展，大数据与云计算等数据采集分析技术运用拓展至农村金融领域，有效提高了“三农”金融服务的资金管理效率与信息化管理水平，帮助农村金融降本增效。同时，银行业机构积极发展农村绿色金融，建立创新思维与创新机制，探索新的业务和产品模式，加大普惠金融的服务力度，切实提升了农村金融服务质效，这也为农村金融带来了新的内涵和更广阔的发展空间。

《中国农村金融发展报告 2016》是国务院发展研究中心连续三年来组织有关部门、机构、业界的同仁聚集在一起完成的第三本报告。本书的成功完成体现了编写者改善和提升我国农村金融服务的拳拳之心。本书在广泛调查研究的基础上，充分收集整理了各类农村金融机构提供的信息、案例和数据，全面总结和介绍了中国农村金融发展取得的成效、存在问题，以及未来发展趋势，为社会各界了解我国农村金融发展的新情况、新变化提供了一个很好的平台。我也希望本报告能够为各级政府部门、金融机构、行业研究人员，以及有志于从事农村金融服务的人士提供参考。

建设一个多元化、广覆盖的创新性农村金融体系，实现农村金融与“三农”的共赢发展，是我们金融工作者共同的责任和担当，也是我们为之奋斗的目标和愿望。作为银行业自律组织，中国银行业协会愿与社会各界共同努力。我相信，农村金融必将实现新的发展和突破，为实现农业现代化、和谐新农村和全面建成小康社会作出新贡献！

中国银行业协会专职副会长　潘光伟

2017 年 7 月

PREFACE 前言

近年来，农村的生产组织方式不断分化。未来农村生产组织方式至少有三层，第一层是公司化的经营，即资金、技术、管理、信息密集型的公司化的农业企业，主要是规模经营的设施农业、标准农业，或超大规模的畜牧业。这是农业现代化发展的最高层次，其特点是标准化的生产。截至2016年底，各类龙头企业达到12.9万家，销售收入9万多亿元，所提供的农产品及加工制品占农产品市场供应量的1/3，占主要城市“菜篮子”产品供给的2/3以上，涌现出了中粮集团、新希望集团、温氏集团等一批年销售收入超百亿元的大型龙头企业。第二层是以家庭农场为代表的实现一定规模化的新型农业经营主体。截至2016年底，全国已有各类家庭农场87.7万家，逐渐成为我国农业生产的生力军。其中，经农业部门认定的达到41.4万户，平均每个种植业家庭农场经营耕地170多亩。据农业部对全国3000多户家庭农场生产经营情况的典型监测，家庭农场的年均纯收入达到25万元左右，劳均纯收入近8万元，高于普通农户收入。第三层是传统的小农生产方式。人多地少是我国的基本国情，虽然当前我国农村劳动力转移就业人数已占一半以上，多种形式适度规模经营快速发展，但务农劳动力仍然数量庞大，经营耕地规模10亩以下的农户数仍然超过2.29亿户。加之农业兼业化和休闲化现象的存在，农户小规模分散经营仍是农业生产的主要形式，而且可能在相当长时期内还难以根本改变。在农村生产组织方式分层的架构之下，农村金融应该也是分层的。忽略不同层次的生产组织方式对金融服务的不同需求特点，简单地把“三农”作为一类服务对象，要求所有的金融机构为“三农”提供同样的金融服务并不可取，已经不适应新形势的变化。农村金融应根据需求主体来分层，满足其不同的金融诉求。金融机构要改进金融产品的种类、期限，创新金融服务，使之更加契合农业发展和农民生产的需要。对于公司化和规模化的新型农业经营主体，农村金融机构要丰富金融产品、改善金融服务；对于传统的小农户，金融服务风险大、成本高，要采取多种政策设计降低风险和成本。比如政策性金融机构要成为资金批发的机构，和小型金融机构结成合作关系；要利用互联网科技的优势降低由于信息不对称以及距离远带来的交易成本；加大贴息力度，加强信用体系建设，支持农民之间的信用互保。

伴随着农村金融需求主体的分层变化以及金融机构以需求为导向的探索，近年来农村金融市场正在发生深刻的变化，金融服务创新活动日趋活跃。为了反映农村金融市场的新形势、新变化、新探索和新经验，自 2014 年以来，国务院发展研究中心金融研究所连续组织编写系列年度《中国农村金融发展报告》。2014 年报告的关键词是“全面”，为读者提供中国农村金融改革与发展的全景图。2015 年报告的关键词是“创新”，着重介绍了农村金融服务的实践与创新。2016 年报告则在继续坚持“全面”和“创新”原则的基础上，着重探讨了新型农村合作金融的改革与创新。近年来，我国各种农民专业合作社大量涌现，截至 2016 年底，全国依法登记的农民合作社达 179.4 万家，入社农户占全国农户总数的 44.4%。专业合作社的发展为新型农村合作金融的改革与创新奠定了基础。同时，农村熟人社会的信用和声誉机制也为发展新型农村合作金融提供了非正式的制度条件。因此，如何严格落实监管主体和责任，规范发展农村资金互助组织，以及如何开展农民合作社内部信用合作试点、探索农村公益性小贷，都是新型农村合作金融改革与发展面临的重大课题。报告基于对不同类型的新型农村合作金融机构的调研，不仅分析其发展中存在的问题与政策障碍，并对其改革与发展提出了政策建议。

报告结构如下：综述，主要是对 2016 年农村金融发展回顾与 2017 年展望；第一篇（第 1 ~ 3 章）为理论篇，主要探讨金融支持农业供给侧结构性改革、农村合作与普惠金融发展理论，以及农村金融风险防范与监管；第二篇（第 4、5

章）为国际经验篇，主要分析国外合作运动中的金融合作、农村普惠金融发展的国际经验比较及对中国的启示；第三篇（第6～15章）为实践篇，主要分析了新型农村合作金融、农村金融扶贫、银行、保险、融资租赁、期货期权支农创新的实践、农村互联网金融的发展，以及典型地区农村金融改革的试点与探索。

报告再次荣幸地邀请国务院发展研究中心主任李伟先生担任顾问，为我们报告的研究和写作提供了有力的支持。今年我们还邀请中国银行业协会承担报告部分章节的研究和写作。另外，银监会普惠金融部、湖南省农委及沅陵县委县政府、安徽省农委及金寨县农委、河北省农委及玉田县委县政府、四川省农委及仪陇县委县政府、浙江省金融办及瑞安市委市政府、山东省金融办等机构和人员为我们的调研提供了大量的帮助，在此一并表示深深的感谢！

本书由张承惠负责总体框架设计、组织编写和统稿。各章的分工和主要执笔人如下。

综述：农村金融发展成效、问题及趋势——2016年农村金融发展回顾与2017年展望，执笔人何广文（中国农业大学经济管理学院教授、博士生导师，金融系主任，农村金融与投资研究中心主任）、杨青楠［中国银行业协会农金部副主任（主持工作）］；第1章 金融支持农业供给侧结构性改革，执笔人郑醒尘（国务院发展研究中心金融研究所研究室主任、副研究员）；第2章 农村普惠金融理论进展，执笔人杜晓山（中国社会科学院农村发展研究所研究员、博士生导师，原党委书记、副所长，中国小额信贷联盟理事长）、孙同全（中国社会科学院农村发展研究所农村金融研究室主任、副研究员）；第3章 我国农村金融的风险与防范，执笔人张承惠；第4章 国外合作运动及其信用合作，执笔人郑醒尘；第5章 农村小额信贷的国际发展综述，执笔人白澄宇（商务部中国国际经济技术交流中心处长，中国小额信贷联盟秘书长）、孙飞（国务院发展研究中心金融研究所副处长、副研究员）；第6章 农民合作社信用合作发展分析，执笔人孙飞；第7章 农村资金互助社发展，执笔人靳琦（国务院发展研究中心金融研究所实习生、中国人民大学财政金融学院博士生）；第8章 农村公益性小额信贷发展，执笔人何广文；第9章 农村金融扶贫实践与创新，执笔人张琦（北京师范大学经济与资源管理研究院教授、博士生导师，北京师范大学中国扶贫研究院院长）、冯涛（中国建设银行总行业务经理、博士）、樊响（北京师范大学中国扶贫研究院硕士）；第 10 章 银行业服务“三农”的实践与创新，执笔人李润平（中国农业银行三农政策与业务创新部高级专员）、彭军（中国邮政储蓄银行三农金融事业部博士后）、郭梦云（国家开发银行扶贫金融事业部业务经理）、郭峰（中国农村发展银行农村金融发展研究院副处长）、田军（山东潍坊市农村信用合作社联合社人力资源部总经理）；第 11 章 农业保险支农创新与发展，执笔人朱俊生（国务院发展研究中心金融研究所研究室副主任、教授、博士生导师）；第 12 章 农村融资租赁市场创新与发展，执笔人刘开利（中国外商投资企业协会租赁业委员会专职副会长、秘书长）；第 13 章 农产品期货、期权市场创新与发展，执笔人冯凯慧（北京大商所期货与期权研究中心有限公司研究员）；第 14 章 农村互联网金融，执笔人朱鸿鸣（国务院发展研究中心金融研究所副研究员）；第 15 章 典型地区农村金融改革的试点与探索，执笔人郑醒尘、周德怡（沅陵县金融改革办公室主任）。

国务院发展研究中心金融研究所一直致力于研究农村金融改革与发展中重要的理论和政策问题。我本人也特别关注农村金融的改革与发展，多次组织所里的研究人员对农村金融进行深入的调查研究。我希望《中国农村金融发展报告 2016》通过总结农村金融发展的新情况、新探索和新经验，能够为金融机构创新支农机制、金融监管部门调整监管政策，以及政策制定部门完善相关政策提供一定的启示与借鉴，从而有助于推进我国农村金融改革。

国务院发展研究中心金融研究所原所长、研究员、博士生导师

2017 年 8 月

CONTENTS

目　录

综　述

农村金融发展成效、问题及趋势

——2016 年农村金融发展回顾与 2017 年展望

2016 年是实施“十三五”规划、全面建成小康社会决胜阶段的开局之年，也是推进结构性改革的攻坚之年，同时也是我国农村金融深化改革、加快发展的战略机遇期。一年来，我国农村金融机构按照中国银监会的总体部署，全面贯彻党的十八大和十八届三中、四中、五中全会以及中央经济工作会议精神，按照“五位一体”总体布局和“四个全面”战略布局的要求，认真遵循“创新、协调、绿色、开放、共享”的发展理念，着力整合农村金融资金支持供给侧结构性改革，着力降低社会融资成本优化金融服务，着力防范重点风险守住风险底线，为促进农村经济平稳增长、社会健康发展贡献金融新动力。认真总结 2016 年中国农村金融发展取得的成效和面对的问题，对于进一步推动农村金融机构主动适应农村实际、农业特点和农民需求，全面深化农村金融改革和鼓励创新，建立健全多层次、多样化、适度竞争的农村金融体系，有着十分重要的现实意义。

一、农村金融发展取得的主要成效

2016 年，我国广大农村金融机构认真贯彻落实党中央、国务院“三农”工作决策部署，按照中国银监会的总体要求，扎实推进防范风险、改革转型和优化服务，各项工作取得了积极的成效，实现了“十三五”良好开局。回顾 2016 年，我国农村金融发展取得的成效主要体现在以下几个方面。

（一）业务发展和“三农”金融服务成效显著。截至2016年末

中国农业银行涉农贷款余额2.76万亿元，较年初增加2172亿元，同比多增118亿元，增速8.57%，比同期该行贷款增速高1.16个百分点，连续第6年达到外部监管要求。家庭农场和专业大户贷款余额达528亿元，较年初增加159亿元；县域城镇化建设贷款余额达4000亿元，较年初增加634亿元，同比多增237亿元。中国农业发展银行2016年累放精准扶贫贷款4883亿元，余额9012亿元，增长59.5%。荣获全国金融机构年度唯一“最佳脱贫攻坚银行”称号。截至2016年末，中国邮政储蓄银行涉农贷款余额达9174.45亿元，同比增长22.67%，近5年涉农贷款持续较快增长，年复合增长率37.33%；该行小额贷款累计发放近1.28万亿元，笔均金额约7万余元，有效解决了近960万农户的经营资金短缺困难。

全国农村中小金融机构业务发展基本平稳，资产总额达29.9万亿元，负债总额达27.7万亿元，均占银行业的13.5%。全年实现净利润2449亿元，同比增长4.2%。资产利润率0.9%，资本利润率12%，总体保持较好水平。新增营业网点999个、便民服务点1.9万个，承担了87%的基础金融服务“村村通”任务。涉农贷款余额8.7万亿元，小微企业贷款余额7.3万亿元，分别实现了总量持续增长和“三个不低于”目标。

（二）农村金融服务体系进一步完善

除了农业银行、农业发展银行、邮政储蓄银行等大型金融机构以外，农村信用社、农村合作银行、农村商业银行等农村金融机构进一步增加了村级金融服务站的数量，着力解决金融服务的“最后一公里”问题。一是银监会推动“双基联动”的做法和陕西省联社的实践，即把村委会和基层银行营业网点的力量联动起来，通过村委会建立贫困户信用档案，组织农民互担互保，帮助清收贷款，解决农村偏远地区信息不对称的问题；二是马背银行等服务模式，解决牧区普惠金融服务“最后一公里”的问题；三是拎包银行等服务模式，解决老少边穷地区、老弱病残等特殊群体普惠金融服务“最后一步路”的问题。以村镇银行为代表的新型农村金融机构数量也不断增加，2016年底，全国新组建村镇银行142家，总数达到1519家，中西部共组建村镇银行980家，占村镇银行总数的64.5%，县市覆盖率达到67.4%。村镇银行成为民间资本进入银行业的重要渠道，其股权结构既激发了民间资本参与银行业的积极性，也有利

于资本的跨区域流动，增加了西部地区的信贷总量，激活了东部地区的存量资本，促进了区域平衡发展，丰富和完善了我国农村金融服务体系。

同时，2016 年中央一号文件《中共中央国务院关于落实发展新理念加快农业现代化实现全面小康目标的若干意见》明确提出：“支持中国邮政储蓄银行建立三农金融事业部，打造专业化为农服务体系。”2016 年 9 月 8 日，邮政储蓄银行三农金融事业部诞生，在总行层面对组织结构进行了构建，在三农金融事业部下设立了三农财务管理中心、三农风险管理中心、三农资产负债管理中心、三农人力资源管理中心、信贷管理部、政策与创新部、农村项目部、农业产业化部、小额贷款部（扶贫业务部），并逐步在省级分行建立三农事业分部，进一步提升了邮储银行在“三农”业务发展战略研究和规划水平，加强了“三农”金融业务专业化能力，以及专业化支农服务体系。农业银行立足自身资金实力强、机构网点多、经营范围广的优势，积极服务好以农业农村大企业、大项目、大市场为代表的“大三农”，以新产业、新业态、新主体为中心的“新三农”，以及以特色农业、乡村旅游业、传统手工业为重点的“特色三农”，助推现代农业农村加快发展。农业发展银行总行成立了创新部，专门负责该行金融制度和产品创新工作，进一步加大创新力度支持我国农业现代化建设，积极支持农村土地有序流转和适度规模经营，创新绿色信贷产品，推进投融资模式创新，全力服务农业现代化，促进农村一二三产融合。

（三）政策性农业信贷担保体系逐步建立

从现实情况看，由于我国农业经营主体积累有限，缺乏现代商业银行放贷过程中所要求的法律意义上规范的抵押品，本身面临自然风险、市场风险双重约束，又缺乏系统的财务记录。因而，难以进入商业银行信贷市场，信贷融资长期较为困难。为缓解这种困境，建立农业信贷担保机制是十分必要的。中央在 2007 ~ 2017 年的多个中央一号文件中都有界定，其中 2016 年和 2017 年的中央一号文件，直接提出了农业担保体系建立的具体要求（图 1）。

为此，2015 年 5 月，国务院批准，财政部、农业部联合印发《关于调整完善农业三项补贴政策的指导意见》（财农〔2015〕31 号）明确提出，支持粮食适度规模经营资金重点要支持建立完善农业信贷担保体系。2015 年 7 月 22 日，财政部、农业部、银监会颁发的《关于财政支持建立农业信贷担保体系的指导意见》（财农

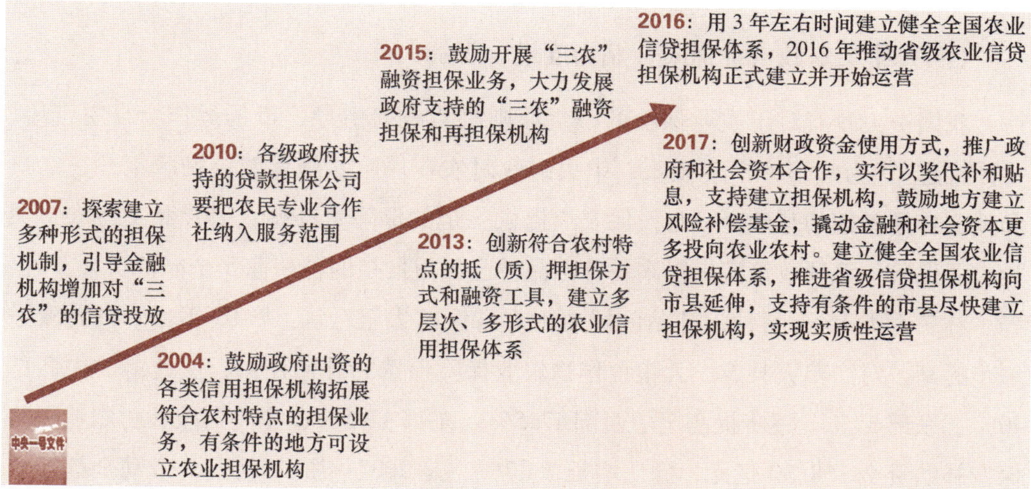

图1 2004～2017年中央一号文件对于担保政策的界定

〔2015〕121号）提出，形成覆盖全国的政策性农业信贷担保体系，为适度规模经营的新型经营主体提供信贷担保服务。2015年9月2日，农业部办公厅颁发了《关于加快推进农业信贷担保体系建设工作的通知》（农办财〔2015〕55号）。2016年4月26日，国家农业信贷担保联盟有限责任公司第一届股东会第一次会议在京召开，首期12家股东单位，股东包括财政部和全国省级农业信贷担保机构，初始注册资本金40多亿元，其中中央财政30亿元，其余由黑龙江、河南、安徽、四川等11家首批参股的省级机构出资。拟分3年形成约150亿元的资本金规模。2016年5月6日，国家农业信贷担保联盟有限责任公司成立。2017年4月18日，国家农业信贷担保联盟有限责任公司①揭牌。

① 国家农业信贷担保联盟有限责任公司，不以营利为目的，在坚持自身信用和可持续发展基础上，实行政策性主导、专业化管理、市场化运作；旨在统一担保业务标准、强化系统风险控制、规范农业信贷担保体系建设，更好发挥担保的经济助推器功能和财政资金的杠杆作用，将更多金融活水引入农业农村发展领域，推动粮食结构调整和农业适度规模经营，促进农业发展方式转变。

国家农业信贷担保联盟有限责任公司有七大职责：一是落实国家农业支持政策，制定再担保业务标准，为省级机构提供业务指导和规范指引；二是为所有省级机构提供再担保服务，根据各省级机构的信用评级和风险控制水平，制定合理的代偿风险分担比例和再担保费率；三是研究开发农业信贷担保产品和服务，扩大信贷支持农业的覆盖面；四是与银行等金融机构开展总对总的战略合作，建立适用于公司和省级机构的银担风险共担机制；五是建立风险补偿和风险救助机制；六是研发建立统一规划、统一标准的全国农业信贷担保业务数据信息系统，实行线上申报和管理，实现项目评审和风险控制等工作的信息化；七是组织全国农业信贷担保专业人才培养和人员培训，指导省级机构建立一支扎根农村、熟悉农业、懂金融会管理的基层担保员队伍。

（四）中央财政农业保险补贴力度进一步加大

我国中央政府对于农业保险的一贯原则是“政府引导、市场运作、自主自愿、协同推进”。为此，2007 年以来，中央财政对农业保险实施保费补贴政策，在农户和地方自愿参加的基础上，为投保农户提供一定的保险费补贴，引导和支持农户参加农业保险。该项政策实施以来，补贴品种已经由最初的种植业 5 个品种扩大至种、养、林三大类 15 个品种，补贴区域也由 6 省区扩大至全国。2016 年，中央财政进一步提高了对产粮大县、三大粮食作物农业保险保费的补贴比例，由此前的中西部 40%、东部 35%，逐步提高至中西部 47.5%、东部 42.5%；中央财政拨付农业保险保费补贴资金 158.30 亿元，同比增长 7.47%，是 2007 年的 7 倍多，带动全国实现农业保险保费收入 417 亿元，为 2.04 亿户农户提供风险保障 2.16 万亿元。对缓解产粮大县财政支出压力、扩大农业保险覆盖面、稳定产粮大县农业生产和农户收入等具有重要意义。

（五）央行政策支持农村金融机构服务“三农”和小微

为了加大重点领域和薄弱环节的支持，助力结构调整升级，2016 年，中央银行继续发挥了定向降准的正向激励和结构引导功能，对中小金融机构、农村金融机构执行较低的准备金率。增加了支农支小再贷款、再贴现限额，下调了信贷政策支持再贷款利率，并在支农再贷款项下设立了扶贫再贷款，引导金融资源向贫困地区聚集，提高扶贫开发金融服务水平，并加大了对开发性金融和政策性金融的抵押补充贷款支持力度，政策对象由国家开发银行扩大至农业发展银行和进出口银行，用于支持发放棚改贷款、重大水利工程贷款等。

（六）农村产业融合发展投资基金提上议程

十八届五中全会的“十三五”规划纲要建议提出“推动一二三产业融合发展”，2017 年中央一号文件提出“以体制改革和机制创新为根本途径，优化农业产业体系、生产体系、经营体系”，推动一二三产业融合发展是农村产业发展大趋势。2015 年底，国务院办公厅《关于推进农村一二三产业融合发展的指导意见》（国办发〔2015〕93 号）提出，“统筹安排财政涉农资金，加大对农村产业融合投入，中央财政在现有资金渠道内安排一部分资金支持农村产业融合发展试点，中央预算内投资、农业综合开发资金等向农村产业融合发展项目倾斜。创新政府涉农资金使用和管理方式，研究通过政府和社会资本合作、设立基金、贷款贴息等方式，带动社会资本投向农村产业融合领域”，推动农村产业融合发展，离不开政府财政支持。

为此，2016 年 3 月，国家发改委提出，将创新中央预算内投资方式，研究以专项支出的形式设立农村产业融合发展投资基金，并鼓励社会资本投向农村产业融合发展领域。在 2016 年 3 月邮储银行与华大农业的战略合作协议基础上，同年 6 月，邮储银行与华大基因旗下的华大农业集团签署了《邮银 - 华大生命产业基金业务合作协议》，双方设立以“生命”为主题的产业投资基金，以华大基因技术输出项目为重点，支持生命产业、功能健康食品、精准营养、现代农业等领域的创新成长型企业的发展。通过设立产业投资基金方式，实现了邮储银行的网络优势、资金优势、客户群体优势与华大基因的创新优势、技术优势的结合，便于促进技术输出、产业链的整合，在推动科技创新的同时，推动产业转型升级，邮储银行助力创新型现代农业企业，也为金融供给侧改革做出了贡献。

下一步，推进农村产业融合发展，需要发展多类型农村产业融合方式，还要培育多元化农村产业融合主体，建立多形式利益联结机制，完善多渠道农村产业融合服务，健全农村产业融合推进机制。一是要通过农业产业结构调整、产业链延伸、农业新功能开发等发展多类型产业融合方式；二是在发挥合作社、家庭农场基础作用和龙头企业的引领示范作用基础上，发展行业协会和产业发展联盟，鼓励社会资本投入，培育多元化农村产业融合主体；三是通过股份合作、订单合同等形式，鼓励龙头企业与农户之间构建收益共享、风险共担的利益共同体，创新产业链和利益联结模式。

（七）农村信用社股份制改革继续深化

2016 年底，农村信用社股份制改革工作稳步推进，与 2015 年相比，农村合作银行、县级农村信用社的数量进一步减少，农村商业银行数量大幅增加（表 1）。截至 2016 年末，全国共有以县（市）为单位的统一法人农村信用社 1054 家，农村商业银行 1222 家，农村合作银行 40 家。江苏、山东、安徽、湖北、江西 5 个省份全部完成农村信用社股份制改革。银监会也继续支持和鼓励民间资本通过参与发起、重组改制和定向增发等方式投资入股农村中小金融机构，民间资本投资总额不断增加，加快了农村商业银行的组建步伐，丰富了农村金融机构类型，促进普惠金融发展；增强了公司治理有效性，构建起多元化、本土化和民营化的股权结构；发挥了当地民营资本的信息、资源优势，有助于破解小微企业融资难题，更好地支持农村经济社会发展。

表 1　　2015～2016 年农村信用社领域法人机构数量的变化

	农村合作银行	农村商业银行	农村信用社		
			省级联社	地级联合社、联社	县级联合社、联社
2015 年底	71	859	25	25	1348
2016 年底	40	1222	25	25	1054

资料来源：《中国银行业监督管理委员会年报》（2016），银监会网站。

（八）农村中小金融机构资产规模持续增长

以农村商业银行、农村合作银行、农村信用社、村镇银行为代表，2003 年以来，其资产总额一直保持较快增长势头。在近年来我国经济发展处于转型状况下，农村信用社及其转型机构的资产总余额 2016 年比 2015 年增长了 20.3%，增速比 2013～2015 年各年的增速都要快（见图 2）。

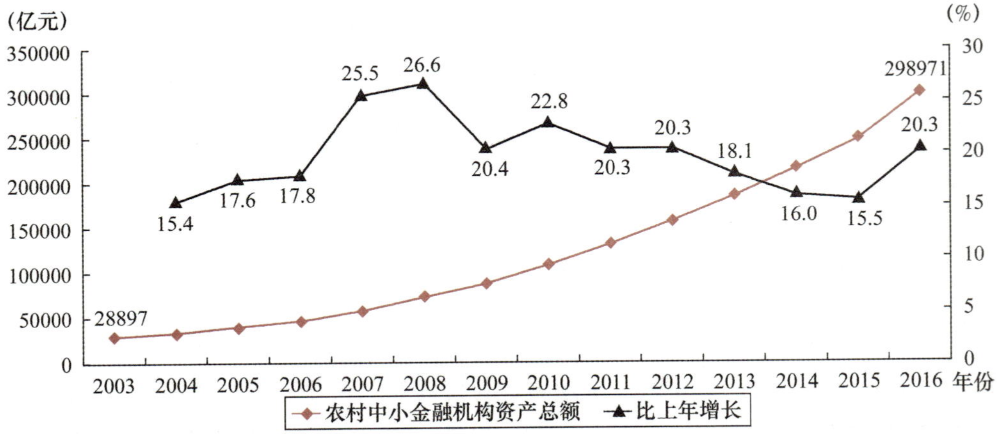

图 2　2003～2016 年底农村信用社及其转型机构的资产总余额发展变化情况

资料来源：《中国银行业监督管理委员会年报》（2016），银监会网站。

根据银行业协会的统计资料，广东、江苏、浙江、山东、河北、河南、四川、安徽8省农合机构（农村商业银行、农村合作银行、农信社）资产规模过万亿元，其中，广东以2.64万亿元位居首位。2016年末，农村信用社各项存贷款余额分别为21.4万亿元和13.4万亿元，占同期全部金融机构各项存贷款余额的比例分别为14.2%和12.6%，各项贷款比例比上年末提高0.5个百分点。全国农村信用社涉农贷款余额和农户贷款余额分别为8.2万亿元和4.0万亿元，比上年末分别增长5.5%和7.4%。村镇银行资产规模1.24万亿元，各项贷款余额7021亿元，其中农户与小微企业贷款占比93%，户均贷款41万元，存贷比74%，居所有县域银行业金融机构首位；村镇银行实收资本1135亿元，其中引进民间资本达到815亿元，占比72%。

（九）农村金融机构进入资本市场实现新突破

随着新一轮金融创新浪潮的到来，资本市场“百花齐放”，大资本时代已然来临，从间接融资向以直接融资为主过渡是大方向。A股市场、H股市场、新三板、区域股权市场等新的融资模式，正成为农村金融机构步入大资本时代的重要选择。农村商业银行已按监管部门要求，形成“风险管理机制和流程银行建设全面推进，开展资本高级计量法试点，实施标杆银行制度，初步建立了现代金融企业的运行机制”。

据不完全统计，截至目前，已上市或正在筹备上市的农村商业银行接近30家，上市地覆盖A股、H股和新三板，有17家农村商业银行开展资产证券化和理财直融先行先试。2010年12月16日，重庆农村商业银行成功在香港H股主板上市，成为全国首家上市农村商业银行、首家境外上市的地方银行、西部地区首家上市银行。2014年5月琼中农信在全国中小企业股份转让系统（即“新三板”）正式挂牌。2016年1月，无锡农商行A股主板IPO发行申请获得中国证监会IPO发审会过会，成为全国首家A股主板过会的农村商业银行。随后，江阴农商行、常熟农商行、吴江农商行和张家港农商行等4家农商行也成功进入A股市场融资，对于增强资本实力，起到了重要作用。2017年1月12日，吉林九台农商银行在港交所主板挂牌，继重庆农商行之后，港交所又迎来一家中资农商行。此外，至少还有15家农商行正在筹备登陆A股或H股，6家农商行正积极筹备登陆新三板，不但拓宽了资本补充的渠道，而且加强了公司治理和信息披露，建立了现代化商业银行基本框架。

此外，2016 年 9 月 28 日，邮政储蓄银行在香港联合交易所有限公司主板上市募集资金，共发行 121 亿股 H 股股份，其 IPO 定价为每股 4. 76 港元，募集资金总额达到 566. 27 亿元，不但成为 2014 ~ 2016 年全球发行规模最大的新股，更重要的是大大增强了邮储银行服务“三农”、小微企业的资本实力。

（十）农村商业银行保持稳定发展趋势

近年来，农村商业银行初步形成了权责清晰、运转协调、有效制衡、行为规范的“三会一层”公司治理框架，立足新体制新机制的后发优势、人缘地缘网点的传统优势、地方政府支持的政策优势，综合竞争力显著增强。农村商业银行始终坚持支农支小的战略定位，经营实力大大增强，抵御风险和服务“三农”能力大幅提高，各项相关指标稳中向好。一是资本充足率保持稳定，2016 年 4 个季度，农村商业银行资本充足率一直维持在 13% 左右，2016 年底达到 13. 48%；二是不良贷款率维持在 3% 以下（2016 年底为 2. 49%），其拨备覆盖率稳定在 199. 1%（见图 3），与 2015 年底的拨备覆盖率基本相当，抵御风险的能力较强；三是 2016 年资产利润率略有下降，但是保持在 1% 以上。图 4 反映了 2014 ~ 2016 年各季度农村商业银行资本充足率、资产利润率、不良贷款率的发展变化情况。

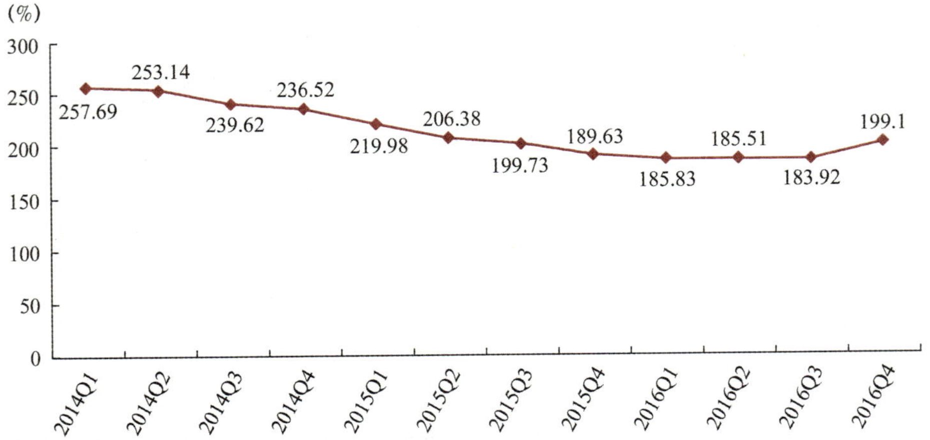

图 3　2014 ~ 2016 年农村商业银行拨备覆盖率发展趋势图

资料来源：银监会网站。

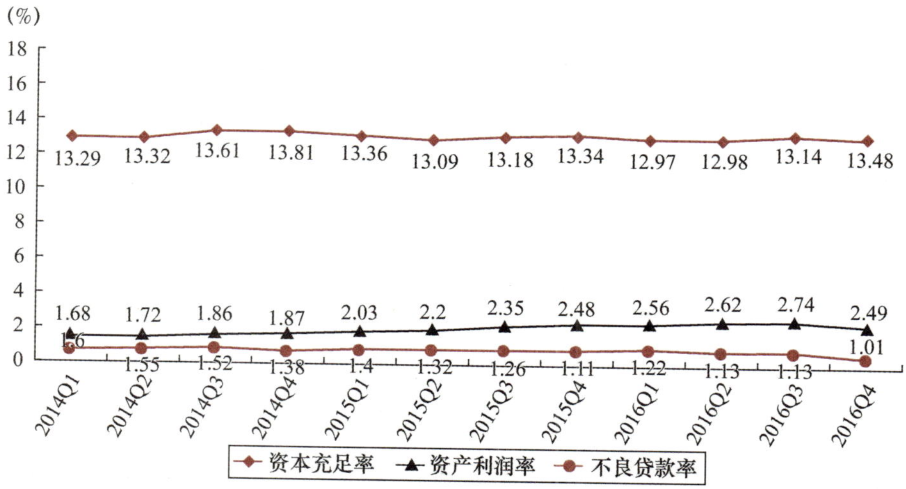

图 4　2014～2016 年农村商业银行主要经济指标发展趋势图

资料来源：银监会网站。

同时，农村商业银行小微企业贷款、农户贷款余额持续增长。根据银监会的统计（图 5），2016 年各季度末，农村商业银行对小微企业的贷款余额①，在 2015 年持续增长的基础上，继续持续增长，说明农村商业银行对于小微企业的支持力度在持续增加。

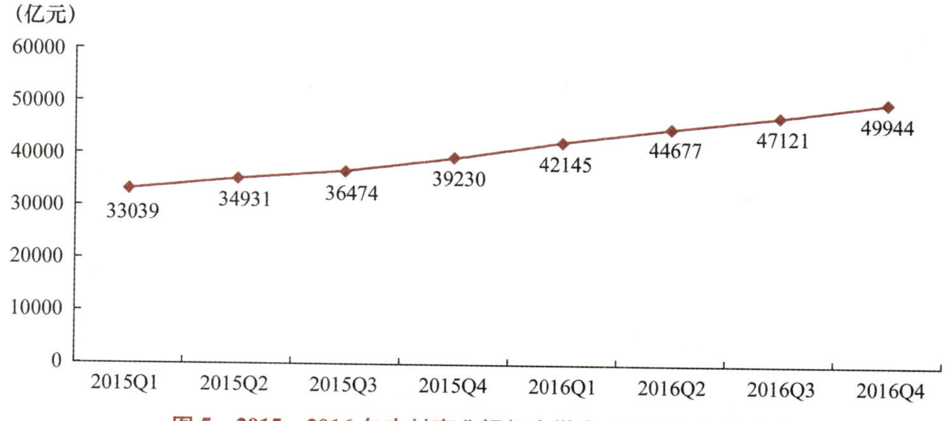

图 5　2015～2016 年农村商业银行小微企业贷款余额发展趋势图

资料来源：银监会网站。

① 根据银监会规定，小微企业贷款余额 = 小微企业贷款余额 + 微型企业贷款余额 + 个体工商户贷款余额 + 个体企业主贷款余额。

（十一）农村普惠金融发展逐步深化

2016 年以来，银行业金融机构涉农贷款余额达 28.2 万亿元，比年初增长 2.4 万亿元，同比增长 7.1%，信贷结构也正在发生积极变化，信贷资源进一步向优势特色农产品、农村二三产业、农村基础设施等倾斜。农村金融个性化贷款产品、新型抵质押贷款种类、新型风险分担模式不断涌现。银行业网点已覆盖全部农村 3 万多个乡镇，2016 年河北完成机构空白乡镇网点全覆盖工作，实现机构网点覆盖的省（区、市）达到 24 个，农村金融服务“村村通”工程加速推进，基础金融服务内容不断增加，基础金融服务覆盖深度进一步提高，服务触角已覆盖全国 54.2 万个行政村，覆盖率达到 95%。各地银行业金融机构以扶贫小额信贷为重点，实现信贷资金精准投放，全年小额信贷余额增加 1000 多亿元，余额达到 1658 亿元，支持建档立卡贫困户 402 万户。主要表现在在以下几个方面。

第一，国内一些大中型商业银行也在积极探索其微型金融之路。一是进行组织机构的创新，调整机构布局，以便更接近微型金融需求。例如，建行始终致力于服务小微企业、“三农”、扶贫等重点领域、重点人群，不断改进服务，着力提升金融服务到位率和满意度，结合自身特点，找准市场定位，积极创新服务模式缓解融资难、融资贵问题，形成了一批具有普惠金融特色的服务品牌，促进了普惠金融发展。二是创新“三农”金融产品及服务模式。针对农业农村新产业、新业态、新要素、新市场、新需求，2016 年农业银行先后研发推出农民住房“安家贷”、政府购买服务贷款、“三权”抵押贷款、金穗快农贷等 10 个全行性新产品，财政风险补偿基金担保农户贷款、美丽乡村贷款、光伏扶贫贷、“金穗甜蜜贷”农户贷款等 120 项区域特色“三农”产品，有效满足了新时期“三农”发展的金融服务需求；邮储银行深化银政、银协、银企、银担和银保等五大平台合作，强化和拓宽“总对总”战略合作范围，创新贷款增信要素，丰富抵质押担保措施，加大了依托五大平台的产品及服务方式创新力度，开发了依托合作平台的对应产品及服务，形成了从“总对总”战略合作框架到产品创新、市场拓展、业务监测、风险管理和绩效评估等系统化建设模式。

第二，农村地区移动互联用户规模不断扩大。以移动互联为基础的金融服务走向深入，银行、证券、保险服务半径扩大，农村居民有更多的享受服务的机会。微贷技术普及面不断扩大，金融服务产品不断创新，特别是林权抵押贷款、农民土地经营权抵押贷款、农民住房财产权抵押贷款的试点，扩大了农民抵押担保物的范围，有了更多的获得贷款的机会。例如，农业银行依托传统网点、渠道，大力发展农户贷款业务，努力缓解农户贷款难、贷款贵问题，提升贷款可得性和可负担性；着力优化网点布局，将城区低效网点迁至乡镇，在农村地区加快建设自助银行，扩大网点服务覆盖范围；深入开展“金穗惠农通”工程提质增效工作，改造升级惠农通电子机具，对接农业部信息进村入户工程，扩大服务覆盖面，增加服务内容，提升服务质量，让广大农民足不出村就能享受现代金融服务。

第三，农村金融服务的可得性不断提高。部分农村金融机构大幅改善对城镇低收入人群、困难人群，以及农村贫困人口、创业农民、创业大中专学生、残疾劳动者等初始创业者的金融支持，完善对特殊群体的无障碍金融服务。

二、农村金融发展中面临的主要问题

2016 年，我国农村金融的发展取得了一定的改革成效和发展成果，但随着经济结构调整和金融改革的深入推进，金融发展和竞争格局已经发生深刻变革，农村金融机构发展不平衡、不协调、不可持续的矛盾和问题仍然很多。

（一）农村金融机构面临不良贷款上升的压力

我国经济发展还处在转型过渡时期，面临经济低增长、低利率压力，金融市场的波动性提高，银行业利润增长进入“低速期”，虽然影响经济发展的各种要素总体向好，2016 年农村金融机构的不良贷款比例也在可控的范围之内。但是，农村金融机构主要客户对象为中小微企业、农户，在经济转型时期，这些客户承受市场风险的能力较弱，会存在贷款组合质量恶化而导致不良贷款及不良贷款率上升的压力要素，农村金融机构不良贷款及不良贷款率上升的可能性是存在的。

同时，随着金融业竞争越来越激烈，农村金融机构经营面临的经营风险越来越突出。主要是两方面：一是银行业内的竞争，其他银行业金融机构布局县域金融市场，将使行业竞争更加激烈；二是来自于电商金融（例如京东金融、苏宁金融、海尔金融等）、互联网企业金融（如阿里金融、翼龙贷、宜农贷等）、产业化龙头企业金融服务（如希望金融、大北农金融、六和金融等）的跨界竞争。

（二）农村金融机构面临转型发展问题

我国“三农”发展的大趋势是在经营适度规模化、专业化、产业化、合作化、农民职业化等基础上，培育大农户、家庭农场、合作社、龙头企业等新兴经营主体，并且还要推动一二三产业融合发展①，同时支持有条件的乡村建设以农民合作社为主要载体、让农民充分参与和受益，集循环农业、创意农业、农事体验于一体的田园综合体②。农业业态、农业经营方式、农业经营主体都在发生变化，农旅结合、茶旅结合、果旅结合等一体化的农业综合体、农业公园将越来越多。因而，农村金融机构面临的农村金融需求、借款主体对象发生变化，需要进行产品、服务创新。

早在 2014 年 2 月 13 日中国人民银行就颁发了《关于做好家庭农场等新型农业经营主体金融服务的指导意见》，推动金融机构通过加快农村金融产品和服务方式创新、积极拓宽新型农业经营主体抵质押担保物范围等，切实加大对家庭农场等新型农业经营主体的信贷支持力度。但是，仍有较多地区的金融机构，对于新型农业经营主体的金融服务处于探索之中，实际支持力度不大。面对越来越多的农村新型经营主体及农村新业态主体，农村金融机构要不断加快自身转型发展，积极加快产品和服务创新机制，不断提升金融服务的可获得性和便利性。

（三）各省农村金融机构涉农及小微贷款有待强化

农村信用社（包括农商行、农合行）领域小微企业、县域及涉农贷款虽然继续增长，但是发展不平衡，总体增长幅度不大。根据中国银行业协会的统计，总体而言，与 2016 年初比较，2016 年底农村信用社（包括农商行、农合行）领域小微企业贷款、县域贷款、涉农贷款、农户贷款均有所增长，分别增长了 10.5%、12.7%、6.0%、6.9%，增长幅度大大低于农村信用社领域（包括农商行、农合行）资产总额的增长，同时各省的状况差异较大，有个别省市有些指标是下降的，

---

① 国务院办公厅还为此于 2015 年底颁发《关于推进农村一二三产业融合发展的指导意见》（国办发〔2015〕93 号）。

② 《中共中央国务院关于深入推进农业供给侧结构性改革加快培育农业农村发展新动能的若干意见》（中发〔2017〕1 号）。

对于经济发达的北京、上海、深圳而言，随着农村城镇化的推进、农村人口的转移，县域贷款、涉农贷款、农户贷款需求的下降和减少是可能的，但是对于其他地区而言，小微企业贷款、县域贷款、涉农贷款、农户贷款等有待进一步强化的必要。

（四）农村中小金融类机构进入资本市场融资的步伐需要加快

农村商业银行是农村金融服务的主力军，随着农村经济的发展和转型，农村商业银行将在农村金融市场上充当越来越重要的较色，但是其自身积累远远不能满足业务发展对于资本金补充的要求，进入资本市场融资是农村商业银行较好的充实资本金的渠道。

此外，村镇银行进入资本市场融资的渠道还没有打开。2006 年 12 月，银监会调整放宽了农村地区银行业金融机构的准入政策，开始试点探索设立以村镇银行为主体的新型农村金融机构，在解决广大农村地区“贷款难、贷款贵、贷款不方便”问题上迈出了实质性步伐。2007 年 3 月，全国第一家村镇银行——四川仪陇惠民村镇银行在四川省仪陇县挂牌成立，截至 2017 年已走过十年历程。村镇银行主要监管指标持续符合监管要求，风险总体可控，在满足农户、小微企业需求方面特色显著。但是，在发展过程中，村镇银行也普遍面临资本金不充裕的状况，融资需求较大，而进入资本市场融资的村镇银行，除了昆山鹿城村镇银行①、广东梅县客家村镇银行②在在全国中小企业股份转让系统有限责任公司挂牌以外，还没有其他的村镇银行公开融资。

（五）农业信贷担保机制需要进一步完善

在国家农业信贷担保联盟有限责任公司成立后，各省市区也加快建立省级农业

---

① 2015 年 8 月 12 日，昆山鹿城村镇银行股份有限公司（证券简称“鹿城银行”，证券代码：“832792”）在全国中小企业股份转让系统有限责任公司举行挂牌仪式，成为全国首家在新三板挂牌的村镇银行，开创了村镇银行进入资本市场的先河。

鹿城银行于 2009 年 12 月由上市公司南京银行作为主发起行，联合昆山市的 3 家企业股东及 6 位自然人股东共同投资组建，是苏州市首家村镇银行，也是江苏省投资规模最大的村镇银行之一。2016 年底的注册资本 25922. 90 万元，资产总额为 56. 45 亿元。

② 梅县客家村镇银行股份公司（证券简称：客家银行；证券代码：839969）是由商业银行发起设立的村镇银行，成立于 2010 年 11 月 3 日，于 2016 年 12 月 23 日在新三板公开挂牌上市，是广东省首家在新三板挂牌上市的银行。

信贷担保公司。截至2017年4月中旬，全国已有13家省级机构完成工商注册，全国范围内33个省（自治区、直辖市、计划单列市）已建立省级农业信贷担保公司。截至2016年底，全国农业信贷担保体系累计担保总额564.464亿元，2016年新增担保额179.152亿元，年末在保余额203.557亿元。但是，在农业担保公司业务运作与发展过程中还存在一些需要尽快完善的方面：一是与银行的合作关系需要进一步理顺，有些地方的担保公司与银行合作时，银行仅仅是提供信贷资金，还不愿意承担风险，或者承担风险的比例过低。二是政策性担保业务实行市场化运作，有些地方的农业担保公司在担保过程中，存在反担保要求较高、担保收益群体较小、担保受益主体规模趋大等问题，较多新型农业经营主体仍然难以享受到政策性担保带来的便利。三是需要防止业务发展过程中可能存在的道德风险问题，主要表现在两方面：一方面在有担保情况下，银行对风险防控上的“搭便车”行为；另一方面受益群体的道德风险，也有操作过程中的员工道德风险。

三、农村金融发展的趋势

2017年是全面是深化改革向纵深推进的关键一年，也是供给侧结构性改革的深化之年。2017年中央一号文件明确提出要“着力推进农业提质增效，增强农业可持续发展能力，补齐农业农村短板，夯实农村共享发展基础，加大农村改革力度，激活农业农村内生发展动力”。在农村金融供给结构调整、金融服务多元化的背景下，对农村金融的需求将大幅提升，农村金融发展也将迎来新的机遇。

（一）农村金融体制改革有待进一步深化

农村金融发展必须在完善农村金融组织体系的大框架下，稳妥推进重大方面的改革，推动农村中小金融机构转型发展，才能持续提升农村金融服务的能力和水平。在农村信用社改革与发展过程中，省级联社发挥不可替代的作用。但是，随着农村信用社领域的发展、农村信用社银行化的深入，农村信用社改革进一步走向深水区，特别是对于那些已经全部实现农村信用社银行化的省份，农村信用社省级联社的改革也成为“三农”改革的重要组成部分。

2016年中央一号文件《中共中央国务院关于落实发展新理念加快农业现代化实

现全面小康目标的若干意见》就提出："开展农村信用社省联社改革试点，逐步淡出行政管理，强化服务职能。"此外，2016 年两会期间通过的《十三五规划纲要》中也提出："推进农村信用社改革，增强省级联社服务功能。"这意味着，围绕省联社的改革，中央政府一直在积极探索可行而符合实际的路径。2017 年中央一号文件《中共中央国务院关于深入推进农业供给侧结构性改革加快培育农业农村发展新动能的若干意见》中，对省联社改革作出了工作部署，银监会监管工作会议上也再次提出要研究省联社改革试点，推进去行政化和履职规范化，提升服务能力。农村信用社领域发展区域差异较大，省级农村信用联社的改制转型方案需要因地制宜。

（二）村镇银行管理和培育模式将进一步优化

村镇银行成立十年来，支农支小成效还是明显的，但是后续的管理和培育上也面临着一定的瓶颈。尤其是随着金融业竞争日益激烈化，金融对于科技的依赖性的增强，传统模式经营的小微银行，其发展中的劣势越来越突出，村镇银行的转型发展需要机制创新的顶层设计，重点解决集约化、规模化的问题。银监会对村镇银行下一步的培育发展上也提出了既求量、更要求质，强化支农支小定位以及风险监管规制建设等具体要求。

2017 年全国农村中小金融机构监管工作会议也明确提出：村镇银行的培育监管，要完善区域挂钩政策，推出全国集中连片特困地区县、中西部老少边穷地区县准入优惠政策，将立足县域金融承载能力和实际需求，稳妥推进在欠发达地区实施村镇银行"一行多县"；在管理模式上，将选择 1 家设立村镇银行数量较多、经营管理和服务良好、具有继续发起村镇银行意愿的主发起行，开展探索实施投资管理型村镇银行，提升村镇银行规模化组建、集约化管理和专业化服务水平。这些举措将进一步释放改革红利，激发创新动力。

（三）农村金融服务机制将进一步完善

农村金融服务的稳健可持续，要顺应农业农村的新形势新发展、落实农业供给侧结构性改革的新需要。2017 年全国农村中小金融机构监管工作会议也明确指出，要改革完善产品和服务创新机制、资金补充机制以及服务监督和评价机制，创新对"三农"和小微客户的信息采集与信用评定手段，鼓励符合条件的农商行参与农机具金融租赁试点；鼓励单列涉农和小企业信贷计划，支持开展资产证券化和信贷资金流转，支持发行“三农”和小微企业专项金融债券；做实董事会下设“三农”委员会机制和支农支小绩效考核机制，落实尽职免责制度，支持向基层区域增设支行。

（四）大中型商业银行将不断完善普惠金融服务机制

为了有效缓解中小微企业融资难、融资贵的问题，2017 年 3 月初在第十二届全国人民代表大会第五次会议上通过的《政府工作报告》中提出：“鼓励大中型商业银行设立普惠金融事业部。”在 2017 年 3 月 5 日国务院总理李克强主持的召开的国务院常务会议上，要求大型商业银行要在 2017 年完成普惠金融事业部的设立，成为发展普惠金融的骨干力量，以聚焦服务“三农”、小微企业、脱贫攻坚、大众创业、万众创新，提高金融服务覆盖率和可得性，必将进一步促进大中型商业银行服务“三农”、小微企业的机构和机制的完善。

农业银行在 2008 年以后就开始了三农金融事业部试点。2008 年，按照国务院《农业银行股份制改革总体实施方案》的要求，中国农业银首先开始实施三农金融事业部改革试点。2016 年，农业银行制定出台了《关于进一步深化三农金融事业部改革的意见》，确定的 7 个方面 20 项改革任务，以完善三农金融事业部组织架构、下沉经营管理和决策重心、改革“三农”和县域业务考核政策、探索放权搞活县支行有效路径等为重点，深入推进三农金融事业部改革工作，强化事业部对“三农”和县域业务的支持保障能力。截至 2016 年底，农业银行在全国有 19 个省的 20 家一级分行（含宁波分行）下辖县域机构参与试点，试点县域农业银行的人员、存贷款占全行县域的 80% 左右；县域贷款余额达 3. 18 万亿元，较年初增加 3173 亿元，同比多增 1088 亿元；增速 11. 09%，高于全行平均水平 1. 47 个百分点。

邮政储蓄银行也将加快完善三农金融事业部运作机制。在经营体系上，进一步加强农村信贷专业化经营机构建设，下沉信贷服务重心，提高涉农信贷服务效率；在管理机制上，建立健全“三农”金融专业化财务核算体系、专项的资源配置政策、独立的绩效考核机制；在业务流程上，建立一套垂直的“三农”贷款审查审批体系，加强相关制度、流程、IT 系统建设；在服务领域上，加强对于国家宏观政策、农业产业、区域经济等研究的广度深度，逐步拓展涉农公司金融业务，更好满足农村社会经济转型需求；在队伍建设上，进一步细化部门职责与分工，培养更为专业的“三农”金融服务队伍，加强专业知识、实操能力等方面的培训力度，保障“三农”金融人才队伍的规模和质量。

（五）普惠金融对经济社会发展作用进一步增强

普惠金融从供给主体到服务对象涉及范围广，是一项涉及多部门、行业和领域的系统工程，普惠金融作为引导资源配置、优化经济结构、促进均衡发展的途径，对于推动供给侧结构性改革有重要意义。一是银行业金融机构作为普惠金融供给主体，将普惠金融理念嵌入到公司文化和核心价值体系中，完善配套的管理流程和考核机制，致力于在商业可持续的基础上，提供负责人的、可持续的普惠金融服务。二是建立健全普惠金融信用信息体系，借助工商、税务、征信等多方信息，利用大数据、互联网等技术手段，充分发挥担保等风险分担机制作用。加大对普惠金融理念、政策的宣传和金融知识普及力度，提高社会公众对普惠金融的理解认识，提升其金融知识水平。三是积极发挥融资担保、小贷、网贷等新型机构在普惠金融中的作用，深化与地方政府的监管协作，探索形成良性的监管联动模式。

第一篇

理 论 篇

第 1 章

金融支持农业供给侧结构性改革

2017 年中央一号文件明确提出要深入推进农业供给侧结构性改革，加快培育农业农村发展新动能。深入分析金融支持农业供给侧结构性改革的形势和任务，研究分析改善金融服务的基本路径和重点问题，有助于更好推进金融业支持农业领域的改革。

一、金融支持农业供给侧结构性改革的形势要求

（一）农业供给侧结构性改革的基本形势

根据中国的两个一百年战略，在 2020 年将全面建成小康社会。在农业领域需要优化结构，实现农业生产提质增效，并完善生产经营体系，以增加农民收入，加快推进社会主义新农村建设。

增加农民收入、保证有效供给是改革主要目标。增加农民收入涉及以下金融服务：一是我国全面建成小康社会意味着农村地区脱贫任务全面完成，推进扶贫攻坚是重点。在推进精准扶贫过程中，扶贫工程和扶贫资源是重要抓手，农村金融为工程项目融资和社会资源配置发挥重要作用。金融服务能够使财政投入发挥杠杆作用，强化“造血”机制建设。二是增加农民收入涉及产业结构调整、品质提升，除了需要推进技术升级、劳动力素质提升，还需要对农业领域大规模持续投入。这种投入

需要基于市场化可持续机制，依赖财政并不现实，完善配套金融支持是基础。三是从价值链分布看，农产品在加工、流通环节实现的增值显著，明显超过生产环节，因而拓展加工、贸易是农民增加收入并应对农产品市场风险的重要途径。这种拓展活动往往伴随着生产的规模化和经营的品牌化，需要配套的资金支持，金融服务的有效介入必不可少。四是在推进一二三产融合发展背景下，除了农产品产供销业务创新发展，乡村休闲旅游等新型业态快速发展，特色村镇试点较快推进，为农民增收提供新渠道。无论是国有投资机构的开发性建设，还是农户参与经营的旅游服务，都需要有效的融资支持，涉及开发性、商业性等各类金融服务。五是农村各类合作社和家庭农场通过适度规模经营增加农民收入，需要有针对性的金融服务，包括发展生产、供销、信用“三位一体”的综合合作、融资租赁等。

在保证有效供给方面，结构优化是主线，提升农产品质量和食品安全水平是重点。这对农业的生产加工和流通模式提出了新要求，涉及商标认证、生产规范、监管服务、质量保险等方面，覆盖产业链各个环节，形成与生产经营相关的信息。这些为改善产业链金融服务提供了新契机，也有助于提高客户信用评估的有效性。

在推进农业绿色生产方面，推行高效生态循环的种养模式、推进农业废弃物资源化利用，是推进农业可持续发展的重要切入点。取得成功的关键是商业模式的可持续。随着经济发展和人民群众生活水平提高，绿色农产品潜在需求量很大，供给侧与之配套是当前面临的任务，需要金融机构在相关试点中发挥多方面服务作用，包括融资、交易等。

在农村基础建设方面，农业节水、农业环境治理、生态修复、农田水利建设、农村人居环境和基础设施建设等，相关投资项目范围广、规模大，投资主体众多，需要金融机构提供专业化的服务，这也为开发性银行、大型商业银行等金融机构提供了重要参与机会。

从农村改革看，完善农业补贴制度、改革财政支农投入机制、深化农村集体产权制度改革、健全农村创业创新体制等工作对农村的财政资金流向和资源价值、配置方式、投资需求等方面产生积极影响，使农村金融服务条件和需求发生变化。这有助于改善农村金融机构发放信贷时面临的处境，例如客户的抵押担保不足、集体经济组织法人缺位等问题。

（二）对农村金融创新提出的任务和要求

农业供给侧改革为农村金融服务提供了新的机会，但也对农村金融创新提出新的任务和要求。主要包括以下几点。

1. 加强对中低收入农户的金融服务

在国务院发布的《推进普惠金融发展规划（2016—2020 年）》（国发〔2015〕74 号）基础上，财政部于 2016 年 9 月印发了《普惠金融发展专项资金管理办法》（财金〔2016〕85 号），旨在通过财政资金更好促进普惠金融发展。这有助于改善对金融支农的激励机制。农业供给侧改革旨在增加农民收入，中低收入农户是重点，加强金融服务是重要条件。加强对中低收入农户的金融服务，需要重视服务的可及性、便利性、匹配性。

可及性。对中低收入农户金融服务的可及性包括两方面：一是获得金融服务的门槛不能太高，不应超出中低收入农户具备的实际条件。从实际情况看，基层农户尤其是中低收入农户，抵押担保条件往往是阻碍获得贷款的重要原因。原因在于中低收入农户可抵押、便于处置的资产有限，而担保人难寻。农户联保贷款模式在贷款额度超出一定范围后，其有效性下降。这就要求农村银行等金融组织发展更有效的方式来识别农户的还款能力和还款意愿，如根据现金流、项目投资回报等信息来识别，也需要农户形成长期的利益共同体关系，如发展综合合作。二是金融服务的收费不应超出农户的实际支付能力。农户分散、弱势的市场地位决定其投资收益有限，抗风险能力有限，过高的金融服务收费势必导致农户陷入偿还困境。一旦高利率与自然灾害或市场风险叠加，则农户往往很难走出困境。这在发展中国家并不少见。我国的政策导向非常明确，政府为农村金融机构提供激励的重要前提是为农户提供的信贷利率只能以基准利率为基础适当上浮。由此而来，金融机构如何处理成本、风控、分红等问题，则是创新的关键所在。

便利性。信息技术和大数据处理技术为提升农村金融服务便利性提供了关键支持。但相应的软硬件投资规模大、更新快、维护成本高，对小型金融机构而言是很大的挑战和压力。同时，农村金融业务需要信贷员等扎根基层，与农户保持密切接触，及时充分收集各类“软信息”，并对农户的金融服务需求作出反应，提供便捷、高效的服务，但农村金融的单笔业务规模小、客户分散，意味着较高的人力成本。

为此，需要在确保服务质量前提下，借助信息化技术提高服务能力和成本效率，这对各类金融机构而言都是新挑战。

匹配性。从农村金融服务的实际格局看，大中型银行与小银行的差异表现在信贷产品与当地农户需求的匹配性等方面。例如，大银行实行集中统一开发产品，贷款审批流程环节多、时间长、条件统一，在实际业务中面临两方面问题：一是与农户的实际需求和条件不匹配，导致农村大量有效需求被排斥；二是风控机制难以根据当地实际作出调整优化，有效性不尽人意，农户信贷的不良率相对偏高。这也是大银行下阶段创新服务需要重视的问题。

2. 提供综合服务

农业供给侧改革对农村金融服务提出的新任务还包括提供综合服务。供给侧改革在农村涉及一二三产融合和产业结构优化、价值链拓展，对综合服务的需求较大。主要表现在以下三方面。

一是拓宽农村金融服务的产品线，为农业提质增效提供支持。从发展趋势看，农村金融服务正在从普及存取汇兑向有效缓解贷款难过渡。农村贷款的核心难点是风控。从目前看，解决风控问题存在多种途径。例如，保险机构介入分担风险，提供农业贷款的保证保险，实现银保合作；提供融资租赁等服务，解决抵押担保不足问题；提供价格保险、农产品期货等服务，从源头化解农户的经营风险问题。从国际经验看，随着农业生产组织化、适度规模化以及提质增效，金融服务需求更趋多元化，这为农村金融服务创新提供了市场需求和发展空间。

二是提供从农产品生产、加工到贸易流通，以及农村三产发展的全流程服务。从农户增收途径看，拓展农产品加工和流通业务、发展农村三产服务等措施带来的效果明显，有助于改善农户在价值链分工中的地位。在示范效应带动下，农户参与这些活动的积极性很高，对配套金融服务的需求逐步升温。农业供给侧改革同时加大对农村人居环境和投资环境的改造工作，这些有助于吸引对农村的投资。在此背景下，加强对农业及农村产业的全流程金融服务，将面临很大的发展空间。为提供好这方面的服务，需要金融机构创新业务模式，更加重视发挥仓单、订单、现金流在信用管理中的作用，更加重视专业化的团队建设，包括提高对大数据的分析能力。

三是利益相关方协同合作，通过优势互补提供全面服务。随着农村金融服务需求更趋综合化、全面化，我国金融业的分业经营格局需要金融机构加强跨行业的协同合作，包括加强与非金融机构的协同合作。除了金融业机构之间的跨行业合作，例如银行业与保险、期货等行业合作，还应加强与地方政府等利益相关方合作。地方政府对于改善地方金融生态以及农村投资环境具有决定性作用，也是推动农民增收的责任主体。发挥地方政府的作用，应更重视完善金融基础设施。例如，地方政府通过统一打造地方信用信息服务中心，降低银行与农村客户之间信息不对称，其作用远远高于单纯的信贷贴息，事半而功倍，属多赢之举。监管部门以及金融机构在发起阶段可以发挥重要推动和指导作用。

3. 提供长期资金

从农业供给侧改革的重点看，不少属于长期投资，涉及农村公共基础设施和农业设施建设。这些投资是根本改变农村面貌和推动农业转型升级的重要前提，需要稳定、持续的资金来源。从农村情况看，依靠农村集体组织和农户自身积累难以承担这一任务，需要各级政府和农业投资者参与。但这些投资活动周期长、回收慢，因而需要金融机构提供长期资金，包括商业银行和政策性、开发性银行机构提供的长期贷款。

农业领域长期贷款的风控难度更大，需要创新项目开发管理及信用风险管理机制。国开行、农发行、农业银行等银行机构已经进行不同形式的探索和创新，积累了一定经验。在推进农业供给侧改革的新形势下，农业领域长期贷款的潜在需求更大，需要进一步创新金融服务的机制和模式。

目前需要解决的主要障碍包括：一是项目投资收益。长期资金投入农村公共基础设施领域之后，很难取得直接回报，一般需要依靠通过地方投融资平台盘活资金。这对地方政府的项目管理能力提出较高要求。事实上，中西部不少地区的基层政府缺乏相关人才。这对银行的风险管理机制提出更高要求。随着在项目投资主体中引入社会投资人，例如通过 PPP 方式引入多元化投资者，项目资本结构更趋复杂，信贷资金的风控难度更大。二是项目的经营风险。各类农业生产经营主体投资的中长期农业设施项目，建设、投资回收周期长，投资收益受农业生产经营风险影响，波动较大。与此同时，农业领域的产权属性具有特殊性，可用于长期抵押、质押的合格资产有限，相关资产的可处置、可变现能力较弱，再加上农机设备等固定资产折旧较快，这些意味着农业领域长期信贷资金的风控难度较大。

（三）新形势下农村金融创新的主要特点

当前，农业领域的供给侧改革是在信息化、大数据技术快速普及和互联网、物流平台加速创新的背景下推进，农业领域的生产、加工、营销活动以及农业与其他产业的融合发展面临新的创新机遇，也为农村金融创新提供了新的条件。

从农业领域的金融服务创新趋势看，主要具有以下特点。

1. 连接联合

新技术推动下，市场主体之间的连接和联合趋势加强。具体表现为：一是在供给和需求之间的直接连接加深。这意味着中间环节得到简化，由此降低成本、风险，包括信用风险、市场风险，有利于改善供给方的融资条件。二是生产经营主体的协同和组织联合快速发展，合作组织在农村得到快速发展，“三位一体”综合合作等组织发展潜力很大，由此推动农村生产经营的组织形态发生重要变化。这些有助于改善生产经营主体的抗风险能力和成本效率，也有助于拓展融资渠道、降低融资成本。

2. 多方协同

在农业供给侧改革的背景下，农业金融服务的利益相关方更趋多元化。一是在农业生产领域，除了各类农业生产经营主体，地方的财政收支也与之密切相关，各类工商资本对农业及相关领域的关注程度和投资力度在加大。二是在消费领域，食品安全和农业休闲、农村旅游观光等议题一直为各界所关注。与此同时，消费领域对农业生产供给的影响潜力在逐步发挥，存在很大的服务创新空间。三是在金融服务方面，客户、信息等资源共享以及风险共管日益成为各行业拓展业务、提高风险和成本管理绩效的重要途径。例如，银行和担保、保险、期货等机构为农业生产经营组织提供一揽子服务，事实上已经在共享客户、信息，并通过风险分担、风险对冲等途径管理风险。这种行为属于金融机构的战略协同，也意味着各类金融机构在更深入地参与农村金融服务。

3. 信息驱动

无论从生产供给与消费需求的直接连接，还是生产经营主体、消费者的各自联合，市场主体行为及结构的规模化、扁平化、内部化在客观上推动了信息数据的大集中、大流动。这种格局对于改善市场体系的信息不对称具有十分重要意义。金融信贷的难点问题是风险管理，而风险管理的核心障碍是信息不对称。在新的格局下，互联网、信息化、大数据技术为数据的集中、管理、分析提供基础支撑，有助于更好挖掘风险信息。由此，通过信息驱动的金融服务创新面临历史性机遇。例如，一些掌握客户大量历史交易数据的电商和网络服务商，在信用风险管理等方面具有特殊优势，无论是直接发放信用贷款还是作为中介服务机构，都可以在金融业务创新方面拓展新空间。

在此背景下，农村金融服务面临创新发展机遇。主要包括：一是风控条件在逐步改善。生产组织结构、治理机制、市场关系等关键因素得到改善，农业生产经营风险管理的环境在改善。这些为金融机构创新金融产品提供了条件。二是对新型金融服务的市场需求较广。随着新技术快速普及推广，农业生产经营主体、投资者的运作机制以及资产负债管理方式都在发生转变，需要更有针对性的金融产品提供服务和支持。三是面临提高成本效率的机遇。互联网、信息化、智能化等新技术可以为提高成本效率发挥重要作用。例如，通过人工服务的电子化替代，可以显著降低人力成本；借助互联网技术，不但新进入市场的金融机构可以后来居上，迅速拓展市场，而且可以弥补传统服务模式的覆盖面局限，以更低的成本、更高的效率、更便捷的服务形成竞争优势。而智能化技术的引入，可以在风控等方面发挥更强的作用，从而使信贷得以渗入到单笔业务规模更小、更底层的人群，提供更切合实际需求和实际条件的金融服务。

二、农村金融创新面临的关键问题

从金融机构角度看，无论什么样的业务、什么样的管理，经营收益都必须能覆盖成本和风险损失，否则难以可持续。从当前实际情况看，这些方面存在一些需要解决的关键问题。

（一）风险

从农村金融业务特点看，无论是大型投资项目还是普惠金融服务，信贷领域的风险管理是关键问题，由此导致贷款难成为长期现象。其中既有农业经营原因，例如农业生产的自然灾害和市场风险始终是影响农户还款能力的源头问题；也有金融机构自身原因，例如对客户信用风险的识别能力和内部管理的操作风险控制能力。这些决定金融机构的业务发展空间。

1. 市场风险

对银行机构而言，在利率市场化过程中，存贷款利差存在逐步缩小的趋势，为增加业务收入，需要拓展中间业务。农村金融创新面临两方面关键问题：一是利率风险管理，二是中间业务的风险管理。

在利率风险管理方面，从部分国家和地区的利率市场化过程看，一些小型的社区金融机构为应对存贷款利差收窄问题，在早期大量发放固定利率的长期贷款，试图通过扩大业务量弥补资产回报降低问题，但在后期随着存款利率走高而陷入困境。也有的农村金融机构从事高风险的资产经营活动，试图通过高风险资产的高收益来弥补总体收益下降问题，但最终因高风险资产的风险事件导致巨额损失。最近一两年，存贷款利差收窄已对我国农村金融机构带来明显压力，这方面需要引起足够重视。

在中间业务的风险管理方面，部分金融机构包括从事中间业务的非传统金融机构在从事中间业务时，业务操作的界限模糊。其中的关键问题是一些金融服务机构受高收益诱惑，介入担保或其他信用业务，包括事实上成为交易业务对手方。同时，一些从事中间业务的新型金融服务机构趁行业管理不规范，打着创新旗号，推出隐含高利贷、具有欺诈性质的产品，事实上也偏离了居间服务的范畴。各类新型金融机构如果不通过创新塑造专业化服务优势，将面临可持续发展问题。

从国际经验教训看，利率市场化是对小型金融机构的重要考验。不推进创新、不完善专业化服务，小型银行机构仅仅依靠传统模式与大型银行进行同类竞争，也将面临可持续性问题。

2. 信用风险

农村金融服务的主要对象是各类农业生产经营主体和农村小微企业。客户的信用风险主要与还款能力不稳定有关。具体涉及以下因素：一是客户财务信息的相对不透明。银行传统的风险管理模式在农户和农村小微企业不易见效。例如，客户财务报表缺失或财务数据可信度不高，这导致客户的还款能力无法通过银行传统的风控技术来甄别。二是自然灾害、病虫害、农产品价格波动导致农户收入不稳定，这些生产经营风险意味着信贷客户的还款能力缺乏保障。传统银行机构对这类风险缺乏干预途径。三是部分客户经营管理能力不足，管理风险不到位。农村金融服务需要针对这些难点问题提供新的解决途径。

在推进农业供给侧结构性改革新形势下，农业生产、加工、流通的组织方式和业务范围、价值内涵正在发生重要变化，从而为金融服务创新提供了新的条件，有助于金融机构更好管理信用风险。例如，农业生产的组织化提高，有助于提高生产经营主体的抗风险能力；信息技术在农业及相关领域的广泛应用，则有助于帮助银行通过更多的“软信息”来甄别客户还款能力；而随着农业生产经营主体更多涉及流通及其他第三产业，在价值链分工中的地位上升，收入提高，意味着还款能力也随着迈上新台阶。这些都有助于降低银行客户的信用风险。

3. 操作风险

操作风险是风险内控机制的关键。在农村信贷领域，值得重视的有两方面：一是基层信贷员及相关管理人员在客户授信过程中的合规性；二是关键岗位管理行为的合规性。

在基层信贷员层面，业务操作规范本身不完善或执行不到位必然会导致小额贷款不良率居高不下。例如，信贷员在走村串户过程中与客户频繁接触，但农村银行机构很难监督其日常行为。在贷前调查和贷后管理等关键环节都有这一问题。如果信贷员自身行为不规范特别是有不廉洁行为，则会给信贷资产带来很大风险。同时，基层信贷员需要有效挖掘客户信用的相关信息，包括相关“软信息”，为信贷决策提供有效依据，这也对完善基层信贷员的业务操作规范提出了更高要求。这些问题带有普遍性。一些支农效果较好、资产回报高、风控效果好的农信社，往往在这方面具有独特的经验和业务模式。从实际情况看，较好的业务操作规范一般建立在专业化技术的基础上，例如微贷管理技术、信息化技术。

在关键管理岗位层面，领导班子管理行为的合规性具有根本性影响，但也是突出难点。这主要受以下因素影响：一是由于监督机制弱化，导致规章制度落实不到位。虽然具有一整套制度，但缺乏刚性执行机制会导致制度走样，最终虚化。二是监督主体与监督对象“一家人”导致监督程序走过场。例如，监督主体本身与监督对象存在密切关系，导致监督检查过程形式化、监督发现的问题难以转化为应有处罚。三是监督体制本身不尽合理。缺乏及时、刚性、全覆盖的外部监督机制，会导致问题长期被遮掩，以至小问题拖成大案要案。缺乏针对管理行为的严格外部审计制度，也是导致其合规性不足的重要原因。

（二）成本

在农村金融领域，除了风险问题，成本也是制约业务拓展的重要因素。原因在于，农村地区的特殊性使银行等金融机构面临两难问题：如果大银行拓展农村基层金融业务，则面临人力成本问题；小银行等小型金融机构天然贴近农村基层，但在信息化投入等方面则面临门槛问题以及吸收储蓄成本偏高等问题。信息化、联合化分别使大银行和小银行的支农成本问题有所缓解，但仍需要通过深化创新更好地解决在成本控制方面的关键问题，以完善支农机制。

1. 人力成本

在农村金融领域，地理空间的高度分散和业务规模的普遍偏小，导致服务的成本相对偏高，尤其是人力成本和网点设施的投资和运行维护成本偏高，这也是一些大型全国性银行难以渗入农村基层的重要原因。有几方面因素决定了金融机构在农村基层的人力成本总体较高。一是农村基层客户财务数据不完整决定了银行机构必须依靠非财务数据和软信息来甄别客户信用，需要基层信贷员与客户所在社区保持密切沟通和接触。信息化技术使信贷员的工作效率有所提高，但仍需要大批信贷员下沉到基层服务。二是农村地区的人口密度较低，在中西部地区尤其如此，不少地区还存在山区地形地貌带来的交通不便。但与此同时，为保证金融服务覆盖面和服务质量，又需要在基层地区设置必要的服务网点。村级代理点 POS 机的相关服务提供了取款、汇款等基本服务，但尚不能取代银行网点的全部基本功能。在村镇设置服务网点则面临收支平衡问题，在办公用房装修及租金、员工开支等方面存在刚性支出，需要吸收一定规模储蓄才能维持收支平衡。三是农村基层的单笔金融业务规模普遍偏小，基层信贷员等必须通过增加服务的客户数量来创造足够的盈利。但是，每位信贷员所能服务的客户数量存在自然极限，一般为 300 人左右。通过引入信息化、智能化等技术支持，以及地方政府信用信息系统支持，有机构信贷员能增加到服务 1000 人，在一定程度上缓解这方面的压力，但多数地区尤其是中西部地区仍面临较大障碍。

2. 信息化投资

随着信息化、智能化技术在经济社会各个领域得到广泛普及应用，金融机构的信息化投资已经成为产品研发和客户服务的关键基础。如果不投资信息化系统，则很难有效应对激烈的市场竞争。但金融机构尤其是银行机构的信息化投资建设门槛较高。配套计算机与存储系统、网络设备以及配套软件开发等升级换代较快，但软、硬件的升级成本很高，而新技术的不断出现和推广也使金融服务软件开发和升级更趋频繁，这些使小银行在信息化建设投资上进退两难。小型银行如村镇银行的资本金规模有限，难以独立投资建设信息化系统，但不投资则又很难适应市场的基本需求。从海外看，有不少农村小型银行机构由于在信息化建设投资上面临两难困境，只好主动寻求被大银行兼并。

我国农村银行机构中，从法人资本金规模看，农村信用社、县级农商行以及村镇银行属于小法人。县级农信社和农商行法人依托省联社投资的信息化系统，避免了这方面压力，但仍需注意县级法人机构的软件开发需求问题、基层客户的个性化需求匹配问题是关键。

从村镇银行看，若不依托主发起银行，其信息化服务难题很难得到解决。但即使在硬件方面依托主发起银行的服务器等设备，专用软件开发仍是不可回避的现实问题。对发起村镇银行较多的主发起银行而言，可以通过统一开发管理方式适度分摊成本，但负担仍然较重，原因在于不同地区村镇银行的服务需求差异性较大，对软件开发提出更高要求。那些自身缺乏独立信息化系统的机构，如县级农商行或县级农信社发起控股的村镇银行，则负担更重。这些问题需要在下一步创新活动中得到解决。

3. 融资成本

从利率市场化过程中同业竞争的国际趋势看，小银行在吸收存款的业务竞争中处于相对不利的位置。由于大银行比小银行具有更强的抗风险能力，公众更加信任大银行的稳健性，这意味着公众更倾向于把资金存到大银行，而不是小银行。由此，小银行需要支付比大银行更高的利率，才能有效吸引存款。这种风险溢价也体现在小银行的其他融资渠道上。

为维持收支平衡，小银行需要实行更高的贷款利率。但问题在于，大银行在规模优势支撑下，具备贷款利率定价的主导优势，可以实行相对较低的贷款利率。这就意味着大银行可以竞争到优质客户，也意味着小银行的贷款利率上浮空间很有限。事实上，小银行需要实行更低的贷款利率才能争取或留住优质客户。同时，大银行具有资本金规模优势，能够提供更大额度的信贷资金。在审慎原则之下，小银行要维持可持续发展，吸收存款的利率上浮空间实际上非常有限，面对两难格局。从发达国家历史经验看，在利率市场化之后独立面对市场竞争的小银行，规模越小，发展的可持续性越差。例如，美国自从 1986 年完全实行利率市场化之后，20 年内小银行的数量减少了 2/3，其中有相当比例的小银行在政府救助失败之后被迫破产，仅 1989 年就有 531 家。与之相对比，也有的农村金融系统，例如荷兰、德国的农村合作银行体系，借助信息化技术逐步推进基层法人相互兼并，缩减基层网点，避免了大批基层法人破产问题。

我国农信社、村镇银行在信息化、利率市场化交叠的历史背景下，既要维持基层法人地位稳定，又要实现可持续发展，为此需要在优化基层网点布局的同时，从技术创新、管理创新出发，更好控制成本。这对控制小型金融机构融资成本的创新机制提出了更高要求。

（三）激励机制

正是由于在基层推进金融支农的高成本、高风险，加上各类银行面临不同的困难和障碍，针对基层金融机构及其一线员工的支农行为进行激励尤为重要。从具体形式看，除了直接的成本补贴和风险分担，也应该重视营造更好的信贷发展环境。

1. 内部正向激励

对于定位于支农的金融机构而言，扎根农村、服务农户是战略需要，而小微贷款业务是联系农户的关键渠道，具有战略意义。但从机构内部各部门的收益看，小微贷款业务的收益要有效覆盖成本和风险，首先取决于金融机构的风控能力，将不良率控制在合理范围内，否则小微贷款支农业务很难具备可持续性；其次，需要对基层信贷员业务员进行必要激励，否则由于工作强度大、收入低、压力高，基层信贷员很难有足够的积极性去开拓小微支农贷款业务，由此导致业务萎缩。

其中存在的关键问题如下：一是小微支农信贷的风控涉及多方面因素。包括：对基层信贷员的监督是否有效到位、对农户信用风险的判断识别是否客观准确、对相关银行职员的责任追究是否严格到位，这些都涉及银行机构治理的核心，不仅取决于领导班子和决策层的决心，更需要切实的技术支持，包括信息化技术、信贷管理技术以及组织架构的优化。在此基础上实施的激励机制才能发挥效果。二是对银行内部一线员工的激励涉及人性问题，面临人的生活需要和发展需求。对中青年员工而言，需要在提供经济激励同时，为优秀员工提供发展空间和职业上升通道，需要在基层支农一线锻炼培养、选拔任用优秀骨干人员的工作机制。这些在农村金融机构知易行难，原因在于这方面业务战略意义重大，但实现盈利难度较大，一些金融机构甚至需要进行内部补贴。

这一格局事实上对金融机构的内部综合核算机制提出了更高要求，需要更好地衡量小微贷款支农业务对机构整体发展的贡献，包括对其他部门盈利的贡献以及影响，例如对吸收存款的贡献。在此基础上才有可能形成合理的内部激励机制。

2. 财政支持

政府财政支持的作用更多体现在发挥带动意义上，因而重点在于以点带面，促进相关业务发展。如果相关业务的可持续机制建立在依赖财政补贴的基础上，则最终不但政府财政不堪重负，相关机构也会丧失活力。同时，也难免引发地方政府对信贷业务的干预问题，但地方政府又承担农村金融风险的处置责任，因而这种局面最终难免双输。

因此，对发展潜力较大的支农业务进行适当减税是双赢之举。但是大规模、大面积的财政补贴则可能导致诸多后遗症，这些是地方政府与金融机构合作过程当中需要重视的关键问题。

从直观理解，由于金融机构支农面临的主要困难是支农成本和农村客户信用风险问题，因而不少地方政府容易简单地将对策思路集中在分担成本和风险上。事实上，金融机构的支农成本和风险并不是绝对的，而是与组织结构、业务规模、信息透明度等因素有关。推进相关领域的改革和创新，可以在一定程度上使成本、风险相关的问题和矛盾得到缓解。从这些领域入手，地方政府可以花更少的钱，达到更好的效果。

对金融机构而言，在农村领域抢占市场，寄希望于地方政府支持也不现实。地方政府的财政压力和市场机制决定的总体格局本身都决定了金融机构只有从优化自身的专业化服务模式入手，才能在控制成本和风险方面形成独特竞争优势。更为重要的是，需要打破传统的思维局限，从更大的范围、更新的思路寻求突破，包括突破金融机构自身的资源局限，通过跨行业整合信息、技术、客户等资源，找到控制成本和风险的有效途径，例如沿农业产业链推进跨界合作。

这些是在农业供给侧改革背景下，农村金融服务的利益相关方在改革和创新发展过程中需要重视的关键问题。

3. 金融支农环境

对金融机构而言，良好的金融发展环境，事实上比政府补贴的意义更为重大。良好的金融支农环境，意味着金融机构能够在成本更低、风险更小的条件下推进支农服务，这比政府补贴对业务可持续性的影响更大。

金融领域的核心难点是风控问题，而信息不对称又是影响风险的核心问题，因而能否为降低信息不对称提供支持和帮助，是检验金融发展环境的关键因素。在农村金融领域，银行机构与农村客户之间的信息不对称远比城市金融领域突出。除了财务信息不透明、抵押担保不充分，农村基层的市场运行机制也有别于城市，例如抵质押物流转、处置、变现的难度大、周期长，加上通过司法渠道处置信贷不良资产的周期较长，司法判决执行过程可能与农村的地域文化存在摩擦，这些都意味着贷后管理的难度高于城市，面临的不确定性很大。故降低信息不对称的意义重大，是从事前有效防范风险的关键切入点。总之，金融机构迫切需要地方在降低信息不对称方面切实发挥作用。

总体而言，地方政府可以为降低金融机构的信息不对称发挥重要促进作用，具备这方面的优势和条件。原因在于，地方政府部门及公共服务机构掌握了大量居民生产生活信息，司法等机构也拥有大量信息。国务院于 2014 年 6 月 14 日颁发了《社会信用体系建设规划纲要（2014—2020 年）》，对这方面进行系统部署，但各地实际进展不一。部分试点地区取得了非常积极的效果，也有的地区推进不快。这一方面对各地的改革创新提出了更高要求，需要因地制宜探索有效的改革模式，另一方面也需要积极推广成功地区的创新经验。

（四）服务

能否通过便捷方式提供客户所需要的金融服务，一直是基层农村农户关注的核心问题。在各类调查问卷中，基层农户反映的问题普遍与金融服务产品针对性、金融机构内部审批决策的时间、申请信贷的抵押担保条件等焦点问题有关。这对农村金融服务创新提出了明确要求。

1. 产品研发贴近基层需求

由于经济基础、产业结构、地理条件、文化背景等方面存在差异，不仅东、中、西部对金融服务的需求存在明显不同，即使同在东部地区的省内各地，农村地区对金融服务的需求也存在不同程度的差异，风险管理机制也存在差异，需要金融机构因地制宜创新金融服务产品。

在金融服务创新过程中，能否形成客户需求驱动的产品研发机制，与研发的模式有很大关系。总体而言，尝试通过研发一种产品来回应不同地区的客户需求，实际上会影响产品服务的专业性，也很难有效匹配客户的需求特点。但对大银行而言，其产品研发部门集中在总部，这种组织架构决定了研发机构主要面向全国市场组织创新，而不是对某一地区的客户需求作出有针对性的回应。因此，这种创新只能对各地区的需求进行综合提炼，在此基础上针对共性问题改进金融服务。但对农村基层服务而言，影响金融机构竞争优势的关键在于如何有效满足市场的个性化需求，事实上这也是专业化服务能力的重要组成。例如，针对当地产业的发展特点，组建专业团队，调整内部业务流程和组织架构，开发切合当地需求的金融服务产品。

从实际情况看，基层的小型银行机构例如县级农商行、农信社、村镇银行等在产品研发、服务模式创新等方面具有更强的灵活性和针对性，因而能更有效回应基层需求。这种格局也对大中型银行特别是全国性大型银行的管理机制提出了新要求，即要求大型银行在管理层级较多、研发创新管理相对集中统一的基础上进行内部体制创新。从国际经验看，这种创新是必要的，也是可能的，例如根据行业特点组建专业服务团队是比较常见的模式。但如何根据中国特点，结合内部治理机制创新形成更有竞争力、风控更强的产品研发和服务机制，则是当前需要重视的关键问题。

2. 提高决策效率尤其是反应速度

从农村基层的需求看，对金融服务的重要期待是提供更加便捷的产品。例如农村基层的农业生产经营活动往往具有较强的时效性，再加上日常生活中的大额资金需求往往具有临时性、应急性，不在预期之内，因而迫切需要金融机构能够及时对客户的需求作出反应。

但从金融机构自身特点看，无论哪类机构都需要经过内部的审批决策，不同机构之间的差异主要体现在流程和权限配置上。从小型银行机构看，由于内部的决策链条较短，在反应速度上具有优势。同时，由于总部贴近基层，管理团队、决策人员对基层需求情况有更直观的了解，能更好理解基层客户的发展机制，对内部审批环节的流程设计、权限配置能作出更合理的安排，这有利于有效识别出合格客户，并尽快回应客户需求。另一方面，专业化服务模式也有助于提高决策效率和反应速度。在此基础上，实践证明通过预先进行客户信用调查并预授信的方式也有助于提高金融服务的便捷性。

但对大型银行而言，传统管理模式采取分级授权、逐级审批的模式，在反应速度上不如小银行。简化决策过程、下沉业务资源、下放决策权限有助于对传统管理模式进行优化，但这需要建立在有效风控的基础上，包括风控环节前移，需要对自上而下的传统管理体制作出较大调整。要形成基层需求驱动、风控环节前置的业务发展新模式。大型银行创新服务所需要推进的工作不仅包括组织架构调整，还应重视决策模式优化、业务团队建设、基层资源配置等方面。其中，风控机制的调整优化是核心任务。

3. 降低农村客户的准入门槛

在农村基层的金融服务中，设定抵押担保等客户准入门槛的初衷是识别合格客户。但传统的识别模式往往沿用城市业务的基本模式，例如要求农村客户提供抵押物。城市客户往往拥有处置便利的房地产等合格抵押物，因而这种模式具有通用性，但在农村简单套用这种做法无疑会排斥一大批合格客户。这类客户具有还款意愿和还款能力，但缺乏符合银行要求的抵质押物。农村基层客户反应较多的问题还包括，一些银行要求农户提供的资料太过复杂，基层农户只能知难而退。例如，一些农村银行机构要求客户提供资产评估证明，但这类评估服务机构很少，至少要到县城才能办理，往返一趟要好几天。在西部地区这是个突出问题。此外，基层客户以及一些大型银行的基层机构反映，在逐级上报过程中，上级主管机构对资料的要求很严格，个别地方不规范就很可能导致审批难以通过。

这些事实上是阻碍农村合格客户获得贷款的关键问题。这在影响农户融资的同时，客观上也制约了银行机构的业务发展，形成双输格局。

推进这方面创新的本质在于，以客户的实际条件为基础，建立有效的风控和成本管理模式，使具有还款能力和还款意愿的客户获得相应额度的贷款。因此，需要针对客户的生产经营活动特点识别信用风险，包括根据客户生产经营活动的数据信息判断经营投资效益。这些都意味着需要改进信用风险的管理模式，包括引入微贷技术、大数据分析技术等作为基础支撑。这些是大势所趋，也是创新的关键所在。

三、改善农村金融服务的基础因素

对金融机构而言，改善农村金融服务的路径在于提服务、降成本、控风险，其中成本和风险是基础因素。改善成本和风险管理需要针对风险的成因和源头，从组织结构和治理机制切入。

（一）降低信息不对称去风险

信息不对称是金融机构风险问题的基本成因。在农业领域，信息不对称导致的问题更加突出。其中，降低信息不对称性对改善农村信贷供给具有重要意义。信息不对称影响银行机构判断农村客户还款能力和还款意愿的有效性。银行掌握更多与农村客户还款能力、还款意愿相关的信息，包括财务信息数据，包括财务数据以外的生产经营活动相关信息，也包括个人相关的“软信息”，有助于准确判断客户的信用风险。

从这些信息的来源看，主要与以下因素有关。

（1）信贷客户与产业链的上、下游合作客户相关的信息，包括订单、合作协议、支付承诺等具有法律约束力的文书，以及其他经济往来信息。产业链融资是当前各方关注的热点话题。从一些金融机构的实际做法看，除了注重核心企业的担保责任，还需要重视核心企业的项目投资效益、现金流，以及配套小微企业自身的生产经营数据和实际控制人的“软信息”。如果仅仅通过增加核心企业的担保责任，来开展产业链融资活动，虽然有助于改善核心企业与配套小微企业之间的不平等以及核心企业占用配套小微企业资金资源等问题，但对改善银行风控质量的作用相对有限，信用风险在客观上更趋集中。同时，核心企业对担保责任承受能力有限，只能解决部分问题。在农村，为农业龙头企业配套的合作社和专业户、家庭农场主还与其他各类市场主体存在密切的经济往来，包括采购等活动。这些信息对于判断农村客户的生产经营状况、现金流、项目投资效益同样具有重要价值。

（2）合作组织体系内部的相关信息资料。农村的信贷客户参加合作组织后，相关的生产经营活动信息可以由合作社统一管理、利用。在农业供给侧改革中，强调要推进生产、供销、信用“三位一体”的综合合作，这有利于农村信贷客户信用相关信息的综合集成。从供给与需求对接角度看，农村客户生产环节的信息越完整，生产与流通需求的互动程度越高，消费者特定需求可以得到更好满足，例如城市消费者对于绿色、有机、无公害以及健康食品的需求。客户对农产品的质量、安全等关注得到积极回应，必然有助于改善农产品定价，增加农户收入。这在客观上有助于银行机构包括信用合作机构根据生产、流通环节的大量信息，对农村客户的还款能力和还款意愿作出更加客观、准确的评估。

（3）客户生产经营数据及“软信息”收集。由于农村客户特殊性，银行机构无法凭借有限的财务数据对客户的还款能力和还款意愿作出有效判断，因而通过收集客户的生产经营数据及“软信息”进行交叉验证十分必要。由于农村客户的信贷需求小额、零散，需要能较快作出回应，上述数据和信息建立在日常采集、积累的基础上，及时更新，这就意味着基层信贷员需要下沉到农村社区并与潜在客户群体保持密切接触，甚至有必要通过在当地社区聘用兼职或者专职员工方式拓展关键信息来源。同时，银行机构需要逐步发展出一整套根据客户的生产经营数据判断其现金流以及投资收益的方法或模型，甚至重建客户的财务报表，从而形成判断客户还款能力和还款意愿的有效依据。这在农村小微企业的信贷业务中尤为重要。

（4）政府等公共部门掌握的客户诚信信息数据。地方政府等及其所属部门等公共管理机构，包括公用事业服务机构，掌握了农村客户的大量生产、生活相关信息，反映了客户的各类经济活动，对于判断客户的还款能力和还款意愿有重要参考作用，对农村小微企业尤其如此。地方政府通过汇集相关数据，也可以进行必要的处理分析，包括信用评级、风险预警等，可以为金融机构提供很大便利，降低金融机构的信息收集成本。由于地方政府这方面的服务对于降低金融机构的业务风险有非常大帮助，可以有效降低金融机构的风险成本和相关支出，有助于促使金融机构强化农村信贷业务的可持续发展机制，对金融机构而言比贷款贴息或风险分担更能起到业务促进作用。对地方政府而言，这方面的一次性投入主要是软件开发和基本硬件费用，有的地方控制在 500 万元以内。与贴息相比，投资少，效果明显，还可以降低当地信贷业务的整体风险水平。

对金融机构而言，信息的处理分析与获取同样重要。农村金融机构评估客户还款能力和还款意愿时，涉及关键信息的收集成本、分析技术以及决策方法等方面。

首先是信息汇集与管理的信息化技术。无论是信贷机构自身设法收集的信息，还是政府部门汇集之后提供的信息，在其汇集与管理环节均涉及信息化技术。依靠信贷机构自有渠道，自主采集信息的渠道包括：对客户上门服务过程中采集生产经营信息；因抵押、质押业务在客户生产、仓储现场设立监测信息采集点；通过互联网以及社交媒体等渠道收集客户经济活动信息；合作方参与的生产经营联合体内部，其综合管理平台也存在大量的成员信用相关信息；以及基层信贷员在日常走访社区过程中采集、积累信息，等等。这些信息的采集或管理均需要通过信息化技术实现有效的管理和共享。部分金融机构已经把人工智能识别以及地理信息等技术交叉融合，不但减轻了人员工作量，也提高了信息共享的实际效果。在政府汇集信用信息方面，各部门的信息系统按要求自动报送数据，由信息服务中心的信息化系统进行统一汇集、监测、分析，自动为金融机构提供咨询服务。

其次是数据分析技术。金融机构要摆脱对抵押担保的过度依赖，就必须重建客户还款能力和还款意愿的评估模式和机制。其中，基于通过各种渠道所采集的客户信用相关数据进行有效的分析是关键。为此，需要引入模型化的分析方法。一方面，需要对相关的历史数据进行积累，形成具有一定长度的时间序列，这是进行模型化分析、检验的基础。另一方面，需要针对当地客户的信用相关信息和产业、文化发展特点，建立客户信用分析评估的计算机计量模型。通过历史数据分析、检验，逐步提高模型的准确性。相对而言，随着关键数据维度增加，交叉检验的效果有望得到加强。这些需要农村金融机构及时启动数据收集、积累工作，适时推进数据分析和建模。

最后是在审贷决策的应用。在汇集、分析客户信用相关数据的基础上，如何将分析结果纳入审贷决策机制是关键。从农村金融机构的实际应用看，微贷技术把甄别客户的还贷能力和意愿作为核心任务，强调第一还款来源，比较切合农村客户的实际条件。结合信息技术和微贷技术完善农村信贷决策机制，有助于降低信息不对称并改善风控质量。从过去十多年各地改革试点情况看，农村金融机构在这方面的探索实践收到积极成效，在农户和农村小微企业都如此。

（二）完善农户信用风险管理机制

农村客户的信用风险与两方面相关，一方面是农业生产经营环节，另一方面是还贷的责任分担机制。在农业生产经营环节，农户生产经营能力、自然灾害和病虫害、农产品市场价格波动等都会影响农户的还贷能力，也是常见风险来源。还贷责任分担机制方面，如果缺乏风险分担或分散管理机制，也会导致客户还贷能力不足直接演变为银行的不良资产。

为从源头改善农户信用风险治理，增强农户抗风险能力、提高农户收入水平、建立农产品市场风险的对冲机制等等，都是降低农户生产经营风险的有效途径。具体包括如下几个方面。

（1）通过劳动联合和组织联合、再联合，以形成规模效应，增强应对市场风险的能力。从发展规律看，农户组成专业合作社之后，随着规模提升，其议价能力会得到提升，市场地位随之得到改善，有助于改变单家农户的被动局面。特别是在合作社达到一定规模之后，其市场营销能力得到强化，可以主动拓展，包括建立自有品牌，形成稳定的销售渠道。同时，随着农户之间的联合，合作社内部可以为遇到经营风险的农户提供支持，帮助农户渡过难关。农村金融机构从这些机理出发，创新金融服务模式，可以实现双赢。从生产、供销、信用“三位一体”综合合作的发展机制看，通过综合服务、信息共享，在改善农户信用风险管理方面可以发挥重要作用。不仅可以形成规模效应，而且可以通过信用合作的股东即客户机制、风险共担机制，改善资金配置的信息不对称格局，增强客户还款意愿。总之，劳动与组织联合是提升农户应对市场风险能力的重要途径。具体实践中，劳动联合的规模水平、农户得到的实际好处、合作组织实际控制人等因素是需要重视的问题。组织联合的规模水平达不到一定程度则应对市场风险的能力有限；农户得到好处不多则参加合作社活动的积极性不高，合作社作用难以有效发挥；若控制权实际掌握在少数人或是企业主手里，则农户社员得到的好处有限，且容易出现套取国家优惠政策等行为。在现实中这些问题不少。

（2）提高农户收入。随着农户收入提高，其相应提高的还款能力有助于降低信用风险。提高农户收入的基本途径包括：首先，帮助农户转向从事高附加值的种养殖活动，例如种植经济作物，包括果蔬、花卉、中药材等作物。在这些经营活动中，技术、销售是关键问题，需要当地政府有效发挥桥梁和促进作用。其次，农户沿产业链拓展投资，提升在价值链分工中的地位。根据农业供给侧改革思路，与农业相关的农产品加工、运输、流通，以及与农村相关的休闲度假、旅游观光等行业属于鼓励支持对象，增值效应明显。从事这些行业有助于显著增加农户的家庭收入。由于这些经营领域具有较高的投资回报空间，同时需要一定前期投资，因而容易吸引城市工商资本进入，但目前农村资产定价偏低，农户在与城市工商资本合作过程中，很容易成为打工者。这种格局对于提高农户收入的帮助有限。农户通过联合方式进行投资经营是相对可行的方式，有助于促进公平分配，有效增加农户收入。在农户联合投资过程中，精明能干、有奉献精神的带头人是经营成功的基础，有效的外部监督则是防止出现内部人控制现象的关键。在此基础上，金融机构的适时介入有助于形成双赢。

（3）完善价格风险对冲机制，稳定农产品销售价格。农产品价格波动是影响农户收入和还贷能力的重要风险源头。除了发展订单农业，对冲价格风险的主要途径还包括：一方面是引入期货经营机构与农业大户或农业生产合作组织对接，通过期货渠道使农产品销售价格得到提前锁定；另一方面是探索农产品的供给侧与消费侧直接对接。这些在发达国家是常见做法，但需要配套交易对手方。其中，围绕农业生产主体与期货市场对接，国内部分商品交易所已经开始探索多种创新机制，取得一定成效。使农业生产主体与消费者直接对接，有助于通过把加工、流通环节内部化，从而压缩交易成本，惠及生产者和消费者，更有助于降低农业生产者面临的价格风险，但需要把消费者组织起来。发达国家常见做法是组建由消费合作社，社员参加义务劳动，以降低成本；由合作社采购农产品并加工成成品或半成品的食品，以优惠价格卖给社员。消费合作社凝聚力在于价格优惠，比市价优惠 30% ~50% 。有的合作社通过社区厨房等公共场所普及烹饪技巧，为社员提供餐饮等服务。这类消费合作社在一些欧洲国家有将近两个世纪的历史，具有广泛的群众基础。农业生产主体与消费合作社可以通过供需互动，形成长期稳定的联合机制。我国现阶段正处于城市化加速推进、向现代化加快发展阶段，具备推进农业生产、信用合作与消费合作协同发展的基础条件。

（4）由农业生产的利益相关方分担风险。在农业生产环节，除了为农户发放贷款的银行，地方政府、农业保险公司，以及农户参与的合作组织都是利益相关方，可以在分担风险过程中发挥作用。地方政府分担农户信用风险，主要通过相应的担保基金，形成银政合作模式，由地方政府成立的担保基金为农户贷款的坏账按一定比例分担损失。这种模式的优点在于政府作为第三方为银行分担了坏账压力，增强了银行的支农动力。但不足之处在于，在政府分担坏账比例较高的情况下，需要防止农户把这类贷款当成财政补助或救助，还款意愿减弱。在供给侧改革的大背景下，随着农业领域的经营效益提升，有更多的保险公司开始涉足农村贷款的保证保险业务，形成银、保合作。部分省市政府结合这一趋势，通过地方财政资金的激励作用，在精准扶贫工作中实行银、政、保合作，推出扶贫“财银保”。设立保证保险专项风险补偿金，银行凭保单发放贷款，保险公司承担贷款损失的赔偿责任。在贷款保证保险赔付率超出相应阈值时，由风险补偿专项资金补偿。此外，财政对贷款利息和保险费用最高给予 80% 的补贴。这类创新的特点是各方通过市场机制实现优势互补，有助于形成合力。在创新过程中，一个值得重视的因素是反担保的应用。由于农村动产处置、变现困难，一般的思路是从外部追加担保。但在农村社区内部，特别是在合作组织内部，农村动产处置有一定可行性。因此，在农户贷款中，如果申请的贷款资金用于投资动产，且参加当地合作社，则由合作社牵头人为农户提供担保，再由农户以投资的动产作为反担保，在实践上是可行的。通过这些措施，有助于在农户无法偿还贷款时减轻银行机构压力。

（三）改善组织结构和治理机制

银行等农村金融机构要有效降低业务风险和成本，改善组织结构和治理机制是重要途径。具体包括以下几个方面。

（1）通过规模化降低业务成本，增强应对市场风险能力。小型金融组织以及农村的信用合作组织在具体发展过程中面临两难问题：如果规模太小则难以分摊刚性投资，特别是计算机系统等信息设备和软件的投资，也难以有效应对流动性风险等问题，这些问题直接影响发展的可持续性；但随着规模增大，则又会面临风险管理问题，规模越大，内部管理能力不到位导致的风险压力越大。为此需要在完善风险内控机制的基础上，通过逐级联合推进规模化发展，以降低业务成本，增强抗市场风险能力。具体可考虑市场化联合等途径。例如通过组织联合，基层合作组织共同发起成立具备服务、协调功能的联合组织，通过统一投资共享信息化技术设施，相互提供流动性支持，统一组织培训教育活动，等等。在组织联合的基础上，可以通过再联合进一步强化规模效应。这种联合方式的优点是基层合作组织之间相互保持风险隔离，因而不会造成风险串联或导致风险压力增大，但可以分摊成本并促进互助。事实上，这种组织联合、再联合的合作模式也是国际上合作组织实现市场化可持续发展的必经之路。对于小型商业银行等金融机构而言，走联合发展之路也是值得重视的选项。

（2）通过内部化、去中间环节等途径降成本。内部化是降低市场交易成本的重要途径和市场竞争优势的重要来源；压缩、减少中间环节则有助于降低成本、提高效率，也有助于降低风险。合作组织具有股东即客户特点，因而在内部化、去中间环节方面具有天然优势，在信用合作领域也是如此。因此，解决农村领域的融资问题，信用合作仍是基本方向。但需要重视的是，信用合作与生产等领域的合作机制有所不同，在对外开展业务之后信用合作存在比较明显的外部效应，为此需要引入专业化的经营管理机制，包括风险内控机制以及管理人员的专业化。即使不对外开展业务，在合作社内部也存在潜在的管理风险压力，尤其是流动性风险、操作风险等问题。因此，信用合作组织发展初期面临不少两难问题。除了规模与风控，专业化与运行成本、民主治理与经营效率、监管标准与可持续方面也存在两难。处理这些矛盾需要把握信用合作的实质：信用互助是基础，风控是核心。为此，即使暂时难以引入职业经营人才，也应该实行风险内控的专业化；要通过互助机制切实解决流动性问题，并具备支撑互助功能的基本规模和机构；要把完善风控基础上的有效互助作为努力方向，避免流于形式。

（3）通过信息化降成本、提效率、控风险。金融服务信息化发展是大势所趋，也是改善农村金融服务的重要手段，涉及农村金融机构服务效率、成本管理、风险控制等各方面。在服务效率方面，无论银行机构还是合作组织，都可以借助信息技术减少面对面的服务和交流，通过电子化替代提高业务操作效率；在成本管理方面，通过电子化替代人工操作，可以减少人工投入，从而节约人力成本；在风险控制方面，信息化技术为交叉监督、动态排查、非现场检查、风险预警等风控手段提供了极大便利，同时也为规范管理人员的行为提供了重要监督渠道。总之，信息化技术为降成本、提效率、控风险提供了新的途径和模式，有助于对组织结构的内部关系和治理机制进行完善。小型金融机构以及新型信用合作组织需充分重视信息化建设。

（4）通过加强外部监督降低内部操作风险。小型金融机构以及信用合作组织，由于内部组织架构和决策流程相对简单，内部制衡机制不健全、工作制度不规范的可能性较大，被少数人控制的可能性也较大。这在基层小型信用合作组织尤其如此。因此，加强外部监督对于降低组织内部的操作风险至关重要，是防范主要管理者违规的重要保障。从实际情况看，内部操作风险突出的金融机构，其治理机制中的外部监督往往实质缺位。那些在制度设计上缺乏有效外部监督的机构，这一问题会更加突出，这一问题普遍化会形成潜在的系统性风险。加强外部监督需要重视关键因素：监督的强制性、严格程度、覆盖范围、实时性，及违规后果的严重性都会影响外部监督的实际效果。从发达国家合作金融体系看，通过加强外部监督方式防范基层法人的内部操作风险是必要的，也是有效的，是普遍采取的方式。从我国第二轮农信社改革经验看，通过对基层农信社法人严格实行外部监督审计，能有效强化风控机制，并规范各项内控制度。

从实际情况看，对农村新型合作组织的外部监督存在两难：如果由监管部门实行监督，则由于监管部门的监督一般为事后检查，难以及时发现、阻止问题，同时对量大面广的基层合作组织，监管部门的监管资源相对有限，难以保证监督工作的及时、到位；如果以行业自律为基础强化外部监督，则由于缺乏相应组织及其自律机制，相关工作也难以到位。这些需要在下一步改革创新中予以完善。

（5）强化专业化服务。小型金融机构的竞争依托在于提升专业化服务水平。从涉农银行机构看，强化专业化服务的基础在于围绕涉农业务的产业链特点，从组建具备相应知识结构的专业团队到提供一揽子综合服务，到针对客户现金流的风控管理，形成独特的经营机制，都是需要重视的因素。小银行需针对当地主要客户所处行业的特点，整合内部资源，提供高效、便捷的服务产品。大中型专业银行具有规模优势，可以进一步加强专业化服务，例如组建专家团队，细分服务的目标行业，整合财务、农业、市场营销等方面专业技术能力，为客户提供相对全面的服务，同时对行业的发展前景进行必要预测分析，对客户现金流和收入回报进行估测。通过生产、信用、供销“三位一体”综合合作，有助于加强为农户提供综合化、专业化服务。其中，信用合作体系需要结合生产、供销合作的所处行业特点，使专业化服务与行业需求更趋匹配，对客户的现金流和投资效益形成更有效分析，对客户现金流的薄弱环节形成更准确判断，提高风控效果。供销合作体系则需要发挥组织体系优势，对相关行业的市场形势加强分析，为农户提供指导意见。

四、若干重点问题分析

（一）农信社省联社

省联社的成立，首先是县级小法人适应市场化竞争的客观需要，其次是组织联合的产物。

与大银行相比，小型银行机构由于规模相对偏小，在成本分摊、流动性应对、定价能力、市场营销、投资能力、抗市场风险等方面存在相对不足，为有效应对市场竞争，小型银行抱团走联合发展之路是理性选择。从全球发达国家的农信社或农村合作银行体系看，通过自下而上的组织联合和再联合形成市场竞争优势是共同做法。

事实上，在荷兰合作银行等合作金融体系内部，基层法人与体系之间的关系比较特殊。首先，基层法人需要留在组织体系内部，如果离开合作体系则难以在市场竞争中生存。原因在于组织体系提供了充分的后台服务支持，如成员机构之间的交叉担保、流动性支持等，基层法人难以独立解决这些问题。尽管一些基层法人可以独立开展 IT 系统投资、教育培训、利率定价、技术研发等活动，但在成本、地位、质量等方面的不足也非常明显。例如，如果缺乏组织体系内部提供的交叉担保支持，基层法人的融资成本会明显偏高，以至于影响可持续性。其次，基层法人并非不受上级组织管理。事实上，组织体系提供交叉担保是合作系统的体制优势，是形成规模优势的基础，合作体系在履行这一担保义务的同时，自然有权力对成员法人进行监督和协调。具体包括：对基层法人进行监管和管理，并且得到法律授权；以并表方式对基层法人财务进行统一管理；对基层法人经理人团队成员任命有重要影响力；同时，对基层法人和网点的布局及其调整进行总体规划协调。然而在形式上，荷兰合作银行总行是基层法人出资投资的结果。换而言之，基层法人是总行出资人，但却接受总行管理和监督。这是合作制与股份制这两种模式的关键区别所在。这种合作制模式之所以在荷兰运作良好，没有引起系统内的利益冲突，原因在于荷兰合作银行的经营原则在于服务社员等客户，而不是为股东的利益最大化服务，分红行为受到严格限制，基层法人大股东与总行的利益冲突、权力之争并不突出。在德国中央合作银行体系中，也存在类似组织担保机制。

当前对合作体系的一个常见误解是，认为基层组织的自治就意味着完全自主，不受外来干涉。事实上，如果基层组织完全自主，缺乏必要的体系内监督，那么道德风险不可避免。在合作体系担保下，基层法人从事高风险、高收益活动能够实现自身的内部收益最大化，但风险外部化，将转嫁给体系中的其他成员。同时，基层法人偏离服务社员宗旨去追求内部收益最大化的行为也势必普遍化。这些与委托代理问题有关。

因此在组织联合体系中，无论基层组织是合作组织还是股份制机构①，既然接受组织体系的担保，那么同时接受组织体系的监督和协调本在情理之中，这是责、权、利匹配协调的要求；责、权、利关系扭曲的体制不可能运作良好。基层法人只享受担保不接受监督的体制本身就不可持续，并不现实。需要指出的是，如果不以担保为基础，仅依靠靠服务功能很难促使基层法人自愿抱团形成体系，国际经验也是如此。原因在于，大型银行的服务功能吸引力更强，这种吸引力会导致合作体系瓦解。这是省联社改革中需要重视的问题。

在我国省联社及基层法人体系中，农商行的主要股东与省联社之间的利益和权力冲突客观存在。随着县级农信社逐步改制成为农商行，这一问题进一步突出，进而影响体系治理。必须指出的是，农信社改革和发展的优先目标是促进支农，不是实现股东利益的最大化。因此，必须重视基层农商行主要股东与省联社之间的利益和权力冲突问题，在深化改革过程中围绕支农宗旨理顺治理机制。

第二轮农信社改革引入“三农”投资者入股成为基层法人股东，其目的在于发挥这类投资者的管理能力和经验，在机构治理中提高理事会或董事会决策水平，并制衡经理人团队的内部人控制。但这类投资者有其自身利益基础和投资目的，包括追求投资回报，以及寻求在治理结构中的权力分配。其中，投资人寻求投资回报最大化的动机是现实存在的，这一点与农信社体系定位于支农的导向并不是十分吻合。例如，农信社体系的支农定位要求基层法人包括农商行，加强对普通农户的信贷支持，杜绝“傍大户”、嫌贫爱富等现象，这与实现投资回报最大化并不一致，也意

① 一个容易被忽视的现实是，合作体系还包括商业合作社，这种合作社由大量的股份制小微企业社员组成，例如 2013 年成立的“苏州市小微企业城市商业合作社”。

味着需要主要股东在一定程度上牺牲眼前利益。合作体系着眼于通过加强积累和再投资更好服务社员，对分红实行限制，这也意味着主要股东的分红所得受到限制，同样意味着需要牺牲眼前利益。在战略上，这些做法有助于增强合作体系发展根基，但并不容易得到主要股东理解。同时，行长团队提名权也是敏感问题。主要股东对提名权具有很高的关注度和参与积极性。这些问题都是基层农商行主要股东与省联社的利益和权力冲突源泉。在第二轮农信社改革中，一方面对投资人的股权比例进行严格限制，防止少数人投资者控制；另一方面，对改制成农商行的数量和比例进行控制，主要适用于经济发达、城乡一体化程度较高的地区。这种制度安排的主要目的是，防止主要股东与省联社的利益和权力冲突影响支农宗旨。

但是，随着基层法人越来越多地从农信社改制为农商行，这种利益和权力的分配关系将逐步发生逆转。原因在于，农信社本质上是合作制体系，即使是引入投资人的县级农信社统一法人，其本质仍然是自下而上组织联合体系的一部分，无论是从行业自律角度还是从接受担保角度，都需要接受省联社的监督和协调。尽管从前面分析看，省联社与基层农商行的关系也应纳入这一框架，但农商行在本质上是一家商业银行，从上位法角度，现有《商业银行法》尚未对此关系作出定义，因而已经滞后；同时，《合作金融法》一直没有出台，现有合作金融体系不但缺乏对应上位法支持，而且容易陷入按《商业银行法》监管的削足适履困境，这导致现实中的合作金融机构或组织一方面从《商业银行法》角度看很不规范，另一方面又面临社员积极性和发展可持续性等问题。关键问题在于，若基层法人绝大多数为农村商行银行，这种滞后性、不匹配问题将成为重要现实矛盾。基层农村商业银行主要股东在谋求投资回报最大化时难免从《商业银行法》寻求支持，省联社以及背后的省级政府在风险管理和支农等关键问题上面临两难。这一关键问题应该在下一步的改革和立法工作中予以充分考虑。

（二）长期资金

我国农村金融服务体系中，客观上已经形成了合作金融、商业金融、政策性金融共同服务“三农”的三足鼎立格局。大型全国性商业银行、政策性银行具有规模大、资本雄厚的优势，在提供长期资本方面具备比小型银行机构更大的优势。除了信贷，股权、融资租赁也是促进资本形成的重要渠道。

在大型商业银行方面，除了农业银行、邮储银行继续深耕农村市场，其他的全国性商业银行以及部分地区性银行也在积极拓展农村市场，在东部和部分中部地区比较明显。从农业供给侧改革的重点看，在农村基础设施、农田水利、农业机械设施以及生态修复、人居环境改造、特色村镇建设、乡村休闲旅游等方面都存在对长期资金的巨大需求。农业银行在农村公路、电网、农田水利设施、农业园区建设的信贷支持方面具有经验基础。从中国农业银行 2016 年半年度报告看，中长期贷款在公司类贷款中占 58.2%。邮储银行正处于储蓄业务与信贷业务并重的发展阶段，积极探索农村信贷业务，加强相关的技术研发与应用推广。

与农业供给侧改革相关的长期贷款可分为两类，一类是政府相关的公共设施项目，另一类是农业生产经营主体投资。政府相关的公共设施项目得到财政资金支持，还款来源相对稳定，因而风险总体可控。但农业生产经营主体投资的还款能力取决于现金流的风险管控水平，与市场形势、投资效益、经营水平等多方面因素有关。由于农业领域的合格抵押品相对有限，而生产经营的风险因素较多，因而对银行的风控能力带来挑战，农户的长期贷款尤其如此，在现实中存在比较明显的供需矛盾。例如农户从种植果树到收获一般要 3 年左右，经营效益受农户的技术影响，期间还要面对市场行情的不确定性，因而尽管农户很需要银行机构提供长期贷款，但并不容易得到满足。这对商业银行改进服务提出了迫切要求。从发展中国家基本情况看，农户长期贷款的不良率一般高于短期贷款，有些国家的差距比较悬殊。例如，印度农村合作社系统的短期贷款不良率为 10% 左右，而长期贷款的不良率则达到 30%。在中国，虽然总体情况相对好于这类国家，但农户长期贷款难问题同样需要加以解决。中央和地方政府一直鼓励、推动金融机构为农村发展提供长期资金，但问题解决的效果取决于风控。如果农户的长期投资得不到支持，只通过银行流通资金维持简单再生产，则经营效益和还款能力势必难以得到有效提高，从长期看这不利于降低银行信贷资产风险水平。因此，这一供需矛盾需要得到积极、有效的解决。具体而言，这对银行机构的农业相关行业及其产业链、价值链分析能力提出更高要求，对银行分析客户现金流风险点的专业能力也提出更高的要求。这些都需要银行机构加强专业化的能力建设，在行业专家团队建设、知识储备、技术研发等方面加强基础工作。

国家开发银行、农业发展银行是在农村领域发挥重要影响的开发性和政策性金融机构。其中，国家开发银行在大力推进城镇化建设的同时，在扶贫发展方面重点支持贫困地区基础设施建设、特色产业发展、农户脱贫致富以及教育卫生等领域项目建设，包括按照“政府主导、机制建设、统借统还”方式支持农村公路、安全饮水、农村电网和危旧房改造等基础设施项目；在现代农业方面围绕高标准农田基础设施建设、国家现代农业示范区建设、农业产业链建设、农业“走出去”等重点领域加强信贷支持，包括通过“管理平台 + 操作平台 + 担保平台 + 公示平台 + 信用协会”的“四台一会”模式提供批量信贷支持，水利项目贷款发放占全国金融机构水利贷款 50% 以上。农业发展银行在保障粮食、棉花、油料、食糖、猪肉、化肥等重要农产品收储、调控、购销流动性资金基础上，对农村基础设施和水利建设、流通体系建设，农民集中住房建设、易地扶贫搬迁、贫困地区基础设施、特色产业发展及专项扶贫、农业综合开发等领域提供长期信贷支持。

开发性、政策性银行机构需要关注的问题是，随着我国经济转型的持续推进，防范系统性风险日趋重要，地方政府财政的负债管理必然会不断得到加强，财政资金收支平衡的压力较大，但基础设施等领域的投资需求仍然较大，通过 PPP 等方式吸引社会资本参与投资是大势所趋。在这类业务中，信贷投放的风控机制发生重要变化，风险类型明显增多，其中存在较大的挑战性，需要创新业务模式和风险管理机制。

随着各类资本介入，农业龙头企业在农村地区发挥越来越重要的作用。由此为长期资金注入农业领域提供了重要通道。除了银行机构的间接融资、股权融资作为直接融资的重要途径，在提供长期资本、承担风险、整合各方优势方面有其独特优点，但这些优点以控制人降低持股比例为代价。从现阶段看，各类企业在交易所与各类地方性产权市场的融资积极性反差较大。除了发行股份的功能差异，需要重视投资人在地方性产权市场积极性不足的机制原因。从资本市场的功能看，除了资源配置包括融资，还需重视其定价和风险管理问题。理顺定价机制是关键，完善信息披露机制是基础，地方产权交易所包括股权托管交易中心在这两方面都面临很大的提升任务。

融资租赁是解决农村固定资产投入问题的重要渠道。从发达国家经验看，对农业经营主体提供融资租赁支持是解决长期资金问题的基本渠道。从我国情况看，由于农村不动产的产权比较特殊，农村产业的抵押担保问题比较突出，发展融资租赁的需求和潜力更大，国务院也明确倡导发展农村融资租赁业务。从发展实际面临的问题看，农村的农机租赁业务面临较多现实困难，包括农机维修、流转等问题都比较突出，这些问题与当地缺乏有效的专业流通市场有关。

（三）产业融合

随着供给侧改革逐步推进，农业生产与相关产业融合成为重要趋势。从产业融合的具体情况看，生产、信用、供销“三位一体”综合合作是农村合作综合化发展的客观要求；农业生产与农村相关产业的融合，包括农村一二三产融合，也是拓展产业链、价值链的客观要求。除了传统的产权投资与合作方式，更重要的是共享方式的合作，包括客户、信息、服务、信用等方面的共享。这种共享的基础在于通过构建战略协同机制，形成独特的市场竞争优势。

“三位一体”的综合合作机制反映了全球合作运动的基本趋势，即从专业化合作向综合化服务拓展，以适应农户的综合服务需求。从生产合作社自身的发展要求看，融资、销售也是急需解决的问题，因而也需要促进“三位一体”发展。就合作组织的发展机制而言，其根本动力在于对合作社成员的利益回报。因此，合作组织如何帮助社员增加收益、降低成本和风险，是合作组织实现可持续发展的关键基础。如果合作组织所能帮助成员增加的收益有限，那么降低成本和风险就成为关键。但是，如果降低成本和风险同样不明显，甚至存在困难，那么社员参加合作社活动和交易的积极性就会明显不足。从实践看，合作组织是自下而上的联合与再联合的结果，因而社员的参与积极性取决于利益激励机制，决定合作运动的兴衰。这种利益激励不应来自政府补贴，而是应该通过市场化机制来实现。通过促使农业生产主体的经营范围从生产环节向高增值的加工、流通环节拓展，并通过规模化效应、内部化交易以及范围经济效应等机制来降低整个流程成本，通过供需双方的直接对接来锁定价格，化解市场行情波动的风险，在此基础上使农户分享由此带来的好处；同时，在供需双方之间增加互动，降低信息不对称，增强供需匹配性，有助于提高农产品的销售价格，增加农民收入。

从“三位一体”综合合作发展的内在机制看，关键在于让农户获得切实利益。为此，在增加农户收入和降低成本方面必须有切实的成效。如果生产成本的压缩空间有限，则必须从产业链、增值链角度，在降低产业链的整体运行成本、促使农户参与加工流通等高增值业务环节、降低农产品价格风险等各方面做足文章，以有效增加农户收入。其中，值得重视的因素是消费合作社。消费合作社在欧洲和北美已经存在将近两个世纪，引入日本等亚洲国家也已经有一个世纪。自新中国成立以来，供销社具有消费合作社部分特征，但并未充分发挥消费合作社的功能。典型的消费合作社通过消费者互助和压缩加工、流通环节并使之内部化，使消费成本得到有效压缩，可以使消费者的相关支出得到有效压缩，可高达 50% 左右。从中国国情看，目前处于工业化后期和城市化、现代化加速发展阶段，消费需求对经济增长的作用日趋突出。与此同时，消费者对产品质量、品质的要求在不断提高。例如，城市消费者对农产品的要求转向绿色、有机、无公害，但农村生产者在这方面还很难有效适应消费者的需求变化。在这些领域推进改革创新，能够更有效拉动供给侧改革。例如，通过生产、信用、供销“三位一体”综合合作和消费合作的协同战略，至少可以惠及 1 亿农户以及 3 亿城市消费者。

在促进农村一二三产融合方面，农村客户在拓展业务的同时，所积累的各环节信息可以帮助金融机构加强信用风险控制。例如，在农业科技园，生产、加工、物流、研发等环节产生大量的生产、加工、物流关联信息；在农业、林业与旅游、教育、文化、康养等产业融合方面，无论是集体经济组织创办的合作社，还是社会资本投资的企业，都涉及服务业与农村相关行业的融合，由于农村的不动产抵押存在不少障碍，生产经营相关的信息对金融机构风险控制至关重要。在促进新型农业经营主体、加工流通企业与电商企业全面对接融合方面，涉及物流集散、技术支持、质量安全等工作，其中产生的大量信息也是判断信贷客户投资经营效益和现金流风险点的重要依据。在培育宜居宜业特色村镇方面，无论培育农业文化旅游“三位一体”的特色村镇，还是打造“一村一品”特色专业村，或建设以农民合作社为主要载体的田园综合体，都涉及大量游客或其他服务对象。一方面农村生产经营主体可以通过与银行共享服务对象的相关信息，拓展银行对服务的业务范围；另一方面，银行可以通过这些农村产业服务环节的具体信息，对农村生产经营客户的效益和风险作出更有效的判断，从而提高风险控制质量。

在农业生产比重逐步降低的背景下，农业生产经营主体拓展加工、贸易以及各类服务业是必然趋势，但农村产权的特殊性又决定了银行必须摆脱对抵押担保的过度依赖，借鉴银行风控的国际经验，利用生产经营各个环节的现金流风险点信息来改进风控质量，提高对信贷客户信用风险管理的实际效果。在此过程中，农业与相关产业的生产经营融合发展形成的大量信息，对于揭示各环节的现金流风险具有重要价值，但需要银行机构学习相关国际农村银行机构的经验和技术，扎实提高数据采集、分析能力，夯实风控基础。

（四）农业价值链提升与拓展

从农业生产经营主体拓展农产品的加工、销售业务，到农业与旅游、文化、康养等行业融合，拓展、提升农业价值链是共同特征，也是农民增加收入的重要路径。在此过程中，产品附加值是问题核心。具体涉及三方面：一是产品价值的提升，例如通过从事经济作物、特种养殖等，结合深加工、开发新产品等方式提升农产品附加值；二是农户的分享比例，例如在农产品加工之后，通过互联网平台实行直销，增加农户综合收入；三是从事的行业，如农户从事其他高附加值的农村服务业，包括旅游、休闲等行业。

在农产品的价值提升方面，涉及农业生产经营主体的生产再投入问题。在传统的简单再生产模式下，农户等生产经营主体所需要的固定资产投入十分有限，农户的生产性信贷需求主要来自流动资金，例如种子种苗、化肥农药等，对普通农户而言，基本可以靠自有资金来解决，亲朋好友互助更能调剂临时资金急需，因而从银行借款的紧迫性不强。但在简单再生产模式下，农产品的附加值有限，加工程度不高，因而农民的销售收入有限，而且面临农产品的价格波动等问题。这是大多数农户面临的普遍情况，也是传统农业缺乏活力的基础原因。高附加值的农产品需要以增加投资为前提，包括技术研发、基础设施、农机设备、深加工生产线、污染整治等方面投入。除了政府在技术研发、农业公共基础设施、污染整治等方面的投入，其余需要农业生产经营主体设法筹资解决，而且作为资本性投入，借贷的期限较长，否则生产经营主体面临很大的现金流压力和风险。这些需要金融机构提供有针对性的服务，例如针对机器设备的融资租赁服务，以及把现金流风险点作为风控基础的信贷产品，等等。同时，信贷机构向专业化银行转型是必要的，例如银行加强相关行业的专业技术研发、市场形势分析、经营咨询等团队组建和能力建设，为农业生产经营主体提供更有效的关键服务。与此同时，农业生产的组织化、规模化、专业化、信息化、品牌化是大势所趋，合作社作为其中有效途径，发展潜力很大，需要银行机构针对合作社的治理特点完善配套的信贷等金融服务。

在农户的分享比例方面，公平贸易理念正在发挥越来越大的影响力，使农户获得合理的销售收入是社会公平和可持续发展的基础。在机制层面，通过消费者与农户的直接联系，可以有效压缩流通环节的巨大成本，同时惠及消费者和农户。原因在于，流通环节成本占农产品最终销售价格的比重可达一半以上。“互联网 +”战略的深入实施，为消费者与农户的直接沟通提供了技术平台，消费合作组织等制度安排则为有效压缩加工、流通成本提供了有效途径。这方面发展前景良好，发展势头方兴未艾。从农户生产合作组织角度看，随着滚动式发展，可以借助互联网平台和物流体系，逐步投资加工、批发、配送、零售等环节，加强品牌建设，加强与消费者互动机制建设，在削减第三方流通成本的同时，通过互惠增加自身收入。从实际进展看，农户和消费者在互联网平台的贸易活动积累大量交易数据，这些数据是判断农户投资效益和现金流风险的重要依据，互联网电商平台无论是直接发放贷款还是提供信贷中介服务，都可以发挥重要作用。银行可以借助交易数据和现金流信息，对农户还款能力和信用风险作出更准确判断，从而逐步减少对抵押担保的过度依赖。

在从事行业方面，随着城市一体化和城镇化发展持续推进并逐步见效，内需作为经济增长的重要动力，在农村地区发挥越来越重要的影响力。其中，旅游、休闲、娱乐在消费支出中所占比重持续提高，为农村发展旅游、休闲提供了关键契机，也吸引城市工商资本投资农村，由此带动了城市管理、资金、客户等资源下乡。总体而言，这些服务业具有以下特点：一是需要政府进行前期投入，推进交通、水电、卫生、集散广场、服务中心等公共设施建设，为吸引社会资本投资做好准备。这些投资的规模大、周期长、收益低，且投资效益具有外部性，需要金融机构提供低利率的长期信贷支持。二是需要引入规范的经营活动。随着消费水平提升，对农村服务行业的要求随着提高，需要农村的旅游、餐饮等服务行业适应消费者需求，提升服务水平，保障质量安全，增加文化内涵，这些需要农村服务的经营主体和从业人员加强能力建设。这一方面需要政府部门加强政策指引，加强统一组织协调，另一方面需要经营主体增加投入，由此带来较大的融资需求。对金融机构而言，这类投资需求既具有城市商业服务项目的特点，例如投资规模、投资主体、运作机制等方面；但也具有自身特殊性，例如不动产的抵押功能等，需要银行机构具有更强的风控能力。三是当地农户和合作社的融资规模扩大。向农村旅游、休闲等服务业投资，意味着与传统农业种养殖等业务相比，投资规模、经营模式、能力要求、现金流等因素发生重大变化。不仅需要投资者适应新要求，也需要银行机构在风险管理模式方面适应这一转变，不但要加强对信贷客户投资效益、现金流风险环节分析，而且要加强对客户经营活动的指导和帮助。银行在自身能力建设方面提升专业化水平是关键。

第2章

农村普惠金融理论进展

一、普惠金融理论研究的新进展

（一）与普惠金融密切相关的几个概念

1. 普惠金融的基本含义

普惠金融的实质是向传统金融机构不愿或难于服务的弱势群体提供金融服务，并实现自身可持续发展的金融体系。普惠金融的目的是使小微企业和弱势及贫困群体能平等公正地获得便捷、价格合理、安全有效的金融服务。而金融服务的供给方则应实现保本微利的可持续发展。普惠金融的供给方是多元的，可以是正规金融，也可以是半正规金融，以至民间借贷。

当前，我国普惠金融重点服务对象或服务目标群体是小微企业、农民、城镇低收入人群、贫困人群和残疾人、老年人等特殊群体。应使这些弱势群体及时获取价格合理、便捷安全、适宜的存款、贷款、汇款、保险和直接融资等各类金融服务。它的出发点和落脚点是要提升金融服务的覆盖率（广度和深度）、可得性（各种需求可获得）、满意度（服务质量和水平），满足人民群众日益增长的金融需求。

2. 农村金融的内涵与外延

农村金融，顾名思义，是指农村范围内的金融活动。具体而言，农村金融是指农村各类经济主体的资金融通行为和各类农村金融组织的资金运作[①]。这里，各类

① 王曙光：《农村金融学》，北京大学出版社2015年第2版，第6～7页。

经济主体不仅包括农民、农户，也包括各类农民合作组织、农村中小企业以及农村基层组织。在涉农的基础设施建设中，例如农田水利建设中，各级政府所有的投融资平台也可能成为融通资金的行为主体。各类农村金融组织不仅包括正规金融机构，如银行和农信社，也包括非正规机构，如合会、农民合作社内部资金互助以及私人放贷者等。

农村金融是整个金融体系中薄弱的环节，农民、农民合作组织等新型经营主体以及农村中小微企业都是农村金融服务的重点。如果将它们视为狭义的农村金融的需求方，那么就可以说，农村金融是普惠金融的重要组成部分。所以，农村普惠金融的涵义就是为农户和农村小微企业提供适宜和有效的金融服务。

3. 扶贫金融的基本含义

扶贫金融是在我国扶贫开发和脱贫攻坚过程中，正规金融机构根据政府提出的扶贫目标和任务，为扶贫开发工作提供的各种金融服务，包括信贷、保险等。在资金投入上，扶贫金融主要表现为银行业金融机构加大信贷资金投入，保持对贫困地区、贫困户信贷投入总量持续增长，贫困地区各项贷款增速高于所在省（区、市）当年各项贷款平均增速，贫困户贷款增速高于农户贷款平均增速；在贷款结构上，根据贫困地区基础设施建设亟待支持的实际，增加中长期贷款投放，使贫困地区中长期贷款增速高于各项贷款平均增速；在网点覆盖上，要下沉机构网点，在具备条件的贫困地区，尽快实现金融机构网点乡镇全覆盖和金融服务行政村全覆盖，达到“乡乡有机构、村村有机具、人人有服务”；在服务机制上，政府要推动建立健全与脱贫攻坚战相适应的金融服务体制机制，形成开发性、政策性、商业性和合作性金融协调配合、共同参与的金融服务格局，创新有效的扶贫开发金融产品和服务方式。

扶贫金融是我国特殊历史时期的金融现象。由于当前的扶贫脱贫任务主要在农村地区，所以，扶贫金融主要是在农村地区的金融服务，是农村普惠金融的重要组成部分。

4. 特惠金融的基本含义

2014 年 12 月，国务院扶贫办、财政部、中国人民银行、银监会、保监会联合印发了《关于创新发展扶贫小额信贷的指导意见》，从授信评级、信贷投放、财政贴息、风险补偿、服务平台等方面设计了扶贫小额信贷的一系列特惠内容。特惠金融主要包括三个方面：一是采用“免抵押、免担保、基准利率、扶贫资金贴息、县级风险补偿金”的方式，为建档立卡贫困户提供 5 万元以下、期限为 3 年以内的精准扶贫小额贷款；二是利用扶贫再贷款，采取比支农再贷款更加优惠的利率，支持企业和新型农业经营主体带动建档立卡贫困户就业创业和发展产业脱贫；三是依托各类扶贫和保费奖补政策，综合运用再保险、再担保、风险补偿基金等工具，专门为建档立卡贫困户和带动贫困户脱贫的产业主体提供贫困户小额贷款履约保险、特色农业保险等产品，发挥保险业在资金增信、风险补偿方面的独特作用①。

可见，特惠金融是在精准扶贫、精准脱贫的工作中形成的概念。其核心含义是对建档立卡贫困户的小额贷款采用基准利率，且提供贴息和风险补偿，以实现精准扶贫和精准脱贫的国家战略目标。这样的服务宗旨和方式与普惠金融保本微利、可持续发展的基本原则有较大的区别。

特惠金融思想的产生主要基于这样的假设前提，即建档立卡贫困户普遍存在经济基础差、收入来源少、还款能力低等特点，一般的普惠金融难以覆盖这部分建档立卡贫困户，因此，要构建特惠金融模式②。

可见，特惠金融是扶贫金融的一部分，专门针对建档立卡贫困户的金融扶持，是当前精准扶贫精准脱贫攻坚时期的扶贫手段。其实，我国政府以往推动的扶贫贴息贷款与特惠金融的思路与方法基本一样。这种扶贫金融虽然取得了一定的效果，但是弊端非常明显，即信贷质量低③。因此，特惠金融方式将是短期的、突击式的，虽然可能对精准扶贫脱贫产生一定作用，但不具有长期的可持续性。而且，总的说，它的效率效益较低，道德风险较高，易产生穷人“等、靠、要”，富人抢占资源，资金渗漏，市场扭曲，寻租腐败等现象。

5. 普惠金融、农村金融、扶贫金融和特惠金融四个概念的关系

综上所述，在我国，从服务对象看，普惠金融、农村金融、扶贫金融和特惠金融四个概念的外延是逐渐缩小的，其服务群体范围也是逐渐缩小的。农村金融（狭

---

① 刘永富：《落实中央决策部署做好金融扶贫工作——在金融扶贫电视电话会议上的发言》，中央政府门户网站 www. gov. cn，2016 年 6 月 21 日；周建峰：“特惠金融创新的实践与思考”，载《中国县域经济报》2016 年 7 月 14 日第 7 版。

② 周建峰：“特惠金融创新的实践与思考”，载《中国县域经济报》2016 年 7 月 14 日第 7 版。

③ 八七扶贫攻坚期间，扶贫贴息贷款的不良率高达 70%。参见孙同全、刘建进：“中国金融扶贫的历程与展望”，李培林、魏后凯主编：《中国扶贫开发报告（2016）》，社会科学文献出版社 2016 年，第 161 页。

义）是普惠金融的一部分，是其重点内容；而在农村金融中，扶贫金融和特惠金融的对象又是农村普惠金融的服务重点之一。因此，扶贫金融与特惠金融的服务对象是普惠金融的重中之重。但是，普惠金融与特惠金融的理念和方法有所不同，前者不仅强调服务对象的金融服务可获得性，同时强调保本微利的可持续发展，而后者只强调可获得性，而不注重可持续发展。

6. 普惠金融与社会企业

目前，在国际上对社会企业的理解和界定还没有完全一致的定义，但总的认识和方向大体相似。社会企业就是用市场化的手段创新性地解决社会问题的经济组织。它的基本特征是：公益性的宗旨目标，商业性/市场化的运作手段（为了机构和财务的可持续），而且企业利润主要或全部用于公益和扩大再生产。也就是说，虽然企业的股东和管理人员经营盈利，但是并不以此为目的，经营目的在于解决社会问题，盈利主要是作为长期从事社会事业的手段。

社会企业性质的金融组织是践行普惠金融的重要组织载体。例如，孟加拉乡村银行（Grameen Bank）就是金融领域践行社会企业理念的模范。孟加拉乡村银行创始人尤努斯教授指出："我们必须将经济理论中的单维度人（赚钱）换成多维度的人，即同时具有自私和无私特质的个体。当我们这样做之后，商界的景象会立即为之一变。我们会看到社会需要两类企业：一类为了私利，另一类则致力于帮助他人。……我把基于人性无私这种特质的第二类企业称为'社会企业'，这正是我们的经济理论所缺失的。"（尤努斯，2010）

7. 普惠金融与公益性小额信贷和合作金融

在我国，公益性制度主义的小额信贷和规范的农民合作金融不以营利为目的，与特惠金融依赖外部补贴和担保以及商业性金融追求高利润不同，其理念、追求和宗旨是扶弱扶贫，运营方式是市场化运作，在财务运作上能实现保本微利，而这是为了可持续和更大规模的扶弱扶贫。这两类组织机构的这些特点与普惠金融所要求的扶持弱势群体，同时要保证金融机构的保本微利的可持续发展的特点完全一致，是金融类社会企业。它们是最真心实意愿意并践行服务弱小和贫困群体的普惠金融机构。这些机构在我国已存在多年，为扶弱扶贫做出了应有贡献，其中佼佼者从规模和供求双方的效益上均已获得突出成就。

（二）普惠金融中的逐利与弘义

1. 经济学“理性经济人”假设的局限

现代经济学理论的“理性经济人”假设是很多企业追求利润最大化的理论支撑。但是，这个假设也受到有识之士的质疑。除了孟加拉乡村银行创始人尤努斯教授对经济学中“理性经济人”假设做出了深刻的批判之外①，国内外其他经济学家也有类似的深刻分析。阿玛蒂亚·森认为②，发展是人的发展，“经济学应该关注现实的人”，具体说是现实人的自由发展；理性经济人像“跛脚的驴”。进入西方主流经济学研究者视野的只是交换主体的逐利动机和行为，至于与此密不可分的其他因素则被这种狭窄的视野虚无化。阿玛蒂亚·森认为，经济学应关注人的生活质量。而效用、财富、效率等都不能与生活质量处在同一逻辑层面上。

西方主流经济学的问题出在两个方面：其一是对主流经济学奠基人亚当·斯密学说的曲解，其二是生吞活剥地套用达尔文的生物学进化论。主流经济学推崇和独尊经济学的工程学根源，厌恶和舍弃经济学的伦理学根源，结果导致主流经济学有极其严重的“人学”贫乏症。

阿玛蒂亚·森认为③，市场经济体制的实际内容异常丰富，绝非仅仅效率一个方面能够概括和表达。第一，市场经济体制的灵魂和核心是自由。这里的自由包括经济、政治、思想等诸多方面，与此相对应，效率只不过是自由的一个结果，它为自由服务而非自由服从于效率。第二，市场经济体制是一种需要智慧、勇气和良知的社会安排，它由三个核心因素构成：经济运行体制、政治法律制度的规定和保障，以及由经世致用的价值观体系来加以维系。第三，市场与国家并非只有相互冲突的一面，此外更有相辅相成的一面，冲突或相辅相成的原因在于国家的性质。第四，相对于市场经济体制而言，国家不是必要的恶，而是它须臾不可分离的前提条件。

我国学界也有不少的专家学者已对“理性经济人”理论的偏颇予以批驳。中国

---

① 杜晓山：“发展农村普惠金融的思路与对策”，张承惠、郑醒尘等编著：《中国农村金融发展报告2014》，中国发展出版社，2014 年版，第 168 ~ 175 页。

②③ 宫敬才：“河北大学宫敬才教授谈阿玛蒂亚·森的思想学说”，载《中华读书报》2007 年 8 月 22 日。

社会科学院学部委员程恩富研究员提出了“利己和利他经济人假设”的基本命题①。他认为，依据人类实践和问题导向，并受马克思思想的启迪，必须确立一种新“经济人”假说和理论，即“利己和利他经济人假设”（或称“己他双性经济人假设”），其方法论和哲学基础是整体主义、唯物主义和现实主义的。作为创新的现代马克思主义政治经济学基本假设之一，它对应“完全自私经济人假设”，也包含三个基本命题：一是经济活动中的人有利己和利他两种倾向或性质；二是经济活动中的人具有理性与非理性两种状态；三是良好的制度会使经济活动中的人在增进集体利益或社会利益最大化的过程中实现合理的个人利益最大化。

广东省委党校郑志国教授充分肯定了程恩富教授的双性经济人假设②。认为这一假设力求全面反映经济主体行为的利己和利他双重动因及其关系，合理解释理性和非理性两种状态，统筹考虑社会利益最大化和个人合理利益最大化及其制度条件，对经济人的利益关系和行为方式做出新的设计。马克思主义历史唯物论、辩证法、劳动价值论、剩余价值论和科学社会主义中的一些观点与方法，构成双性经济人假设最重要的理论依据。该假设与可持续发展要求高度吻合，由利己主义驱动的经济发展方式是不可持续的，为实现可持续发展必须倡导利他行为。现代社会要求经济主体兼顾利己和利他，提高理性水平，转变行为方式。

中国社会科学院杨春学研究员认为③，经济学家都普遍认识到，即使仅仅从经济的动态效率角度看，经济人模式所不能解释的那些因素（例如，出于理想信念、归属感、正义感的行为），也发挥着重要的作用。特别地，不能把自身利益的极大化视为是唯一符合理性的，而追求其他目标（如公益精神、群体团结等）就是不理性的。在一个纯粹的经济人社会中，诸如搭便车、囚徒困境这类的问题，就必定会使交易成本极高，最终使市场制度不可能成为一种有效率的制度。要把这些因素纳入经济学分析之中，无需否定但要超越经济人。问题在于：以什么样的严格方式纳入经济学的分析逻辑之中？

杭州商学院会计学院刘海生认为④，“经济人”与“有限理性经济人”是古典

---

① 程恩富：“现代马克思主义政治经济学的四大理论假设”，载《中国社会科学》2007 年第 1 期。

② 郑志国：“论双性经济人假设”，载《马克思主义研究》2013 年第 9 期。

③ 杨春学：“经济人的再生：对一种新综合的探讨与辩护”，载《经济研究》2005 年第 11 期。

④ 刘海生：“人的异质性：‘经济人’假设的新内容”，载《经济学家》2003 年第 5 期。

和新古典经济学关于人性的经济假设，在这两个假设中，人是“同质”的。然而“同质”的“经济人”假设是不符合现实的，因为现实中的人既是异质的又是同质的。南开大学经济学院高嵩认为①，经济人假设关注个人的利益目标及实现目标的能力，而马克思在刻画个人时还特别强调了社会关系对个人行为选择的约束。

厦门大学经济系庄宗明教授认为②，“重新理解人”应当成为中国经济学研究的起点，这要求我们把“人”拉回到复杂的社会系统中，结合社会、文化、历史、制度、心理深入理解人，从而深化对经济学的研究。面向 21 世纪的中国经济学，应该是一个开放的学科体系，这一体系随时欢迎其他学科的参与，只要他们带来真知；如果我们能够容忍理论界的暂时混乱，如果我们能够鼓励多种方法、多角度研究的进行，如果我们立足创新但并不排斥，大力引进但不迷信，我们或许可以在未来收获一个更为成熟的中国经济学，或称为经济学的中国流派。

2. 逐利与弘义的平衡与统一

对偏颇的“理性经济人”理论的批判是有重要现实意义的。因为在我国的现实经济领域，无论对政府和监管当局，还是商业性企业，或是教学和学术研究界，以致社会公众和媒体，都应该进行认识、理念和理论上的梳理或纠偏，不应再像过去人们经常看到的现象那样，把商业企业追求利润最大化，而忽视社会责任和道德视为是正确的、理所当然的、无可非议的、天经地义的。

从上述对“理性经济人”假设的批判可以看出，经济学理论应该是多元的、多维度的、有差异的，普惠金融理论中逐利与弘义的协调统一是合理的、合乎人性的，也是可行的。正如中国人民银行副行长潘功胜所言，微型金融、普惠金融要在政府政策支持的基础上进行市场化操作，走保本微利的可持续发展之路。

对普惠金融而言，走保本微利的可持续发展之路，既不主张补贴式的政策性（福利性）金融，又不主张商业利润最大化式的金融，而是要兼顾金融供求双方利益的平衡，金融供给方兼顾自身的经济效益和社会效益间的平衡，也是驱利性和弘义性之间的平衡。孟加拉乡村银行之所以能取得举世共认的成就，就是因为它几十

---

① 高嵩：“试析西方经济学经济人假设的发展及其局限性——基于对马克思相关观点的理解”，载《经济经纬》2008 年第 4 期。

② 庄宗明、杨旭东：“‘经济人假说’：争论与超越——兼论中国经济学的创建”，载《学术月刊》2001 年第 2 期。

年如一日，一如既往地不忘初心，并且创新前进。它自始至今服务于农村贫困群体和极贫困群体，在服务穷人和从穷人发展成长起来的小微企业的同时，发展自己，为的是更好更持续地服务弱势客户。而且它不墨守成规，不断创新服务理念、产品和手段。

在我国农村，农信社系统成立时的宗旨目标也是合作金融，追求社员权益的保障，服务于弱势和贫困群体社员，也有与孟加拉乡村银行相似的金融产品和服务方式。然而，在后来的发展过程中，农信社系统中的大多数变味了，越来越商业化了，越来越远离弱势和贫困群体，从一家人变成了两家人，从利他利己、义利统一变成了以逐利为主，不谈或少谈弘义。它们中的多数由普惠金融变成了普通金融。至于其他商业银行就更难在实践中贯彻助贫助弱情怀和公平正义价值观了。

就商业金融机构而言，面临的悖论和困惑是股东/董事会追求高利润的要求与服务弱势、贫困群体的成本高、风险大、收益低的矛盾。这就要求如何解决好企业追求利润与企业的社会责任间平衡的问题。

近十年来，我国商业性小额信贷获得快速发展，而公益性制度主义小额信贷的发展在很大程度上被有意无意的忽视了。这与有关政府和监管部门的认识、意愿有关，也与不负责、不作为、不担当有关，也与我们缺少有效的统筹协调体制机制有关。小额信贷应该是一个带有社会发展目标和商业可持续双重价值观的社会产业，过于商业化的发展有忽略其应承担的社会责任和社会发展目标的倾向和导向，容易导致人们对小额信贷的误解和健康发展势头的逆转，不可避免地影响我国普惠金融体系的有效构建。

这也证明从制度/性质的角度看，就自觉践行普惠金融而言，社会企业或真正的合作金融总体上优于商业金融。但商业金融只要理念、文化和内部体制、机制和措施得力，也是能践行好普惠金融的，这样的事例也有不少。

我国的涉农金融机构，包括公益性小贷组织和新型合作金融机构都应时时反省反思，如何在内心和实践中真正做到坚持扶弱扶贫，不忘初心，并不断创新前进。

（三）普惠金融发展的评价指标体系与应用难题

1. G20 与我国的普惠金融体系评价指标体系

可靠的普惠金融发展状况的统计数据对制定普惠金融政策和监测进展至关重要。

适应数字金融技术的快速发展和趋势，2016 年中国在担任 G20 主席国期间，经过与全球普惠金融合作伙伴（GPFI）成员和执行伙伴的磋商，在 2012 年和 2013 年 G20 通过的普惠金融指标体系基础上，增加了衡量数字金融服务发展的新指标。这些新指标不仅可以衡量数字支付的使用情况，还可以衡量数字基础设施的可得性，涵盖了大部分支付工具、传输方式和用途①。这样，G20 普惠金融评价指标共有 19 类 35 项指标，包含了三个维度：（1）金融服务的可得性；（2）金融服务的使用情况；（3）金融产品与服务的质量。

在《G20 普惠金融指标体系》基础上，结合我国国情，2016 年 12 月，中国人民银行正式下发《中国普惠金融指标体系填报制度（试行）》及《中国普惠金融指标体系》。《中国普惠金融指标体系》共涵盖金融服务的可得性、使用情况和质量三个维度，包含 20 类 51 项指标，其中使用情况维度包含 11 类共 28 项指标，可得性维度包含 4 类共 9 项指标，质量维度包含 5 类共 14 项指标②（见表 2. 1）。

表 2. 1　　《中国普惠金融指标体系》维度和类别

序号	使用情况维度	可得性维度	质量维度
1	账户	金融服务点	金融知识
2	活跃使用账户	助农取款服务点	金融行为
3	银行卡	服务终端的互通性	金融服务投诉
4	人均非现金支付笔数	每万人拥有的借记卡数	信贷障碍
5	数字支付		信用建设
6	个人信贷		
7	小微企业信贷		
8	民生信贷		
9	涉农信贷		
10	精准扶贫信贷		
11	保险		

与 G20 普惠金融指标体系相比，从维度上看，我国的指标体系与 G20 指标体系

① 详见中国人民银行网站：《G20 普惠金融指标体系》，http：//www. pbc. gov. cn/goutongjiaoliu/113456/113469/3142307/2016091419074474029. pdf。

② 余文建："普惠金融指标体系构建——从国际探索到中国实践"，载《中国金融》2017 年第 5 期。

三个维度完全一致；从指标上看，我国的指标体系与其基本一致的指标有 19 项，采用替代指标的有 9 项，未采用的指标有 7 项。此外，我国还增加了 9 项中国特色指标①，如涉农信贷、精准扶贫信贷、民生信贷、助农取款服务点等。

从中国人民银行组织的全国各地试填报的结果看，首先，我国金融服务可得性较高，基础金融服务已覆盖到绝大部分乡村，每万人拥有的银行网点、ATM 和 POS 机具在过去几年呈现逐年增加趋势，可得性进一步改善；其次，我国金融服务使用情况逐年提升，银行卡交易量、数字支付、个人信贷、小微企业信贷、农户信贷、保障性安居工程贷款、保险密度等指标大多呈现逐年增长趋势；再次，我国金融服务质量得到改善，我国金融消费纠纷解决机制基本建立，个人、企业、农户信用档案建档率逐年提升，部分地区农户信用贷款比例随着农村信用体系的逐渐建立也在不断提升②。

普惠金融体系包括微观、中观和宏观三个层面。G20 和我国的普惠金融评价指标体系都不同程度地涉及这三个层面，但是还不够完整，尚不能反映普惠金融发展的全貌。从微观层面看，普惠金融体系的金融服务提供者包括从非正规的民间贷款者，到正规的商业银行，以及位于它们中间的各种类型。而 G20 和我国的普惠金融评价指标只关注了正规金融服务，没有涉及包括私人借贷在内的非正规借贷。而私人借贷是低收入或贫困人群最重要和便捷的融资来源。在中观层面，普惠金融体系包括基本的金融基础设施和一系列使微观金融服务提供者能够降低交易成本、扩大服务范围、提高技能、增加透明度的一系列服务，涵盖了很多参与者例如审计机构、评级机构、专业业务网络、行业协会、征信机构、结算支付系统、批发基金、信息技术、技术服务提供者、培训机构，等等。而 G20 和我国的指标体系只涉及支付、结算和征信。在宏观层面，适宜的法规和政策框架是可持续性微型金融发展的必要条件。中央银行、财政部和其他相关政府机构，是宏观层面的主要参与者。在 G20 的指标体系中，只有 3 个指标（信息披露要求、纠纷解决机制和信贷障碍）比较明显地与法规政策相关，其他指标很难直接反映出法规政策的状况。我国的指标体系能更多地反映法规政策状况，如小微企业贷款、涉农贷款、精准扶贫信贷以及信贷障碍、金融服务投诉、和信用建设等。但是，由于中国人民银行尚未公布这个指标

①② 余文建："普惠金融指标体系构建——从国际探索到中国实践"，载《中国金融》2017 年第 5 期。

体系，这三个维度之下的具体指标有哪些、数据如何获得以及如何使用，尚未得知。

2. 普惠金融评价指标应用难题——以小微企业贷款定义为例

评价指标体系的基础之一是统计调查对象能明确定义。但是，现有的指标体系存在统计调查对象定义不清的问题。央行制定的我国普惠金融评价指标体系的指标之一是小微企业信贷，同时，在国务院颁布的《推进普惠金融发展规划（2016－2020）》中，农民、小微企业、城镇低收入人群、贫困人群和残疾人、老年人是普惠金融服务的重点对象。这里除小微企业之外，其余服务对象群体相对易于界定。小微企业则不然，我国尚无定义，世界各国也都缺乏明确定义。国际劳工组织的专家认为小微企业通常具有以下一个或多个特征①：

（1）它们只有最基本的业务记录或者根本没有书面记录。因此，它们一般都不能提供正规贷款人要求的信息。

（2）一般来说，它们都是非正规的（没有注册）。

（3）它们在以前一般没有与银行业务往来的经验。

（4）在产值和员工数量方面，它们通常是所在国的最小企业。

这种特征描述，对准确统计和衡量金融机构对小微企业的服务状况提供不了帮助。同样，尽管我国对中小企业做出了界定，但对什么是小企业，还是没有定义，各家金融机构对小企业的统计口径和指标也不一致。这种状况导致的结果是，对银行业金融机构的小企业贷款数据无法合理比较，而且各家银行所宣称的小企业贷款的真实性也成为疑问。例如，2011 年披露的大型商业银行的小企业户均贷款余额约为 1000 万元。其中，农行和建行 1270 万元，中行 1006 万元，工行 815 万元，邮储银行（四川）1000 万元（新华网，2012 年 3 月 21 日）；股份行和城商行中南京银行 1650 万元，华夏银行 1230 万元，中信银行 645 万元，民泰商行 200 万元，浙商银行 152 万元。这些银行的单笔贷款额度多超过银监会一般认定的小企业贷款 500 万元/户以下的标准，实际上已不属于小企业贷款。再如，2013 年末部分大型商行小微企业户均贷款余额超 500 万元的情况：中国银行 1670.2 万元，光大银行 649.8 万元，华夏银行 845.8 万元，广发银行 1060.3 万元，工商银行小企业贷款统计口径

① Sarah Gray 等著：《小型/微型企业担保基金操作指南》，中国国际经济技术交流中心、中国经济技术投资担保有限公司、北京大学中国中小企业促进中心译，经济科学出版社 2002 年版，第 9 页。

为 3000 万元以下的企业贷款[①]。

根据史建平主编的《中国中小微企业金融服务发展报告（2015 年）》，2014 年各类商业银行户均/单笔小微企业贷款额度：大型商业银行为千万元（个别数百万元），股份制商行数为百万元（个别超千万元），城市商业银行为数十万元（个别超千万元，少数数百万元）[②]。其中有的也已不是真正意义上的小微企业贷款了。此外，从笔者曾参与的银行业机构服务小微企业的评审工作情况看，也有类似问题。80 个参评银行机构中的 35 个机构所报送的资料显示，它们的小微企业贷款余额上限均超过 500 万元/笔，高限有的高达 3000 万元/笔至 5000 万元/笔。

我国现行的中小企业划分标准是国家统计局等四部委于 2003 年制定的，依据从业人数、销售额和资产总额确定统计对象是否属于中小企业。该划分标准主要是从统计的角度出发，与银行信贷活动的要求存在差距。主要缺点体现在，首先是这个划分标准只有工业企业、建筑业企业等七个行业，没有包括农林牧副渔业等第一产业，也不包括金融业、保险业、房地产管理业等服务业，从而造成了划分标准过于宽松的问题[③]。因此，2007 年银监会根据银行业信贷业务的实际情况，制定了《银行开展小企业授信工作指导意见》，规定，小企业是指获得单户授信总额 500 万元（含）以下和企业资产总额 1000 万元（含）以下，或者单户授信总额 500 万元（含）以下和企业年销售额 3000 万元（含）以下的企业。与上述四部委划分标准相比，这个规定大大缩小了小企业范围，使银行业服务的小企业更加接近实际经济活动中的小企业。但是，上述各家银行的所谓户均小企业贷款余额显然与银监会的规定不相符。

即便如此，上述银行披露的贷款仍然被称为“小企业贷款”或小微企业贷款。可见，银监会的规定没有得到落实，现有统计披露的小企业贷款信息在真实性、规范性和完整性上仍存在较大问题，离真实全面反映小企业贷款发展状况仍有相当的距离，各机构披露的数据之间可比性差、可信度不足。因此，我国急需制定科学、

---

① 刘克崮：《论草根金融》，中国金融出版社 2015 年版，第 223 页。

② 史建平主编：《中国中小微企业金融服务发展报告（2015 年）》，中国金融出版社 2015 年版。

③ 张诚：“银监会更新小企业标准”，载《新京报》2007 年 9 月 13 日。

权威、能够得到贯彻落实的小企业定义以及小微企业定义。否则，就难以衡量普惠金融发展的成效。

二、数字普惠金融的发展

（一）数字技术对普惠金融的作用

随着移动互联、生物识别、人工智能、云计算等技术的发展，数字技术在普惠金融的发展中扮演越来越重要的角色，触达用户和理解用户的能力正在被数字技术深刻改变，效率和成本都与以往显著不同。根据蚂蚁金融 CEO 陈龙的观点①，金融大概有四个方面的成本：获取用户成本、风险甄别成本、经营成本和资金成本，其中前三项成本正在被数字技术深刻地改变。首先，移动互联网深刻地改变了人们触达金融的方式，大大降低了金融机构获客成本；其次，大数据的技术大大提高了搜集数据、处理数据、甄别风险的效率，人工智能进一步提高了处理大数据的能力，云计算又提高了大数据和人工智能的效率，这大大地降低了风险甄别成本和经营成本。也有人归纳数字金融带来的“三大革命”②：一是客户接入革命，例如现在互联网金融普遍使用“身份证 + 银行卡”的模式进行客户验证。二是服务渠道革命。首先，互联网几乎实现了支付业务的无地域限制；其次，互联网几乎实现了金融产品营销无地域限制；最后，互联网几乎实现了金融服务提供的无地域限制。三是客户画像革命。如基于场景、大数据的客户画像具有成本低、精度高、实时性、持续性等优势。因此，数字金融具备共享、便捷、低成本、低门槛、高效率的特点，推动了普惠金融的发展。

（二）数字普惠金融的基本含义与发展原则

数字普惠金融是指让长期被现代服务业排斥的人群享受正规金融服务的一种数

---

① 陈龙：“数字普惠金融：正在发生的未来”，搜狐财经 http：//business. sohu. com/20170303/n482284272. shtml，2017 年 3 月 3 日，2017 年 4 月 15 日访问。

② 老张/普惠研究院：“数字金融带来的‘三大革命’”，2017 年 2 月 23 日（源自微信）。

字化途径，而“数字化”，则是计算机、信息通信、大数据、云计算等一系列相关技术的统称。对于数字金融的理解，应当说外延相当宽泛，包括互联网支付、移动支付、网上银行、金融服务外包及网上贷款、网上保险、网上基金等金融服务。就普通消费者而言，互联网移动支付、网上银行正在嵌入到衣食住行中，而网上贷款、网上保险、网上基金则成为人们强化保障和理财的新选择。数字金融带给 13 亿多国人的是更加便利、多元、开放的金融普惠服务。

2016 年 G20 杭州峰会通过的《G20 数字普惠金融高级原则》，包括以下八项原则：

（1）倡导利用数字技术推动普惠金融发展；

（2）平衡好数字普惠金融发展中的创新与风险；

（3）构建恰当的数字普惠金融法律监管框架；

（4）扩展数字普惠金融服务基础设施；

（5）采取尽责的数字金融措施保护消费者；

（6）重视消费者数字技术知识和金融知识的普及；

（7）促进数字金融服务的客户身份识别；

（8）监测数字普惠金融进展。

这些原则为各国制定数字普惠金融国别计划，并以实际行动落实普惠金融，提供了指导。

（三）发展数字普惠金融需要解决的几个问题

1. 数字普惠金融的“数字鸿沟”

在充分肯定金融科技对于普惠金融推动作用的同时，要关注“数字鸿沟”问题。我国数字普惠金融的发展确实很快，但我们必须同时关注已有的，并且可能进一步扩大的“数字鸿沟”的问题。弱势群体缺乏数字技术的知识和技能，可能在金融数据化时代和主流社会的差距越来越大。

科技发展对普惠金融也有一定的局限性：数字鸿沟依然存在，在中国贫困和偏远的农村，依然有一群人并不拥有任何数字设备，哪怕是一部几百元的智能手机，他们很可能在强调数字化的当下，被整体忽略。

中西部农村，中老年群体年龄段，数字化的程度很低。缺少互联网宽带、计算机设备，这是硬件；从软件的角度，农民对数字化问题的掌控、认识、知识、技能，尤其是超出二十世纪八九十年代出生的群体以外的农村群体能不能够适应。欠发达地区农村软件硬件设备不行，尤其是中西部贫困地区，这方面差得很远，不能用北京、上海或者东部沿海地区的水平来想象。即使在东部地区的浙江，台州银行行长表示[①]：“从目前来看，互联网大数据并不能完全解决小微企业的风控问题，尤其在农村金融领域，农民对先进工具的使用能力相对较弱，我们把网点开到乡镇甚至村里去，上门教他们使用，普及金融知识，这个他们更能接受。而对纯线上的接受程度更弱。我们认为线下网点加线上系统工具，能更好满足农民的需求。”

2. 数字普惠金融的安全性

虽然数字普惠金融能够显著提高金融的覆盖广度与深度，但是在应用中也存在诸多安全隐患。例如，数据画像存在不准确性。尽管当前每家机构已经有大量数据可以对用户做风险评估判断，但很可能，这些数据并不足以代表一个人的全貌，根据一份不完整的数据做出的用户画像以及给出的征信评估，很难避免有误差，甚至产生金融诈骗。这些都是我们在现实生活中数字普惠金融遇到的一些问题，技术安全和防控金融诈骗也是重大挑战。

3. G20 数字普惠金融高级原则的落实

从供给侧角度看，一是推动数字化的普惠金融发展；二是在发展普惠金融和数字普惠金融的时候，要继续鼓励创新和防范风险的平衡，注意它们两者的结合；三是要注意怎么解决好数字普惠金融的监管制度、监管手段、方法、能力的问题；四是关于怎么做好供给侧的数字普惠金融知识教育、金融素质的提高；五是怎么解决消费者权益的保护问题；六是还要怎么解决一个我们在这个过程里面的一些技术上面的问题，生物技术、身份识别真伪的问题，还有其他的一些问题。

4. 数字普惠金融的基础设施建设

数字普惠金融的健康发展离不开良好的基础设施。这个基础设施的建设至少包括五个方面：一是构建数字普惠金融的评价指标体系，包括监测、统计、评价、考核体系；二是搭建与数字普惠金融相适应的征信体系；三是数字普惠金融的支付体

---

① 包慧：“台州银行行长黄军民：大数据不能完全解决小微风控问题”，载《21 世纪经济报道》2017 年 3 月 21 日。

系；四是发展数字普惠金融的组织体系，这一体系应包含不同类型金融机构，且同一类型机构又有大中小的合理配置；五是还应有一个科学合理的监督体系。

三、农村普惠金融建设中的合作金融

（一）合作金融在普惠金融体系中的地位和作用

在近年的农村金融改革过程中，尽管有新型农村金融机构的较快发展，而且有农信社的大规模商业化改制，但是，由于商业性银行在股东追求利润的压力下，“三农”融资困境并未发生实质性改善，反而随着新型农业经营主体的发展，农村金融供给不足的问题在某些方面、某种程度上更加凸显。在这种情况下，农村合作金融又受到政府和社会各界越来越多的重视。2013 年中央一号文件提出要充分发挥合作金融的作用。2014 年的一号文件用了一整段的篇幅阐述，并将其作为三大项任务之一，这是前所未有的，也是令人欣喜的。

合作金融组织的所有者、管理者和受益者是同一主体，基本没有像商业金融机构那样金融供求双方两个不同利益主体之间的利益博弈。从驱利性和弘义性的矛盾和协调的角度看，相对于商业金融，合作金融具有更大的优势，对普惠金融的发展具有积极的推动和促进作用。合作性金融在满足农户和小微企业金融服务，促进农村经济社会发展，进而实现城乡均衡发展等方面具有极其重要的作用。所以，无论从理论还是实践的角度，合作性金融与商业性金融、政策性金融一样，都是完整的农村金融体系中不可缺少的组成部分，三者之间的分工、协作与适度竞争，能形成合力，发挥优势互补、效益叠加的作用。

从国外实践看，德国、法国、荷兰、日本、韩国等国家都拥有各具特色的农村合作性金融形态，有效解决了农村金融供需主体间利益冲突以及高成本、高风险和信息不对称等难题。同时，合作金融各级机构独立经营，自下而上的控股，有利于内部资金的市场化定价和转移。合作金融上层大型金融机构的资金、网络优势也得到了充分发挥。

目前，我国农村低收入和贫困农户以及新型农业经营主体普遍缺乏贷款服务。商业银行由于主客观原因，参与不深入；农信社系统等金融机构（包括近两年被银监会和央行批准新设的农村金融类机构）由于商业性改制和商业化以赢利为导向，一般也较难解决这方面的问题。而农村合作金融一般具有不以营利为目的的互益性和市场化运作的特点，具有社会企业的特征，可以弥补商业性金融的缺陷，有利于推动农村农户信贷服务市场竞争局面的形成，还有利于抑制民间高利贷活动，而且，对于改变传统金融扶贫观念（如依赖外部补贴或者追求利润最大化），建立普惠金融体系，实现社会公平，促进共同富裕，都有着重要的现实意义，确应大力扶持。

（二）我国新型农村合作金融组织的主要形态和特点

新型农村合作金融组织是指近年来逐渐兴起的在农村信用合作社系统之外的农民合作金融组织，既包括根据中国银行业监督管理委员会制定的《农村资金互助社管理暂行规定》成立的正规金融组织农村资金互助社，也包括经过政府批准成立的开展内部资金互助的农民合作社、贫困村村级互助资金，以及农民自发成立的其他资金互助组织等。新型农村合作金融组织是农民自愿联合形成的经济合作组织，是真正属于农民自己的合作金融组织。

我国新型农村合作金融组织大致可以分为三类：正规、准正规和非正规[①]。所谓正规新型农村合作金融组织是指根据银监会相关规定获得许可的农村资金互助社。正规的新型农村合作金融组织又可以分为三种情况，即根据银监会监管规定而完全新建、在农民合作社基础上建立、在农民自发的资金互助组织基础上建立。准正规的新型农村合作金融组织是指根据国家相关政策，依托既有的农民合作社或贫困村村组织而成立的农民资金互助组织。这类农村合作金融组织可以分为两种情况：一是在农民合作社成员开展的内部资金互助业务，由合作社内部一个部门管理，或者成立一个相对独立的机构负责。这种情况包括农民合作社开展的资金互助，也包括供销社系统开展的资金互助。二是政府财政和扶贫部门在贫困村开展的村级互助资金，主要是在民政部门注册成立的社团法人形式的资金互助社。非正规的新型农村合作金融组织是指没有依照银监会相关规定或国家政策，也没有依托既有农民合作社或村组织而成立的资金互助组织（这三类新型农村合作金融组织的主要特点和区别见表 2. 2）。

① 夏英、宋彦峰、濮梦琪：“以农民专业合作社为基础的资金互助制度分析”，载《农业经济问题》2010 年第 4 期。

表 2.2 我国新型农村资金互助组织分类与主要区别

主要类型	主要区别
正规合作金融	根据银监会《农村资金互助社管理暂行规定》，独立新建的农村资金互助社
	根据银监会《农村资金互助社管理暂行规定》，在原有农民合作社基础上组建的农村资金互助社
	根据银监会《农村资金互助社管理暂行规定》，在原有农户自发组建的农村资金互助组织基础上，获得金融业务经营许可
准正规农村合作金融	在政府部门支持和指导下，农民合作社开展的成员内部资金互助业务，由合作社内部一个独立部门管理
	在政府的支持和组织下，在贫困村成立的村级资金互助组织，宗旨和目标是扶贫
非正规农村合作金融	没有获得银行业监管部门许可，在政府支持、指导和管理范围之外，农民自发成立的农村资金互助组织

（三）我国几种新型农村合作金融组织的发展状况

1. 农村资金互助社

目前，农村资金互助社是我国唯一经过银行业监管部门准许的正规农村资金互助组织。自 2007 年银监会放开农村金融市场准入政策以来，截至 2011 年末，全国共批准成立 49 家资金互助社。但是，截至 2016 年 3 月底却剩下 48 家农村资金互助社在运行①。为什么农村资金互助社发展如此缓慢呢？主要有以下两个方面的原因。

第一是资金来源不足，业务规模难以扩大。农村资金互助社的资金来源主要是股本金和社员存款，由于社员主要在本村镇范围内，资金规模难以扩大。

第二是运营成本高，增加了可持续发展难度。由于《农村资金互助社管理管理暂行规定》是按照对商业银行进行监管的审慎性原则制定的，税费标准与商业银行一致，硬件设施与商业银行网点的要求相同，在业务规模相对较小的的情况下，使得运营成本的占比很高。例如，浙江瑞安汇民农村资金互助社 2015 年全年日常运营

---

① 中国银行业监督管理委员会：《中国银监会对政协十二届全国委员会第四次会议第 3115 号（财税金融类 301 号）提案的答复》，银监会网站：http：//www. cbrc. gov. cn/govView_ C559476E2605446DB2CFEFCD12A98F1E. html，2017 年 4 月 15 日访问。

成本及营业税金及附加共 90 万元，占到了利息净收入的 49.5%。对比其他银行一个网点受理上亿元的存贷业务量，瑞安汇民农村资金互助社目前的存贷业务量不仅浪费了先进的运行资源，更增加了财务成本，影响其可持续发展能力①。

2. 贫困村村级互助资金

"贫困村村级互助资金"项目始于 2006 年，由国务院扶贫办和国家财政部主导，在贫困村开展资金互助活动。互助资金主要来自中央和地方财政投入和农民的股金。贫困村村级互助资金的目的是使财政扶贫资金能够按照贫困社区农民的真实需求得以使用，而且可以滚动使用、保值增值。这是对已有扶贫制度安排的一种创新，建立起了以贫困农民需求为导向的扶贫资金决策机制，促进扶贫开发的政府供给与贫困农户的需求相一致。这种"造血式"扶贫方式的设计初衷不仅包括使财政扶贫资金达到了瞄准贫困群体的目标，还包括提高了贫困群体的自我组织与自我发展能力。互助资金设计的基本理由是社区组织具有信息对称的优势，可以降低信贷交易成本和风险，提高还款率，实现扶贫信贷资金可持续运转，这样更提高了政府扶贫资金的使用效率和使用效果的可持续性。②

据国务院扶贫办的不完全统计，截至 2013 年底，中国 28 个省（区、市）、1407 个县、19397 个贫困村开展了互助资金试点，互助资金总规模达到 45.17 亿元。其中中央财政扶贫资金 11.54 亿元，省级专项财政扶贫资金 22.79 亿元，农户缴纳互助金和其他资金 11.5 亿元；加入资金互助社的农户 191.46 万户，占试点村总户数的 30.72%，加入资金互助社的贫困户 98.88 万户，占贫困户 41.2%；累计发放借款 88.73 亿元，其中向贫困户发放借款 48.19 亿元，占发放借款总额的 54.31%；累计借款 204.48 万人次，其中贫困户借款 116.24 万人次，占 56.85%；累计占用费收入 5.35 亿元；累计还款 69.05 亿元；累计逾期借款 37651 笔，逾期金额 2.17 亿元，逾期率 2.45%；累计损失金额 2522 万元③。

---

① 王静："农村资金互助社状况——以瑞安汇民农村资金互助社为例"，载《中国金融》2016 年第 13 期。

② 杜晓山、林万龙、孙同全：《贫困村互助资金模式的比较研究》，国务院扶贫办外资中心课题报告，2009 年。

③ 国务院扶贫开发领导小组办公室《中国扶贫开发年鉴》编委会：《中国扶贫开发年鉴 2014》，团结出版社 2016 年版，第 23 页。

贫困村村级互助资金组织是一支非常现实、宝贵的合作金融的雏形和基础队伍。很多贫困村互助资金项目的多数开展得红红火火，形成了政府支持、农民自有、自管、自享的初级阶段的合作金融形态。然而，也有很多的此类项目，无论从外部有效监管，还是从内部规范运营的角度，都存在不少的问题。对这约 2 万个贫困村互助资金项目，应因地制宜、区别对待、分类指导、妥善处置，但绝不应任其自生自灭。应以此为基础，真正使之发展成为合规的有前景的可持续发展的扶贫资金互助社。由于它们都位于贫困地区，意义尤为重大。而且，它们如能规范正常运营，国家政策应要求银行有向它们提供融资的责任。例如，扶贫合作金融组织可将社员股金作为质押资金放在银行，银行则以适当杠杆率给与其贷款融资。

3. 农民合作社内部资金互助——关注山东农民合作社信用互助业务试点

近几年，农民合作社内部资金互助业务发展迅速，在为农民融资带来方便的同时，也发生了很多携款跑路的现象，对参与互助的农民贷款巨大损失，也造成了极坏的社会影响。发生这种现象的重要原因是农户入股资金形成了资金池，而合作社被少数大股东控制，资金没有完全用于合作成员内部互助，内部治理和外部监管不力，等等。鉴于这些原因，很多地方政府对农民合作社资金互助业务避而远之，不予支持、指导和规范。

为了打破这种局面，2015 年山东省在全省开展了农民合作社信用互助业务试点（以下简称“山东试点”），选择发展较好的农民合作社开展内部资金互助。试点有四个基本原则：一是社员制，即信用互助业务在农民专业合作社内部开展，只有本社社员才有资格参加；二是封闭性，是社员制原则的延伸，即合作社只能为参加了信用互助业务的社员提供信用互助服务；三是自愿性，社员参加和退出信用互助业务自愿，充分尊重社员的独立、自主和自由；四是不设资金池，即开展信用互助业务试点的农民专业合作社向互助社员吸收和发放资金，应当通过合作托管银行办理，由合作托管银行为其向互助社员办理结算户或银行卡，通过银行账户转账处理，原则上不允许进行现金交易。

山东试点的主要创新是实行资金承诺和银行托管制度。主要做法是，社员存放资金的个人账户和信用互助业务部的所有账户都开立在唯一的合作托管银行。在信用互助资金融通的过程中，合作托管银行将根据信用互助业务部的指令办理相关账户之间的资金划拨。社员参与互助的资金不投入，而作为出借资金的承诺。当某一社员需要借款时，其他所有社员按照承诺，将个人存款账户中的资金转到合作社信用互助部在合作托管银行的账户内，托管银行根据合作社信用互助部的指令，将归集的资金划至借款社员的账户内，完成借款流程。资金承诺制和银行托管制度避免了资金池，基本杜绝了资金被挪用或少数管理人员携款跑路的风险。

山东试点的另一个重要经验是明确了监管部门。我国有近 4 万个乡镇和约 60 万个行政村，它们是农民资金互助等合作金融组织活动的所在地，银监会系统不可能直接对这么多的组织机构进行合理、有效监管。没有明确的、专业的政府部门监管是农民合作社资金互助乱象频发的重要原因。山东省明确规定试点实施属地管理，各县（市、区）政府是本辖区试点工作组织推动、监督管理和风险处置的第一责任人，有义务及时识别、预警和化解风险；省和设区市、县（市、区）地方金融监管局是本辖区信用互助业务试点的监督管理部门；县（市、区）地方金融监管局具体负责信用互助业务试点资格的认定、退出、日常监管和风险防范，以及相关管理政策的制定，并负责向同级政府及上级地方金融监管局报告工作。这种做法明确落实了监管主体和监管责任，有利于控制潜在的风险，对于完善农村金融双层管理体制是一次积极的探索。当然，对于监管的实际效果，还有待于总结和研究。

清华大学丁玉、汪小亚等通过调研发现，山东试点农村金融的发展起到了积极作用，促进了民间借贷的规范化、阳光化，抑制了高利贷，缓解了农村地区的信贷配给和金融压抑，促进了合作经济的发展，使农民受益。主要表现在四个方面：一是信用互助内嵌于合作社，和生产合作、销售合作融为一体，可盘活“无效抵押物”；二是信用互助可有效降低服务农户的交易成本，因为合作社具有了解社员生产经营、家庭资产、人品等信息的天然优势，金融服务的征信成本前移，在风险处置环节，因为合作社和社员之间的信息不对称程度较低，交易成本大大降低；三是信用互助可实现资金的差异化定价，原因在于信用互助范围可控，较易实现信用累积为基础的资金差异化定价，信用度高的社员贷款利率更低，额度更高；四是以信用互助为平台，在社员资金使用时间集中导致互助资金不够时，可有效对接正规金融，引入银行信贷资金，解决互助资金规模小的问题。同时，该项调查也发现，山东农民合作社信用互助试点存在一些问题。例如，社员担保贷款额度不能超过 5 万元，这对经营规模较大，贷款额度需求高的社员来说，是不够的；信用互助的社员限定在本村，这对业务范围已突破村，甚至延伸到全镇、全县或外县的合作社已经不合适。此外，山东试点进展缓慢，截至 2016 年 7 月末，潍坊市共有 11 个县的 32 家[①]试点，信用互助业务累计 280 笔，共计 950.9 万元。[②]

4. 供销社合作金融

中共中央、国务院 2015 年 3 月份颁布的《关于深化供销合作社综合改革的决定》（以下简称《决定》），明确要求供销合作社稳步开展农村合作金融服务，有条件的供销社发展农村资金互助合作，可依法设立农村互助合作保险组织，允许符合条件的社有企业依法开展发起设立中小型银行试点等等，意在依托供销社系统开展合作金融探索。《决定》对我国农村经济发展的影响积极而深远，对农村金融体系的完善十分重要。

对《决定》最核心要点的理解可简要概括为：供销合作社的深化综合改革要实现“改造自我、为农服务”的目的。从总体目标和任务看，供销合作社应改革成为服务“三农”的生产、销售、信用的上下贯通的综合性合作经济组织。

长期以来，供销合作社扎根农村，贴近农民，组织体系比较完整，经营网络比较健全，服务功能比较完备，完全有条件成为党和政府抓得住、用得上的为“三农”服务的骨干力量。它的这些特点和优势是其他分散的、不成体系的合作组织或商业经济组织所不具备和难以望其项背的。供销合作社的优势和潜力主要体现如下。

一是政治优势，它有浓厚的官助民办、互助合作的组织色彩，县以上联合社基本参照公务员管理，承担政府委托的任务，完成国家委托的经营业务和社会服务任务，是农村流通和农业社会化服务的“国家队”。

二是组织优势，它有完整的组织体系，全国总社、省级社、地市社、县级社及 2.5 万个基层社、33.7 万个农村综合服务社。其基层组织覆盖全国 80% 的乡镇、60% 的行政村，是我国最大的合作经济组织。

三是网络优势，它已形成农业生产资料、农副产品、日用消费品、再生资源、农村社区综合服务的经营服务网络，是农村流通领域网点数量最多、辐射范围最大的流通组织。

---

① 至 2016 年 5 月，潍坊市各类农民合作社数量为 19137 家。山东农业信息网：http：//www.sdny.gov.cn/snzx/snxw/snxw/201605/t20160510_ 384175.html，访问日期 2017 年 4 月 15 日。

② 丁玉，汪小亚：“山东潍坊市信用互助试点的经验和启示”，载《清华金融评论》2016 年第 12 期。

四是经营优势，供销社系统有成千上万的“龙头”企业和各类公司制法人企业，拥有大中专院校近百所、国家级科研院所近十所。

五是资产优势，全系统拥有资产 1.2 万亿元，所有者权益 3000 多亿元，是我国经营规模较大、经济实力较强、业务领域较多的综合性经营服务组织。

供销社系统开展的金融活动主要有参与农村资金互助社、参股农信社或村镇银行、成立小额贷款公司或典当行、组建农村融资担保公司、开展合作保险等，部分地区在研究成立供销社银行。供销社开展农村资金互助，一般是通过在乡镇或县级成立农民合作社联合社，在联合社内部成立资金互助部，在乡镇或县域范围内为合作社社员提供资金互助服务。通过资金互助业务，不仅解决了农户社员的贷款难问题，而且通过联合社把区域内的农民合作社联系在一起，为《决定》提出的“把供销合作社系统打造成为与农民联结更紧密、为农服务功能更完备、市场化运行更高效的合作经济组织体系，成为服务农民生产生活的生力军和综合平台，成为党和政府密切联系农民群众的桥梁纽带，切实在农业现代化建设中更好地发挥作用”的目标创造了基础条件。

同时，应该看到，目前供销合作社也存在一些问题。首先，供销社与农民合作关系还不够紧密，行政色彩比较浓厚，吸引农民主动参与的体制机制不够完善，农民出资、农民参与、农民受益的合作经济组织基本属性尚未充分体现。其次，供销社综合服务实力仍不够强大。再次，层级联系比较松散，体制没有完全理顺。最后，人才短缺问题仍然比较突出等。这些问题只有采取有效措施，切实加以解决，供销合作社的整体效益和优势才能得以更好的体现。

四、关于进一步推进我国农村普惠金融发展的思考

（一）我国农村普惠金融发展水平有待提高

目前，我国普惠金融发展仍处于初级阶段。不过，经过各方的共同努力，现已呈现出服务主体多元、服务覆盖面较广、移动互联网支付使用率较高的特点，人均持有银行账户数量、银行网点密度等基础金融服务水平已达到国际中上游水平。这是十分喜人的成绩，我们应继续努力，巩固成果，更上一层楼。同时，我们也应十

分清醒地认识到我国普惠金融发展仍面临诸多问题与挑战：普惠金融服务地区和机构发展不均衡，小微企业和弱势群体融资难、融资贵的问题突出，金融资源向经济发达地区、城市地区集中的特征明显；农村金融仍是我国金融体系中最薄弱的环节；普惠金融宏观、中观和微观体系不健全，金融法律法规体系仍不完善，直接融资市场发展相对滞后，政策性金融机构功能未完全发挥，金融基础设施建设有待加强；"数字鸿沟"问题凸现；普惠金融的商业可持续性有待提高等问题。这些短板应是今后力争提高我国普惠金融发展水平的主攻方向和重点。我们特别要关注低收入和贫困群体的覆盖率和服务深度不足这一短板问题的解决。

（二）要下苦功解决农村普惠金融服务深度不足问题

孟加拉乡村银行经过几十年在小额信贷和普惠金融领域的深耕细作和创新发展，取得了服务广度（覆盖规模和贫困群体及成长起来的小微企业各类客户）和深度（一般贫困到极端贫困客户）均十分突出的成绩。但区别于其他公益性金融机构的最大特点还是它在服务深度上既到达了极端贫困群体，又尽可能多地服务于这类群体。而我国的普惠金融发展在一些方面达到了国际中上水平，在诸多的短板中，服务深度不足尤为突出。

我国目前主要是靠用特惠金融的手段来弥补普惠金融这方面的缺陷。在特定的空间时间，针对特定的政策目标和群体，运用特惠金融的方式是必要的、可行的，但它本身有固有的缺陷，例如财政压力大、效率效益低、不可持续、易产生穷人的"等、靠、要"、易造成目标群体偏移，易引发寻租腐败等。

普惠金融的运作机制恰恰可以避免这些缺陷，但真正能做好普惠金融服务深度的工作，却绝非易事，需要从宏观、中观、微观三个层面统筹协调地系统地解决相关问题。不过，孟加拉乡村银行的经验是我们可以借鉴的一个榜样。我们这样的社会主义制度国家，完全应该诞生出我们自己的"乡村银行"，更好地以金融服务于扶贫脱贫攻坚重任，而且从长远的视角，为共享经济、共同富裕做贡献。

在此，笔者引用中欧—世界银行普惠金融中心主任王君先生的观点供读者思考和探讨。王君认为①，近年来，在发展普惠金融方面，各级政府过多地关注直接提

---

① 王君："普惠金融，政府不该做什么"，2016 年 6 月 26 日（源自微信）。

供金融产品，忽略了公共基础设施，造成大量的政策扭曲和公共资源的浪费，必须重新定位政府职能和行为边界。

王君认为，政府部门与其直接参与，不如集中于稳定宏观经济环境，促进形成健康的信贷文化，制定合理的产业政策，塑造良好的商业环境，推行反垄断竞争和行业监管，制定质量标准。把这些做好了，就是对普惠金融的贡献。在金融服务领域，迫切需要划一条商业可持续边界。只要在这条边界之内，都是逐利的金融机构愿意去努力的，政府就不用参与，让商业化的金融机构去做他们能做的事。在这条边界之外，对老弱病残人群、老少边穷地区，他们没有创造回报的能力，需要各级财政直接补贴。但是，这个数额是非常有限的，而且依照中国的财政能力，完全可以承担。这样划分后，就能把商业的力量释放出来。在这条边界的近处，有一条模糊的地带，可让那些开发类金融机构诸如农发行、国开行等先进去，开拓市场，然后再让商业机构进去。如此安排，中国的普惠金融才能取得实质性进展。

（三）大力推动农村合作金融健康发展应是普惠金融建设的重中之重

当前中国的农村金融体系既缺商业性的中小型金融机构，也缺政策性金融机构来支持普惠金融，更缺合作金融来支撑普惠金融的实现。所以，政策性、商业性和合作性金融三种形态都应充分发展，优势叠加、功能互补，这才是农村普惠金融发展的理想状态。合作金融健康可持续的发展是目前农村普惠金融的短板之一，妥善补上这块短板既要有紧迫感，又要久久为功。

其中，应该十分重视供销社系统的合作金融建设，这是党中央的要求，也是广大农民群众对自我拥有、决策、管理和受益为一体的合作金融的期盼。目前，我国农村的合作金融现状并不乐观。农信社已经商业化改制，银监会批准设立的农村资金互助社现存只有 48 家，一些地方政府部门批准成立的或农民自发成立的资金互助社总体上量多质差、良莠不齐、鱼龙混杂，一些机构还存在违法违规行为。而监管系统受条件所限，难以有效监管。因此，呈现出两难矛盾：若大力发展新型合作金融组织，则存在机构素质不高，监管力量不足，区域和系统风险高的矛盾；若不发展或少发展新型合作金融组织，则难以缓解农民群体金融服务难、服务贵的矛盾。

供销社稳步开展农村合作金融服务，由于党和政府可以有效掌控，只要工作真正得力，就能够有效化解上述“两难”局面。有条件的供销社只要按照社员制、封闭性原则，在不对外吸储放贷、不支付固定回报的前提下，发展农村资金互助合作，能从总体上达到健康、可控、发展的目标。它还可依法设立农村互助合作保险组织，依法设立中小合作银行试点，设立融资租赁公司、小额贷款公司、融资性担保公司、农村产权交易等金融服务中介。

笔者认为，供销合作社系统如能切实贯彻执行中央的《决定》，勇于并善于发挥主动性、积极性、创造性，敢于担当，努力开拓进取，创办领先的农村合作金融业务将有可能替代已经或将转轨为商业金融的农信社系统，成为我国农村合作金融的主体力量。不过，各地供销社的情况差异大、发展不平衡，能否实现中央《决定》的要求，有赖于供销合作社系统干部员工能否真正将思想和行动统一到中央《决定》的要求上来，这考验着供销合作社相关领导层的领导力和执行力。现在，社会上对此有着不同的看法、评论和疑虑。最终，良好的顶层设计能否实现，还需要接受实践的考验和检验。

（四）农信社不应“一刀切”式地进行商业化改制

农信社商业化改制过分强调股份制商业化形式和追逐利润的导向，并没有增加农村金融有效供给，在部分地区反而下降，这与普惠金融理念相悖。2010 年银监会文件要求 2015 年完成改制，据银监会公布的资料，截至 2016 年 3 月末，全国共有农村商业银行 899 家，农村合作银行 64 家，农村信用社 1338 家；2016 年 4 月，农村商业银行组建数量突破了 1000 家（开业及获准筹建）①。也就是说，改革任务至少还有一半还未完成。我们认为，“一刀切”的商业化改制不符合我国各地区域发展实际，不符合中国国情，在很多地方农信社仍然是符合当地实际并能有效支持当地“三农”发展的合作金融机构。

（五）切实推动社会企业形式的农村合作金融和公益性小额信贷组织发展

坚持不以营利为目的，并以实现社会公平发展和自身持续发展为目标的公益性

---

① 中国银行业监督管理委员会：《中国银监会对政协十二届全国委员会第四次会议第 3115 号（财税金融类 301 号）提案的答复》，中国银行业监督管理委员会网站 http：//www. cbrc. gov. cn/govView _ C559476E2605446DB2CFEFCD12A98F1E. html，2017 年 4 月 12 日访问。

小额信贷组织曾在并正在继续为我国扶贫事业中发挥独特作用，受到政府的高度肯定。社会企业形式的农村合作金融和公益性小额信贷组织是推动农村普惠金融发展的重要力量。但是，遗憾的是，从宏观政策法规层面如何重视发现和发展这些社会企业性质的金融或类金融机构，以解决普惠金融服务深度的短板问题，仍少有实质性的举措。

孟加拉国还有数量众多的中小扶贫小额信贷机构，这些机构只能有限地吸收借贷客户的存款。为了解决这些中小扶贫小额信贷机构的融资来源，孟加拉国政府在1990年又批准设立了专对这些零售小额信贷组织的称为PKSF的批发基金机构。政府提供种子基金和吸收来自国内外的各类资金，并提名专业人士担任相应的领导职务。

目前，我国政府也在鼓励规范发展各类中小微履行普惠金融理念的金融和类金融机构，如何借鉴孟加拉国和其他国家成功的经验为我所用是值得思考和尝试的。我们是否也应考虑在我国中西部地区设立由政府牵头，各方参与的另类的民营银行“穷人银行”呢？是否也应设立由政府牵头，各方参与的小额信贷批发基金机构呢？其实要真正想做，这是完全可行的，也是完全做得到的。

关于设立普惠金融发展基金支持公益性小额信贷组织和真正的农民合作金融组织的提议已有不少讨论，但是至今没有实质进展。2016年财政部印发的《普惠金融发展专项资金管理办法》，只是将已有的农村金融扶持政策和创业担保贷款政策汇编在一起，仍然是扶持正规金融机构开展农村金融服务和创业贷款服务。当然，这些政策仍然需要，但远远不够，应尽快制定和切实落实推动社会企业形式的农村合作金融和公益性小额信贷组织发展的扶持政策。

（六）加快农村金融法规建设

农村金融市场和功能的完善及制度规范创新是关键和根本，必须通过构建农村金融的政策法规制度来营造良好的农村金融外部环境。当前，我国有关非政府/公益性小额信贷和资金互助组织的法律法规和监管措施不健全，小额信贷机构法律定位不明确的现状亟待改变，还应尽快出台发展互联网金融的配套管理办法。我国包括《合作金融法》《农业保险法》《民间金融法》等在内的农村金融立法工作依然十分薄弱，这些已经成为制约农村金融，尤其是普惠金融发展和农村金融创新的瓶颈。

参考文献

[1] 陈龙．数字普惠金融：正在发生的未来，搜狐财经 http：//business. sohu. com/20170303/n482284272. shtml，2017－3－3

[2] 丁玉，汪小亚．山东潍坊市信用互助试点的经验和启示．清华金融评论，2016（12）

[3] 杜晓山．发展农村普惠金融的思路与对策．张承惠，郑醒尘等编著．中国农村金融发展报告 2014. 北京：中国发展出版社，2014

[4] 杜晓山，林万龙，孙同全．贫困村互助资金模式的比较研究．国务院扶贫办外资中心课题报告，2009

[5] 刘克崮．论草根金融．北京：中国金融出版社，2015

[6] 刘永富．落实中央决策部署　做好金融扶贫工作——在金融扶贫电视电话会议上的发言．中央政府门户网站 www. gov. cn，2016－6－21

[7] Sarah Gray 等著．小型/微型企业担保基金操作指南．北京：经济科学出版社，2002

[8] 孙同全，刘建进．中国金融扶贫的历程与展望．李培林，魏后凯主编．中国扶贫开发报告（2016）．北京：社会科学文献出版社，2016

[9] 王静．农村资金互助社状况——以瑞安汇民农村资金互助社为例．中国金融，2016（13）

[10] 王曙光．农村金融学．北京：北京大学出版社，2015

[11] 夏英，宋彦峰，濮梦琪．以农民专业合作社为基础的资金互助制度分析．农业经济问题，2010（4）

[12] 余文建．普惠金融指标体系构建——从国际探索到中国实践．中国金融，2017（5）

[13] 周建峰．特惠金融创新的实践与思考．中国县域经济报，2016－7－14

[14] 穆罕默德·尤努斯．企业的未来．北京：中信出版社，2010

[15] 老张/普惠研究院．数字金融带来的“三大革命”，2017－2－23（源自微信）

[16] 宫敬才．河北大学宫敬才教授谈阿玛蒂亚·森的思想学说．中华读书报，2007－8－22

[17] 李磊．央行副行长潘功胜谈普惠金融的几个误区．人民论坛网 http：//www. rmlt. com. cn/2015/0316/377081. shtml，2015－3－16

[18] 默罕默德·尤努斯等．企业的未来——构建社会企业的创想．北京：中信出版社，2011

[19] 程恩富．现代马克思主义政治经济学的四大理论假设．北京：中国社会科学，2007（1）

[20] 郑志国．论双性经济人假设．马克思主义研究，2013（9）

[21] 高嵩．试析西方经济学经济人假设的发展及其局限性——基于对马克思相关观点的理解．经济经纬，2008（4）

[22] 刘海生．人的异质性：“经济人”假设的新内容．经济学家，2003（5）

[23] 杨春学．经济人的再生：对一种新综合的探讨与辩护．经济研究，2005（11）

[24] 庄宗明，杨旭东．“经济人假说”：争论与超越——兼论中国经济学的创建．学术月刊，2001（2）

[25] 常红晓，王君．普惠金融，政府不该做什么．2016－6－26（源自微信）

[26] 包慧．台州银行行长黄军民：大数据不能完全解决小微风控问题．21 世纪经济报道，2017－3－21

第3章

我国农村金融的风险与防范

相对于城市经济来说，农村经济有自身的特点。第一，农村经济不像城市经济那样集中和人口密集度高，因而信息传递成本和交易成本显著高于城市；第二，一国财富通常集中于城市，农村经济基础薄弱，因而可用于抵押的物品价值远低于城市；第三，农业生产目前仍为“靠天吃饭”，不确定性强；第四，农村金融服务机构相对较少，金融服务供给能力相对较低；第五，农村居民的受教育程度一般低于城市，农民的金融知识普遍比较欠缺，不少地区信用环境较差；第六，农村地区幅员广阔，地区差异较城市为大。基于以上特点，以农村经济为基础、为农村经济服务的农村金融的风险度必然高于城市金融，防范金融风险的方式方法也应与城市金融有所不同。

一、农村金融的风险状况及产生原因

（一）信贷风险较为突出

从统计数据看，农村金融的信贷风险是高于全国平均水平的。根据银监会网站数据，2017 年第2 季度，农村商业银行不良率达到2.81%，高于全国1.74%的平均水平，分别为外资银行和城商行的3.2 倍和1.88 倍，居行业最高水平。表明农村金融领域竞争尚不充分。另一方面，农商行的净息差达到4.86%的行业最高水平，是平均水平的2.4 倍（见图3.1）。即便在净息差水平很高的情况下，农商行的资产收益率只是略高于行业平均水平，说明其经营成本高昂。

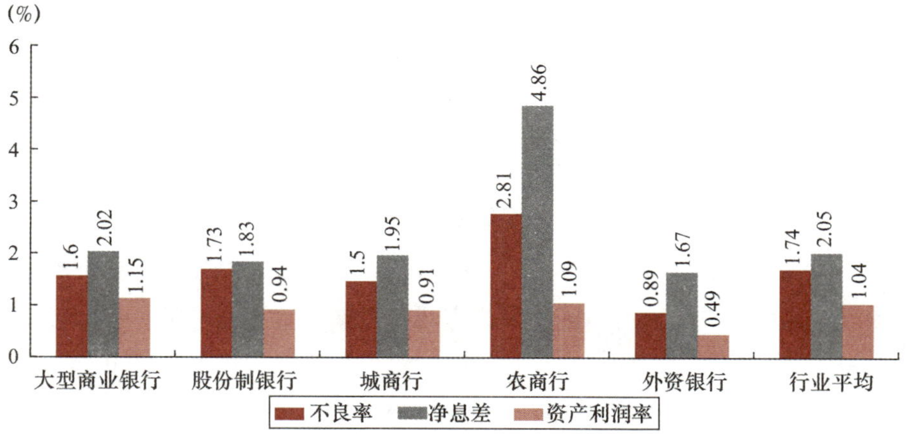

图 3.1 2017 年第 2 季度银行业金融机构部分指标

造成农村信贷风险较高的原因，主要是服务对象较特殊。

首先，风险信息不对称。目前农村金融机构服务对象主要以农户和中小微企业为主。尽管近年来一些地方政府和农村金融服务机构在建设农村信用体系方面下了很大工夫，如开展信用镇、信用村、信用农户创建活动，建立农户信用档案，加大宣传力度，强化正向激励机制，引导农民和农村经济组织重塑良好的守信观念等，但由于缺乏金融机构上级机构激励和地方政府的持续配合，信用体系建设情况并不理想。例如，东部某省内一个经济发达的县级市，全市乡村常住户 20.5 万户，信用建档户数仅为 8.9 万户，占比 43.4%。至于中西部地区，信用建档户数比例就更低。加之农民流动性较大，很多村庄壮年人和文化程度较高的青少年均已外出，留在家乡的往往是老弱病妇，很难有较强的信用意识。从企业和商户情况看，很多小微企业和商户均没有过往信用记录。部分企业主信用意识淡薄，认为银行的钱就是国家的钱，能不还就不还，导致恶意逃废债现象较为突出。南京市溧水区法院数据显示，2016 年新增信贷违约案件 179 个，涉案标的金额累计 8.32 亿元，同比增长 18.9%；公布“老赖”信息共 103 人，同比增长 58.5%。

其次，我国农业以传统种植业为主，对自然条件的依赖性强，农产品市场行情波动性较大，容易形成自然风险和市场风险。

再次，农产品价值低，农民土地、房产等抵押价值也不高。农村小微企业普遍存在基础性资料缺乏、规模小、固定资产少、有效抵押物不足、缺乏第二还款来源等问题。对于金融机构来说，因此而缺乏覆盖和对冲风险的手段。特别在经济下行期，由于市场需求不旺，劳动力成本升高等因素，企业经营困难和调整压力加大。一些企业资金链断裂，甚至关门跑路，导致信贷风险不断积累。此外，农村金融机构的服务对象不乏高耗能、低产值、污染型企业。随着环境整治压力加大，部分企业停工停产整顿，也间接形成信贷风险隐患。

从金融机构层面来看，对于大中型银行来说，信贷风险主要来自业务人员不熟悉“三农”业务。目前尽管一些大中型银行在 21 世纪初大力收缩农村业务之后重新进入农村金融服务领域，纷纷转型农村市场寻找新的业务和利润增长点，但是多数银行仅设立了县级分支机构，很少在村镇布点。借助互联网和电商开展的信贷业务，又主要是小额个人消费贷款，对农业生产支持力度有限。对于农商行、农信社和村镇银行等中小型农村金融机构来说，问题主要是内部管理制度不完善，管理粗放，风险管控能力弱，员工素质偏低，电子化水平低。制度流于形式，合规意识欠缺，工作人员违规操作等问题时有发生，给农村金融机构带来较大损失。不少农村金融机构对企业风险缺乏预警，发现问题不能及时处置，打击逃废债行为的力度也不够。还有部分农村金融机构的经营定位不准确，不是将服务重点放在农民和农村中小企业上，而是将资金投入到建设周期长、资金需求大的投资项目甚至房地产开发上，造成严重的期限错配，一旦房地产市场出现较大波动或投资项目出现失误，信贷损失就会暴露。

从金融基础设施建设层面看，一是由于农村信用体系建设滞后，农村居民征信体系尚未建立，导致金融机构在信贷投放及防范风险方面缺乏有效支持，难以避免重复借贷的问题出现。二是因政策性担保体系不够完善，商业性担保体系在此轮经济下行期基本崩溃，互助担保前期盲目发展，导致一些地区担保圈风险暴露。例如，某省担保圈风险重点地区，2016 年出险企业达 632 家，比年初增加 99 家。另一方面，抵押物的第三方评估体系也存在问题。目前银行的抵押物评估多由外部评估公司负责，部分评估机构出于多收评估费、留住客户的私心，故意上调评估价格的现象时有发生。一旦发生风险，银行很难向评估公司追责。

（二）农民资金互助社的风险逐步显现

长期以来，中国农村地区一直存在金融供给与金融需求严重失衡的问题。传统金融机构在机构设置、产品设计、程序管理等方面无法完全满足农民的需求，农民申请贷款时常遇到无法提供符合银行要求的担保物和证明材料，贷款门槛高、周期长、手续繁杂、授信度低等困难。与此同时，由于缺乏投资渠道，农民手中的资金大多仅能靠银行存款获得一些利息收入。如何让农村的闲散资金能够输血“三农”，越来越成为紧迫的现实问题。早在十多年前，就有部分地区响应中央一号文件，自主探索设立农民资金互助社这一类新兴金融服务组织。2003 年 3 月，中国第一家资金互助社在吉林省四平市闫家村出现。2009 年 2 月，银监会和农业部联合印发《关于做好农民专业合作社金融服务工作的意见》，鼓励有条件的专业合作社开展信用合作。此后，由农民以“资金互助”为名创办的互助式金融组织在各地如火如荼地发展起来。从实践看，农民资金互助社对完善农村金融组织体系、缓解农民贷款难、支持“三农”发展起到了积极作用。由于资金互助社了解农民和农业生产流程，在农民资金紧缺时，可以及时提供资金服务，手续简便快捷，受到当地农民的欢迎。2014 年中央一号文件肯定了资金互助社的作用，提出“发展新型农村合作金融组织，在管理民主、运行规范、带动力强的农民合作社和功效合作社基础上，培育发展农村合作金融，不断丰富农村地区金融机构类型”。这意味着中央不再将发展了 60 余年的农信系统视为“农村合作金融”，而是要在合作社基础上发展新型农村合作金融组织。此后各地加快发展农村资金互助社的诉求更加强烈，在地方政府的支持下纷纷设立资金互助组织。目前农村资金互助组织共有四种类型：第一类是经银监会批准在工商部门注册的农村资金互助社，这类机构带有试点性质，按照银监会 2007 年 1 月颁布的《农村资金互助社管理暂行规定》的要求设立和运行。数量自 2012 年以后没有增加，2015 年反而减少了 1 家，表明银监会主导的资金互助模式效果并不理想（见图 3.2）。2016 年，银监会在安徽金寨县、湖南沅陵县和河北玉田县推动农村专业合作社基础上的资金互助试点，取得了初步成效。第二类是国务院扶贫办、财政部在国家级和省级贫困县推行“贫困资金扶助项目”所设立的农村资金互助合作社，主要分布在吉林、江苏、河南、河北、山东等地。第三类是地方政府引导、批准的农民资金互助合作社，大多在农村生产经营合作基础上设立，近年来这类资金互助社发展迅速。第四类是农民专业合作社在供销社引导扶持下成立的资金互助社。

资金互助社作为新型农村金融组织形式，是民间资本服务于“三农”的有效途径。特别是在农村生产合作社包括技术、农具、农业专业生产知识、农产品销售渠

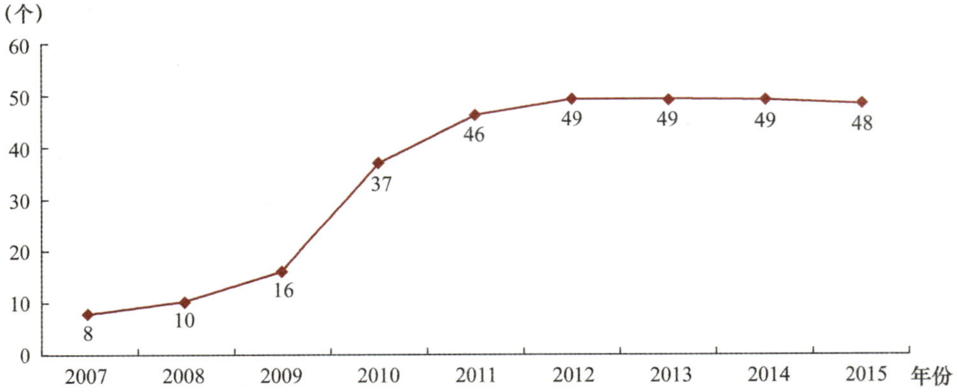

图 3.2　银监会批准的农村资金互助社数量变动情况

资料来源：银监会历年年报。

道等一条龙合作过程中产生的资金互助社，更是成为农民的好助手。然而，应需而生、初衷是信用创新、互惠互利的农民资金互助社在发展过程中，却出现了很大风险。2012 年 10 月 15 日，江苏连云港市灌南县 4 家农民资金互助合作社突然停止营业，负责人下落不明，2500 多名村民存在合作社的 1.1 亿元存款也不知去向。经政府调查，4 家合作社的负责人长期做假账欺骗政府，把各自吸收到的存款贷给江苏龙城集团董事长王明龙，并收取高额利息。而该集团主要投资于房地产、期货、电子商务、物流、网络游戏、餐饮娱乐等。由于资金链出问题，导致 4 家合作社偿付能力出问题。出于社会稳定的需要，当地政府不得不出资代替兑付。2014 年 12 月中旬，江苏丹阳市访仙镇农民资金互助社无法兑现到期社员入股金，涉及 1800 多农户，金额 1.4 亿元。违约引发的挤兑风潮，再次迫使政府出手救助。事后调查发现，访仙镇农民资金互助社实际上是一个家族办的银行，所谓股东只是几个亲戚挂名，所谓制度都是形同虚设。由于各地资金互助社风险案件频发，引发了社会对该类金融组织的质疑。出于安全考虑，一些地方政府开始收紧对资金互助社的审批，在监管办法上设置了严格的限制，又使得资金互助社难以持续发展。

一个本意很好的金融创新，为什么在运行不久之后就频频发生风险事件？究其原因，主要有以下几点。

（1）发展多元化和监管主体不一。如前所述，目前农村资金互助社大体有四种类型，并以后两种数量居多。在四种类型中，前两种的监管主体分别为银监会和各级扶贫办、地方财政、行政村委会；后两种的批准单位各有不同，如工信部系统、发改委系统、农委系统等。按照“谁审批谁负责”的监管原则，监管主体不一致，监管规则不统一。2007 年银监会出台的《农村资金互助社管理暂行规定》事实上只能约束银监会审批的 48 家资金互助社。2012 年农业部曾经考虑出台《农村资金互助社实施细则》，但由于征求意见稿受到较大质疑而未能成功。2017 年 6 月，施行 10 年的《农民专业合作社法》迎来了首次修改。修订草案在借鉴地方立法的基础上允许农民专业合作社内部开展信用合作①，但对于目前多元化监管的现状并未给出明确的解决办法。

（2）地方政府缺乏监管能力。10 多年的试点经验表明，推进资金互助社意愿最强的农业部门却不具备监管农村合作金融组织的业务能力。银监会系统不仅没有意愿，而且由于资金互助社基本布局在乡镇村，银监会的分支机构大多仅布局到地级市，县级办事处基本撤销，面对数量众多的合作金融组织，并不具备监管能力。至于财政、工信、发改委等部门，就更不具备监管能力了。从我国地方实践看，目前较为合适的地方政府监管部门是金融办公室。但是金融办在各地发展水平不一，县级政府金融办大多力量配置不足，有的县金融办还不是独立机构，只是作为政府办公室的内设机构存在，监管能力存在明显缺陷。

（3）从金融的特点看，任何金融组织都是成体系存在的，且具有一定的规模经济效应。资金互助组织以乡镇或行政村为单位独立存在，不允许跨镇经营，以及“吸股不吸储、分红不分息、只能用于农业产业”的监管政策，将不可避免地出现流动性风险。

（三）非正规融资组织和非法集资风险高发，破坏金融秩序，加大了维稳压力

近年来，伴随着互联网金融活动的发展，大量没有明确监管部门或虽有主管监管部门但监管能力不足的非正规融资活动快速增长，带来巨大风险隐患。

（1）早期发展的小贷公司、融资担保公司、投资公司、资本管理公司等各种类金融机构，本就存在监管力度不足、发起人和管理人素质偏低、超范围经营等问题。

---

① 14 个省（区、市）的地方性法规明确规定合作社可以开展信用合作业务，辽宁、安徽等地制定了专门指导意见或管理办法。

在经济下行压力下，小贷公司不良率居高不下。据某省金融办统计，截至 2016 年末，正常经营的小贷公司 517 家（另有 188 家停业或未能通过检查），贷款余额 76.9 亿元，不良贷款余额 217.5 亿元，不良率高达 28.6%。从全国情况看，商业性融资担保公司整体陷入困境，一些担保机构已出现严重的流动性风险。

（2）近年来财富管理公司、互联网金融平台等新金融业态野蛮生长，风险集中显现。某省 2016 年的互联网金融风险专项整治摸底排查结果显示，除了 700 家互联网金融平台外，还有投资基金 4055 家，各类交易场所、线上线下从事金融业务的投资理财机构 8.71 万家。这些机构普遍存在违规经营问题。

（3）非法集资风险居高不下。近几年借 P2P 等互联网金融热和理财热潮，各种名目的非法集资活动有增无减。部分地区集中出现以“商城返利”“互联网 + 订单销售”等为名目的非法吸收公众存款的新型犯罪案件。打着“创新创业”的幌子，承诺高投资回报率吸引老百姓资金。而这类案件有相当数量出现在县域，并有进一步向农村基层蔓延的势头。例如，某省 2016 年新增非法集资案件 682 起，涉案金额 156.9 亿元，参与人数 11 余万人，分别较上年同期增长 16.2%、35.1% 和 35.9%。其中发生在县域的非法集资案件占比 58%。特别是农村地区劳动力外流，留守人员多为老人和儿童，金融知识少，很容易受小恩小惠诱惑。还有一些机构打着“合作社”“资金互助社”的旗号在农村开展非法集资和金融诈骗活动，使不少农民成为受害者。当前，农村已成为金融诈骗高发区域。尽管国务院要求对非法集资要“打早、打小”，但由于这类活动隐蔽性强，往往到资金链断裂时相关部门才接到举报，而此时基本已经酿成社会风险，影响面大，给政府部门带来沉重的维稳压力。

造成上述风险高发的原因，一是以分业监管和机构监管为特征的现行金融监管体制不能适应农村金融供求关系的新变化。现行体制下“谁的孩子谁抱走”的做法，使得金融监管不能覆盖到持牌金融机构之外的范围，大量事实上的金融活动处于监管空白状态。二是缺少金融监管信息共享机制，导致有关政府部门很难全面把握农村金融风险状况和紧急程度。目前县域金融办、工商局、人民银行县支行等相关部门之间尚未形成有效的信息沟通机制，不同部门出于自身利益需要，往往对数据过度保密，“只谈情况，不谈数据，只讲成绩，不讲问题”的现象非常普遍。三是地方金融监管的“属地”原则很容易转嫁金融风险。例如，P2P 平台利用互联网之便跨地区开展业务，对这些机构及其开展的金融业务、注册地和业务所在地监管部门往往相互推卸责任，最终谁都不对本地风险状况负责。此外，尽管中央政府明确了各级地方政府承担本地区金融风险的处置责任，但因并未给予地方金融监管部门明确的法律定位（如金融办地位长期不明且差异巨大，有的县单独给金融办批出编制，有的县金融办却只是政府办公室的下设机构），金融办在编人员少、专业人员匮乏。也没有明确给出地方政府处置金融风险的资金渠道和手段，导致地方政府在管控金融风险时难有作为。四是农村金融消费权益保护和投资者教育工作滞后。近年来县域金融市场快速发展，各类金融机构数量和业务规模不断上升，但相对于城市而言，农村地区金融消费权益保护和投资者教育工作普遍滞后，民众缺少金融知识，也不清楚金融产品背后的风险。一旦自身权益受到侵害，也没有有效渠道和方式维权，最终很容易采取冲动性甚至暴力方式解决问题，加大了维稳和风险处置的难度。

二、防范农村金融风险的路径和对策

防范农村金融风险，要从金融风险产生的原因出发，寻找对症的“药方”，从制度、体制、政策多个方面，消除金融风险产生的根源，化解潜在风险，防止风险累积。

（一）多方施策，防范化解持牌金融机构的信贷风险

如前所述，当前农村金融体系风险主要表现为信贷风险。对于大中型银行来说，信贷风险主要来自信息不对称和管理成本过高；对于中小金融机构如农商行、农信社来说，风险主要产生于实力弱小、管理体制不健全、风控能力不足。针对上述问题，应采取以下对策措施。

1. 加强农村信用体系建设

目前，中国人民银行已经建立了企业和个人两大信用信息数据库，有效地降低了金融机构信贷风险，促进了社会信用体系的不断发展和完善。相比之下，农村信用体系建设就比较滞后。加快农村信用体系建设，一是要针对农村区域广、农业经济个体多的特点，在农村深入开展信用镇、信用村、信用农户的创建活动，建立农户信用档案。在这个过程中，政府的作用十分重要。关键是思想上加以重视，并投入一定的资金和人力支持信用平台建设。目前一些地区如浙江丽水市、台州市，均

已在政府的大力支持下建立起农村信用档案。二是要通过多种渠道和途径，加大宣传力度，对那些诚实守信的企业和个人采取正向激励政策，运用多种手段教育引导农户和企业树立诚信意识，增强守信观念。三是要加强债权人保护，严厉打击逃废债行为，维护商业银行的合法权益。

2. 建立有效的农村金融风险保障机制

一方面，有条件的地区要参照现有中小企业担保基金模式，建立政府出资引导、不以营利为目的的农村信用担保基金，为银行信贷提供一定比例的风险保障；同时要继续发展适应农村环境的联保小组、龙头企业担保等保障机制，建立风险共担模式。另一方面，要加快农业保险制度建设，建立起包括政策性农险和商业性农险的农业风险分散机制。进一步扩大政策性农险的覆盖面和承保农作物种类，将现行主要“保成本”的模式转向“保收益”模式，提高农业保险的保障程度。同时鼓励商业性保险公司开办涉农保险，建立商业保险与银行信贷的联动机制。

3. 强化金融机构内部风险管控机制

从一些银行业金融机构的情况看，管理机制不健全是出现风控盲点的主要原因。下一步需要在银行转型过程中，树立全面风险管理理念，完善风险管理组织架构，规范员工操作行为，改进风险管理和激励约束方法。在总行层面，应加快建设适应农村新形势的风险管理组织体系、金融风险监测与预警体系，完善业务流程，健全规章制度，改变目前以罚代管，对员工风险约束多（如终身追责）、正向奖励少的做法，建立有效的风险约束和业绩激励机制。在地方政府层面，要处理好“地方金融机构股东”和“风险管理者”两种身份的关系，减少对金融机构业务行为的行政性干预，建立更加科学的考评体系。

4. 完善配套政策

2015 年，国务院颁布《关于开展农村承包土地的经营权和农民住房财产权抵押贷款试点的指导意见》。近年来，农村“两权”抵押贷款试点工作由此起步。文件提出，要建立抵押物处置机制，因借款人不履行到期债务或者发生当事人约定的情形需要实现抵押权时，允许金融机构在保证农户承包权和基本住房权利前提下，依法采取多种方式处置抵押物。从实践情况看，“两权”抵押对解决农民融资难问题有一定的推动作用，但“两权”抵押变现难，导致抵押额度有限等问题目前还比较突出。下一步应在“建立完善多级联网的农村土地产权交易平台，建立‘两权’抵押、流转、评估的专业化服务机制”上下工夫，帮助金融机构切实解决抵押物的流动性问题，防范因抵押物价值悬空而产生的信贷风险，调动银行开展“两权”抵押贷款的积极性。根据试点经验，一是要大力推进土地确权颁证工作；二是须建立县乡两级农村产权交易体系，为各类农村产权交易、处置、流转提供良好的交易环境；三是要积极探索改进土地经营权价值评估方法；四是多方完善风险补偿机制，对“两权”抵押贷款的净损失给予适度的补偿；五是要创新抵押处置机制，积极探索临近同类经营者联保、设立抵押物收储公司等模式，推动抵押品的再流转。

另一方面，由于农村信贷的高风险特性，财税部门应在政策上支持银行加快对农村不良信贷资产的核销和处置，帮助银行轻装上阵。

（二）采取有效措施化解农村资金互助社风险

为了弥补农村金融服务能力不足，全国各地近两年形成了许多资金互助会和资金互助社。某沿海省份金融办统计，该省截至 2015 年底，各种农村资金互助组织超过 13 万家。这些组织由于缺乏相应监管，容易成为农村金融系统的风险点。农村资金互助组织的风险化解宜从以下几个方面入手。

1. 完善相关法律法规

2007 年银监会出台《农村资金互助合作社管理暂行规定》，10 年来未经修订。随着形势的变化，这一法规的不适应性日益突出。由于缺乏对互助机构性质的法律界定，各地农民资金互助社大多在当地民政部门注册为民办非企业单位。目前一些已登记注册的互助社到期后民政部门不再年检，工商部门也不予以注册登记，实际处于无证经营状态。不仅存在巨大隐患，也不利于实施有效监管。有鉴于此，应尽快修订现有法规，明确资金互助社的法律地位、发展原则、经营范围等，明确监管框架和相关政府部门的职责，为加强资金互助社监管提供法律依据。

2. 排查风险隐患，加强风险管控

农民资金互助社的设立初衷是支农惠农，但在发展过程中，很多农民资金互助社转向营利性金融业务，部分农民资金互助社因资金链断裂引发区域性金融风险。对于风险隐患，省、市、县级政府应高度重视，通过摸底排查，搞清农民资金互助社的发展状况和主要风险点，及时纠正违规资金互助社的经营活动。对于存在严重内控缺陷、管理松散、严重违规的资金互助社应尽早关闭；对于风险已经暴露的资

金互助社要做好风险处置工作，防止风险蔓延。要建立省、市、县三级统计监测体系，尽快由目前手工月报升级为系统日报，以便及时掌握资金互助社的发展动向和资金状况。

3. 严格约束资金互助社的经营活动

根据江苏省的实践经验，农民资金互助社的行为规范应从以下几个方面着手：一是明确经营边界，明确农民资金互助社成员应以当地农民为主（例如不低于80%）。互助金吸收和投放仅限于互助社成员，并明确互助金吸收上限。农民资金互助社不得跨地域经营，不得向非成员发放互助金、吸收或变相吸收公众资金、不得从事股票债券交易等。二是健全决策机制，防止农民资金互助社因实际控制人掌控决策权而导致大股东侵害成员权益，将原有依据出资额决定投票权的决策机制调整为成员每人一票的民主决策机制。当成员人数超过一定数额时，可成立成员代表大会，并设立理事会，理事会职责和议事规则由成员大会规定。三是统一会计核算。在会计科目设置、账务管理、流动性管理、现金管理、凭证管理等方面给予规范。明确互助金应交银行业金融机构存管，不得设立资金池。为防范经营风险和流动性风险，可建立准备金机制，计提互助金流动性准备和风险准备。四是强化风险控制，引导资金互助社完善内部管理。针对农民资金互助社风控能力薄弱，冒名现象频出等问题，明确相应规定。在内控制度方面，要求互助社建立有效的内控制度，明确业务流程和操作规范，实现岗位的合理分立和有效制约。对于互助金投放，单一成员投放的互助金应不超过股金的一定比例，前十投放大户不超过股金的一定比例。对于单个合作社的资金规模应有上限规定。

4. 明确监管责任，建立统一监管系统

目前农民资金互助社的监督管理机构各地不一，有的是农工办，有的是农委，还有的是金融办。由于中国人民银行仅在县域配置分支机构，银监会系统仅在部分县域配置了办事处，金融办尚未在县以下乡镇布点，而农业部门的分支机构已经垂直布局到乡镇，因此资金互助社的经营活动的日常跟踪责任恐怕还需要农业部门承担起责任来。鉴于农业口对金融业务不够熟悉和了解，需要各相关部门齐抓共管，明确分工，更好地发挥各部门的职能作用。具体来看，要建立包括金融办、农业部门、人民银行、银监会、纪检、工商、公安、乡镇地方政府在内的立体监督机制。在省市层面，金融办承担制订农民资金互助社监督管理相关规章制度、建立统一信

息系统、利用大数据技术早期发现风险苗头、查处违法违规行为等职责，并统筹地方金融风险暴露之后的处置协调工作；人民银行系统负责密切监督资金动向，关注流动性风险，配合出险后的处置工作；银监会系统要跟踪银行与资金互助社的合作情况，关注存管资金是否正常和按照规则运行；在县级层面，应由农业部门和金融办作为业务主管部门，共同负责资金互助社设立审批和运行管理工作，定期和不定期开展现场检查。金融办系统还应承担起互助社发起人、管理人的风险教育工作和社员的金融知识培训培训工作。纪检、工商、公安等部门主要负责县域相关监督管理工作。乡镇政府要根据省级政府制订的互助社监督管理办法，管理监督乡镇辖区内兴办的农民资金互助社的日常经营行为。

（三）积极主动化解非法集资和金融诈骗风险

2017 年 2 月 5 日发布的 2017 年中央一号文件中，首次要提出严厉打击农村非法集资和金融诈骗。这一决定既表明了中央政府对非法集资和金融欺诈风险的重视，也反映了非法集资活动日益向农村地区发展、手法日趋多样化的现实。减少农村非法集资和金融诈骗行为，应从以下方面入手。

1. 加强对农村金融风险管理的协调和指导

第五次全国金融工作会议宣布成立金融稳定发展委员会，这是强化金融协调机制的重要措施。目前各省级政府均设立了金融办，但在中央政府层面，尚没有建立归口指导、协调机制。地方金融办强烈呼吁的，也是迫切需要中央对口部门对地方金融监管工作给予业务指导和统一规范。但是在传统的“一行三会”金融监管框架中，很难对此做出安排。鉴于此，可以考虑在新设立的金稳会下，专设一个“农村金融监管协调专业委员会”，具体负责指导、协调地方金融监管工作，并推动《处置非法集资条例》等相关行政法规尽快出台。

2. 整合监管资源，落实好地方政府风险化解处置责任

鉴于现阶段地方金融办是地方政府金融监管职能部门，并已初步具备监管能力，可进一步整合分散在地方政府相关部门（如工信委、商务厅）的金融监管职能，配备必要的监管人员和资源，将其转为专业的地方金融监管部门，并以法规形式明确地方金融监管部门的职能定位。省、市、县三级地方金融监管局应受同级地方政府领导，接受上级地方金融监管局和金稳会的业务指导。目前我国存款保险制度仅覆

盖存款类持牌金融机构，而引发县域金融风险的主体主要是地方中小法人银行业金融机构和大量新型民间借贷中介机构、互联网金融平台。而后者更容易成为非法集资和金融欺诈的借用平台。鉴于此，一方面要对事实上从事金融业务的非金融机构在准入和监管上采取更加审慎的态度，监管相应准入标准和行为准则；另一方面也可在条件具备的省份建立地方金融风险处置基金，以三级地方财政为出资主体，根据潜在金融风险情况决定基金规模。

3. 强化协调配合，加强信息共享，联合打击非法集资和金融欺诈

参照江苏省的经验，应由人民银行省分行和省金融办共同牵头，建设银、证、保等部门和地方农委、农工办、商务厅、经信委、工商局、公安、法院共同参加的地方金融监管协调机制，形成监管合力。当前的工作重点应放在加大监管信息共享和对非法集资的联合打击上。应有机构负责通报打击惩处情况，并及时总结治理过程中的经验教训。

4. 加强金融教育工作，推动农民金融知识和金融风险教育

毛泽东主席在1949年6月新中国成立前提出：“严重的问题在于教育农民。”这一论断至今也没有过时。提高农民的道德素质和文化水平，不仅是社会主义新农村建设的重要内容，也是防范农村金融风险的关键。要通过金融教育普及知识，增强对农村金融诈骗行为的免疫力和警觉性，并鼓励农民及时举报发现的违法违规活动。加强金融教育，需要从多个维度入手。金融监管机构、地方政府、行业协会、非营利组织以及金融机构，均有责任和义务推进农民金融知识普及工作。近年来，一些地方和金融机构在农村普及金融知识方面取得了很好的效果，值得推广和借鉴①。

参考文献

[1] 黄展华，康政伟．农村金融信贷风险成因及防控对策——以浙江金华成泰农村合作银行为例．人民论坛，2015（14）

[2] 李俊．农村金融市场的风险及对策．金融时报，2016－1－11

[3] 郭河彬．我国农村金融风险的形成与化解．金融理论与实践，2006（4）

[4] 江苏省金融办，人民银行江苏省分行，山东省金融办等部门提供的相关材料

① 例如贵州农信社省联社创建农民金融夜校模式，针对偏远地区和少数民族的特点编写通俗教材，发动信贷人员结合业务工作，利用休息时间深入基层，普及存款、贷款、信用卡等方面的知识，不仅支持了“三农”，也提升了自己的业务质量。

第二篇
国际经验篇

第 4 章

国外合作运动及其信用合作

2017 年中央一号文件明确提出要发展生产、供销、信用“三位一体”综合合作组织。这一举措有助于从供给侧优化农业组织体系。了解国际合作运动及其信用合作，有助于更好地推进我国合作组织发展。

一、19 世纪消费合作运动的兴起

消费合作运动在发达国家已有将近两个世纪的发展历史。西门和傅立叶于 1835 年在法国里昂（Lyons）成立了第一家消费合作协会。工业化、城市化加速阶段的工人阶层是消费主体力量。消费合作模式的出现和发展有较强的经济动因和相应社会基础，这是在当时迅速发展的内在原因。

合作运动的萌芽、发展与社会主义思潮起源及早期发展进程相互交叠。但是，合作运动的兴衰始终与市场竞争优势密不可分。

从市场经济发达国家合作运动发展趋势看，成本节约、品质保障是合作组织的立身之本，也是维持竞争优势的基础。合作组织治理机制有助于形成这一优势。

（一）运动起源

从合作运动发展起源看，欧洲合作运动在 19 世纪中叶开始萌芽发展。除了 1835 年的法国消费合作协会，英国的罗虚戴尔先锋合作社也是基层工人的消费合作组织。1844 年曼彻斯特的罗虚戴尔镇的 24 位纺织工，整合集体、民主、社会价值，成立罗虚戴尔消费合作社，称之为罗虚戴尔公平先锋社。他们在下班后销售奶油、蜡烛、面粉、燕麦，按市场价交易，会员按消费比例返还利润。总体而言，将其中的 60% 利润返还给社员，33% 利润用于资本积累，7% 用于教育、托儿所、疾病和老年救助等支出，其中 2.5% 利润用于教育。德国雷发巽（Raiffeisen）合作社于 1846 年成立，目的是通过消费合作应对饥荒。合作经济的兴起最初以消费合作形式出现，有其深刻经济动因和社会背景。

消费合作主要围绕生活必需品，食品占主要部分，还包括日常用品、家具、服装等。从 19 世纪中叶到二战后，这些生活必需品是城市工薪阶层关注的重点。组织消费合作社的直接目的是降低消费成本。

以食品为例，农产品在销售环节的增值最多，一般在 50% 左右；其次是加工环节，一般在 30% 左右。这意味着，如果通过合作组织把食品的加工、销售环节内部化，实行消费者自我服务，即使考虑其中的运营成本，节约的成本也相当可观。德国早期的消费合作社可节约一半消费成本。

消费成本节约主要得益于以下因素：一是批量采购提高了消费者议价能力，同时形成了规模经济效应；二是在加工、销售环节实行消费合作社的内部化交易，有效降低了交易成本；三是消费者参与合作社义务劳动，也降低了经营管理成本（见图 4.1）。

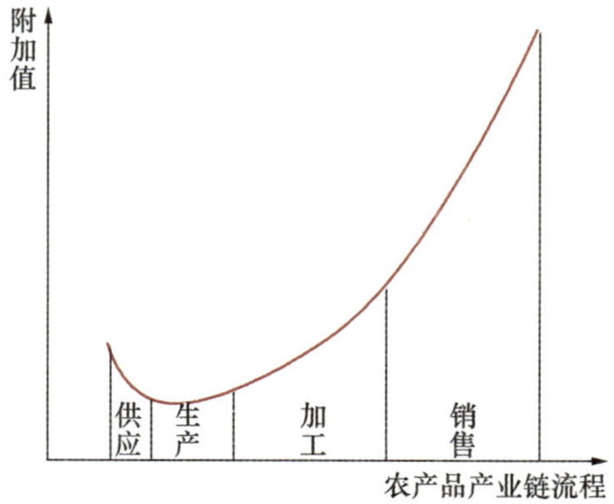

图 4.1　农产品产业链的增值模型

在 19 世纪中叶的欧洲，工人阶层的基本消费支出压力较大，存在降低消费成本的迫切需求。由此，消费合作组织应运而生。其时代背景是，当时的私营零售店铺竞争不充分，销售技术落后，价高质次、掺假欺诈等现象十分普遍，遭到广泛批判，成为资本一味逐利的邪恶典型。

这阶段的消费合作运动具有以下特点：一是以工人阶层为主体。到 20 世纪二战之后向中产阶层延伸，即代表了社会中坚力量。二是政府支持有限。在法国等地甚至遭到拿破仑三世的打压、逮捕。原因是合作组织不断遭到私营店铺业主的污蔑举报，包括投诉其隐蔽支持并从事工会运动、共产主义宣传；同时，政府当局也不愿看到异己政治力量的崛起。三是尝试替代资本主导的组织治理机制。由志同道合的工人阶层组成自我服务群体，通过互助方式提供优质低价的消费品和友好平和的消费环境，改善工作环境，以服务社员为优先目标。在此基础上，重视盈余积累，控制分红比例。

19 世纪中叶欧洲的另一个社会发展背景是，当时政府提供的公共服务有限，意味着市民需要设法通过互助方式解决社会服务问题。包括幼儿看管、老年服务、疾病救助、教育等。因此，消费合作组织必须考虑这些现实问题，在价值目标和治理机制上与之相匹配。由此，早期消费合作组织具有较强的社会服务整合功能，并在进入 20 世纪之后逐步演变成两个发展脉络，一路是奉行改良主义，在资本主义体系内部改善工人阶层生活；另一路向共产主义运动演进。1920 年，法国社会主义党在第 18 次大会上出现分裂，大部分人员投票加入第三国际，组建法国共产党；其余部分留在法国社会主义党，继续从商业改良角度，与以大宗资本为后台的连锁店进行竞争。

（二）可持续发展的基础

过去近两个世纪以来，欧洲一些国家的合作运动整体经历了盛极而衰过程；亚洲等地的发展中国家在过去一个多世纪的探索也一直面临诸多障碍。除了社会环境变迁、商业竞争等外部因素，合作组织自身的功能定位、经营模式也是影响可持续发展的决定性因素。合作组织的生命线在于活跃的会员数量，市场竞争优势是立身之本。在合作组织的功能定位、组织结构、治理机制方面必须充分考虑到这一点。概而言之，合作组织必须通过自身独特的市场竞争优势为成员带来切实利益，具体包括以下两点。

第一，使多数人获得切实经济利益。合作组织要实现可持续发展，必须吸引足够多的活跃客户成为社员，否则，合作社必然走向衰败。从欧洲各国的经验教训看，无论合作社整合什么样的政治、社会目标，使社员普遍享受到切实经济利益都是前提条件。如果社员无法享受到合作社带来的现实经济利益，则社员流失或减少交易必然不可避免。消费合作社通过提供公共服务吸引会员的做法存在不可持续问题。一是提供公共服务的成本很高，相应内部补贴会消耗合作社大量盈余资金，拖累合作社。尤其是随着发达国家社会政策及其配套公共服务的逐步改进，社员的这方面需求逐步减弱，以此来吸引社员得不偿失。二是在竞争激烈的商业经营环境中，大型连锁经营的商业机构在消费技术方面取得长足进步，价格是关键，这与合作社兴起之初已经根本不同。如果合作组织不能给社员带来现实利益，则难免面临生存问题，其他领域合作组织也会面临类似问题。即使合作组织能提供市场所不能提供的关键必需服务，也必须基于社员的承受能力；如果面临市场竞争，则必须提供更加质优价廉的服务和产品。

第二，形成市场竞争优势。合作组织为社员提供更加质优价廉的服务和产品，必须基于市场化竞争优势，通过完善组织体系和治理机制，而不是单纯依靠政府支持来解决这一根本问题。政府提供税收等方面支持是必要的，但如果主要依靠政府补贴支持来维持发展，则必然导致双输——政府财政不堪重负、合作组织举步维艰。这种竞争优势包括以下内涵：一是通过自身独特的组织结构和治理机制，形成比私人公司更有效的成本和风险控制机制。例如前面提到的通过客户即股东的组织治理机制，促使食品生产、销售环节交易内部化，大幅降低交易成本。再如通过社员股东分担经营风险或是体系内部交叉担保，提高合作社抗风险能力，这些对小型信用合作机构而言十分关键。二是适应经营管理现代化进程，在批发、配送、营销等方面吸收连锁经营机构的有效做法，通过规模效应等途径有效降低成本。三是始终把品质、价格作为立身之本。通过返利显著降低社员接受产品或服务的成本，形成比普通商业机构更强的吸引力，这是成立合作组织的初衷，也是实现长期可持续发展的基础。

（三）欧洲消费合作运动的经验教训

消费合作运动的初衷是从源头解决销售环节存在的问题，用合作替代竞争，用协同替代混乱，用诚实替代欺诈，用有序替代无序，由志同道合群体通过优势互补、相互服务，形成协会社区。与消费合作社相对应的概念还有集体消费者（collective consumer)、信用协会（credit association)、工人合作（worker corporations)、生产者协会（producer association)、生产合作组织（producer cooperatives)，以及生产者合作协会（producer cooperatives association)。

欧洲早期的合作组织具有较强的政治内涵，包括民主和社会共和，旨在替代资本主义竞争主导的社会秩序及其负面效应，从而建立新的社会秩序。这阶段的合作领域涵盖生产、消费、金融、教育、住房、医护、福利、休闲等诸多方面，使生产者与消费者融入体系并进行内部交易。合作机制的规模化、内部化交易，以及互助机制具有相对优势，有助于显著降低消费成本。但早期的合作体系强调替代竞争，强调提供全面社会保障服务，由此不可避免地对可持续发展形成障碍。例如，通过提高收费标准、压缩店面装修和广告费用，用于补贴社会服务支出，这导致其市场竞争力趋弱，财务可持续性问题逐步积累。其中，核心问题是消费合作社用社会服务替代分红，导致财务不可持续。就其根本而言，消费合作社要同时承担经济服务和社会服务职能，而私营资本投资的零售网络专注于经济服务，两者成本压力截然不同。再加上不重视市场竞争优势，这种消费合作社发展模式最终必然会难以为继。

进入 20 世纪 20 年代之后，消费合作运动理念发生变化，服务对象更加开放，开始面向所有消费者提供服务。在本质上，这是欧洲的消费合作运动领导者开始尝试在市场经济体系内部谋求发展，而不是从根本上替代市场经济体系及其社会秩序。因而，这意味着消费合作社要从商业改良角度与以私人资本为后台的连锁店进行竞争。此时消费技术开始对大众消费行为产生重大影响，品质保障、经济规模、标准化、大众文化等构成商业模式的基本因素，在刺激大众消费、压缩生产成本方面发挥重要作用。消费合作社和私人资本支持的连锁店体系在运用消费技术的同时，也彼此借鉴吸收了对方的有效做法。例如，私人资本投资的连锁店也实行消费返利，合作社体系则引入规模化连锁经营机制。但值得注意的问题是，一直到 20 世纪 50 年代末，众多消费合作社仍把舞厅、台球厅、图书馆、剧场、会议室、兴趣协会、音乐会、嘉年华、体育运动、儿童夏令营、电影院等服务作为吸引社员的因素，用社会服务替代返利的问题仍然存在。与此同时，合作社大量布设网点，形成很大的财务负担。在二战之后，消费品市场的复杂化程度上升，消费合作社需要加强专业化管理，形成基于分销设计的全国市场整体战略，以有效回应消费者对价格、品质、服务的更高要求，并且在这方面形成竞争优势。事实上，这也是消费合作运动兴起的动因。这些意味着需要推进全国范围内的要素和资源整合、重组，包括新的更有效的批发体系。这种改革意味着对消费合作体系治理机制的重大调整，不同国家进展不一。

事实上，仅有内部化、没有规模化，消费合作体系相对于私营综合连锁店的竞争优势并不明显，反而是具有显著规模化优势的大型私营综合连锁店更具优势。例如英国合作社体系，到 1983 年仍认为在零售业商品来源灵活、多样、便利的情况下，推进合作社的纵向整合纯粹是有毒的病态想法（Mr. F. L. Round，1983）。这种思想偏离了批发的初衷，把重心放在建立完善的零售网点体系上，但实际效果不理想。从 1980 ~ 2000 年，英国合作社体系在食品市场的占有份额减少了一半。

相比之下，挪威合作社在此期间的市场份额维持在 23% ~ 25%，竞争优势比较明显。原因在于挪威的消费合作体系兼顾社区便利店和全国性生产批发中心建设。

总之，欧洲消费合作运动的经验教训表明，在市场经济条件下推进消费合作发展，必须面向消费者需求，面向全国，通过内部化降低交易成本，通过规模化降低生产流通成本，从而形成独特的核心竞争优势，才能完善可持续的发展机制。

（四）发达国家消费合作体系的治理机制特点：以挪威为例

面对大型综合连锁店崛起的竞争压力，挪威合作社在总部建立批发仓库，与基层零售网点呼应，并退出生产环节。基层网点从总社批发的商品占 22% ~ 49%。总社发挥协调功能，从 1990 年开始将 1300 家店面与四大仓储体系整合，统一采购但平行生产食品，当地合作社产权和责任完全独立。

其中面临的主要问题是如何保持当地合作社的忠诚度，如何应对大型合作社的自行其是倾向。挪威的做法是加入“链式折扣”机制，鼓励加入供应链。同时，总社提供“投资折扣”，鼓励投资更新零售店建设，“店面折扣”则面向大型店面。挪威的做法既符合商业原则，也符合理想功能，更具实用主义色彩，具有独特的竞争优势。总社虽然实行了大范围的整合，促使经济效率提高，两级分工明确，但并没有否定基层合作组织的自治权力。挪威消费合作形成竞争优势的关键是，从一开始就重视配送体系的合理性。其总社领导人认为，合作体系意味着对购买、配送和价格设置等环节进行简化。

二、信用合作的形成和发展

（一）欧洲信用合作运动的起因

信用是消费合作和生产合作所遇到的共同问题。德国人雷发巽发起合作组织的最初目的是为应对 1846～1847 年间的大饥荒，募集 6000 马克购买大麦，再由合作社通过磨制、烘烤加工成面包，以市价的一半卖给社员，从而帮助社员渡过难关，赢得了社员的信任，但最初募集 6000 马克相当不容易。到 1849 年，雷发巽将采购、分销组织转化为社员承担无限责任的合作银行。雷发巽模式的合作银行在最初 20 年没有快速普及，但之后开始迅速发展。到 1890 年，合作银行在德国及法国、意大利、英国等地广泛出现，在德国已达到 2700 家，在法国有 1175 家。

（二）信用合作机构治理的特点

最初德国雷发巽合作银行贯彻以下原则：一是社员承担无限责任，二是经营地域限于邻里，三是董事不领工资，四是无资本金，五是社员不分红，六是日常经营成本最小化，七是积累基金可以分配给社员。

在剩余风险分担上，也有的合作银行在一开始就实行社员承担有限责任，例如德国舒尔茨（Schulze）创立的城市信用合作社。但监管指标往往要求更高，如资本金、流动资金、不良资产拨备等。

经过一个多世纪发展，信用合作银行已经形成了一套相对完备的治理理念和组织框架。主要包括：一是基于组织再联合的多级法人体系。一般包括总行以及基层法人的两级治理体系，总行由基层法人发起并持股，但总行除了服务职能，还具备协调、监督等管理职能。这种自下而上的持股关系与股份制公司正好相反。规模化发展是推动组织再联合的客观要求。二是对基层合作银行的外部审计监督。一般由体系内部的专业审计组织来实施，向总行报告情况。这种审计监督事实上属于体系内部的行业自律和专业监督管理。在荷兰等国家，总行得到法律授权，对基层合作银行进行监管。三是总行为基层合作银行法人提供流动性、人员培训、存款保险、融资、信息化后台服务、产品研发、咨询、营销等服务。在允许混业经营的国家，总行还提供保险、证券等服务。四是实行专业化经营。上级法人的日常经营管理团队成员聘请专业人士担任，内部实行严格的风控制度，并不亚于商业银行。

但无论信用合作采取何种治理模式，都与生产合作、销售合作的治理机制有本质不同。原因在于，信用合作治理机制的核心在于风险管理，后者带有很强的外部性，信用合作机构风险管理失控会波及社会。而生产合作、销售合作的治理机制核心在于成本管理，缺乏有效的成本控制会导致农户不愿参与交易，合作社空壳化，但不会带来社会问题。因此，信用合作社治理机制与生产、销售合作社存在本质不同，更不应该用生产、供销合作社的治理原则去规范信用合作社，如突出基层信用合作组织的自治机制而忽视体系内的监督机制，甚至把体系内部的监督机制与政府干预混淆。

在实践中，信用合作机构治理机制容易同生产、销售合作社混淆；同时，也容易把合作银行体系与股份制公司集团治理机制混淆。例如，只强调一人一票民主治理而忽视专业化风控，会导致贷款不良率居高不下，使信用合作机构发展难以为继。在社员人数较多的情况下，只能采取代表制。由于参与治理意味着时间投入，个人意见的实际影响力有限，再加上金融业务监督的专业知识要求较高，普通社员参与内部治理的积极性不高，一人一票的民主治理制度作用发挥有限，对管理团队实行专业化监督和审计、严格追究个人责任才是问题核心。但这容易被忽视。

（三）治理机制的演变趋势

从信用合作机构治理机制的发展趋势看，主要具有以下特点：一是集中化、扁平化发展。法人层级呈减少趋势，由原来的三级或更多层级的法人向两级法人架构转型。例如，荷兰拉伯合作银行、德国中央合作银行都实行两级法人架构。同时，在信息化、互联网技术推动下，各类业务的电子化替代率不断提高，导致基层网点的临柜业务量减少，由此促使基层法人和网点数量不断减少。二是综合服务。一方面，农户需要合作组织提供信用合作、互助保险等各类综合金融服务；另一方面，需要提供行情分析、农业技术、市场营销等配套的服务。这类需求若得不到有效满足，则不利于有效控制农户的生产经营风险，也不利于控制农户的信贷风险。从发展趋势看，农村信用合作机构通过组织再联合，具备足够规模后，在这方面加强投入服务，可以起到事半功倍的效果，有利于通过控制农户的经营风险来降低面临的客户信用风险。三是市场化竞争。信用合作机构虽然是对商业银行的业务补充，但仍然与商业银行存在业务重叠区间。没有足够的社员交易，信用合作机构很难实现可持续发展，因而必须形成自身的竞争优势。事实上，在发达国家农村，合作金融机构尤其是合作银行的市场优势地位非常明显。这需要以有效的客户服务和成本压缩、风险控制为基础。

在信用合作治理机制的演变过程中，有一些值得关注的具体环节。具体包括：一是对合作制的理解和定位。在典型的合作组织治理原则中，一人一票治理机制被作为基本原则。但是，合作银行的会员量大面广，一人一票原则只能与代表制相结合。普通会员参与治理的积极性很有限，搭便车现象十分普遍，因而，一人一票并非信用合作机构有效治理的充分条件。信用合作治理的关键是为社员提供有效服务，避免因投资者追求资本回报最大化而偏离服务会员导向。在一人一票形式与服务会员的实质之间，需要把握关键问题，即避免被少数股东控制，围绕服务深度、广度，以及成本压缩、风险控制，把服务会员放在优先地位，要能代表全体会员利益，并非人人参与管理。二是治理机制设计中权利与责任的匹配机制。权利与责任失衡是风险的重要来源，包括信用风险和操作风险。在信用合作组织治理机制中，利益相关方包括政府、社员、理事会成员、经营团队、信贷业务员等。在权利与责任包括法律责任失衡的情况下，容易形成逆向激励，滋生道德风险，衍生各类操作风险，以及客户的信用风险。例如，信贷员乃至经营团队违规行为缺乏严格的个人责任追究制度，则操作风险必然危及信用合作机构的可持续性。三是政府与信用合作组织的关系。政府提供支持有利于信用合作组织的起步发展，但如果信用合作组织对政府补贴形成依赖，则反而会因而缺乏可持续发展能力，并对政府财政形成很大压力。因此，政府工作的关键在于机制设计、可持续发展条件的塑造、初始推动。例如，形成改革方案，降低税收负担，提供前期的启动资金支持，但政府资金需要在合作组织走上轨道之后逐步退出，靠政府补贴维持发展的做法弊大于利。从治理看，政府主导的合作组织能占据更好的竞争条件，这也是一些政府和合作社都不愿转型的原因，但自助应该是合作组织的最终目标。

三、国际合作运动的经验与教训

近两个世纪以来，合作运动在发达国家经历了相对曲折的发展历程，在有的发达国家盛极而衰；在有的发展中国家，合作运动在过去一个多世纪经历了各种探索，但始终不尽人意。总结各类国家的经验教训，有助于使我国合作组织少走弯路，加快发展进程。

（一）关键因素

合作组织的兴衰取决于农户参与。积极参与交易的活跃会员数量是关键标志。农户是否愿意参与交易，根本取决于合作组织能否增进社员经济效益。增进社员的经济效益，具体涉及三个维度，一是增加农户的收入，二是降低农户的成本，三是减少农户的风险或损失。具体涉及到以下因素：第一，通过发展深加工和品牌建设、营销业务，开拓各类高附加值业务，向农业产业链的中下游拓展，提升合作社在价值链分工体系中的层次和地位，切实增加农户收入。例如，通过发展深加工，可以显著提高产品价值；通过品牌建设，可以提高农户议价能力，提高销售价格，增强消费者信心；通过拓展营销业务，直接与消费者对接实现直销，获得贸易环节形成的利润。第二，通过统一采购、批量生产、规模配送，切实降低农户的生产经营成本。由合作社出面，统一组织农资采购和农产品加工、配送，可以形成显著的规模效应，分摊生产经营成本，其中包括融资的综合成本。第三，通过组织体系内部的互助合作分担风险，通过与保险、期货、消费者对接等途径转移、对冲风险，减少农户损失。通过合作社组织的内部担保、互助保险等服务，可以实现社员之间的风险分担，提高个体的抗风险能力。通过合作社与外部的保险、期货经营机构对接，可以更好地化解社员的生产经营风险。

从国际经验看，无论从哪个维度切入，都必须使农户切实感受到作为会员的好处。合作社经营的盈利性至关重要，这是维持社员忠诚度和交易、光顾的基础。只有通过每年的盈利返还，给社员带来看得见摸得着的好处，合作社的吸引力才会越来越大，与农户的联系才会越来越紧密。由此，当地农户的加入比例才会维持较高水平，合作社的可持续性才能得到增强，才会发展得越来越好。就本质而言，教育社员的最好办法就是按交易额定期向社员返还利润，解释为什么能拿到返还。如果不能给社员带来切实的利益，社员的交易积极性很难形成，忠诚度很难维持，合作社发展难免走下坡路。

合作社的盈利能力来自市场竞争力。提高竞争力是合作社规划的战略重点。为此，合作社必须能够更好地满足买家需求、增加便利性、提高经营效率，包括通过吸引非社员参与商业合作，增加盈利来源。以果蔬合作社为例，需通过采购网络提供反季节水果、补充社员产品以外水果，推销新鲜预先切削的水果和鲜切蔬菜，并新建冷库保证工厂加工所需。

在此过程中，需要优化资源配置方式，整合土地、基础设施、组织、劳动力等要素，统筹解决运输、食品、社区发展等问题。核心是围绕促进可持续发展、造福当地社区和居民，在规划设计方面以问题为导向，灵活运用互联网、物流、农业生产等领域新技术，形成以消费者为核心、消费者组织化、供需直连的新型合作体系。其中，合作社需要具有市场营销专长，这与提高成本效率同样重要。必须重视的是，产品差异化是在新市场取得竞争优势的关键。

领导人才是合作社发展的核心要素。合作社要发挥上述功能并非易事，同时合作社支付给经理人的薪酬相对有限。因而，优秀的合作社经理人不但需要具备很强的经营才干，而且需要具有一定程度的奉献精神。

从合作社经理人的职责看，主要涉及以下方面：一是贯彻理事会政策；二是负责日常经营；三是雇佣职员；四是设置可检验目标并实施理事会批准的计划；五是为理事会提供建议；六是每月向理事会报告情况；七是参与各类社区活动。其中，优秀经理人需围绕定价策略、削减支出、一揽子服务、增进社员利益、竞争重点等方面提出竞争战略；围绕信贷管理、负债、现金流和社员股权等方面提出财务管理建议；围绕产品储存与处理、提出并实施计划安排、管理生产者、完善装备、购销战略、聘用雇员等方面提出提高运营效率的建议；围绕产业创新、技术设备改进、更好的计算机系统、相关研究成果等方面提出发展新技术的建议；结合业内产品和服务的增加和替代趋势，提出创新产品和服务的建议。

沟通是合作社的立身之本。在市场竞争环境中，经理人必须与理事会、雇员以及合作社社员进行积极、透明的沟通，这是优秀合作社经理人的最重要素质。

与大中型合作社理事会沟通方面，优秀经理人需要每月向理事会报告情况，围绕关键议题提供财务及相关信息，准确反映理事会关注的信息，在理事会和管理层之间形成相互尊重、信任的关系。具体包括：经营陈述包括与预算的比较、资产平衡表包括与上年同期比较、应收账款及拖欠账款说明、计划目标进展情况、对最近一期经营活动总结、对理事会的即期和长期建议、特殊问题和情况信息。经理人应随时与理事会成员保持联系接触。平时应及时将重要经营情况、议题和遇到的问题、特殊活动、来年展望向理事长和其他理事会成员通报。对战略计划的任何改变必须经过理事会讨论。与其他理事会成员的联系，应通过书面方式联系或一一面谈。

与社员沟通方面，有些经理人借助信息化技术以简报或网站信息发布，有些经理人召集片区或地区社员会议，接触社员沟通情况，同时接待上门拜访或进行交易的社员。总体而言，经理人必须与社员保持密切、高效、便捷的沟通，随时了解社员的意见和要求，及时作出回馈，并有效改进合作社的服务能力和效率。这是吸引社员、留住社员积极参与交易的关键基础。

同时，经理人需要代表合作社积极参与社区、行业各类活动，包括慈善活动、商业社会活动，成为商会和其他社区服务组织会员，可接受理事会委托成为其他合作组织理事，参与行业协会活动，参与监管部门或政府决策人员关于合作政策的座谈交流，等等。

因此，一名优秀的合作社经理人不但需要很强的财务管理、市场营销等专业能力，还需要具有很强的社交能力。为此，在选择合作社领导人时，必须考虑到以下问题：是否能岗相适，是否能很好地完成使命？能否被理事会成员、职员、社员很好地接受？是否有合作社相关的教育、知识、经验背景？思想是否很开明并善于学习以成为优秀的合作社领导人，包括是否愿意进一步接受教育、培训并参加有关会议？是否有清晰的目标、价值观以及掌权能力，以推动合作社更好地把握机会？当前条件是否允许该人成为很好的领导人并推动合作社走向繁荣？选择合作社领导人时，应充分考虑这些因素。

这些意味着成为一名优秀的合作社经理人，必须经过专业训练。一般而言，合作社高管层经理需具有合作社相关专业大学学历，学过商务管理，一般经济学，政治科学，心理学，社会学，合作社民主治理、合作社理论及历史、原则、经营等课程。熟悉管理的五项基本功能：计划、组织、引领、协调、控制。有第一手合作社管理经验的最好。同时需要通过阅读、参与会议、咨询、集中培训等方式提高自身能力。要善于针对自身工作领域进行研究并写出相应具体发现，与同事进行有效交流。

中层管理人员需要关注上级的决策和项目，并具体推进。需要主动提高领导能力，促使参与者更好了解问题并发挥作用，组织团队齐心协力推进计划落实，帮助成员明确可实现的灵活目标，促使成员全面投入关键工作。

同时，合作社的领导人需要把影响力延伸到村庄，研究如何发展社区，用好农业设施，改进生产，鼓励其他人一起修路、筑水井、培训，促进当地卫生建设，并增强村庄道德水平和自我发展能力。

就根本而言，成功的合作社是领导者个人素质的投射，包括：正直、有远见、精明、奉献、毅力。发现、用好、留住一个优秀的管理者至关重要，也是世界性难题，因为理事们往往不愿为此支付有吸引力的薪水。上级联社或总部可以招募年轻人进行培训，并及时派到基层组织作为经理助理，根据表现逐步提拔。也有的联社定期派临时经理到基层组织帮助销售；主要是收获季节，并与总社保持密切联系。

总之，需要经理人具有合理的商业判断，管理技能、知识，以及整合资源的能力。这些需要在选择经理人时重点关注，合作社工作经验是重要优势。要雇佣优秀经理人，既需要提供有吸引力的工资奖励和激励机制，也需要重视这些方面。

正是因为优秀职业经理人能发挥决定性作用，发达国家高度重视人才的专业培养渠道。主要通过两方面渠道：一是在大学开设合作社专业，特别是本科教育；二是依托大学设立合作社发展的研究中心，复制、推广合作社发展的成功经验。例如，美国依托 8 所大学设立了合作社研究中心。这些也正是中国需要加以补上的关键短板。

（二）重要教训

从发达国家情况看，合作社难以可持续发展的原因众多，但以下的潜在风险因素值得重视：一是合作社的负债比例过高；二是合作社选举竞争激烈，理事会和管理层的替换程度过高；三是社员对交易相关方不满意；四是消费者感到缴纳会员费没带来多少好处；五是竞争对手的会员资格更物有所值；六是社区的经济发展下行；七是合作社的负面信息被曝光。

总结导致合作社关闭的主要教训，主要包括：一是要尽可能增加成员数量，避免成为少数人参与组织。二是在开业之前，筹集足够多的资本，聘请有经验的经理人。三是与所有相关方应订立正式合同，与社员及其他买卖方的交易不能用口头协议替代。以食品合作社为例，任何交易必须有合同，资金到位。四是教育培训所有成员。

从发展中国家情况看，合作社难以可持续还与体制层面的原因有关，包括以下三点。

1. 对合作社的定位出现冲突

把合作制作为脱贫手段或作为政府机构替身。在一些南亚国家由于政府财力不足，而社会急需各类基本公共服务，例如小额信贷、教育、医疗、救济等，以帮助低收入农户走出困境，因而很自然地希望合作组织的社会服务职能能承担起相应职能。从实际发展情况看，这一目标并未有效实现。原因在于，合作组织强调按交易量返还利润，因而社员收入取决于自身的农产品产量。合作社可以减少资本的盘剥，促使分配更加公平，但并不能根本提高社员的农产品产量。在社员生产能力较弱的情况下，合作社对增加社员收入帮助有限。寄希望于合作社帮助贫困社员脱贫，抱以太高期待，反而会影响合作社的声誉。低收入农户脱贫是政府社会政策的职责所在，需要依靠政府增加人力资本投资和农业生产资料投入来实现。同时，无论是在发达国家还是在发展中国家，合作社介入社会服务必然增加其商业运营的经济成本，削弱商业项目的竞争力。以某合作组织集团为例，金融与教育、医疗、救济等社会服务项目在集团层面统筹，为保证交易、医疗、救济等社会服务项目有效运营，合作金融贷款利率往往处于较高水平，年化利率超出 20% 比较常见。实际结果是经济服务和社会服务兼顾的难度较大。在专注于同类金融服务的私营机构竞争下，合作金融组织的市场份额逐步被侵蚀。因此，合作组织的治理机制重点在于初次分配，而不是二次分配；而社会政策，包括脱贫等项目需要更多地从二次分配入手，通过合作组织来实现社会政策目标的效果存在局限性。

2. 没有真正建立市场化运作机制，未能有效控制成本和风险

发展中国家往往市场机制不健全，在推进合作运动过程中往往优先考虑自上而下的行政主导，从而忽视自下而上的市场基础。印度等一些发展中国家过去一个多世纪的探索，并没有建立起有效的可持续发展机制。其主要问题在于：在宏观层面，

国家通过行政机构推动，建立起一整套组织体系，动力在于财政激励，因而具有自上而下推进特点，并形成依赖财政输血维持体系运作的治理机制。在这种治理机制下，基层合作组织只会根据国家财政激励政策来运营，没有形成以市场竞争力为导向的运营模式。原因在于国家财政输血机制与基于市场竞争的治理机制存在本质不同。这意味着国家财政输血扶持反而不利于合作社形成有效的市场竞争优势。在微观层面，国家财政长期输血从根本上扭曲了合作社的市场化可持续发展机制，核心问题是合作社的风控机制和成本效率难以得到有效改善。例如在印度等地，政府长期为合作银行的不良贷款埋单，降低了借款人还款意愿，也导致合作银行内部无法建立起严格的个人责任追究制度，信贷员追债动力不足，结果是贷款不良率居高不下。要建立以市场竞争优势为基础的合作社可持续发展机制，其组织架构、治理机制等体系要素必须建立在自下而上整合市场竞争优势的基础上。没有微观层面的市场竞争优势，合作社不可能实现整个体系的可持续发展。

3. 地方政客干预具体业务，导致“政策俘获”

类似“管制俘获”，合作社的“政策俘获”突出表现为发展中国家旨在帮扶广大中低收入农户的发展政策被少数农村富人组成的群体利用，导致国家的扶持政策事与愿违。在地方政府干预合作社具体业务的情况下，这种俘获现象及其负面效果尤为明显。例如，在一些发展中国家地方议员等政客的干预下，合作社被迫向政客指定的客户发放贷款，以帮助政客赢得选票或其他支持。这种交易的必然后果是不良贷款集聚。事实上，统计表明农村富人获得大多数贷款，且还款意愿普遍低于穷人，不良率反而偏高。这表明信贷管理的风控机制被严重扭曲。无论采取何种方式，地方政府或官员均不应干预具体的信贷决策，必须由金融机构根据客户还款能力和还款意愿来决定是否发放信贷，否则必然导致不良率上升。但这恰恰是发展中国家最常见的问题。

四、常见的认识误区

合作组织具有民主选举的特点，这一点广为人知，但合作组织体系同时具有自上而下监督、协调的特征，这一点很容易被忽视。没有自上而下的监督、协调，合作组织体系将会在事实上成为一盘散沙。同时，民主选举也不等于民主决策，缺乏统一规划和执行机制，合作社不可能具有市场竞争力。在发展中国家，甚至在一些发达国家，合作组织体系治理机制的这些问题并没有得到有效解决，影响合作社的市场竞争力和可持续发展，也影响支农。在中国，相关问题也需要引起政府和社会的足够重视，否则将影响合作组织体系的长远发展。

（一）忽视专业化监督体系和个人责任追究

对合作社进行外部监督和指导极其重要。若资深管理人员过度自信，又缺乏有效的外部监督审查，很容易导致投资失败；激进投资计划失败则又导致合作社自身难保。同时，对外部融资不加控制，失去社员忠诚度，缺乏共同目标，都会导致合作社发展严重受挫。在实行组织联合的信用合作组织体系中，信用合作社交叉担保，共同应对市场风险，单个合作社冒险行为对其他合作社具有负面影响，存在道德风险，建立专业化外部监督体系的必要性更大。同时，若不建立强有力的个人责任追究机制，包括法律责任追究，则违规行为很难杜绝，操作风险很难得到有效控制。总之，不管基层合作社是否实行组织再联合，都应该建立有效的外部监督审查制度，并实施严格的个人责任追究制度。

但在实践中，这些机制在发展中国家的落实过程存在障碍。例如，基层官员干预削弱了体系内部的专业化监督效果，也阻碍了个人责任追究进程。

在中国，由于市场化合作组织发展还处于早期发展阶段，实行组织再联合的联合社数量、规模都相对有限，乡镇一级基层政府缺乏监督资源和经验，这方面工作还未列入重要议事日程，在要不要外部监督、如何实行外部监督等关键问题上尚未形成清晰的统一认识。但不建立专业化的监督体系和个人责任追究制度，合作社以及合作体系很难形成以市场竞争机制为基础的可持续发展机制。

（二）在“一人一票”和“一元一票”之间摇摆

合作制治理机制的本质特征是共有、共管、共享。为保障这三点，实行自下而上的劳动联合、组织联合，以及配套的自下而上选举制度，成为合作组织体系的重要特征。选举过程中的“一人一票”规则得到广泛应用。其目的是确保合作体系服务广大社员利益，而不是为少数投资人的投资回报最大化服务。事实上，合作社通过交易纽带把社员凝聚在一起，主要按交易额返还收益。合作社的长期发展主要靠盈余积累，而不是依靠社员股本金的长期沉淀。合作社的融资渠道也并非主要依靠社员股本金，而是存在银行、债券市场、社员存款、合作机构相互融资、上级联社资金支持等多种融资渠道。

合作组织实现共享的前提是共有、共管，但这并不等于一人一股，也不等于人人参与管理，关键在于避免少数人控制合作社，避免合作社成为少数人牟利的工具。结合交易额，社员所持有的股份比例可以在一定范围内存在差异，但差异不应过大，也不应被少数人控股，以避免形成事实上的股份公司化。

但在实践中，往往出现比较极端的看法和做法。

一种是严格以是否实行一人一票来认定合作制，按股份比例来衡量。事实上，由于合作社发展到一定规模，由于社员数量众多，只能按代表制选举，个人投票意愿下降，在股权高度分散的情况下，仅仅依靠一人一票规则不但难以形成有效的治理机制，反而会形成无人担责的局面，难以形成市场化竞争优势。例如，在一些发展中国家的信用合作组织，在一人一票民主治理的合作制口号下，贷款的不良率居高不下，政府财政不断为此埋单，但不良资产积重难返的格局不断出现。合作社内部持股比例存在差异，以及一些社员持股比例相对较多是常见现象，但其持股比例、投票权应受到限制，以免合作社被少数人控制。

另一类意见是因为合作内部没有实行同股同权，据此认为对持股比例较高的社员不公平，主张实行放开持股比例限制，并实行同股同权。一些机构挂合作社牌子、实为股份公司，其治理机制由一人一票转变为一元一票。一些发达国家在自由化理念主导下，推动合作银行转型为大股东控制的商业银行，结果出现两大问题：一是基层合作金融服务缺位，二是合作银行在转型为商业银行之后，必然优先考虑投资回报，逐利倾向意味着承受更多风险，应对金融市场波动的抗风险能力减弱，有的逐步走下坡路。如英国的北岩银行、法国农贷银行。其中，法国农贷银行总行上市，基层法人仍实行合作制，但上层转型带来的影响仍然很明显。

（三）把自下而上的选举与自上而下的监督协调相对立

基层自治是合作组织重要特点，但在实践中需要考虑到两方面因素：一是在组织联合的框架中，基层合作组织与上级联合社之间存在密切联系，合作组织的体系内部存在广泛的协同机制。基层合作组织通过在体系内部共享信息、技术、培训、资金、劳动力、营销渠道等资源，统一标准，复制、传播技术和经验，在推进横向一体化联合的同时，推进研发、生产、加工、销售的上下游产业内部化联合。共享和内部化都有助于提高成本效率，并形成核心竞争优势。但是，这种优势需要防止内部成员道德风险，例如生产伪劣产品；也需要成员协调行动，以形成市场竞争优势。因此，基层合作组织的自治需要以遵守合作体系的内部规章制度、接受上级联合社的监督协调为前提。二是在不同类型的合作社之间，例如信用合作与生产或供销合作组织之间，由于外部性不同，基层的自治机制存在较大区别。例如，信用合作组织具有较大的外部性，而基层的信用合作组织之间又需要彼此相互支持，如交叉担保、资金拆借、流动性保障、共享品牌等，因而必须接受体系内部的约束，以防道德风险、操作风险。具体而言，享受体系内部服务的同时，必须接受上级信用合作联社的严格监督和具体协调。因此，基层信用合作联社的自治程度明显低于生产或销售合作组织。

但在一些发达国家和发展中国家，从理论到实践，各方对此认识并不一致，具体做法也存在很大差异。其中，比较典型的做法是过于强调基层的自治地位和独立性，抵制上级联合社的必要监督和协调，把自下而上的选举和自上而下的监督、协调相对立。结果导致体系软弱涣散，竞争力不足，并导致基层合作组织的发展缺乏可持续性。也有的国家偏重于自上而下的管理协调，专业化监督机制不健全，并忽视构筑自下而上的市场竞争优势，结果导致严重的官僚化治理体制，对财政补贴形成严重依赖性。这两种做法都把自下而上的市场化动力机制和自上而下的协同化整合机制对立，各有偏颇，均不利于形成合作体系的市场竞争优势。

五、对中国合作运动发展的启示

（一）重视合作运动在本质上的进步意义

促进公平是当前全球发展面临的核心任务，收入差距扩大化是问题的焦点。收入差距过大的根源在于劳动参与分配的比例过低。在全球竞争、资本主导分配的格局之下，劳动者尤其是中低素质劳动力处于被动、弱势地位，无法改善自身状况。不少发达国家包括美国，也面临控制资本的 1% 同其余 99% 人群的尖锐矛盾。目前全球基尼系数平均值高达 0.44，显著超出 0.4 的“警戒线”。我国自改革开放以来人民群众生活水平得到很大提高，过去十多年的工资收入增长显著高于全球平均水平。需要引起重视的是，根据国家统计局数据，自 2003 年以来我国基尼系数一直处在全球平均水平 0.44 之上，更超出 0.4 的“警戒线”。如不采取有效措施，收入分配差距长期处于过高水平会影响现代化进程，并影响社会和谐稳定。

合作运动的本质在于通过劳动者的联合互助，以及合作社之间的组织联合，形成规模效应、协同效应和内部化效应，从而有效提高成本效率和抗风险能力，并提高创新能力和服务能力，有效增加业务收入，形成以市场竞争优势为基础的可持续发展机制。这种机制与市场经济并不存在矛盾和冲突，反而具有两方面的机制优势：一方面是市场竞争优势，另一方面是收入分配、劳资关系相对和谐。原因在于，合作组织劳动者共有、共管、共享，具有以下特点：一是股东即客户，有助于降低销售伪劣产品、恶意欠帐等道德风险，而且双方之间信息更加对称，有助于降低风险；二是雇员即资方，劳动者参与组织管理，有助于改善劳动条件，并改善劳动关系；三是按社员的交易额返还利润，按劳分配占主导，有助于促使一次分配更加公平，缩小收入分配差距，不少合作社都对内部收入分配差距作出限制。

例如意大利的艾米莉亚·罗马纳（Emilia Romagna）地区，合作经济贡献了 GDP 的 40%，提供了 85% 的社会服务，该地区人均收入在意大利 20 个大区中位居第二，超过意大利人均收入的 50%，在欧盟 122 个地区中排名第 11，2/3 居民是合作社社员。该地区首府波罗纳（Bologna）人均收入和人均 GDP 居意大利各地首位，70% 的家庭拥有房产，失业率仅为 4%，实际上为充分就业。

根据我国的“两个百年”战略，将在 2020 年全面建成小康社会，在 2049 年基本实现现代化，完成社会主义初级阶段建设。未来 30 年的发展十分关键。完善收入分配机制是其中的核心问题，而一次分配机制又是问题焦点。发展合作经济，不但有助于提升弱势劳动群体的市场竞争优势，而且有助于改善一次分配机制，从根本上扭转收入分配差距的扩大化趋势。这不仅是我国经济社会发展的战略要求，也符合人类社会进步要求。

同时，要注意合作组织体系的官僚化问题，专业化外部监督是改善这一问题的关键。

（二）重视消费合作的拉动作用

当前，中国推进农村合作进入关键阶段。在推进全面小康社会建设的背景下，如何使合作组织成为整合农村要素资源、加快经济发展的载体，是当前需要解决的重要现实问题。习近平总书记也在有关场合指出了问题核心所在，即如何推进“统”来适应市场经济、规模经济，是当前的难题①。从实践看，具体面临以下难点：一是如何吸引农户积极加入；二是如何使信用合作组织有效发挥融资服务功能。

要通过市场化途径实现农村发展的“统”，合作组织必须形成对农户较强的吸引力，使农户积极参与内部交易，否则合作组织必然名存实亡，而使农户获益则是其中的根本前提。统一采购农资对农户有一定的好处，但农户生产环节增值有限，通过合作组织规模化采购给农户带来的好处也有限。总体而言，仅靠统一采购和生产组织化节约的成本相对有限，难以形成推进激励农户自发组织、参与合作的强大动力。在此情况下，如果主要依靠政府推进，将会面临可持续性问题，导致政府财政包袱和合作组织僵化。在这方面，印度在过去一个世纪有很多教训②，不可谓不深刻，是重要前车之鉴。其他国家的相关经验教训也需要引起重视。从信用合作参与的角度看，阻碍信用合作发挥作用的关键障碍是信贷风险的防控问题。在信贷风险得不到有效解决的情况下，即使农村金融机构一开始深度介入，也会很快因不良贷款问题陷入僵局。合作社融资难，在本质上是农业生产融资难。而农业生产融资难问题，在本质上是农产品定价和农业生产风险管理问题。如果农业生产的定价和风险管理得到有效控制，则融资难问题可得到有效缓解。

回顾国际合作运动的发展起源和兴衰历史，必须正视的关键问题是，为什么消费合作发挥引领作用，并伴随西方发达国家现代化进程？市场规律发挥了决定性作用。合作机制取得成功的关键原因在于，把消费者组织起来，实现生产与消费的直

---

① http：//dangshi. people. com. cn/n/2013/0509/c85037 - 21420293. html。2013 年 3 月，在全国“两会”上，中共中央总书记习近平来到江苏团，座谈中话题很快引向了“务农致富”。在回顾新中国成立 60 多年来农村先由分到合、再由合到分的过程后，习近平说，改革开放从农村破题，“大包干”是改革开放的先声。当时中央文件提出要建立统分结合的家庭承包责任制，但实践的结果是，“分”的积极性充分体现了，但“统”怎么适应市场经济、规模经济，始终没有得到很好解决。见 2013 年 5 月 3 日人民网，习近平的“三农”情怀。

② 印度等一些南亚地区合作组织中存在问题的成因包括：一是国家能力不足，合作机构承担了过多社会职责，负担过重；二是集中在农业生产端，效益提升空间有限；三是腐败问题过于严重。

接对接，通过内部化交易有效压缩加工、分拨、销售等环节成本，不仅通过批量化的采购、加工、销售实现了规模经济效应，而且还优化了资本、劳动力、原材料的资源配置，最大程度地节约了成本，满足了需求。

对当前中国而言，要通过市场化途径推动合作组织蓬勃发展，关键在于找到降低消费成本、增进农户收益的有效途径，这是市场化发展的动力源泉。以此为基础，可以有效促使信用合作组织提供配套服务。

从现阶段中国的市场格局和基础条件看，无论是市场容量还是信息技术平台、物流配送体系，都比200年前的欧洲社会要先进；即使与当前的发达国家相比，也不落后。这些都为更好地推进生产与消费环节的直接对接、压缩中间环节等成本提供了有利条件。因此，若能顺应合作组织发展规律，可以通过市场化途径促使农村合作组织走出一条新路。

建立市场化机制的关键在于通过压缩成本惠及消费者和农户，提供发展动力。从生产供给角度，必须通过推动农户参与的经营活动从生产环节向加工、销售等高增值环节延伸，从而使农户获得更大利益。从消费角度，直接参与加工、配送、销售环节，有助于通过自我服务压缩相关成本，从而享受到优质低价产品。这就意味着生产合作组织与消费合作组织的直接联手。

在我国，合作运动主要在农村地区开展，城市消费合作组织体系总体缺位。不填补这一空白，很难为我国农村合作组织发展注入强大的市场化动力。只有把消费者组织起来并有效压缩生产与消费之间的中间环节，才能根本解决农户和消费者利益源泉问题。事实上，民间有这方面的需求和自发行为，但缺乏系统化的指导和促进。各类团购活动在本质上属于消费合作，团购现象的广泛出现已经说明合作消费运动的发展潜力。因此，发展消费合作的基础条件已经成熟，关键在于有效的机制设计。这是未来推进改革需要重视的核心因素。

（三）重视市场优势与顶层设计的有机结合

合作金融是合作体系的有机组成部分，需要合作体系整体提升效率。一方面需要合作组织体系形成自下而上的市场化竞争优势，优化组织联合、价值链提升、品质保障、营销渠道、配送体系等运营机制；另一方面，需要完善自上而下协同机制，通过顶层设计推进消费合作组织、基于自下而上联合的供给侧组织体系、供需匹配机制、集中加工配送体系、综合服务体系等建设。

在自下而上联合方面，一是需要通过组织联合，一方面促进同类合作社共同发起成立联合社，扩大共享规模，增强市场竞争优势；另一方面促进不同类型的合作社之间加强互补性合作，包括产业链上下游合作社之间，例如饲料合作社与养殖合作社之间的信用合作互补机制。二是需要通过政策激励，促使合作社发展深加工、直销业务，提升在价值链分工中的地位。三是需要加强农产品质量保障。合作运动的初衷是提供质优价廉的消费品，这也是合作组织的核心竞争优势所在。各类合作组织在规模化发展的基础上，必须把品质保障放在各项决策的优先位置，作为实现长期发展的立身之本。四是要结合消费合作社发展，支持、激励供给侧的各类合作社建立稳定的营销渠道。供给侧合作组织与需求侧合作组织直接对接，有助于降低消费成本、增进农户收入、降低农产品市场价格波动风险、改善农户融资条件、促使农产品供需更趋匹配。五是要围绕消费者需求建立便捷、低成本的配送体系。传统的消费合作社采取在基层社区建立直销便利店网点的经营模式，结合集中加工、配送体系，为消费者提供优质低价的产品。食品合作社是典型的案例。在互联网、物流等新技术推动下，我国在这方面还可以作进一步创新探索。

在自上而下推进协同方面，需要通过顶层设计完善以下机制：一是探索促进消费者合作组织发展。除了传统的食品合作社等消费合作组织，还可以结合团购等新型业务模式，借助互联网电商平台或合作社联合组织的综合网络服务平台，以及邮政等现代物流组织，打造基于互联网 + 的现代消费合作组织。品质、价格、便捷应成为新型服务平台设计的核心要素。二是要推进供给侧合作组织的组织化再联合，通过合作组织的再联合提升规模优势和共享效果。在组织再联合的机制设计中，应重视规模化共享、专业化服务、外部化监督等关键要素。三是以信息技术平台为基础，增强生产者与消费者互动机制，以消费者为导向沿产业链促进各类合作社之间的联合与互补，包括促进生产合作组织与消费合作组织的联合，从而通过内部化交易降低整体成本。四是应重视服务消费合作社体系的集中加工配送体系。要为消费合作组织体系提供低成本的消费产品，必须有效压缩加工、配送成本，规模化是关键，集中化加工、配送是切入点。应重视发达国家这方面的经验教训。五是要重视围绕合作社基层社员需求的综合服务体系建设。从发展趋势看，为基层社员提供综合化服务是大势所趋。我国提出发展“三位一体”的综合合作机制顺应了这一趋势。在顺应商业规律、重视成本效率的前提下，通过发展综合合作提高合作体系的市场竞争力有助于更好地服务合作社的社员。

（四）重视发挥技术创新的促进作用

合作组织体系提升市场竞争力的基础在于品质管理和成本、风险控制，这是小型农户通过联合改变自身弱势地位的关键切入点。当前，农产品产业链体系中存在不少瓶颈，包括农产品直销业务的物流成本所占比例过高、农产品质量缺乏保障，等等。为解决好这些瓶颈问题，需要重视发挥技术创新的促进作用。其中，信息化技术、物流体系、组织管理的融合创新是关键因素。

加强品质保障。在经济现代化过程中，消费者对于产品的品质要求逐步提高。合作组织必须把农产品的品质保障作为发展基础。为此，需要加强两方面工作：一方面建立质量检测制度。配备检测仪器，对社员交付的农产品进行检查，确保质量安全；另一方面规范生产、加工标准，加强对社员的生产管理，从源头加强质量管理，结合农产品溯源制度和农产品认证工作，增强消费者对合作社产品的信心。这些需要合作社加强内部管理和制度建设，借助互联网平台与消费合作等组织增强互动，促进生产合作与消费合作的深度、稳定联合。

降低物流成本。在农产品直销环节，物流成本占比过高是其中的关键障碍。批量化是降低物流成本的根本途径，合作社具有这方面基础优势。为此，需要在合作社开展组织联合、再联合的基础上，通过互联网平台和信息集成，结合物流配送体系的技术创新，以及生产合作、消费合作的互助服务，探索降低流通成本的有效途径。例如，建立区域性的加工、批发中心，实行批量折扣，通过便利店集中收发货物等。这些需要结合中国国情，因地制宜探索有效途径。

控制信用风险。农户信用风险根源在于生产经营环节的自然灾害、价格波动、技术能力等因素。通过合作社的统一加工、销售，提供技术指导，并与消费合作组织直接对接，有助于促使农户以及合作社的现金流更加透明、可预测，风险点更容易识别。随着订单式销售比例逐步提高，价格波动带来的风险将随之降低。其中，关键在于农信社和基层合作金融机构需要加强对合作社及其社员的服务，通过提供农业技术咨询、农产品销售等综合配套服务，综合掌握农户信用相关的各类基础信息，有效识别、管理信用风险。同时，农信社、基层合作金融机构的参与还有助于改善合作社对社员的管理和约束。原因在于违约社员将面临融资障碍。

建设人才培养体系。带头人是合作社走向成功的关键因素。要培养合作社的优秀带头人，必须重视专业化的培养教育，包括大学的系统教育。结合当前农村合作社发展的新形势，需要立足中国国情，借鉴发达国家经验，根据地方需求，在大学开设合作社经营管理的相关专业。

参考文献

[1] Ellen Furlough, Consumer Cooperation in France, The politics and consumption: 1834 - 1930, Cornell University Press, 1991

[2] Lawrence Black and Nicole Robertson, Consumerism and the cooperative movement in modern British history-Taking stock, Manchester University Press, 2009

[3] Nicholas Loubere , Heather Xiaoquan Zhang, Co-operative financial institutions and local development in China, Journal of Co-operative Organization and Management 3 (2015) 32 - 39

[4] Jenny Clegg, Rural cooperatives in China: policy and practice, Journal of Small Business and Enterprise Development, 2006, Vol. 13 (2), pp. 219 - 234

[5] Cheng, Yuk-shing, China's Reform of Rural Credit Cooperatives: Progress and Limitations, Chinese Economy, July-August 2006, Vol. 39 (4), p. 25 - 40

[6] Li Zhao and Patrick Develtere, New co-operatives in China-why they break away from orthodox co-operatives? Social Enterprise Journal Vol. 6 No. 1, 2010 pp. 35 - 48

[7] Guangwen He & Lynette H. Ong, Chinese Rural Cooperative Finance in the Era of Post-Commercialized Rural Credit Cooperatives, the Chinese Economy, vol. 47, no. 4, July-August 2014, pp. 81 - 98

[8] Li Zhao and Caroline Gijselinckx, Multi-stakeholder co-operatives in China: a resource mix structure approach, Social Enterprise Journal Vol. 7 No. 3, 2011 pp. 259 - 279

[9] Jacques Defourny, Emerging models of social enterprise in Eastern Asia: a cross-country analysis, Social Enterprise Journal Vol. 7 No. 1, 2011, pp. 86 - 111

[10] Max Saunders, New model rural cooperatives in Gansu: a case study, Journal of Enterprising Communities: People and Places in the Global Economy Vol. 6 No. 4, 2012 pp. 325 - 338

[11] Morris Altman, Cooperative organizations as an engine of equitable rural economic development, Journal of Co-operative Organization and Management 3 (2015) 14 - 23

[12] sanjay kumar pandey, Evaluation of Financial Management and its Impact on Overall Performance of Bank: A Study of state cooperative bank, Journal of Commerce and Accounting Research Volume 2 Issue 4 October 2013, pp. 36 - 44

[13] Vandana Dangi, Dynamics of Competitiveness in Indian Banking Industry, Anvesha, Vol. 4 No. 2, pp. 1 - 10

[14] Nelson Michael Justin, Co-operative Credit Delinquency: Identification of Factors Discriminating Defaulters, Munich Personal RePEc Archive, 3. November 2010

[15] VILAS GAIKAR, An empirical study of co-operatives in India: with reference to the five year plans, The Business & Management Review, Volume 5 Number 4, January 2015, pp. 25 - 29

[16] Deepak Shah, Evaluating financial health of credit cooperatives in Maharashtra of India, Munich Personal RePEc Archive, 9. July 2007

[17] Steve Wiggins, Ben Rogaly, Providing rural credit in southern India: a comparison of commercial banks and co-operatives, public administration and development, vol. 0, 215 – 232 (1989)

[18] Sami Karhu, The parallels of family business research and cooperative studies, Journal of Co-operative Organization and Management 3 (2015) 94 – 95

[19] Reuven Shapira, Leaders' vulnerable involvement: Essential for trust, learning, effectiveness and innovation in inter-co-operatives, Journal of Co-operative Organization and Management 1 (2013) 15 – 26

[20] Łukasz Kozłowski, Cooperative banks, the internet and market discipline, Journal of Co-operative Organization and Management 4 (2016) 76 – 84

[21] Anu Puusa, Kaarina Monkkonen, Antti Varis, Mission lost? Dilemmatic dual nature of co-operatives, Journal of Co-operative Organization and Management, 1 (2013) 6 – 14

[22] Julie A. Hogeland, Managing uncertainty and expectations: The strategic response of U. S. agricultural cooperatives to agricultural industrialization, Journal of Co-operative Organization and Management 3 (2015) 60 – 71

[23] Carol Power, Ray O'Connor, Olive McCarthy, Michael Ward, Merging into the mainstream? An empirically based discussion of the potential erosion of competitive advantage in a restructured Irish credit union movement, Journal of Co-operative Organization and Management 2 (2014) 55 – 64

[24] Kayleigh van Oorschot, Josta de Hoog, Martijn van der Steen, Mark van Twist, The three pillars of the co-operative, Journal of Co-operative Organization and Management 1 (2013) 64 – 69

[25] Sonja Novkovic, Reflections on the International Symposium of Co-operative Governance, Journal of Co-operative Organization and Management 1 (2013) 93 – 95

[26] Lou Hammond Ketilson, Co-operatives during crisis and the post-crisis period 2013 ICA Global Research Conference, 12 – 15 June 2013, Nicosia, Cyprus, Journal of Co-operative Organization and Management 2 (2014) 3 – 5

[27] Reuven Shapira, Leaders' vulnerable involvement: Essential for trust, learning, effectiveness and innovation in inter-co-operatives, Journal of Co-operative Organization and Management 1 (2013) 15 – 26

[28] Timothy W. Guinna, State Support for the German Cooperative Movement, 1860 – 1914, central European History 45 (2012), 208 – 232

[29] Timothy W. Gunnane, Cooperatives as Information Machines: German Rural Credit Cooperatives, 1883 – 1914, German Credit Cooperatives, 367 – 389

[30] Daniel Porath, Estimating probabilities of default for German savings banks and credit cooperatives, Default Probability, July 2006, 214 – 233

[31] William R. Emmons, Willi Mueller, Conflict of Interest between Borrowers and Lenders in Credit Cooperatives: The Case of German, Co-operative Banks, Working Paper 1997 – 009A, Federal Reserve Bank of St. Louis

[32] Morris Altman, Is there a co-operative advantage? Experimental evidence on the economic and non-economic determinants of demand, Journal of Co-operative Organization and Management 4 (2016) 66 – 75

[33] Edward Oczkowski, Branka Krivokapic-Skoko, Kay Plummer, The meaning, importance and practice of the co-operative principles: Qualitative evidence from the Australian co-operative sector, Journal of Co-operative Organization and Management 1 (2013) 54 – 63

[34] Lynch, E M, Rural Banks, The Gentleman's magazine, Aug 1895; 279, 1976; British Periodicals pg. 160 – 177

[35] Ianfarr, Farmers' Cooperatives in Bavaria, 1880 – 1914: 'State-Help' and 'Self-Help' in Imperial Germany, Rural History (2007) 18, 2, 163 – 182. 2007 Cambridge University Press

[36] Hagen Henrÿ, Guidelines for Cooperative Legislation, Third edition revised, international Labour Organization 1998, 2005, 2012

[37] James Baarda, Co-op boards' circle of responsibilities, Rural cooperatives, July/August 2002, pp. 30 – 32

[38] Jim Wadsworth, Seeking the best director leadership: what does it take? Rural Cooperatives; Nov/Dec 2003; 70, 6; ABI/INFORM Trade & Industry pg. 25

[39] Jim Wadsworth, The Essential Roles of Co-op Managers, March/April 2015 / Rural Cooperatives, pp32 – 41

[40] Lynn Pitman, Managing Risk: Farmer Co-op Conference eyes strategies for doing business in volatile marketplace, January/February 2009 / Rural Cooperatives, pp28 – 31

[41] Warman, Marc; Borst, Alan D; Kyer, Chris, Cooperative marketing association program: Another way grain co-ops can serve their members, Rural Cooperatives; Jan/Feb 2002; 69, 1; ABI/INFORM Trade & Industry pg. 24 – 27

[42] Carolyn B. Liebrand, Ag Economist, What leads to satisfied co-op members? Surveys of dairy farmers show management and pricing are key, January/February 2014 / Rural Cooperatives, pp. 20 – 23

[43] David Cook, Co-ops should periodically evaluate their member equity practices, Rural Cooperatives, November/December 2013, pp17 – 17

[44] Baarda, James, Major changes in agriculture raise big questions for nation's cooperatives, Rural Cooperatives; Nov/Dec 2002; 69, 6; ABI/INFORM Trade & Industry pg. 21 – 26

[45] Molly Lambert, Rural Cooperatives, March/April 2013, pp32 – 34

[46] Fengxia Dong and Allen Featherstone, Technical and Scale Efficiencies for Chinese Rural Credit Cooperatives: A Bootstrapping Approach in Data Envelopment Analysis, Working Paper 04 – WP 366, Center for Agricultural and Rural Development Iowa State University, July 2004

[47] Calum G. Turvey & Xiaolan Xu & Rong Kong & Ying Cao, Attitudinal Asymmetries and the Lender-Borrower Relationship: Survey Results on Farm Lending in Shandong, China, J Financ Serv Res (2014) 46: 115 – 135

[48] Swalheim, Larry, The most important thing I have learned about running a co-op, Rural Cooperatives, 77.6 (Nov/Dec 2010): 17, 38

[49] R . H. Schmidt, Erhard Kropp, rural finance: guiding principle, published by Bundes ministerium fur wirtschaftliche Zusammenarbeit, 1987,

[50] Shah, Tushaar, making farmers' cooperatives work, Saga Publications India Pvt Ltd, 1995

[51] Mary Jean McGrath, guidelines for cooperatives in developing economics, university of Wisconsin, 1969

[52] K V Raju, Determinations of enduring cooperative performance, work paper, Institute of Rural Management Anand, 1995

[53] Ajay Dubey, Cooperative companies in liberalized economics: international experience and rationale in dairy sector, work paper, Institute of Rural Management Anand, 1994

[54] Katar Singh and Vishwa Ballabh, Role of leadership in cooperative management of national common pool resource: a collective goods theoretic perspective, work paper, Institute of Rural Management Anand, 1994

第5章

农村小额信贷的国际发展综述

农村金融发展落后于金融体系整体发展水平，“三农”领域存在更严重的金融排斥，这不仅是中国面临的问题，也是全球发展中国家普遍存在的问题。其中，农村信贷市场发育迟缓、效率低下，是制约发展中国家经济、社会发展的瓶颈之一。为解决农村信贷发展难题，国际组织、研究机构、发展中国家政府、金融机构等一直在进行探索和创新，有必要比较总结并加以借鉴。

小额信贷（microcredit）又称微型信贷，是针对金融市场底端的贫困、低收入家庭和微型企业提供的无需抵押的微额信用贷款。传统的正规金融机构因其商业模式和监管制度要求的风险管理方式，将无法提供有效抵押品的群体排斥在信贷服务大门之外。

20世纪60～70年代，在孟加拉格莱珉银行、在拉美地区发展的行动国际（ACCION International）等受强烈社会发展目标驱动的金融创新，开启了当代小额信贷发展的进程。这些机构专门针对贫困人口发放小额信用贷款，成功地取得了极高的还款率，并通过制度化建设被纳入金融监管范围，成为持照金融机构，极大降低了制度风险，使得其贷款利率可以远低于传统民间高利贷利率。2005年被联合国设定为国际小额信贷年，标志着小额信贷在全球范围内的成功得到了公认。

小额信贷业务已经被主流金融市场接受，适当的政策和监管制度对小额信贷的健康发展起到重要的作用。正规化、商业化、规模化的小额信贷组织已经成为国际小额信贷市场的主流和主体。在小额信贷主流化过程中出现的大型小额信贷机构有两种，一种是专营小额信贷业务的金融机构，如孟加拉格莱珉银行、墨西哥康帕他莫银行；第二种是大型商业银行设立的专营小额信贷业务的事业部或子银行，如印度尼西亚人民银行（BRI）的小额信贷部（UNIT）。

国际小额信贷在发展过程中形成了三类主要的信贷模式：小组贷款模式（group lending）、个人贷款模式（individual lending）和村银行（village banking）模式。小组贷款模式主要在南亚地区流行，主要针对农村赤贫人口；个人贷款模式主要针对城乡个体经营者（微型企业）；村银行模式是指金融机构与农民的互助金融组织相结合开展的小额信贷业务，主要在农村地区开展。

随着信息技术的发展和金融科技的创新，越来越多的金融机构开始运用大数据、移动通信等技术开展风险管理，降低操作成本，开发传统银行难以覆盖的低端市场。特别是互联网支付和移动支付的发展，推动了互联网借贷和手机银行等创新业务，极大促进了对落后偏远地区人群的金融服务的发展。为解决互联网业务的线下经营和销售问题，代理制成为互联网信贷和手机银行的标配模式。

针对底端金融市场的小额信贷的发展，推动了各类金融服务向小额信贷客户的延伸和拓展。在 20 世纪 90 年代，小额信贷业务已经发展为涵盖信贷、储蓄、保险等各项业务的微型金融（microfinance）市场，并在 2005 年后发展为普惠金融体系的建设，其目标就是要消除金融排斥，为贫困、低收入群体提供全方位的、有效的、可持续的金融服务。

在小额信贷组织规模化发展过程中，投资机构的作用巨大。国际发展机构在初期起到了推动作用，而各类投资机构则在后期发挥了关键性作用。在投资机构中，既有纯商业性的资本，也有社会价值或社会影响力投资的参与。孟加拉政府出资设立的投资基金 PKSF 通过配合政府的政策，促进了孟加拉公益小额信贷机构的规范化发展。印度尼西亚人民银行（BRI）、墨西哥康帕他莫银行、印度小额信贷公司 SKS 等机构的成功上市，标志着小额信贷行业成为成熟的商业投资领域。

国际小额信贷的成功，促进了中国小额信贷实践的发展。与其他发展中国家类似的是，在我国，农民贷款难以及农村贫困问题长期以来一直困扰着理论界以及实践者，而小额信贷为解决这些问题提供了重要的思路。1993 年，中国社会科学院农发所最先在中国设立专业的农村小额信贷机构。随后，在国际组织的支持下，大量以扶贫为目标的公益小额信贷机构建立起来，并取得了阶段性成功，直接推动我国政府在“87 扶贫攻坚计划”期间采用联保模式的小额信贷方式开展扶贫贴息贷款。

2000 年，农村信用社开始办理小额联保贷款业务。随后，邮储银行等商业银行也开始开办小额信贷业务。在国开行与世界银行共同推动下，部分城商行、农商行和新型农村金融机构也开展了农村小额信贷在业务。小额信贷在中国 20 余年来的发展，为扶贫开发以及农村金融的发展作出了重要贡献，为农村金融市场以及农村金融机构改革积累了宝贵的经验。

小额信贷在我国开展以来，尽管取得了重要的进展，但与庞大的未被满足的农村金融市场相比，小额信贷的发展严重滞后，落后于国际小额信贷发展水平。主要表现在几个方面：第一，我国还没有产生如格莱珉银行那样大规模的成功的农村小额信贷机构；第二，我国农村小额信贷还没有形成成熟的标准化的风险管理模式和经营模式；第三，我国也还没有形成针对小额信贷机构的有效的监管制度。

尽管各国国情不同，但金融业务的发展有共同逻辑和规律，有一些带有共性的原则。他山之石，可以攻玉。我们应该汲取国际小额信贷领域的发展经验。本章选取一些国际成功的、大规模的、制度化的小额信贷机构为案例，介绍国际小额信贷发展的理论和实践。

一、小额信贷的概念、定位和特征

（一）小额信贷的概念

小额信用贷款作为一种业务早已存在于民间借贷活动中，而当代所称的小额信贷业务和机构产生于 20 世纪 70 年代。小额信贷或微型信贷（microcredit）一般是指向贫困和低收入家庭以及个体经营者等被传统的正规金融机构排斥的群体提供的小额信用贷款业务。在小额信贷基础上发展起来为社会底层服务的微型金融（microfinance）则不仅包括信贷服务，还包括储蓄、支付、保险、金融教育等领域的服务。

要正确理解小额信贷概念，不能只看小或微的贷款额，也不能只看信用贷款的方式。小额信贷区别于其他信贷概念的核心在于其服务对象的特定性，即小额信贷是为社会金字塔最底端的群体提供的金融服务。服务对象的特殊性，决定了小额信贷业务模式的特殊性和小额信贷行业的特殊性。

（二）小额信贷业务定位和特征

小额信贷的服务对象主要是社会金字塔底端的群体，这个群体因以下金融特征而被传统正规金融机构排斥在服务范围之外。

（1）他们无稳定的收入来源，或收入仅能满足生存的需要；其资金需求也主要是用于支持家庭生活和小规模的家庭经营。

（2）不仅自己缺少稳定的资产与合格的抵押品，也缺少具有稳定资产与合格抵押品的社会关系。

（3）既是生活单元，也是生产单位，主要依靠家庭成员作为劳动力。

（4）无账簿或无标准化的账簿。

（5）因被排斥而无征信记录。

以上的客户定位决定了为这个群体的信贷服务只能以特殊的方式进行。

（1）小额或微额，贷款额度与其家庭生活和生产的基本需求相适应。

（2）一般是家庭综合贷款，无法区分消费或生产用途；家庭成员共同承担无限还款责任。

（3）不能以抵押和担保作为风险管理手段，只能提供信用贷款。

（4）很难以资产、收入、经营状况分析和征信记录作为信用评估依据。

（5）无法针对每个客户提供定制化产品，只能提供简单的标准化产品。

（三）小额信贷业务的边界

小额信贷业务的上述特征决定了小额信贷市场区别于正规金融机构所服务的大企业和中小企业的信贷市场。大企业信贷是金融金字塔的顶端，中小企业是中间市场，小额信贷是最底层的市场。每个金融市场和产品都有其特征和业务边界。

小额信贷并不是万能的，其业务的上限是具有法人资格的农场和小微企业，其具备一定的固定资产，以企业资产承担有限还款责任，其风险不仅受还款意愿影响，更受市场环境影响，贷款用途是企业生产经营，贷款额度超出了个人和家庭生活所需的规模。因此不能提供无保障的信用贷款，一般要以其各种资产包括应收账款作为抵押。根据国际小额信贷信息交流平台 MIX Market 的统计，小额信贷的单笔贷款上限一般是当地人均国民收入的 2.5 倍左右，这是一个实践中采用的适度上限。

2013 年，在全球小额信贷机构中，银行类机构的平均贷款额为 1576 美元，非政府小额信贷机构（公益机构）的平均贷款额为 334 美元，非银行金融机构平均贷款额为 766 美元①。

小额信贷业务的下限则是无经营能力和还款来源的社会救济对象。小额信贷虽然是针对贫困人口的金融服务，具有扶贫的社会影响和效果，但绝对不是慈善和救济的工具。小额信贷是一种具有社会责任的金融业务，具有社会绩效和财务可持续的双目标。还本付息是小额信贷的商业底线，不损害客户利益是小额信贷的社会价值底线，两者不可偏废。

在上限和下限之间，从赤贫到微型企业，针对不同的弱势群体，小额信贷还有更细致的市场分层。国际小额信贷领域有两个衡量小额信贷机构覆盖面的指标：服务深度和服务广度。

服务广度是小额信贷机构服务的弱势群体在该群体中所占的比例；服务深度是小额信贷机构服务的群体的收入在当地所处的水平，其平均收入越低，则小额信贷机构服务的群体越贫困。

（四）小额信贷行业的特征

小额信贷是对民间借贷的扬弃，与传统民间信贷相比，小额信贷具有以下明显的特征。

1. 小额信贷业务标准化

包括客户定位、产品和服务、定价方式、风险管理方式、管理流程等都采取了正规金融机构的标准化方式。小额信贷克服了民间借贷的随意性和临时性，在标准化的同时，又保留了传统民间借贷灵活便捷的优势。可以说，小额信贷是将草莽中顽强生长的民间借贷的基因组进行了优化，从而获得了在金融生态中独特的竞争优势。正因如此，如果用带有传统金融机构基因的产品去服务低端市场，往往会水土不服。

2. 小额信贷机构阳光化

传统民间借贷往往不受法律保护或只在有限范围内受法律保护，大部分民间借

① The Microfinance Information Exchange Martket. www. mixmarket. org。

贷都是私下隐秘开展的，信息极其不对称。小额信贷机构则公开合法地开展信贷业务，并以透明的方式公开披露产品、利率等条件和规则。信息的公开透明，有助于进行风险管理并降低交易成本。

3. 小额信贷行业制度化

所谓制度化是指小额信贷业务及机构被纳入了主流金融体系，成为受监管的金融业务，也就是正规化了。制度化包括以下层面：①小额信贷业务和机构被正式监管（审慎或非审慎监管）；②小额信贷行业有了征信服务；③小额信贷有了行业标准，产生了专门的评估和评级体系；④小额信贷有了专门的行业协会组织；⑤小额信贷行业有了专业的投资机构。

4. 小额信贷行业规模化

小额信贷的标准化、公开化和制度化的结果就是小额信贷发展规模的不断扩大，而且不断集聚，产生了大型的小额信贷机构。据国际著名的小额信贷信息交流平台 MIX Market 的数据统计，1984 ~2007 年间，全球小额信贷资产增加了 20000%（200 倍），每年增长 15% ~30%（见图 5. 1）。2007 ~2015 年间，小额信贷行业资产的年增长率也多在 10% ~40% 之间（见图 5. 2）。2014 年全球 1045 个从事小额信贷业务并向该平台上传数据，共有 1. 117 亿客户，信贷资产总额达到 871 亿美元。这些机

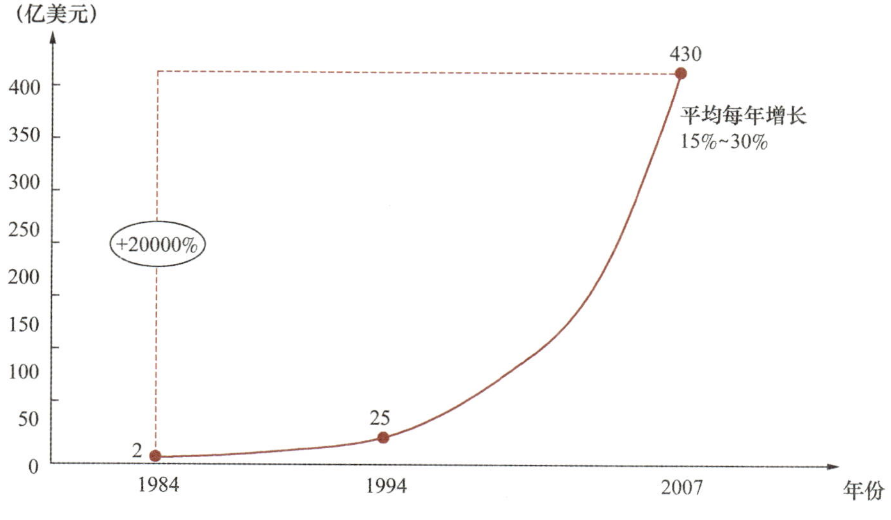

图 5. 1　全球小额信贷规模（1984 ~2007 年）

资料来源：the MIX Market。

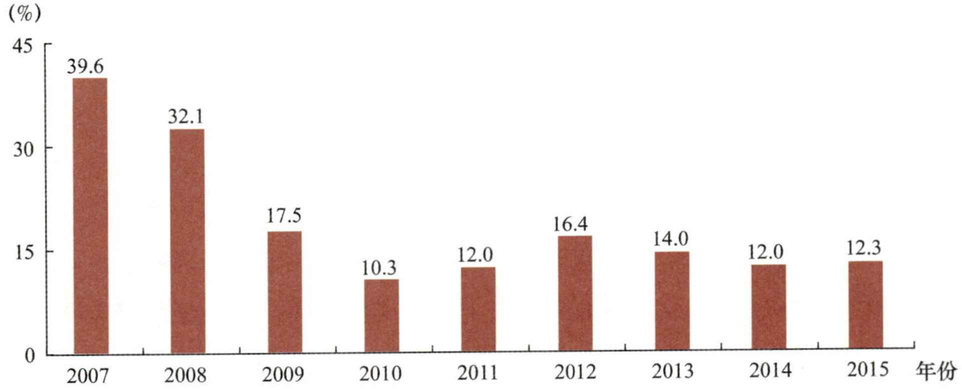

图 5.2　全球小额信贷资产增长（2007～2015 年）

资料来源：Symbiotics and CGAP：MICROFINANCE FUNDS 10 YEARS OF RESEARCH & PRACTICE。

构中规模最大的 100 家机构占有全部机构信贷资产的 76.9% 和客户的 67.7%①。

二、国际小额信贷的产生和发展

（一）小额信贷产生的背景

1. 小额信贷产生的经济学分析

小额信贷产生的背景是金融排斥现象。在发展中国家，由于受制度、市场、信息、交易成本、垄断以及不合理的政府政策等因素的影响，金融市场发展极其不平衡，中小微企业和农户无法获得充分的正规金融服务。从供给侧来说，有诸多经济学理论可以对金融排斥现象进行解释。

第一种是发展经济学领域的二元经济结构理论。美国经济学家刘易斯（Lewis，1954）提出，发展中国家存在两个性质完全不同的经济部门，一是现代化的工业部门，一是维护生计的传统农业部门。由于传统农业部门人口过剩，而耕地数量是有限的，加之生产技术很难有突破性进展，农业部门劳动力的边际生产效率趋于零，农业部门的投资回报率低于工业部门，结果造成农村大量剩余劳动力被工业部门吸纳，向城市转移。而资本也由低回报的农村和农业部门向高回报的城市和工业部门

① The Microfinance Information Exchange Martket. www. mixmarket. org。

转移。二元经济结构是农户和农村小微企业被金融市场排斥的重要原因。

第二种是制度经济学对农村金融抑制的研究，认为金融抑制会导致农村金融市场萎缩，农村金融机构经营效率低下，会造成稀缺资源的低效配置。金融抑制，可概括为政府对金融过多的管制、利率限制、信贷配额、金融资产单调等现象。一些发展中国家的政府为了早日实现工业化，往往对金融部门特别是农村金融市场采取金融抑制政策，导致农村金融市场萎缩，农村金融机构经营效率低下，广大农户和小企业得不到必要的生产和发展资金，使得农村经济发展停滞不前。政府使用包括低利率政策在内的干预措施还会造成普遍的信贷配给，金融机构能够满足的往往只是要重点发展的现代部门、城市大中型企业和农村中有社会关系网络的富裕农户的资金需求，而为数众多的农户和小企业则被排斥在金融市场之外，选择性的信贷政策造成了稀缺资源的低效配置和金融机构的低效运行①。

第三种是微观经济学领域的相关研究。信息不对称理论在分析小额信贷市场时认为，传统的金融机构如银行在与分散的农户交易过程中处于信息弱势地位，不能及时准确地了解借款人的信用状况。根据信息不对称理论，由于没有必要的信息约束与制度约束，银行为了保证收回所发放的小额贷款，不得不投入大量的人力物力以获得每个借款人的真实还款意愿以及监督贷款的使用，从而使收集信息的成本和监督成本过大，导致银行无利可图。

与信息不对称相关的是经济学家罗纳德·科斯提出的交易费用理论，这是对金融排斥现象的非常经典的解释，成为小额信贷的理论基础之一。由于小额贷款的贷款额度和一般的普通贷款相比较小，而且申请小额贷款的多数为贫困人群，这些人群的居住地较为分散。根据交易费用理论，如果正规金融机构为这些贫困群体提供信贷服务，那么从中所产生的交易费用较高。因此，正规金融机构不愿为贫困群体提供信贷服务②。

从需求侧角度也有大量的实证研究。Daryl Collins 等人通过收集发展中国家贫困农户的日记账进行分析，发现发展中国家贫困农户存在常态化的金融服务需求，特别是储蓄和信贷服务，可以有效改善贫困农户的资产结构，帮助贫困家庭通过积累

① 何广文、杜晓山、白澄宇、孙同全等：《小额信贷发展概况国际研究》，中国财政出版社 2012 年版。

② 陆仰："小额信贷的经济学理论分析"，载《金融经济：下半月》2010 年第 12 期。

资产逐渐摆脱贫困①。由于低收入的穷人在世界人口中占 70% 左右，他们总的贷款需求是非常巨大的，但贫困农户因无法得到正规金融服务，只能借助民间金融市场融资，甚至不得不受高利贷盘剥，不但不能改善家庭经济状况，还可能倾家荡产。孟加拉格莱珉银行创始人尤努斯教授讲信贷需求上升到人权的高度，认为获得信贷服务是人的基本权利之一。他认为在当今世界，信贷服务犹如氧气，是包括贫困人口在内的所有人必须的基本需求。虽然研究者对此观点有不同意见，但普遍认为信贷服务对农户生存和发展有着积极的作用。

2. 民间金融是小额信贷产生的基因

贫困农户被排斥在正规金融服务之外由来已久，尽管历史上也曾有过很多先驱在探索解决这个问题的方式，但鲜有成功者，一些有效的创新也因缺少制度和资金保障而夭折。在历史上，针对底端市场的无抵押信用贷款一直是民间借贷活跃的领域。因民间借贷既不受法律保护，也不受监管，很难持续和稳定地提供有效信贷服务，且为转嫁制度风险而收取超高的利率而一直被诟病。

民间借贷活动中的互助式信贷组织（俗称轮会、抬会等），经过阳光化、规范化发展，成为现代合作金融组织，如国际储蓄互助社系统（credit union）。1849 年在德国南部佛拉莫斯费尔德乡兴起的储蓄互助社是少有的成功模式，经过近 170 年的发展，储蓄互助社已经遍布全球上百个国家，为超过 1 亿社员提供了有效的储蓄、信贷和保险服务。但储蓄互助社始终没有被完全纳入正规金融体系之中，在一些国家和地区仍然以公益组织形式出现。储蓄互助社及其他形式的合作金融组织虽然也为社员提供小额信用贷款等微型金融服务，广义上应该也算一类小额信贷机构，但因其互助性和非商业性，其规模和影响力受到限制，而未被纳入国际小额信贷领域的主流模式。本报告有专门的章节讨论合作金融问题，本章不作具体讨论。

那些民间放贷机构和借贷中介机构经过创新和制度化建设，发展成为当代的小额信贷机构。一般认为，当代主流的小额信贷模式和机构发端于 20 世纪 70 年代，小额信贷先驱者包括孟加拉乡村银行和拉美的行动国际创办的小额信贷机构等。他们吸收了传统民间金融的智慧与经验，结合现代金融制度和管理机制，在不断摸索和试验的基础上，创造性地构建出多种适合穷人特点的信贷服务，并将其业务及机

---

① Daryl Collins，Jonathan Morduch，Stuart Rutherford，Orlanda Ruthven *Portfolio of the Poor*.

构阳光化、规范化和正规化。小额信贷之所以在当代产生和获得成功发展，有其客观背景和条件。

3. 国际发展援助为创新提供了制度和资金保障

第二次世界大战之后建立的以联合国为核心的国际新秩序派生了联合国与发达国家对发展中国家的多双边发展援助体系，国际发展援助旨在帮助发展中国家提供人道主义援助和通过经济技术合作促进发展中国家的经济和社会发展。消除贫困始终是发展援助的优先领域，而通过制度创新帮助发展中国家建立新的经济发展模式是重要内容。很多发展援助项目致力于改善发展中国家农村发展环境，提高农业生产率，既解决发展中国家的粮食安全问题，又减缓农村贫困现象。在金融领域，消除金融抑制、发展农村金融是发展援助的内容之一。大量发展援助资金与受援国政府资金相结合，投入到农村金融领域，并且往往伴有制度创新的内容，甚至将改革作为合作的条件。

国际发展援助为农村金融创新提供了制度和资金保障，使得一些有效的创新项目得到政府认可和大规模推广，并最终通过制度化建设而纳入正规金融体系。

4. 补贴式农村信贷模式的失败促使反思信贷模式

为解决农业和农户的金融服务问题，许多发展中国家和发展援助项目在初期都采用过贴息的方式提供信贷服务，大量的补贴性金融资金通过“国有农业发展银行”等政策性金融机构源源不断地投放到农业和农村地区。这些补贴式农村金融模式的特征是：①单方面强调优惠贷款的作用，通常以低于市场水平的补贴性利率发放贷款，或附有其他优惠条款；②以国有政策性金融机构为信贷投放主体；③关注农业而非农村和农户。但是从政策的效果来看，其结果与预期相去甚远。低利率政策抑制储蓄，并对民间金融机构具有排挤效果。当政策性信贷资金被更多地视为一种补贴或者拨款而不是贷款的时候，导致了较低的还款率，进一步破坏了信用环境。低利率信贷资金并没有使普通农户真正受惠，而是常常被那些乡镇社区中的有权阶层获得[①]。

在这一阶段，一些发展中国家和国际组织也尝试为贫困农户提供信贷服务，但由于认为穷人只能接受贴息式贷款，很多项目和机构因无法获得可持续的资金来源

---

① 何光文、杜晓山、白澄宇、孙同全等：《小额信贷概况国际发展研究》，中国财政出版社 2012 年版。

和弥补成本的收入而夭折。

补贴模式的失效促使发展援助机构和发展中国家反思农村金融发展道路，并将目光放在更可持续的金融创新模式上。理念的转变是小额信贷得以发展的内因和充分条件。

5. 金融深化和金融自由化浪潮助推了小额信贷创新

在麦金农等人金融抑制理论和金融深化和自由化政策主张的影响下，很多发展中国家采取了金融自由化政策。例如，拉美地区在 20 世纪 70 年代中期开始了第一次金融自由化浪潮，其内容包括开放利率，减少或取消对信贷的限制，降低进入金融部门的壁垒，发展多种金融工具和金融市场，等等①。金融自由化政策增加了金融市场竞争，鼓励金融机构开展金融创新，促使金融资本向低端市场开拓，为小额信贷的创新发展提供了宽松的政策和市场环境。拉美的小额信贷创新正是伴随这一轮金融自由化而产生的。

（二）小额信贷的产生和发展

1. 小额信贷萌芽期：20 世纪 70 年代

当代小额信贷发端于 20 世纪 70 年代。50 ~ 70 年代间，发展中国家政府和国际发展援助机构采用的补贴式农村信贷失败，不但没有改善农户金融服务，甚至对民间金融产生了挤出效应，加剧了金融排斥现象。70 年代初期开始，一些试验项目开始向贫困妇女提供小额贷款帮助她们开展微型生产经营活动。国际公认的小额信贷先驱者主要有拉美的行动国际（ACCION International）、印度的自我就业妇女协会合作银行（SEWA Co-operative Bank）、孟加拉格莱珉银行（Grameen Bank）等。这个时期的小额信贷多是一些实验项目，还未形成商业模式，也未出现正规的小额信贷机构②。

前两个创新实验主要是针对城市贫民的小额信贷服务，孟加拉格莱珉银行则是在农村开创小额信贷业务的先驱。1976 年，在大学任教的尤努斯教授带领学生开展社会实践，从一个村开始了小组模式的小额信贷实验。由于全球贫困人口大部分生

---

① 江时学："拉美的金融自由化与金融危机"，2006 年 10 月 18 日。

② CGAP："The New Vision of Microfinance：Financial Services for the Poor."

活在农村，格莱珉模式因此受到国际发展组织及发展中国家农村发展和扶贫领域的格外关注。

2. 小额信贷新兴期：20 世纪 80 ~ 90 年代

经过 70 年代的实验性运营，小额信贷实践者逐渐摸索出了比较成熟的商业模式和信贷管理方式，并以成功案例说服所在国政府监管机构的认可，获取了金融机构牌照。尤努斯教授在小组信贷模式不断扩大的成功实验基础上，于 1983 年通过专门的立法设立了格莱珉银行。而行动国际则在玻利维亚帮助一家公益小额信贷机构通过商业化改制，于 1992 年成立了拉美第一家小额信贷银行——阳光银行（Banco Sol）。

小额信贷实验的成功，调动了正规金融机构开拓低端市场的积极性。80 年代，在世界银行的支持下，印度尼西亚濒临倒闭的政府政策银行 BRI 成立了专营小额信贷的事业部，开始了其走向成功的探索之路。而在 1990 年代早期，印度国家农业和农村发展银行也开始了与印度农村互助小组联结开展小额信贷的“村银行”模式的探索。

与此同时，在国际发展组织和政府的支持下，大量公益性机构也开始从事小额信贷业务，小额信贷成为扶贫的灵丹妙药。我国也正是在 80 年代末和 90 年代初开始，通过国际合作项目引入了小额信贷概念，利用公益机构开始了实验和示范项目。联合国开发计划署（UNDP）在 90 年代在全球开展了一项名为 Micro-start 的小额信贷发展项目，通过技术和资金支持，帮助发展中国家建立以扶贫为宗旨的公益小额信贷机构。中国、柬埔寨、蒙古等亚洲国家也参与了该项目。UNDP 于 1994 ~ 2000 年期间通过与商务部合作，在全国 17 个省的 48 个贫困县建立了扶贫小额信贷机构。

在这一时期，小额信贷的发展出现两个脉络，一是由社会发展组织推动的、以减贫等社会目标优先的福利主义小额信贷机构（国内称公益小额信贷机构），典型代表是孟加拉格莱珉银行；二是由商业资本推动的、由正规金融机构开展的、以开发新的金融市场为主要动机的商业小额信贷机构（又称制度主义小额信贷机构），典型代表是发端于 1990 年的墨西哥的康帕他莫银行（Banco Compartamos）。目前，这两类小额信贷组织在发展过程中出现融合趋势，一些福利主义小额信贷组织为正规化和规模化发展，不断引入商业投资，商业色彩逐渐浓厚；而越来越多的商业小额信贷机构则从小额信贷业务的特殊规律出发，主动开展了社会绩效管理，加强客户保护与客户教育，更多地承担起社会责任。

3. 小额信贷高速增长期：20 世纪 90 年代后期 ~2010 年

小额信贷在 90 年代的成功发展积累了充分的经验和人才，其优异的商业表现吸引了大量资本投入到这个行业，为小额信贷的爆发式增长提供了条件。有几件重要事件助推了小额信贷高速增长：1997 年亚洲金融危机中，印尼 BRI 银行小额信贷事业部逆市盈利的卓越业绩；联合国将 2005 年列为国际小额信贷年，并将小额信贷纳入新的普惠金融体系建设的核心内容；2006，孟加拉格莱珉银行和其创始人尤努斯获得了诺贝尔和平奖；2008 年全球金融危机中，小额信贷再次创造了逆市增长的业绩。这一时期全球小额信贷行业的发展有以下特征。

（1）客户数量和信贷资产规模都高速增长，年增速在 15% ~30% 之间。

（2）小额信贷发展较快的发展中国家都出台了有利于小额信贷的法律、法规和监管制度。

（3）大量投资机构和资本涌入小额信贷行业，商业资本替代发展援助成为投资主角。

（4）小额信贷行业逐渐进入金融体系主流。很多成功的非银行小额信贷机构或升级为银行，或成功上市融资。印尼 BRI 银行在 2003 年成功上市。墨西哥康帕他莫银行在 2000 年成为金融公司，2006 年获得银行牌照，2007 年上市。印度 SKS 小额信贷公司于 2010 年上市。UNDP 在蒙古和柬埔寨创办的小额信贷机构也在 2000 年之后分别改制为 XAC 银行和 ACLEDA 银行。

4. 小额信贷风险暴露及创新发展期：2010 年以后

小额信贷行业在进入 21 世纪后的高速增长，虽然获得了巨大的商业成功，使得小额信贷进入金融体系的主流，也为大量被排斥的底端客户提供了金融服务，产生了巨大的社会效益，同时也出现了风险隐患，但因金砖国家等新兴经济体的高速发展，风险被掩盖起来。

2010 年 10 月，印度安德拉邦的小额信贷催债索命风波导致了印度小额信贷行业的危机，不仅让印度小额信贷遭受重大挫折，也为全球小额信贷行业敲响了警钟。其实，在 2010 年之前，拉丁美洲和东欧地区就已经发生过较严重的小额信贷风险危机，只是因为市场份额不大，没有引起足够重视。印度小额信贷危机让全球小额信贷行业重新审视了行业发展中存在的问题，并积极进行了调整。而且，2010 年后，金融科技的异军突起，为小额信贷行业的发展创造了新的机会，推动了小额信贷行业新一轮创新。这个阶段有以下几个特点：

（1）各国政府更加重视对小额信贷的监管，特别是重视小额信贷客户的保护；

（2）商业小额信贷机构与公益小额信贷机构相互融合，商业小额信贷机构更加重视社会绩效和社会责任，小额信贷机构的社会绩效管理和评估评级被广泛接受；

（3）移动技术和金融科技的发展，给小额信贷提供了新的商业模式，如手机银行和 P2P 网络信贷，进一步克服了信息不对称问题，也大大降低了小额信贷的操作成本；

（4）小额信贷融入普惠金融的生态体系中，在宏观方面获得了更多的政策和法律法规支持，在中观层面获得了征信等金融基础设施的服务，在微观方面与储蓄、保险等业务相融合，为贫困人口提供了更全面的金融服务。

三、小额信贷的业务模式

在讨论小额信贷产生的经济学理论时提到，贫困农户被正规金融排斥的原因包括信息不对称和超高的交易成本，要为这个群体提供有效而可持续的金融服务，就要采用不同于传统正规金融机构的业务模式，解决信息不对称问题从而有效管理风险，降低交易成本从而为经营者创造盈利。作为金融活动的小额信贷业务的创新都是围绕这两个问题展开的。目前，主流小额信贷机构主要采用小组贷款、村银行贷款和个人贷款这三种业务模式。这三种模式都是站在金融机构角度对其服务对象开展业务的方式，互助性质的合作金融组织的信贷模式不在本章讨论范围。

（一）小组贷款模式（Group Lending）

1. 格莱珉银行传统的小组贷款模式

小组贷款模式是针对农村赤贫人口有效的信贷服务方式，孟加拉格莱珉银行是小组贷款模式的开创者和最成功的实践者。其前期的“格莱珉一代”系统具有以下核心模式：

（1）要求同一社区的客户自己联合他人组成小组和中心，成为一种社会资源；

（2）较频繁地定期召开中心会议，所有业务在中心会上公开完成；

（3）信贷申请由小组和中心成员审核批准，银行只监控审批程序；

（4）产品标准化，小额、固定期限、整贷零还；

（5）创造信用文化，鼓励小组和中心成员自愿为他人还款；

（6）注重教育和社会发展等非金融业务。

2. 小组贷款模式通过以下原理有效克服了信息不对称，并极大降低了农村信贷机构的操作成本

（1）通过小组和中心制度，利用社区熟人社会内信息的对称性，让彼此了解且信任的人相互组合，形成了客户的自动筛选机制。这个机制解决了信贷机构因信息不对称而难以有效筛选客户的问题。这类似于国内农信社系统的整村授信机制，但比国内整村授信更制度化、规范化。

（2）小组和中心审批机制也进一步克服了信息不对称问题，信贷机构不必了解每一个客户的具体情况，但要掌握各个小组和中心以及一个社区的整体信用情况，并通过对小组和中心制度的严格管理，控制每个小组和中心的整体信贷质量。对于一个相对封闭、难以进入的系统来说，外部主体难以获得系统内复杂的细节信息，但可以通过对系统外在的性状进行观察从而了解系统的整体情况，并通过有效的方式对系统进行干预，让其稳定地保持所需的性状。这是小组贷款模式在风险管理方式上的核心原理。

（3）小组和中心机制以及定期的中心会议制度，将信贷业务集中化、团购化，极大减少了信贷人员的管理时间和单笔交易成本，为信贷机构创造了盈利空间，也为降低客户负担提供了空间。

（4）整贷零还也是一个十分重要的信贷方式，其不仅能帮助客户通过变相储蓄有效管理和积累家庭资产，对信贷机构来说，频繁的定期还款是分散风险和及时了解客户状况的低成本且十分有效的手段。但前提是贷款额度必须极微小，客户有足够支付还款的收入和流动资金。

（5）鼓励客户在小组内成员发生困难时相互垫资还款，也是一种有效降低信贷机构风险的做法。这种方式利用了民间的小额融资能力，但必须基于几个前提：成员的相互信任、公开的小组信用评定（形成团队荣誉感）、极微小的分期还款额度、定期的中心会议。

以上几种机制是一个完整的系统，缺一不可，共同构成了小组贷款的有效模式。

国内对于这种模式曾经有一个误解，认为小组成员在法律上承担了联保责任，小组成员必须为其他成员的逾期贷款承担还款义务。尤努斯在早期实验阶段的确尝试过按 2－2－1 次序贷款的联保方式，即小组成员中需选 2 人先贷款，按规则分期还款后，第二组 2 人才能得到贷款，而组长只能在其他成员按规则分期还款后才能得到贷款。后面的成员为了获得贷款，不得不监督前面的人还款，如果出现拖欠，则要垫款归还，这起到了联保的作用。但是，格莱珉银行很快放弃了这个做法。在法律上，小组成员不承担联保责任，只有相互监督的义务。相互垫支还款是一种理性的志愿行为。

3. 小组贷款模式的前提条件

（1）小组成员的生活水平、生产规模等经济特征需有较高的一致性；

（2）社区经济和社会环境以及社区成员具有较高的稳定性；

（3）社区人口具有较高的规模和密度；

（4）小组成员处在极低的经营和收入水平，所需的贷款额度极微小。

如果不具备以上条件，就难以形成稳定而持续的小组和中心系统，小组贷款模式的功效就难以发挥。正因为如此，开展小组模式的小额信贷机构主要分布在贫困状况改变不大、贫困人口高密度聚居、生产的季节性不大的南亚地区。虽然其他地区的国家甚至美国也在复制格莱珉模式，但鲜有能如格莱珉银行那样成功地长期且大规模运营的案例。中国在 20 世纪 90 年代初期引进了格莱珉模式开展农村小额信贷实验，取得了局部的、阶段性成功，但随着中国农村地区的发展、农村贫困状况的消减、贫富差距拉大，农村劳动力向城市转移等客观条件的变化，上述小组贷款模式的前提条件逐渐消失，最早一批的公益小额信贷机构慢慢放弃了格莱珉的小组贷款模式，纷纷改为个人贷款模式。而且，随着孟加拉国情的变化，格莱珉银行也在 2000 年后对小组贷款模式进行了重大改良，采用了“格莱珉二代”系统。

4. 小组贷款模式的改良

“格莱珉二代”模式仍然沿袭了小组贷款模式的核心原理和基本的中心制度安排，对不适应新的社会经济环境的制度做了调整。

（1）社区组织结构扁平化，小组功能逐渐弱化，中心功能被强化，客户不再因小组成员难觅和不稳定而影响借贷。格莱珉模式的成功效仿者——孟加拉社会进步协会（ASA）在业务开展初期就放弃了小组建制，只建立中心。

（2）贷款产品更加灵活多样，贷款额度和期限不再简单划一，可以由借款人自己确定；除了基本贷款之外，还开发了住房贷款、教育贷款等新的贷款产品。

（3）为满足一部分已经脱贫的个体企业主的需要，格莱珉二代开发了小企业个人贷款产品，额度高于小组贷款产品。

（4）格莱珉银行产权重组。2013 年 11 月 10 日，《格莱珉银行法》取代了《格莱珉银行条例》。据格莱珉银行 2015 年的年报披露，截至 2015 年底，格莱珉银行的会员持有 76.01% 的股份，而且每个会员的股份都是相同的 100 塔卡，其他 23.99% 的股份分别由孟加拉国政府以及政府控股的两家银行持有。所有的员工，包括总经理在内，都不是股东，不持有股份，只是雇员。董事会成员 13 名，1 名为总经理，3 名由孟加拉政府提名的人选担任，9 名为由会员选举产生的贫困妇女的代表[①]。这种治理结构更像是一个全体成员直接入股并由社员代表参与决策的巨型合作制银行。

（二）村银行贷款模式（Village Banking）

1. 村银行贷款模式的原理和特点

村银行模式是外部金融机构与社区信贷组织联结开展业务的批发式信贷方法，并非村级银行，更不是国内的村镇银行。村银行模式的基本原理是金融机构利用其资金和管理优势，与农村社区信贷组织的信息对称优势和一定的资产相结合，解决信息不对称、高风险和高交易成本问题，可大规模拓展业务。

村银行模式是在小组贷款模式基础上的进一步创新，相同之处在于都是利用了社区组织内的信息对称性和社区成员的相互信任，不同之处在于：①村银行模式下的社区信贷组织更加机构化，也更加自治，完全独立于合作的金融机构，而不是金融机构信贷模式的附庸；②社区信贷组织要求有会员股金和存款，会员要先以自有资金在内部开展信贷业务；③金融机构不直接向社区组织成员提供贷款，而是给合格的社区信贷组织提供批发资金，由社区信贷组织在内部管理使用，统借统还；④社区组织内是信用贷款，社区信贷组织以股金为担保，集体对银行承担还款义务，

---

① 杜晓山、张睿、王丹：“执着地服务穷人——格莱珉银行的普惠金融实践及对我们的启示”，载《南方金融》2017 年第 3 期。

相当于全体成员联保；⑤社区信贷机构内的信贷产品和服务比小组贷款模式更加灵活和便利，更能满足成员多种信贷需求。

村银行模式也与互助性合作金融组织不同：①村银行模式下的社区信贷组织虽然可用股金和存款开展互助式金融服务，但因其会员人数少，资金总量小，不能满足信贷资金需要，难以可持续发展，需要依赖外部金融机构的批发性融资；②社区信贷组织虽然也具备独立性，但其规模较小，稳定性差，不如合作金融组织独立性强，稳定性也较差，某种程度是为共同获取外部金融机构的融资而聚合在一起；③制度化、标准化程度较低。

村银行模式主要服务于贫困的农村地区的自耕农和微型企业，印度是村银行模式规模最大也最成功的国家，印度 ICICI 银行与印度农村自助小组（SHG）的信贷联结是典型的村银行模式。总部在美国的国际社区援助基金会（FINCA）也在玻利维亚等拉美国家开展了较大规模的村银行模式小额信贷业务。我国宁夏黄河银行与贫困村互助资金的联结，也属于这种模式。

2. 村银行模式的做法

（1）社区信贷组织的选取和培育。金融机构为了开展村银行模式的小额信贷业务，需要寻找或培育社区信贷组织。一般是先寻找和评估已有的社区信贷组织，对其内部治理和信贷管理进行优化，形成标准化的内部制度与联结模式。金融机构将成熟的村银行模式在更多地区进行推广，帮助需要获得信贷服务的农户和微型企业组建社区信贷组织，按照标准化制度开展信贷业务。

（2）为减少自身成本，银行等大型金融机构会委托社区发展组织或当地小型信贷机构协助开展业务，包括委托他们组织和协助管理社区信贷组织，收集社区信贷组织和业务的有关信息，对社区信贷组织进行评估和考核，通过小贷机构向社区信用组织转贷资金，必要时会要求转贷机构提供担保。为处理这样结构复杂的多层次管理模式，银行会开发一揽子的管理信息系统，要求农户、社区信贷组织与合作机构在系统上进行标准化操作。

3. 村银行模式的前提条件

这种模式虽然比小组贷款模式具有更多的优势，但也需要一定的条件才能开展。

（1）当地金融法律和监管制度允许设立社区互助式信贷组织，且允许金融机构与社区信贷机构开展业务合作；

（2）培育社区信贷组织需要在前期投入大量人力和财力，开发专门的信息管理系统，银行等金融机构要有长远的战略规划；

（3）当地要有具备能力的社会发展组织或小型信贷机构；

（4）社区居民合作意识较强，愿意入股互助金融组织并联合承担风险；

（5）社区信贷组织成员中有积极牵头并愿意为大家志愿服务的精英。

（三）个人贷款模式（Individual Lending）

1. 个人贷款模式的原理

个人贷款是银行等正规金融机构最熟悉也最容易开展的小额信贷业务，但正规金融机构个人贷款的服务对象一般是城市有固定职业和稳定收入的个人，且以消费贷款为主。其原理是以个人征信信息为基础，加上可以收集到的收入、支付等财务信息，对个人的还款意愿和还款能力做出分析，判断其风险发生的概率，最后根据客户需求和风险销售或定制信用贷款产品。因客户群体特征和信贷需求的不同，这种模式无法直接用于贫困农户和个体微型企业。针对这个群体的个人贷款模式采用了类似保险业务原理的做法，即使用大数法则，测定某个特定客户群体整体的风险概率，然后采用风险定价方式确定可以覆盖风险的利率水平，用简单的、标准化的产品大规模地向特定客户投放贷款。这种信贷模式主要用于为城镇个体企业家庭和城市周边的农户提供服务。

2. 个人贷款模式的关键环节

（1）为获取客户信息，初期需要投入大量人力资源走访客户，采集客户信息并推销贷款产品。

（2）在拥有了足以支持建立模型的客户规模和业务量后，信贷机构就可以开发用于客户筛选和信贷审批的打分卡系统（Scoring system）。这个系统由两部分组成，一个是描述客户性状并评定客户信用等级的客户画像系统；另一个是客户分类系统，描述不同类型客户的性状，测算不同客户群体的风险发生率，辅助设计贷款产品和风险定价。分类系统类似筛网，将大量客户筛选分类，挑出符合特定产品要求的客户，然后提供信用贷款。有了打分卡系统后，营销和信贷审批将更加便捷，成本将极大降低。

（3）建立打分卡系统后，信贷管理将变为工厂式的流程化操作，信贷管理人员也将按工序分工。营销人员将负责销售信贷产品，收集潜客户信息，并将信息传送到信审部门；信审部门利用打分卡系统快速筛选出符合条件的客户，并发放贷款；贷后管理部门则负责贷后跟踪、还款提醒、逾期催收；超过一定期限的逾期贷款将被注销，并将坏账资产打包卖给专业催收机构。

3. 个人贷款系统的利弊

对客户有利的特点有：普惠服务，可以为各类客户提供信贷产品，只是不同群体因风险不同而承担的利率不同；方便快捷，迅速贷款，可以通过积累信用不断扩大贷款额度；获得征信记录，进而获得传统正规金融机构的服务。对客户的不利因素有：一旦出现长期拖欠，将被列入黑名单，失去继续获得服务的机会；与保险业务类似的是，整体的风险定价方式让大部分按期还款的正常客户背负了因部分客户逾期造成的坏账损失，即要承受较高的利率水平。

这个模式让信贷机构获得了开辟底层信贷市场的法宝，只要在客户可以承受的利率水平下，任何人都可以成为信贷服务的对象。但需要克服一些外部的系统性风险，包括：因没有征信服务而产生的客户过度负债风险；因宏观经济危机造成的市场风险；因客户信息泄露和被利用的欺诈风险；等等。

4. 数字技术和金融科技对个人信贷模式的创新

既然个人信贷模式的核心原理是对客户信息的收集、加工、分析和处理，信息技术就成了个人信贷模式的关键。而近年迅速发展的金融科技为进一步改善风险管理和降低操作成本创造了条件。目前国际上个人信贷领域利用金融科技的创新有以下一些领域：

（1）数字支付实现了便捷的无现金交易，降低了交易成本；

（2）大数据、云计算等技术为打分卡系统提供了新的信息来源和处理手段；

（3）利用移动通信技术开发的手机银行模式（Mobile Banking），通过利用移动通信服务的覆盖优势，将金融服务投放到最偏远的地区，进一步实现了金融服务的普遍覆盖；

（4）P2P 技术创造了个人与个人之间的借贷模式，实现了金融服务去中心化；

（5）正在兴起的区块链体系将克服陌生人之间的信任问题，为个人信用贷款创造无限可能的机会。

虽然金融科技为小额信贷的创新发展提供了手段，从实际应用结果看，这些创新目前主要是在为城市客户提供服务。手机银行模式虽然在技术上可以覆盖广大偏远的贫困地区，但在实际运营中，还受基础设施、线下营销和管理等“硬件”的制约。印度尼西亚 BRI 银行的代理制，有效地将手机银行等金融科技创新与线下运营体系相结合，为金融科技在普惠金融领域的应用提供了有益经验。

四、小额信贷的政策与监管

小额信贷行业之所以能够通过正规化、制度化被纳入主流金融体系，得益于鼓励性的支持政策和适当的监管制度。

（一）小额信贷的政策

1. 税收政策选择

小额信贷作为一种高成本的金融业务，是否应享有税收优惠政策，一直存在争论。不同国家和地区的税收政策选择不同，主要是对金融交易征税和对金融交易产生的净利润征税的区别。

（1）对金融交易和行为课税。金融交易税包括贷款的增值税和利息收入税，目前被普遍认为合理政策是，让从事金融业务的小额信贷机构（无论其机构是否是被审慎监管的金融机构）享有与其他金融机构同样的税收待遇和公平的竞争环境。

（2）对利润课税。在对净利润征税问题上，非营利性、非政府组织小额信贷机构一般与其他公共福利性质的非政府组织享有同等待遇。在所得税的处理上，由于非政府组织小额信贷机构不分红，盈余用于积累扩大业务，通常给予这类机构免收所得税的优惠。实际操作中必须确保这类机构坚守“不分红”原则，如不能向内部人发放低息贷款等。

（3）对贷款损失准备的税收处理。与交易税的处理一样，一般会给从事小额信贷业务的各类机构同等的贷款损失准备的税收处理政策，不管是否被审慎监管，任何机构都应该享受开支扣税（如不良贷款抵扣）①。

---

① 何光文、杜晓山、白澄宇、孙同全等：《小额信贷概况国际发展研究》，中国财政出版社 2012 年版。

2. 利率政策

利率问题是国际小额信贷行业在发展过程中争论最多的问题之一。因为小额信贷是从政府补贴是贷款的失败教训中走出来的，补贴式利率早已被行业唾弃。但小额信贷从诞生那天起就带有天然的扶贫济困的社会责任和社会影响，很多人从道义上认为不应向穷人收取过高的贷款利率，但也有很多人认为穷人更需要的是有效和持续的信贷服务，而不是低成本的信贷服务。

后来被普遍接受的观点是：为了保证贫困人口能长期地得到他们所需要的金融服务，小额信贷机构应该收取“可持续的利率”，这个概念有两个方面的含义。其一是从机构角度看，利率应该能够覆盖其各项成本（包括操作成本、资金成本、风险成本、税收成本等），并且有所盈余，或通过分红鼓励投资者参与，或进行再投资以实现可持续发展。由于小额信贷业务具有更高的操作成本和风险成本，较高的利率是合理的。其二是从客户角度看，可持续利率是客户能够在还本付息之后仍有较多收益的利率水平，这样才能维持和扩大客户的生产经营，获得经济的持续发展和生活的改善。客户的持续发展和生活改善才能保证小额信贷机构拥有稳定的客户保留率和较少的客户破产风险。

在什么是可持续的利率水平问题上，以尤努斯教授为代表的公益（福利主义）小额信贷机构与商业小额信贷机构仍有难以调和的争论。尤努斯教授从社会企业的主张出发，认为小额信贷机构应该尽量不分红，挤出资本的收益，才能让利给贫困客户。而商业小额信贷机构则认为，为了能扩大小额信贷的规模，让更多的贫困人口享受金融服务，必须要给投资者足够的回报，才能在金融市场获得大规模的投资，以满足小额信贷行业增长的需要。这种争论已经不仅是单纯的技术问题，而是根本的立场和出发点问题，是截然不同的发展模式问题。

从国际小额信贷市场的实际情况看，各个国家和地区在发展过程中还是形成了市场可以接受的可持续的利率水平，并有两个明显的现象。一是小额信贷机构的利率虽然比传统正规金融机构的利率水平高，但大大低于传统民间借贷的市场利率；二是随着市场竞争的加剧、技术的改善、规模的扩大，小额信贷行业的整体利率水平在逐渐降低。表 5. 1 是部分国家小额信贷的市场利率水平比较。

表 5.1　商业银行、高利贷者及小额信贷机构的年度化利率比较（2003）　单位：%

国家	商业银行	小额信贷机构	非正规资源（如高利贷）
印度尼西亚	18	28～63（BPRs，地方级小额贷款银行）	120～720
柬埔寨	18	45	120～180
尼泊尔	11.5（优先行业） 15～18（其他行业）	18～24	60～120
印度	12～15（小企业）	20～40	24～120（不同州不同）
菲律宾	24～29	60～80	120 以上
孟加拉国	10～13	20～35	180～240

资料来源：Wright and Alamgir（2004）。

（二）小额信贷的监管制度

如果将各国小额信贷的发展水平及监管模式进行比较可以发现，凡是小额信贷发展较好的国家，一般具备比较清晰的监管思路和法律框架；相反，缺少小额信贷机构的明确的法律框架的国家，小额信贷发展相对落后。在有过多的政府干预和行政性控制的国家，过度的金融抑制措施会限制小额信贷机构的发展空间①。

世界银行扶贫咨商小组（CGAP）的研究报告建议，小额信贷监管框架的设计应该符合以下几个基本原则②。

第一，灵活性原则。即监管框架的设计必须适应小额信贷机构运行机制的特征（如贷款合约文件简单、信用评估体系简便、金融产品设计灵活），采取比较灵活的更具弹性的措施，而不是比照正式金融机构的运行特征对小额信贷机构进行过于僵硬的监管。

第二，激励兼容的原则。即监管框架的设计必须有利于调动小额信贷机构、投资人、捐赠人和其他批发性贷款者的积极性，激励他们更多地投入到小额信贷机构的发展中，而不是通过法律框架遏制这种投入。

① 何光文、杜晓山、白澄宇、孙同全等：《小额信贷概况国际发展研究》，中国财政出版社 2012 年版。

② Christen，Robert Peck，Timothy R. Lyman，and Richard Rosenberg. Guiding Principles on Regulation and Supervision of Microfinance. Microfinance Consensus Guidelines. Washington，DC：CGAP，July 2003.

第三，成本收益原则。即监管框架的设计必须考虑到监管行为和被监管行为本身给监管者和被监管者可能造成的成本以及可能获得的收益。这就意味着，监管框架的设计首先必须考虑到小额信贷机构所付出的成本，如各种信息披露文件的整理和报送的成本；其次还要考虑到监管者的监管成本，即监管者对大量的小额信贷组织必须付出很多的人力、物力和财力。如果监管框架的设计过于繁琐，既超过了被监管者的承受能力，也超过了监管者的监管能力，那么这样的监管框架或者形同虚设，或者最终归于失败。

第四，适应性原则。即监管框架的设计必须与现有各类小额信贷机构的实际性质和类别相适应。现有的小额信贷组织，种类繁多，经营方式和资金来源都有很大的区别，因此必须针对不同的小额信贷机构进行不同的监管，其监管模式和监管内容都应该有所区别。

第五，基于风险的自我监管原则。即必须在监管框架中更多地鼓励小额信贷机构自我监管，使其有动力在内部风险管理的基础上进行自我监督，有效进行预防性内部监管。

第六，行业自律原则。在控制监管成本的考虑下，应尽量鼓励行业性的自律组织的建立，利用这些行业自律组织对小额信贷机构进行信用评级、资产评级、业务监管和信息披露。行业自律对于小额信贷这种非正式的非银行类机构极为有效。

总结各国对小额信贷机构的监管框架可以发现，不同类型的机构应适用不同的监管模式（见表 5.2）。

表 5.2　　国际小额信贷机构的监管模式比较

类型	资金来源	外部监管形式	监管部门
简单非营利性非政府组织	捐赠资金，发放贷款的总量不能超过捐赠额	无需监管可自愿到自律组织注册	无，或自律组织
有限吸收存款的非营利性非政府组织	吸收少量存款，如对社区享受小额信贷客户的强制存款或法定存款安排	无需监管，无需申请银行牌照，不受银行法约束，需向自律组织注册	自律组织

续表

类型	资金来源	外部监管形式	监管部门
由非政府组织转型的小额信贷机构	通过发行商业票据、大额存单、投资票据等获得批发/机构存款	需获得企业法人资格，由银行监管当局进行准入管理，并限定其商业票据的规模、期限和交易	银行监管当局
信用合作社，储蓄信用合作社	开放式或封闭式的债券信用合作机构，从会员客户中吸收存款	到合作社监管机构或银行监管部门注册	合作社监管机构或银行监管部门
有限牌照银行，如专业银行、储蓄机构或金融公司	有限制地吸收存款（如活期、定期存款）。可从事的小额信贷业务较非政府组织更为广泛	由银行监管当局进行准入管理，限定业务范围	银行监管当局
无限制牌照银行	吸收公众存款	向银行监管当局注册为共有制银行或股份制银行，并经其授牌；合规于资本化/资本充足要求，贷款损失计提及审慎条例	银行监管当局

五、小额信贷的投资

全球小额信贷行业的成功发展，得益于长期、持续、大规模、有效的资金投入。全球已经形成了有效的小额信贷行业投资机制，出现了大量各种形式的小额信贷投资平台（Microfinance Investment Vehicles，MIV）。

（一）小额信贷投资的三个阶段和三个资金来源

1. 政府和发展援助机构资助阶段

在小额信贷萌芽期和新兴时期，国际发展援助组织、非政府组织和发展中国家政府出于扶贫和社会发展的目标，资助了小额信贷最初的实验和创新，成为小额信贷行业最初的天使投资者。国际发展组织不仅直接资助了小额信贷机构的创立，还资助了大量的小额信贷政策研究项目，为后来政府出台政策和监管制度提供了有力的支持。虽然随着商业资本的进入而逐渐退出，但国际发展组织和政府依旧保持着对社会影响的公益性（福利主义）小额信贷机构的资助。孟加拉国政府发起并出资成立的农村就业支持基金会（PKSF）就是一个很成功的针对公益小额信贷机构的投资平台。

2. 社会投资（Social Investment）机构参与阶段

在小额信贷新兴阶段，兼具社会目标和商业机制的社会投资（Social Investment）机构登场，其中包括政府主权基金和私募投资基金。他们往往借助国际发展援助组织的渠道和前期的投资成果，以联合投资的方式进入小额信贷市场。或参与对已经存在的小额信贷机构进行投资，扩大其经营规模；或参与小额信贷机构的商业化改制，并在成功改制并获得商业资本投资后退出。社会投资是一种风险投资（VC），帮助小额信贷机构由初创阶段向商业化阶段过渡。社会投资机构目前依旧活跃在小额信贷市场。具有较大影响力的有行动国际投资基金（ACCION Gateway Fund）、法国的沛丰微基金（PlaNet MicroFund）等。这些社会投资机构的资金来源主要是养老基金、政府基金和具有社会投资理念的富有阶层。

3. 商业资本的进入

在小额信贷高速增长阶段，小额信贷机构的盈利能力和较大的抗风险能力吸引大量商业资本进入小额信贷投资领域，助推了小额信贷的商业化发展和大规模扩张。小额信贷的成功帮助他们在金融市场获得了大量的资金，成熟的小额信贷市场也为他们提供了优质的小额信贷投资项目，政策和监管制度则为他们投资项目的上市和退出提供了制度条件。私募股权基金（PE）是商业投资的重要成分。

（二）小额信贷商业投资模式

1. 对小额信贷机构的商业投资一般采取三种模式

第一种是升级模式，即将非正规或非营利的小额信贷组织通过投资改制为银行等正规金融机构，如玻利维亚的阳光银行（Banco Sol）；第二种是降阶模式，即由银行等正规金融机构通过投资设立专营小额信贷的分支机构开展小额信贷业务，降低身段，将服务扩展到底端阶层市场，如西班牙 La Caixa 银行设立的子银行 Microbank；第三种是绿地模式，即由风险投资机构投资新建银行等正规金融机构，专营小额信贷业务，如法国沛丰在四川投资的美兴小额贷款公司。

2. 小额信贷的股权投资与债权投资

目前，小额信贷领域以债权投资为主，2016 年直接债权投资占比 81%。社会投资基金的资金来源多为保险基金等要求固定回报的机构，因此主要以固定回报的债权投资为主。另一个吸引小额信贷债权投资的因素是小额信贷机构所在的新型市场国家的投资回报率高于欧美发达国家的投资回报率，而小额信贷在 2000 年后持续的高速增长也保证了投资的固定回报。据统计，2009～2014 年，小额信贷投资的年加权平均收益率稳定在 6%～9% 之间①。

在小额信贷发展初期，发展援助机构的出资多为捐赠，后逐渐转化为小额信贷机构的股权，成为小额信贷机构发展的基础。近年来，小额信贷领域的股权投资呈上升的趋势，2006～2015 年，小额信贷投资机构股权投资比例由 9% 上升到 15%②。

六、农村小额信贷案例

（一）村银行模式案例——印度商业银行与农民自助小组的联结

1. 印度农村金融发展阶段

（1）印度 1947 年独立后到 20 世纪 60 年代，印度农村金融划分为两个领域。一个是农村合作社系统，为农户提供小额贷款；另一个是商业银行，只为农业企业和商业机构提供贷款。

（2）20 世纪 70 年代开始，为进一步满足农户的贷款需求，政府对银行实施国有化，将服务网络延伸到每个村。到 70 年代中期，政府建立地区农村银行，进一步向农村穷人延伸金融服务。1980 年开始实施“农村综合发展项目”（IRDP），政府提供补贴，由银行为穷人贷款。这样做的结果，是印度建立了世界上最大的银行网

---

① Symbiotics，2016 Microfinance Investment Vehicles Survey Market Data & Peer Group Analysis.

② Symbiotics and CGAP：MICROFINANCE FUNDS 10 YEARS OF RESEARCH & PRACTICE.

络之一。但是，80 年代补贴式贷款造成大量贷款拖欠，印度农村金融系统也因此濒临崩溃。

（3）20 世纪 90 年代，印度政府反思农村金融失败的教训，开始了银行的市场化改革。1992 年，印度国家农村和农业发展银行（NABARD）借鉴拉美和印度尼西亚等地的试点经验，开创了“银行联结自助小组”模式的小额信贷业务。

（4）2001 年，印度国际性商业银行——工业信贷投资银行（ICICI 银行）通过并购从事农村信贷业务的马都拉银行，将马都拉银行开展的“银行联结自助小组”业务进行改良和大规模扩张。这个模式在印度农村获得巨大成功，截至 2009 年，印度参与“银行联结自助小组”业务的自助小组达到 160. 96 万个，累计获得银行批发贷款 2267. 98 亿卢比。

2. “银行联结自助小组”的运营模式

（1）自助小组的储蓄和信贷业务。印度农村的自助小组一般是由 20 户农村较为贫困的农户组成，这些农户一般月收入不超过 250 卢比（大概 50 元人民币），每户拥有的土地不超过 2. 5 英亩（约 15 亩）。自助小组农户必须先在小组内储蓄，储蓄数额一般是每户 20 ~ 100 卢比不等，以小组名义在银行开设储蓄账户。小组用储蓄资金向成员提供小额信贷，贷款由小组成员集体审批。

（2）银行联结自助小组的基本方式。一般在自助小组成立并运行半年之后，银行根据小组储蓄账户资金多少以及小组成员家庭收支状况进行综合信用评估，评估后对小组进行等级授信。银行根据授信等级向小组发放批发贷款，小组用银行贷款扩大小组信贷资金规模，为成员提供小额信贷。小组集体承担还款责任，个人不能直接对银行还贷。银行对小组发放的贷款是无抵押的，贷款数额通常是小组在银行存款的 4 ~ 5 倍，贷款的利率通常比普通商业贷款低。小组内发放贷款的利率也是由小组集体决定。

银行除了为自助小组提供批发资金之外，还会为小组内的信贷管理提供操作系统和培训，辅助小组开展信贷业务。银行会派工作人员参与小组的审贷会，但只是作为观察员，进行合规性监督，不发表意见。

（3）银行联结自助小组的扩展模式。在银行联结自助小组业务开展初期，银行直接承担小组培育和培训工作，并向成熟的自助小组提供贷款。大约有 20% 的自助小组通过这种模式直接获得银行信贷。由于 ICICI 等商业银行在农村没有充足的网点和营销及管理能力，为了最大限度推广业务并加强对自助小组的辅导和监督，银行在基本的联结模式基础上进行了扩展。

模式一：银行 + 服务中介 + 自助小组。这种模式是由银行委托当地信贷机构、非政府组织、政府机构或其他社区组织提供自助小组的孵化培育、教育培训、初步评估等服务。当自助小组满足银行的审核要求后，银行直接给自助小组提供批发资金。这种模式最为成功，80% 以上的自助小组通过这种方式获得银行贷款。

模式二：银行 + 转贷机构 + 自助小组。这种模式下，银行不直接给小组提供贷款，而是通过其他小额信贷机构向自助小组转发贷款，小额信贷机构承担管理小组和向银行还款的责任。这种模式表面上看是小额信贷机构为小组提供了增信，似乎减少了银行风险，但由于银行无法直接获取关于客户偿付能力或偿付行为的信息，小额信贷机构会因为最大限度利用银行资金开展业务而违反谨慎原则，存在道德风险。这种模式不被看好而只占很少的比例。

（二）小额信贷机构的商业化改制——蒙古 XAC 银行的成功升级①

1997 年，联合国开发计划署（UNDP）的资本发展基金（UNCDF）成立了专门推动微型金融发展的部门，选择了包括中国、蒙古和柬埔寨在内的 25 个国家开展名为“MICRO-START”的项目。1998 年，由 UNDP 资助的小额信贷试点项目先后在蒙古、柬埔寨和我国内蒙赤峰启动，UNDP 为 3 个项目分别提供了 20 万 ~ 50 万美元的信贷资金。截至 2001 年，UNDP 在蒙古的项目已经通过改制升级为一家小额信贷银行 Xac Bank，成为蒙古三大全国性商业银行之一，贷款总额达到 3.6 亿美元。由于蒙古国内信贷市场趋于饱和，Xac Bank 开始对外扩张，2012 年在我国新疆投资 1 亿元开办乌鲁木齐市天融小额贷款有限责任公司，开展小额信贷业务。

与中国同期实施 UNDP 小额信贷项目的蒙古公益组织，经过短短 5 年的时间就成功地发展成为全国性的正规银行机构，而我国同期建立的公益小额信贷机构现在还处于没有法律地位的政策性实验阶段，这种差别足以让中国小额信贷行业叹惋。

1. Xac Bank 成立的背景——蒙古金融部门的改革与发展

蒙古金融改革始于 20 世纪 90 年代初期，经过 10 年初步建立起了符合市场经济

① 王灵俊，谢进：《从小额信贷项目到商业银行的成功转型——蒙古 Xac Bank 考察报告》，2005。

要求的、自由的、稳定的金融体系。和中国的情况相反，蒙古金融改革一直走在经济改革的最前沿。一方面政府不遗余力地对国有银行进行民营化，两家最大的国有银行在 2002 年和 2003 年已经被私有化，并为外资所控股，剩余的两家国有银行的私有化也已在 2004 年完成。另一方面，政府对民间资本和外资进入金融业没有任何限制，导致新的金融机构如雨后春笋、不断涌现。截至 2004 年底，人口只有 200 多万的蒙古已有 17 家商业银行、110 家非银行金融机构、570 家储蓄与信贷合作社、900 家典当行、16 家保险公司和 1 家金融担保公司。在人口如此少的国家，有如此多的金融机构，竞争激烈程度可想而知。

政府对不同类型金融机构采取了不同监管方式。

（1）最低资本金要求不同。2004 年商业银行为 40 亿图格里克（约 2900 万人民币），非行金融机构的注册资本金要求根据所在区域不同而不同，乌兰巴托为 1 亿图格里克（约 71 万人民币），省一级为 3000 万图格里克（约 21 万人民币），县一级为 1000 万图格里克（约 7.1 万元人民币）。储蓄与信贷合作社没有资本金的限制。

（2）业务范围不同，商业银行可以经营包括信贷和储蓄在内的任何金融业务，非银行金融机构只能从事放款收款业务和换汇业务，而且只能向会员吸储，不能以任何形式向公众吸收储蓄。储蓄与信贷合作社既可以放款也可以吸储，但范围仅限于合作社成员。

（3）监管方式不同，商业银行和非银行金融机构的审批和监管由中央银行负责，信贷和储蓄合作社只要在工商局登记注册就可以营业，不在中央银行的监管范围内。

经过竞争发展，蒙古大部分国际捐助机构支持的小额信贷项目转制由正规金融机构实施。大部分典当行和民间高利贷开始向信贷和储蓄合作社和非银行金融机构转变。

2. 蒙古小额信贷行业的发展

蒙古小额信贷的发展得益于两个大环境，一个是与该国金融领域法律法规的不断健全完善同步进行，法律和实践相互促进、相得益彰，使小额信贷迅速实现专业化和规范化。另一个是政府与国际发展组织对小额信贷行业的政策与资金支持。

1998 年，合作社法正式颁布。

1999 年 9 月，中央银行颁发第一个非银行金融机构营业执照。

2000 年 3 月，中央银行制定非银行金融机构会计手册。

2000 年 5 月，中央银行批准非银行金融机构监管的审慎比率。

2000 年，部分商业银行开始涉足小额信贷业务。

2002 年 12 月，合作社法修正案通过，对信贷和储蓄合作社的管理从此有法可依。

2002 年 12 月，非银行金融机构法正式颁布。

2002 年 12 月，财政和经济部正式颁布针对信贷和储蓄合作社的会计手册和会计科目。

2003 年 3 月，中央银行设定非银行金融机构最低资本金要求。

2003 年 12 月，中央银行批准指导监管信贷和储蓄合作社的审慎比率。

蒙古的小额信贷是在扶贫信贷项目举步为艰、国内银行业进行调整和洗牌之时出现的，小额信贷业务于 1994 年由世界银行扶贫项目首先引进，但扶贫项目还款率只有 50%，提供的更多是一些教训。1998 年 UNDP 小额信贷项目的启动标记着蒙古的小额信贷翻开了新的一章。从此，蒙古小额信贷转为以社会发展为导向、商业化运作为基础的运作方式，国际项目的重点开始放在机构建设和可持续发展上。

蒙古小额信贷的资金来源是多渠道的，开展小额信贷业务的机构也是多样化的。有无偿援助资金、国际项目提供的软贷款、商业融资（从国际国内机构得到的商业贷款）、公众储蓄、也有国内、外机构的直接投资。开展业务的机构有：商业银行、非银行金融机构、信贷和储蓄合作社、民间机构、典当行和个人。17 家商业银行中有 5 家开展小额信贷业务。

3. Xac Bank 由公益组织升级为银行的历程

Xac Bank 的转轨历程非常复杂，大致分为三个阶段：国际援助项目阶段、转制为商业小贷机构阶段、升级为银行阶段。

（1）国际援助项目阶段（1997 ~ 1999 年）。

1997 年，联合国开发计划署（UNDP）决定在全球范围大规模支持小额信贷活动，蒙古和中国都是所选的 25 个国家之一。1998 年 7 月 UNDP 小额信贷项目（MicroStart）正式启动，启动时成立了类似项目管理办公室的专门机构负责项目的组织、指导和协调工作，具体实施由蒙古妇女联合会和自由妇女知识联盟（LEOS）两家 NGO 分别负责。项目办公室有四五个人，两家 NGO 各有两个人负责该项目。这三家机构、八九个人便是 XacBank 的最早期雏形。

同在其他国家的项目一样，UNDP 向蒙古项目提供了小额贷款本金和初期操作经费，但鉴于当时的特殊环境，UNDP 蒙古代表处摒弃了传统扶贫项目的做法，开始尝试更有效的扶贫方式，项目目标一开始就把可持续发展作为项目的基本目标。

此外，项目的运作方式完全从蒙古国的国情和客户的需求出发，并没有照搬国际流行的模式，由于蒙古地广人稀，居住分散，UNDP 项目启步时引入的不是世界流行的小组贷款模式，而是个人贷款模式。项目自启动的那一天就受到了中低收入人口的热烈欢迎，8 个月后就实现了盈利。

（2）从项目到商业公司的改制（1999 年）。

UNDP 项目办在项目运作几个月后进行了市场调查，之后和两家实施项目的 NGO 开始酝酿合并以及成立一个有营业执照的贷款公司的事宜。酝酿合并首先从研究蒙古的法律法规开始，经过几个月的研究，1998 年 12 月，蒙古妇女联合会和自由妇女知识联盟分别实施的项目正式合并。1999 年 5 月 18 日，项目办和两家 NGO 达成协议，共同成立一个以扶贫为宗旨、专营小额信贷业务的公司——金色发展基金（X. A. C），该公司是蒙古第一家经营小额信贷的民营公司，也是第一家由 NGO 创立的公司。

金色发展基金的管理由一个临时的董事会负责，董事会有 5 名成员：蒙古妇女联合会和自由妇女知识联盟各出 2 名董事，另一名来自蒙古农业合作社联合会。原先 UNDP 项目的财务经理被董事会聘为公司的总经理，现在这名总经理担任 XacBank 的首席执行官。

在管理层的卓越管理下，金色发展基金向非银行金融机构的过渡有条不紊地进行。1999 年 9 月，蒙古中央银行向金色发展基金颁发了蒙古第一张非银行金融机构营业执照。同年 11 月，又有 4 家 NGO 得到了 UNDP 小额信贷项目的资助，这 4 家 NGO 随即把资金注入金色发展基金。基金的资本金也从当初的 6000 万图格里克增加到 1. 8 亿图格里克（约 130 万人民币）。这 4 家 NGO 是：蒙古索罗斯基金会（开放社会研究所）、蒙古农业合作社联合会、地方治理发展基金和乌兰巴托扶轮社。加上 2 家创始 NGO，金色发展基金共有 6 名股东，每家持有相同的股份。

（3）从商业公司升级为非银行金融机构（1999～2001 年）。

商业公司的管理模式稳定后，公司的管理层开始与 UNDP、政府部门、中央银行、两家发起 NGO 和公司员工紧密接触和沟通，筹划公司向非银行金融机构的转化。

向非银行金融机构的转型在出色的计划和管理之下进行。所有属于 NGO 的员工都从 NGO 辞职并同时申请公司的职位。UNDP 和这 6 家 NGO 单独签署了有法律效力的备忘录来约束资产的转移，备忘录规定了 UNDP 捐助资金的性质和使用条件，这 6 家 NGO 同意在至少两年之内不分红，并在董事会赋予 UNDP 一个咨询席位。董事会成立后，原来 UNDP 项目咨询委员会的监督职能正式移交给了董事会。随后，一些 NGO 的项目点也成为非银行金融机构的分支机构。公司的业务仍保持快速增长，分支机构和信贷余额一年之内增长了一倍。

2000 年 4 月，一个由美国国际开发署（USAID）资助的非银行金融机构 Goviin Ekhlel LLC（GE）由 Mercy Corps（国内翻译为美慈组织，一家美国 NGO）创立。GE 的主要业务是向中小企业提供贷款。2000 年 9 月，出于业务和服务区域互补的考虑，蒙古两家最大的非银行金融机构 GE 与 X. A. C 开始洽谈合并事宜。历时一年，2001 年 10 月 1 日，两家机构正式合并，很好地实现了服务区域、服务对象的互补和扩大，资产的合并和扩充，以及筹资能力和人力资源的增强。

（4）从非银行金融机构升级为商业银行（2001 年）

银行金融机构并非最终目标，得到执照不久，董事会成员和经理们已经开始紧锣密鼓地准备把公司转变成一家功能齐全的商业银行。幸运的是，2001 年 12 月 27 日，也就是两家机构合并后不到 3 个月，蒙古中央银行正式向 X. A. C 颁发商业银行营业执照。多年的不懈努力终于修成正果，与此同时，X. A. C 正式更名为 XacBank，蒙古小额信贷的历史也翻开了新的一章。

从小贷机构到银行的顺利升级，有以下成功因素：

- 决策层、高管及员工一致的愿景和强大的执行能力；
- 蒙古政府和国际组织对小额信贷的政策支持；
- 蒙古宽松的金融行业准入制度；
- 小额信贷机构出色的社会绩效和财务业绩。

4. Xac Bank 成立后的情况

（1）Xac Bank 的双重使命。

Xac Bank 成立后，并没有因为成为商业银行而改变其最初的目标和使命，而同时兼有收益最大化的目标，充分体现了小额信贷机构兼具社会目标和商业目标的特质。其章程对银行使命有如下描述。

第一，向所有蒙古公民和合法企业，包括那些长期被排除在金融服务之外的人群（如低收入人口和边远地区的农牧民），提供全方位的金融服务，并以这种方式促进蒙古社会经济发展。

第二，与第一点同等重要的是，要使股东收益最大化，成为一个能盈利的、可持续发展的金融机构。

从使命的内容也可以看出，XacBank 的对象不单是穷人，也包括其他不能从传统金融渠道得到金融服务的人口。XacBank 明确地把收益最大化作为自己的主要目标之一，只有商业化才能带来更多的资金、达到更大的规模、建立起有效的监督机制、实现专业化和高效率，为更多被排斥的群体提供持续的金融服务。

为保证银行不偏离既定目标，其董事会 9 名成员中，创始的 NGO 组织依旧占绝大多数席位。2005 年的董事会成员如下：

- Mercy Corp（一家美国 NGO）；
- 蒙古妇女联合会（NGO）；
- 自由妇女知识联盟（Liberal Women's Intellectual Pool，一家妇女 NGO）；
- 蒙古农业合作社联合会（NGO）；
- 乌兰巴托扶轮社（Rotary Club of Ulaanbaatar，国际 NGO 的分支机构）；
- 蒙古开放社会研究所（国际 NGO 的分支机构，由金融大亨索罗斯创办）；
- 地方治理发展基金；
- Tuushin LLC（私营公司）；
- Monnis Group International LLC（私营公司）。

（2）Xac Bank 的现状。

XacBank 获得了全银行业务牌照，提供的是全方位的金融服务，包括贷款、储蓄、融资租赁、汇款业务、外汇业务和信用卡业务，等等。

2004 年 4 月底，XacBank 有 33 个分支机构，432 名员工，其中信贷员人数 120

名；截至2005年12月底，XacBank有39个分支机构，619名员工，其中信贷员175名。它是在蒙古所有21个省都设有分支机构的三家商业银行之一，另外两家都是蒙古传统的大银行（农业银行和邮政银行）。

XacBank的早期阶段，只有100万美元的资产，2003年底总资产已经达到178亿图格里克（约1.28亿人民币），即便与2001年成立商业银行时相比也增长了3.7倍。2003年底，总资产中自有资产所占比例为18%。根据最新得到的资料，2004年底，XacBank的总资产已经达到316亿图格里克（约2.12亿人民币），扣除税收以后的纯利润达7.87亿图格里克（约550万人民币）。

截至2004年4月底，XacBank的有效贷款为23417笔，平均贷款余额144亿图格里克（约1.02亿人民币），每笔贷款平均额度76.34万图格里克（约5500人民币）。62%的有效客户居住在农村地区。在所有客户中，近一半是微型企业主，47%为有工资收入的家庭。客户从事的活动多种多样，从事贸易的占47.3%，用于消费的占20.9%，加工业的占10%，服务业占6.6%。在所有的有效贷款中，37.2%小于300美元，89.1%小于1000美元，只有240笔贷款大于1000美元。平均每个信贷员管理195笔共计1.2亿图格里克（约86万人民币）的贷款。就贷款笔数来讲，XacBank在蒙古所有17家商业银行中排名第2位，就贷款余额来讲，排名第11位。XacBank在全国信贷市场的占有率为2.5%，在农村市场的占有率为15%。

从1998年9月到2004年4月，累计放款101032笔，累计投放资金585亿图格里克（约4.2亿人民币）。XacBank的贷款业务仍处在高速增长之中，2003年，平均每个月发放贷款2500笔，价值26亿图格里克（约1860万人民币）；2004年，平均每月发放贷款3900笔，价值30亿图格里克（约2130万人民币）。

尽管发展速度很快，XacBank的贷款质量一直保持较好的状况，2003年底的还款率为99.15%，风险贷款率（>1天）为2.24%。2003年共注销21笔贷款，总金额1300万图格里克（约9.4万人民币），占平均贷款余额的0.16%，注销贷款的回收率为29%。

XacBank的另一大业务是储蓄，截至2003年底，XacBank有25666个储蓄帐户，吸收存款91亿图格里克（约6500万人民币），26402个活期帐户，吸收资金8.8亿图格里克（约630万人民币）。75%的储蓄存款为长期储蓄，76%的储蓄资金来自城市，72%的储蓄帐户为小额储蓄帐户（小于 85 美金），所有储蓄帐户的平均储蓄金额为 266 美元（约 2200 元人民币）。此外 XacBank 还开展异地汇款业务，2003 年共有 40426 笔汇款，涉及金额 79 亿图格里克（约 5600 万人民币）。根据最新得到的数据，截至 2004 年底，XacBank 的存款余额已经增长到 157 亿图格里克（约 1.1 亿人民币），在全国储蓄市场的份额为 2.3%，其中在城市的份额为 1.7%，在农村的份额为 8.7%。

（三）"卫星银行"——印尼人民银行（BRI）小额信贷业务的数字化创新①

印度尼西亚的人民银行（Bank Rakyat Indonesia，BRI）成立于 1895，已有 100 多年历史，现在是一家国有控股银行。20 世纪 70 年代，印尼政府为大力发展水稻生产，委托 BRI 大量发放指令性补贴贷款，成为政府水稻项目的财政支付工具。虽然水稻项目获得巨大成功，印尼由稻米进口国变为出口国，但 BRI 却因财政补贴的后遗症遭受损失，难以为继。为生存发展，BRI 于 20 世纪 80 年代开始转型，在内部设立了独立运营的农村银行系统（Unit Desas），开发了针对农户的小额信用贷款业务，很快获得成功。1997 年亚洲金融危机期间，包括 BRI 在内的印尼所有银行都遭受重创，濒临倒闭，唯有 BRI 的农村银行部异军突起，未受金融危机影响，保持盈利，从此闻名全球，成为小额信贷行业最优秀的典范之一。BRI 银行整体也因此受益，在为农民和大众提供普惠式金融服务的同时获得了商业成功。2003 年 BRI 在印尼上市，同时在美国证券柜台交易市场（OTC）挂牌交易，被《亚洲货币》评为当年最佳上市公司。

1. BRI 农村银行部的小额信贷业务

BRI 经过长期摸索，开创了一整套成功的小额信贷商业模式，其主要特点有以下四点。

（1）为把金融服务覆盖到低端市场，BRI 在城乡广泛设立社区银行分支和各种形式的营业点。截至 2015 年，BRI 在全国拥有 10600 个服务终端，其中包括 5331 个营业所、2544 个营业点。此外，BRI 还发展了 5 万多个业务代理点，设置了 21658 个 ATM 机，配置了 156096 个 POS 机。印尼是万岛之国，居民分布在 17500

① 白澄宇："从'卫星银行'BRI 看数字技术在农村信贷中的运用"，载《云金融》2016 年第 7 期。

多个岛屿之上，为提供便捷的服务，BRI 使用汽车和快艇作为移动网点，通过卫星信号联络。

（2）不排斥任何一个客户，做到中、小、微市场全覆盖，以量取胜。BRI 将最低端的客户分 4 类：无经营无抵押品、无经营有抵押品、有经营无抵押品、有经营有抵押品。针对不同细分市场采用不同的信贷方法，提供不同的产品和服务。

（3）因为交通不便、网点众多、产品多样，很难靠中心化的机构完成快捷有效的贷款审批，BRI 将贷款审批权下放到基层营业所（UNIT），每个营业所是独立核算的利润中心。同时，BRI 建立了一套严格的内控制度，防止道德风险。总部对营业所进行多角度考核。

（4）作为全牌照的银行，BRI 除了提供信贷服务之外，还为低端客户提供储蓄、保险和支付服务。各项业务可以交叉销售，信息交叉验证，为客户提供增值服务。

通过上述方式，BRI 成为一家为大众提供普惠式金融服务的银行。2015 年，BRI 拥有 5500 万客户，包括 700 万中、小、微企业。但是，印尼有 1.739 亿成年人口，有 5600 多万中、小、微企业，还有很多潜在客户没有被覆盖，特别是在一些偏远岛屿上，金融服务还是空白。根据统计，印度尼西亚 15 岁以上人口的银行账户开户率只有 36%。BRI 的愿景是覆盖印尼所有地区的所有潜在客户，但如何克服地理障碍为偏远地区居民提供有效服务？如何在分散的客户群体中降低碎片化业务的成本，实现盈利？如何有效管理数量众多、分散决策的营业网点，实现服务标准化？如何让低文化水平客户能简单便捷地使用复杂的各种服务？面对这些挑战，BRI 采取了一系列应对方法，除了传统的增加服务网点和服务产品之外，他们还充分利用信息和通信技术，成功开发了代理点（agent）加数字银行（digital banking）的 O2O 的商业模式，其中数字银行模式将引领 BRI 的未来发展。

2. BRI 的数字银行系统

BRI 的数字银行系统是基于云端的超级操作系统，该系统替代了原有的银行管理信息系统，打通了银行中后台、网点前台与客户使用终端，实现了降维式的扁平化管理，目前已经全面上线。BRI 为客户端研发了一套功能强大、使用方便的手机应用系统，客户可以用手机使用多种操作模式办理存款、贷款、购买保险、转账支付、缴费等各种服务。客户可以根据手机类型、网络环境等条件选择以下模式并灵活切换。

电话银行：客户可以通过拨打服务电话办理有关业务。

短信银行：对于 2G 手机或在没有移动数据和 Wi-Fi 服务的环境下，客户可使用手机短信功能办理业务。

网络银行：在有移动数据和 Wi-Fi 服务的环境下，客户可以使用智能手机登录网络银行系统办理业务。

手机银行：这是最新的服务模式。该模式是基于实名手机账户直接办理开户，手机号码即是账户号码，而不必先办理银行账户。印尼政府已经为这种业务模式颁布了法律和监管办法，BRI 是第一批获得手机银行业务牌照的商业银行。在这种模式下，客户可以选择电话、短信或网络平台进行连接，办理业务。

手机银行模式最大的优势是，可以在那些无法设立银行网点但有移动信号的地区开拓市场，通过移动通信的基础设施和渠道获得客户并提供服务。当手机覆盖率不断提高，手机成为人们日常生活、工作、业务的主要联络工具时，客户移动业务的数据就成为银行开展业务的主要信息来源。银行可以利用大数据分析技术在线进行广告投放、筛选客户、信贷审批等业务，实现了无网点服务，极大降低了操作成本。

对于小额信贷业务，大数据分析是看家本领。小额信贷是一种类保险业务的信贷模式，主要依靠对海量客户群体进行分析，对客户进行市场细分并设计产品，计算不同细分市场与客户的违约概率，然后以覆盖风险的定价策略实现盈利。全球先进的小额信贷机构都广泛采用基于大数据分析的打分卡系统，对客户进行自动筛选和授信。BRI 原来也运用打分卡技术辅助营业所进行贷款审批，但主要还是依靠营业网点的信贷人员的实地走访获取信息，并依靠经验判断风险，成本很高，且难以覆盖偏远地区。BRI 的手机银行系统一旦被客户广泛采用，则会彻底改变信息来源和信审方式，让银行在控制成本的同时，最大限度的实现服务普惠化。当然，BRI 的大数据分析技术是其核心机密，没有对我们透露细节。

如果只有云端的数字银行系统，还不足以帮助 BRI 解决服务的普惠化问题，因为印尼大部分地区还使用现金交易，数字货币依然遥远，要让虚拟的数字银行服务于物理的现金交易，就要有一套 O2O 的连接系统。笔者在研究互联网金融发展模式时，提出了建立“天云接地气”的系统模型。在 BRI，笔者看到了这个模型的现实版本。

3. BRI 的代理体系

RBI 的 O2O 模式充分利用基础设施和新的商业模式，是信息通信技术与创新商业模式的有机结合。他们首先对包括车载银行和快艇银行在内的传统物理网点进行数字化改造，对接数字银行系统，增加 ATM 机等服务设施。同时，BRI 正在印尼全国搭建一个庞大的代理体系。

代理制是全球数字金融和手机银行创新必备的商业模式，基本做法是招募实体商户作为金融机构的代理，协助金融机构开展业务。我国第三方支付行业已经普遍采用这个模式开展线下收单等业务。BRI 充分利用其遍布城乡的客户群体发展代理网点，优先选择有良好信贷记录且经营规模达到一定额度的商贩作为代理人。BRI 与代理人签订合约，确定委托代理关系，根据业务量向代理人支付佣金。最初，BRI 给代理点配备了无线 POS 机，代理通过移动信号实时连接代理系统，用 POS 机代理存款、取款、支付、付款等业务。手机应用系统上线后，代理点可以使用智能手机外接刷卡器来替代 POS 机。这样就极大方便了客户，还帮助代理点增加了收入，银行也因此低成本地将服务延伸到偏远地区。这个模式广受欢迎，快速发展。截至 2015 年，BRI 在印尼全国发展了 55000 个代理点，计划截至 2016 年底达到 7 万个，其目标是要在印尼每个村庄至少建立一个代理点，实现金融服务在地理上的全覆盖。

4. BRI 将成为全球第一家“卫星银行”

要实现上述目标并非易事，一个必须的条件是移动通信服务全覆盖，但印尼没有一家移动运营商可以覆盖全国所有岛屿和村庄。BRI 只能分别与多家运营商合作，系统复杂，效率不高。为此，BRI 不得不与卫星通信公司合作，租用卫星信道进行联络。其装备的移动汽车银行和移动快艇银行上都安装了卫星接收天线。但卫星信道租金很贵，经过核算，BRI 决定自己购买一个通信卫星。经过两年的准备，BRI 的通信卫星已于 2016 年 6 月 19 日发射升空。BRI 成为全球第一家拥有卫星的银行，引领全球金融业进入“卫星银行”时代。

BRI 将利用自主运营的通信卫星突破移动通信的限制，建立统一的基于卫星通信平台的数字银行体系；可将多余的信道租给政府和其他商业机构，产生更多的通信和交易信息，并通过数据交换获得更多的数据源，从而建立更完善的大数据平台；进而利用大数据分析来更好地服务于千家万户。当 BRI 的卫星与全国各地的代理点连接的时候，一个覆盖所有乡村的数字银行系统将实现普惠式金融服务。

除了通信的便利之处外，BRI 作为一家银行，开发资金的卫星通信业务还有更多的好处。信贷风险管理的核心是信息的收集和分析，比如国内蚂蚁金服开展网络小额信贷服务，就是依托淘宝与支付宝的客户交易信息进行大数据分析，然后进行信用评估。BRI 以前只拥有客户与银行相关的交易信息，一旦拥有自己的卫星通信运营牌照，就可以直接获取客户的通信业务数据，这将成为客户信用分析的非常重要的数据源。BRI 目前只是一家在印尼开展小额信贷业务的机构，未来如果国内业务饱和，BRI 必将要开拓境外市场，那时，可以覆盖东南亚地区的卫星通信系统将为其跨国业务提供极大便利。

BRI 卫星成功发射，对全球金融发展提供了极大启示。BRI 成功的小额信贷业务证明低端市场是一个潜力巨大的金融蓝海和洼地，存在巨大的投资机会。而在普惠金融领域出海远航的金融机构比坐在高楼大厦里的传统金融机构更需要积极探索利用先进的信息和通信技术航行。在中国，互联网金融虽然异军突起，发展迅速，但大部分互联网金融机构只在描绘天上的美丽云彩，还没有能力将服务覆盖到千家万户，特别是偏远的农村地区。BRI 的成功经验值得中国传统的银行机构和新兴的互联网金融机构学习和借鉴。

（四）孟加拉国小额信贷业务——经验、启示与建议

作为现代小额信贷业务[①]的发源地之一，孟加拉国拥有格莱珉银行（GB，Grameen Bank）、社会进步协会（ASA，Association for Social Advancement）和孟加拉国乡村发展委员会（BRAC，Bangladesh Rural Advancement Committee）等许多享誉世界的微型金融机构，其发展经验被很多发展中国家模仿或借鉴，在化解贫困、促进小额信贷机构可持续发展等方面具有实践意义。

1. 孟加拉国微型金融机构发展小额信贷业务的主要经验

虽然不同微型金融机构在客户选择标准、信贷种类、还款程序、管理方式等具

① 此处以及本文所讨论的小额信贷业务，主要是指针对贫困人群的无抵押小额贷款业务。

体运行机制方面有所区别，但孟加拉国小额信贷业务也存在一些共同特点。

（1）“小组＋中心＋金融机构工作人员”的贷款管理模式。

作为一种较为成熟的扶贫金融模式，孟加拉国小额信贷业务向最贫穷的群体提供无抵押小额贷款，其运营主要基于以下理念：穷人都拥有未被开发的能力；穷人之所以贫穷，仅仅是因为他们无力控制资本；穷人是讲诚信的，不会恶意拖欠不还款；获得所需要的资金，可以激发穷人的创造力，帮助他们最终摆脱贫困。

孟加拉国微型金融机构多采取“小组＋中心＋金融机构工作人员”的小额信贷管理模式，即由 5 个左右村民组成 1 个小组，50 人左右成立 1 个中心，每个乡村有 1～2个中心，三四十个乡村成立 1 个支行。小组和中心均由村民组成，承担贷款的初步审核工作，支行设有专职工作人员对贷款申请进行最后的核查和批准。

以 GB 的某支行为例，其管辖 34 个村，下设 67 个中心，688 个小组。此支行一共只有 9 个员工，其中包括 1 个行长、7 个信贷员和 1 个后台人员。成立小组需满足 5 个基本条件：小组成员没有土地或者只有 1 英亩半以内的土地；小组内的 5 个成员必须是邻居；小组成员的经济状况相似；一个家庭只能有 1 个成员；小组成员必须是同性。贷款由小组成员个人提出，小组全体成员同意后在中心进行口头陈述，经各小组审核后，由中心撰写书面申请，报请支行审批。信贷员的职责包括对贷款人个人信用和贷款用途进行调查、收取存款、经批准后对符合资质的贷款人发放贷款等。贷款过程中所有交易记录都由信贷员和支行经理签字并存档。

此种模式通过小组成员之间的相互支持和自我管理，既减少了金融机构的管理成本，又降低了贷款过程中可能出现的道德风险，保证了资金安全。

（2）短期借贷、每周本息还款的贷款回收机制。

为降低金融风险，孟加拉国小额信贷的回收机制具有如下特点：一是贷款期限较短，一般为 1 年；二是对贷款人的初始授信额度较低，随后会根据其信用情况逐步提高额度；三是还款周期较短，一般实行每周本息还款制，从获得贷款的第一周开始由信贷员到村里收取；四是若出现贷款人到期无法还款的情况，首先在小组内进行互助解决，在该成员还款问题没有解决的情况下，原则上小组所有成员均失去申请新贷款的资格；五是在经调查确实有需要的情况下，微型金融机构也会将旧贷款转化为长期贷款，以便贷款者可以通过更小的还款额缓慢偿还。此外，微型金融机构还通过扣除一定比例的贷款或强制储蓄建立风险基金、推广微型保险等手段保证贷款回收率。资料显示，孟加拉国小额贷款的回收率较高，据孟加拉国农村就业支持基金会（PKSF，Palli Karma-Shahayak Foundation）[①] 统计，其合作的 275 家小额信贷机构截至 2016 年 6 月的平均贷款回收率为 99.69%。

（3）模式化高效运营的金字塔式管理结构。

以 ASA 为代表的微型金融机构所采取的金字塔式管理结构，不仅大大提高了运行效率，还可以降低分支机构的运营成本。目前，ASA 的管理模型已推广至 28 个国家。

ASA 的管理结构具体包括：5 人组成一个分支机构（包括 1 个负责人，4 个信贷员），每 6 个分支机构设 1 个小区，小区上面设大区；公司分支机构不设专职会计人员，由每个信贷员承担会计职责；资金使用效率很高，信贷员收取的还款可以即时用于放贷，一般上午收取的还款下午就可以贷出去，若有盈余存在当地商业银行；信贷员的工资收入不与具体业绩挂钩，而取决于工作年限；信贷员考核晋升的指标为其业绩，包括客户数量、贷款余额和盈利情况等。

（4）在盈利性和社会性之间追求综合效益最大化。

孟加拉国很多微型金融机构的性质为非营利企业，其利润并非用于分派给股东，而是用作业务再投资以达到消除贫困目的。因此，规模较大的微型金融机构多为综合经营机构，一方面通过成立营利性企业，保证机构的可持续发展，另一方面致力于实现向穷人提供教育、医疗、就业机会等社会目标。

以 BRAC 为例，其下属企业既包括牛奶厂也包括移动金融分公司 bKash 等，这些企业与 BRAC 的发展紧密相连，不仅为总公司贡献了利润，而且还分散了总公司小额信贷业务的风险。例如，牛奶厂通过对贷款人的牛奶进行回收，提高了贷款人的还款能力，从而保证了贷款回收率；bKash 通过吸收存款为 BRAC 的银行提供了低成本借贷资金。

2. 从孟加拉国小额贷款业务中得到的启示

尽管所处发展阶段和基本国情有很大区别，但孟加拉国微型金融机构发展小额贷款的经验，仍能够为我国小额信贷业务的发展提供一些启示。

---

① PKSF 于 1990 年由孟加拉国政府提供 1.1 亿达卡作为初始基金成立，隶属于孟加拉国国家财政部金融司，是一个区别于零售式小额信贷机构的批发式小额信贷机构。PKSF 以非政府组织、半官方机构以及个人组成的团体等作为合作机构，利用包括财务、制度、咨询和培训等多种形式和方式加以协助，帮助无土地或无资产的贫民增加收入或就业机会，从而达到扶贫的目的。

（1）选定正确的目标客户群是微型金融机构运行的基础。

调研中发现，无论是零售式还是批发基金式微型金融机构，均将其较高的贷款回收率归结于找到正确客户。他们认为，99% 的客户都可以如期归还贷款，贷前调查要着重审查贷款人的“个人信用度”。因此，首先要根据本地区特点，准确定位目标客户群是农民、小微企业、低收入城市居民还是其他群体，这不仅有利于制定信贷政策和操作流程，还可以实施有针对性的风险管理体系，降低贷后风险。其次，要做好对贷款人资质的审查，一方面通过个人信用调查等确定还款意愿，另一方面通过贷款用途审查等确保还款能力。

（2）实施有效的风险管理是微型金融机构可持续发展的关键。

小额信贷业务面对的都是高风险客户群体，有效的风险管理是其生存下去并发展壮大的关键。孟加拉国微型金融机构在风险管理方面有分期本息还款、贷款成员相互担保机制、对贷款成员的还款能力培育计划、总部直接管控到田野调查等相关经验。其中，小组成员之间的内部评估、相互帮助、担保监督的内生机制可以在一定程度上替代抵押担保，但必须在熟人社会才能实施，在我国大范围推广具有一定难度。但其先小额再逐步递增的授信模式可供参考，我国部分小贷业务片面追求单笔数目较大的贷款金额，实际上不利于风险控制。

（3）获取稳定的资金来源是微型金融机构发展的保障。

调研中发现，孟加拉国微型金融机构的初始资金来源一般为境外资金资助或自有资金，成立之后部分机构采取会员制，贷款者拥有机构的大部分股权，例如 GB。目前，孟加拉国微型金融机构逐渐实现了可持续发展，其资金来源主要包括吸收存款（如 GB）、成立企业进行综合经营（如 BRAC）等方式。

为扶持微型金融机构发展，政府还出资建立了批发基金 PKSF。目前 PKSF 选定 700 多家小额信贷组织中的 275 家作为其合作伙伴，为其提供资金并协助其发展。PKSF 虽然属于政府部门的下属单位，但又保持了一定的独立性，坚持透明和可追责的运行模式，成为政府与小额信贷组织之间的桥梁。这种批发基金模式，在一定程度上可以缓解微型金融机构的融资难题，并通过资金激励促进其加强自身能力建设，从而推动微型金融机构的健康发展。

（4）降低管理成本是微型金融机构获得成功的必要条件。

由于很多小贷客户的信息都是非公开透明的，需要信贷员有效采集分析客户信息，这使得小额信贷在某种意义上属于劳动密集型产业，人力资源成本较高。孟加拉国微型金融机构在降低人力资源成本方面的经验可供参考。一方面，通过执行小组会议和中心会议制度，由贷款人自身组成的群体完成对贷款信息的初步审核；另一方面，通过信息系统来替代传统的人力管理方式①，由总部进行控制，基层机构可不建立独立的财务系统，以降低行政成本。

（5）注重贷款文化建设是微型金融机构健康发展的重要保证。

一方面，孟加拉国微型金融机构十分重视对信贷员的培训，通过入职培训使信贷员完全认同穷人文化，尤其是建立起对穷人信贷习惯的了解和尊重。例如，GB 在孟加拉对信贷员的培训相当严格，一般要经过 6 ~ 12 个月的培训，经过多次考核合格后才能成为正式信贷员。同时还对信贷员居住地与信贷点的距离做出限制要求，以便信贷员可以深入、及时了解借贷人的相关信息。

另一方面，孟加拉国微型金融机构也非常注重对贷款人良好贷款习惯的培养。定期召开的小组会议和中心会议，不仅承担检查项目落实和资金使用情况的职能，同时还要组织成员学习和背诵贷款规则、交流致富信息、传播科技知识，在无形中强化了贷款人的还款意愿和还款能力。

3. 促进我国小额信贷业务发展的政策建议

尽管孟加拉国小额信贷模式取得了成功并在很多发展中国家被成功复制，但其经验在我国的推广却屡遭失败②，这主要是因为我国与孟加拉国在小额信贷业务的政策环境、贷款人特点等方面均存在诸多不同。立足于我国发展实际，借鉴孟加拉国模式，同时实现小额信贷机构可持续发展和发挥扶贫作用的双重目标，除需要小额信贷机构加强自身能力建设外，政府也应发挥引导支持作用。

（1）加大支持力度，完善政策扶持体系的建设。

目前，我国对小额信贷业务的支持政策以补贴为主（例如财政扶贫贴息到户贷款），未来可以在资金、征信体系建设等方面提供间接支持，以促进小额信贷业务的发展。

---

① 例如，PKSF 建立的管理信息系统 MIS，可以对其扶贫活动进行有效监测和评估。

② 例如，GB 与壹基金、阿里巴巴联合成立的松潘格莱珉小额贷款公司，以及与京东集团合作的中国商都格莱珉小额贷款公司均相继停止运营。

一是在资金来源方面。国际上的小额信贷机构最初一般依靠捐赠为资金来源，随后逐渐通过吸收存款或综合化经营实现可持续发展。在我国，小额信贷公司不能吸收公众存款，村镇银行在民间资本准入、同业拆借上也存在诸多限制。因此，机构资金来源不足是制约其发展的重要因素之一。建议在现行法律法规框架下，参考PKSF的运作方式，由政策性银行承担批发基金职能，对一些发展较好的小额信贷机构给予支持，解除其发展中存在的资金障碍。

二是在征信体系建设方面。孟加拉国小额信贷成功经验之一就是其著名的五人互助小组模式，但这一模式只有在熟人社会才能有效运行，且对人口密度要求较高，我国不具备大规模推广的条件。要解决小额信贷借款人和金融机构之间的信息不对称问题，降低道德风险和逆向选择，各级政府可以凭借自身在收集信息方面的优势，借助信息技术整合相关部门的农户和村镇居民信息，与金融机构协同建立、完善小额信贷用户的征信体系，以降低信息不对称引发的道德风险。

三是在风险分担机制方面。一方面，在现有农业保险保费补贴制度的基础上，创新小额贷款的政银保产品种类，鼓励保险机构开展小额贷款保险业务试点；另一方面，可以探索建立对小额扶贫贷款的风险补贴机制，对金融机构发放的符合一定要求的小额信用贷款损失，由财政按照一定比例予以风险补贴。此外，还可以通过帮助拓展农产品销售渠道等手段提高贷款人的长期还款能力，降低不良贷款率。

（2）健全法律法规，构建差异化监管框架。

由于高风险特性，小额信贷业务的发展不仅依赖于政策支持，还需要政府进行有效监管。

一是健全和完善相关法律法规。目前，我国对小额信贷业务的监管依据除了银行类业务的统一监管标准外，只有银监会和人民银行联合印发的《关于小额贷款公司试点的指导意见》，以及各地政府相继出台的一些监管办法，建议出台层级更高的法规，将小额信贷业务的准入、贷款投向、利率、经营范围等以法规的形式固定下来，明确监管依据。

二是实施差异化监管政策。目前，我国参与小额信贷业务的机构包括农信社、村镇银行、村资金互助社、农村民间金融组织、公益性非政府小额信贷组织、小额贷款公司以及最近的一些P2P平台等。根据不同机构特点，制定差异化监管办法，不仅可以降低金融风险，还可以优化小额信贷业务布局。一方面，可以对真正发挥扶贫作用的小额信贷业务的不良率给予更大容忍度，对符合条件的相关机构实施弹性存贷比要求等；另一方面，对小额信贷业务范围、资金投向、使用效果实施更为严格的监督，确保资金真正发挥扶贫作用。

（3）小额信贷金融机构亟需加强自身能力建设。

一是立足于本地区发展特点，确定合理的贷款模式。在经验借鉴中，特别要注意我国与孟加拉国在小额信贷业务的政策环境、贷款人特点等方面的不同，以确定符合实际的贷款模式。例如，在孟加拉国模式中，每周还款制不仅确保了贷款的回收率，还提高了实际利率①，为机构的可持续发展创造了条件。从理论上来说，高利率与服务贫困人口并不矛盾，较高的利率不仅可以把有能力借到低成本资金的"富人"排除在外，还可以缓解机构的资金压力，以便更好地为穷人服务。但这一机制在孟加拉国获得成功的前提是，孟加拉国的劳动力很难获得就业机会②，因此对利率水平不敏感，只要有剩余利润即使利率较高对他们而言也是合算的。但在我国，劳动力的使用是有机会成本（劳动者在城市打工的收入等）的，且这一成本呈现出上升趋势。因此，我国的有效贷款需求对利率敏感度较高，每周还款机制在我国推广效果不佳。

二是重视风险控制体系建设，提高管理能力。小额信贷机构内部的风险控制与外部监管同样重要，应根据小额信贷业务特点建立区别于正规传统贷款的风险控制体系。目前，重点风控工作之一是要进行风险防范，解决授信额度超出农户还款能力的问题。加强客户征信体系建设，通过硬指标和软信息两方面了解贷款人信用信息，化解因信息不对称导致的机构"不敢贷"和客户"贷不出"等难题。

同时，借助新技术创新管理方法，提高管理效率。近年来，由于小额信贷业务风险太高，利润空间相对较小，很多金融机构退出这一市场。特别是在有着大量小额贷款需求的农村，金融网点机构不断减少，很多信用社也只停留在县城开展相关业务。考虑到在人烟稀少的地方增设网点成本太高，可以借鉴孟加拉国的金字塔式管理结构，在提高业务标准化程度的基础上，在基层不设机构只投入信贷人员，由

---

① 较短的还款周期意味着贷款人负担的实际利率较高。调研中有农户反应，1000 孟加拉元的一年期贷款，每月大约需要还 100 孟加拉元。因此，其名义年利率为 20%，若为每周还款，实际年利率则更高。

② 调研中得知，孟加拉国有 70% 的人没有正式工作。

总部或省级分支机构通过电子信息系统对小贷业务进行直接控制，提高管理效率。

三是完善考核激励机制，打造专业化的信贷团队。由于小额信贷业务需要与客户进行大量接触，信贷员的敬业精神和专业能力决定了一笔贷款的成功与否。一方面，在信贷人员招聘时，要选择对当地情况比较熟悉的人员，不能片面强调学历；另一方面，要建立完善的考核激励机制，孟加拉国信贷员收入不与具体业绩挂钩而取决于工作年限的经验可供借鉴，这可以有效抑制信贷员短期内盲目扩张业务的冲动。客户数量、贷款余额等业绩可作为职务晋升等长期考核指标，通过考核将优秀的信贷员选拔为各级机构负责人，拓展信贷员的成长空间。

第三篇

实践篇

第6章

农民合作社信用合作发展分析

党的十八大以来，作为新型农村合作金融的重要组成部分，农民合作社信用合作进入新的发展阶段，在破解“三农”资金难题、推动农业现代化转型等领域发挥了重要作用。

一、农民合作社信用合作的发展阶段

目前，我国农民合作社信用合作总体上仍处于萌芽阶段，但以2006年和2013年为节点，大致可以将这一初创萌芽期分为三个阶段。

一是政策导向变化阶段（2003～2006年）。在历年的中央一号文件中及深化农村经济金融体制改革的文件中，对发展农民合作组织和探索新型农村金融发展模式均有所提及，其主要内容有：发展多种形式的农民专业合作组织，逐步开放信用服务市场；通过吸引社会资本和外资，积极兴办直接为“三农”服务的多种所有制金融组织；提出探索建立更加贴近农民和农村需要，由自然人或企业发起的小额信贷组织；探索发展新的农村合作金融组织，引导农户发展资金互助组织。大力发展农村小额贷款，在贫困地区先行发展农村所有制金融组织的试点等。在这一阶段，农民合作社信用合作试点这一概念尚未提出，但已经提出了放开信用服务市场、发展资金互助组织等相关概念，特别是农村金融发展的现实需要和政策环境的逐步好转为一定组织范围内的信用合作提供了良好的政策基础和导向，拓展了基于信用的农民资金互助的发展空间。

二是政策放宽阶段（2006～2014 年）。这一阶段的中央一号文件和深化农村改革的文件的有关内容有：建立现代农村金融制度，创新农村金融体制，放宽农村金融准入政策，允许有条件的农民专业合作社开展信用合作，加紧出台农民专业合作社开展信用合作试点的具体办法；引导社会资金投资设立适应“三农”需要的各类新型金融组织；各级政策扶持的贷款担保公司要把农民专业合作社纳入服务范围，支持有条件的合作社兴办农村资金互助社；鼓励农民兴办专业合作和股份合作等多元化、多类型合作社；有序发展农村资金互助组织，引导农民专业合作社规范开展信用合作。

与此同时，2006 年 10 月 31 日，我国颁布了《农民专业合作社法》，农民合作社的成立与运营有了正式法律依据。

三是积极探索阶段（2014 年至今）。党的十八届三中全会明确提出“允许合作社开展信用合作”；2014 年中央一号文件要求在发展新型农村合作金融时要“坚持社员制、封闭性原则，坚持不对外吸储放贷、不支付固定回报”等多项原则；2015 年中央一号文件提出“积极探索新型农村合作金融发展的有效途径，稳妥开展农民合作社内部资金互助试点”；2016 年中央一号文件进一步强调“扩大在农民合作社内部开展信用合作试点的范围，健全风险防范化解机制，落实地方政府监管责任”。

同时，农业部、银监会等部委也就规范农民合作社信用合作发展出台多项规范文件。2014 年 3 月，农业部、银监会下发《关于引导农民合作社规范有序开展信用合作的通知》，强调加强合作社信用合作监管、推动地方落实监管指导职责；又下发了《关于引导规范开展农村信用合作的通知》，要求各地开展合作社信用合作情况的摸底调查。

这些政策和举措为新形势下农民合作社信用合作的发展提供了行动指南，促进了业务的规范发展，也为其进一步发展注入了新活力。2014 年年底，国务院同意山东省政府着手开展“农民专业合作社信用互助业务试点”，并确定了金寨、玉田、沅陵 3 个农村改革试验区承担新型农村合作金融组织试验任务，我国农民合作社信用合作进入新的发展阶段。

二、新历史阶段下发展农民合作社信用合作的重要意义

农村金融一直是发展现代农业的关键，没有金融支持，“三农”发展就落不到实处。习近平总书记曾指出：“农村金融仍然是个老大难问题，解决这个问题关键是要在体制机制顶层设计上下功夫，鼓励开展农民合作社金融试点，建立适合农业农村特点的金融体系。”因此，在新的历史阶段下，探索如何培育农村合作金融，规范发展农民合作社信用合作具有十分重要的意义。

（一）发展农民合作社信用合作是完善农村金融生态体系的重要环节

近年来，农村日益增长的便利化金融需求与正规金融机构不断追求效益增长之间存在着矛盾，即农村需要更普惠、高效的金融服务，但金融机构却出于盈利、风险控制等因素不断提高标准和门槛。这部分源于农村金融环境建设相对落后，农业保险、征信体系、担保增信、风险补贴等方面的建设远远滞后于城市，降低了商业银行等金融机构在农村金融市场上的发展意愿。同时，由于农村金融在大多数正规金融机构的业务体系中相对较弱，缺乏专业性创新，也难以为“三农”提供更具针对性、专业化的服务。

因此，从农村金融体系的供给侧改革来看，只有切实促进有意愿且有能力为“三农”提供金融产品的机构的发展，才能从根本上改善农村金融服务的供需矛盾，而合作社内部信用合作试点的发展恰恰能够在一定程度上弥补这一缺口。农民合作社并不是金融机构，信用合作只是合作社内部的一项业务，它产生于农村金融服务有效供给的不足，却在实践中探索出了一种产业依托、资金互助、信用合作“三位一体”的业务模式。不仅拓展了合作社的自身业务范围，也完善了农村金融组织生态体系，成为已有农村金融服务的有益补充。

（二）发展农民合作社信用合作是推动农村经济发展的迫切需要

随着我国农业现代化进程的加快和农民对富裕的要求，农村产业生产资金需求越来越高。但由于农业生产投资大、周期长、回报慢，资金不足一直是制约农村经济发展的瓶颈。发展农民合作社信用合作，不仅能够在一定程度上缓解农村经济发

展资金供血不足的问题，还能在“信用合作 + 生产合作”的基础上，带动相关产业发展，是传统农业向现代农业跨越中的迫切需要。

例如，河北玉田县集强农民专业合作社信用合作试点联合社员单位唐山益农种业有限责任公司和唐山中康农业生产资料有限公司，真正实现了以优质农资供给为源头的农民生产合作与信用互助的融合。在信用合作中，社员不但能得到统一种植、统一管理、统一收获的生产合作，还能享受农资企业以批发价格提供的优质农资，既解决了社员生产资金季节性短缺的问题，也大大降低了社员的生产成本，实现了信息发布、农资供给、技术指导、资金扶持、产品销售的农业生产经营一条龙服务，真正带动了农村经济的发展。

（三）发展农民合作社信用合作是缓解农民融资难的必然要求

农民的资金需求具有分散性、季节性、应急性等特点，由于缺乏有效抵押物，农民很难从银行等正规金融机构获得融资。以山东省滕州市为例，目前涉农贷款银行只有农业银行、农商银行和邮政储蓄银行，80% 的资金用于支持龙头企业、种粮大户、家庭农场，普通农民很难获得小额贷款。

因此，农民的资金需求只能通过农民内部的信用合作来解决。通过发展农民合作社信用合作，把部分入社农民的闲散资金集中起来，提供给其他急需资金的社员，既能缓解社员用款急、没有抵押物、贷款难的问题，又为手中有闲钱的社员找到一条获得资金收益的途径，有效解决了农民零星分散资金的供需问题。

（四）发展农民合作社信用合作是提高合作社综合实力的有力抓手

当前，我国部分地区农民合作社发展状况堪忧，有些地区实际运转的合作社只占 20%，好一些的地区也只有一半左右。究其原因，狭窄的资金来源和有限的资本累积是影响合作社新技术投入和经营规模扩大的主要因素之一。湖南沅陵县对其 421 家合作社的问卷调查显示，75.67% 的样本认为资金问题是其发展过程中面临的最大障碍，80.28% 的样本认为从正规金融机构获得资金不容易。因此，在生产合作、消费合作、供销合作之外，实现合作社信用合作功能的拓展，是提高其吸引力和综合竞争力的有力抓手。

从实践情况来看，农民合作社开展信用合作具有天然优势。一是合作社在当地农民中信誉较高。合作社是依据合作社管理条例开设的，长期以来为社员提供了生产上的帮助和支持，促进了农业增效和农民增收，在社员中认可度较高。二是合作社开展信用合作的信用管理成本较低。由于长期扎根在社员中，熟悉每一个社员的生产生活情况，可以破解银行等正规金融机构抵押担保融资的困局。且很多试点均是在行政村范围内开展，因为地缘、人缘相近，彼此之间知根知底，大家也非常在意自己的声誉和左邻右舍的评价，借钱不还的道德成本较高。这些独有的优势是合作社开展信用合作的坚实基础，而信用合作反过来又带动了合作社综合实力的提升。

（五）发展农民合作社信用合作是健全农村信用体系的有效途径

银行等正规金融机构不愿给农户贷款的原因之一就是其管理成本较高，由于缺乏相应的征信体系，银行需要花费大量的人力物力财力去找到愿意贷款且符合放款条件的农户，这样的管理成本往往超出其收益。近年来，人民银行一直致力于推动农户信用信息采集应用和农村信用体系建设工作，但农村信用建档比例仍然不高，大部分地区不到一半。造成这一现象的主要原因是农村地区金融覆盖面相对于城市较低，且信息采集成本较高。

而在合作社内部开展信用合作，一方面因为是熟人社会可以降低征信成本；另一方面也培养和提升了社员的信用意识、规则意识和风险意识，改善了农村诚信环境，促进了征信体系的健全和完善。

（六）发展农民合作社信用合作是防范非法集资等农村金融风险的治本之策

随着农村经济的发展，农业生产经营规模逐步扩大，农民对小额、短期、分散的资金需求越来越多，现有融资渠道对这一资金需求还不能完全有效满足，导致被迫使用“地下融资”方式的农户呈快速上升趋势。由于目前自发形成的资金互助，运作流程还不够规范，风险防范机制也不够健全，容易引发债务纠纷，金融风险隐患较高。特别是一些民间融资组织只追求高额回报，严重侵害融资人利益，成为潜在的社会不稳定因子。与此同时，手头有了闲钱的农民，都想以钱生钱，获得财产性收入，多数资金汇集到房地产企业、私人老板手中，农村资金外流问题较为突出。

在这一背景下，开展农民专业合作社信用合作试点，有助于引导民间资金的阳光融通，从而成为保护农民收益、活跃农村经济的重要力量。一方面，通过开展信用合作试点，一定程度上解决了合作社信用合作的“身份”问题，使其成为农村金融领域的“合法公民”，提高了信用合作规范化水平，有效降低了互助资金风险。另一方面，将社员闲散资金集中起来，由合作社统一管理，整顿和规范了市场秩序，提高了资金使用效率和安全性。此外，也会对非法集资等违规业务产生挤出效应，降低农民借贷风险。

三、农民合作社信用合作试点发展现状和特征

（一）一省三县试点的基本情况

2015 年 1 月，山东省人民政府办公厅印发《山东省农民专业合作社信用互助业务试点方案》和《山东省农民专业合作社信用互助业务试点管理暂行办法》，指导和规范信用互助业务发展。山东省农民合作社信用合作是在合作社内部成立信用互助部，不是独立法人。经地方金融监督管理局批准并颁发《山东省农民专业合作社信用互助业务资格认定书》后，工商部门在合作社的营业执照上增加“对成员开展信用互助业务（在信用互助业务资格认定书核准的范围内经营，有效期限以认定书为准）”字样。核算时在合作社的基本账户之外再设一个户，进行独立核算。这是一种对工作章程和营业执照进行变通的办法。2016 年以来，山东省又选择部分乡镇开展了具有独立法人资格的社区性农村信用互助合作社试点。截至 2017 年 2 月末，山东省已有 108 个县（市、区）和 12 个开发区的 286 家农民合作社取得试点资格。山东省共有 137 个县（市、区），除去没有农业的区县，基本上已经达到全覆盖。累计发生信用互助业务 1867 笔，互助金额 6990.7 万元，平均单笔借款 3.7 万元。2016 年，山东省金融办与农行山东省分行、省农信联社联合下发文件，就简化托管流程、扩大合作社外援融资、提高社员存放资金收益等提出了明确意见。两家托管银行有针对性地加强了对试点合作社的融资支持，截至 2016 年底，对合作社及其社员的贷款余额分别为 2397 万元和 13768 万元。

湖南沅陵县在探索发展新型农村合作金融组织实践中，先后出台了《沅陵县农民专业合作社资金互助试点管理办法》《沅陵县农民专业合作社资金互助示范性章程（试行）》《沅陵县农民专业合作社资金互助会主要制度》《互助资金委托管理协

议》《沅陵县乡镇产业信用协会担保基金管理制度》《沅陵县乡镇产业信用协会及会员信用等级评定指引》等一系列试行制度。在此基础上，尝试建立三种类型的农村合作金融组织：一是农民专业合作社内部信用合作组织，二是区域性农民创业资金互助组织，三是以产业信用协会为载体的合作性融资担保基金组织。经过探索，沅陵县改革试点已取得阶段性成果，合作社内部信用合作试点基本实现了产业链、资金链、信用链的有效融合，有力促进了合作社产业发展，王家岭合作社内部信用合作试点 2016 年前 11 个月收入达到 3007 万元，增长 5.4%。自 2015 年 8 月以来，在 6 个乡镇成立了产业信用协会，拥有会员 350 多个，信用保证金 240 万元，获得年度银行授信额度 1680 万元，为会员担保获得贷款 713 万元。目前存在的问题是由于未明确沅陵县信用合作的主管部门，仅成立“农村金融改革试验区办公室”协调有关部门开展试点工作，导致只有“产业信用协会”由民政部门登记认可，其余两种至今无法找到主管部门登记。

2016 年 8 月，安徽金寨县印发《金寨县发展新型农村合作金融组织管理办法》(试行)，探索开展两种运行模式的农民合作社信用合作。一种是“股金 + 合作资金”模式，合作社入股总资金额度为 500 万，资金来源是入股资金、内部社员闲散资金、合作社的公积金和专项资金补助。入股资金不低于 1 万元，不超过入股总金额的 5%。单笔存放最高额度不能高于入股资金总额的 4%。另一种是“股金 + 银行资金”试点，村“两委”组织村民自愿出资入股成立合作社，完成工商登记注册，与银行签订合作协议。社员提出贷款申请经理事会受理并出具同意担保的理事会决议后，银行进行贷前调查，并通知放款。这是一种“社员小额入股存入合作银行，银行多倍放大贷款额度”的资金运营方式，解决合作资金不足和抗风险能力弱的问题。目前有 3 家合作社已经开展了此类业务。截至 2016 年 7 月底，金寨县开展信用合作试点合作社 5 个，共向 67 位合作社社员发放合作资金 564 万元。

2015 年 4 月，河北玉田县连续出台《河北唐山国家农业科技园区管理委员会关于开展农民专业合作社信用合作试点工作的指导意见》《河北唐山国家农业科技园区管理委员会关于农民专业合作社信用合作试点规范运行的意见》《河北唐山国家农业科技园区管理委员会关于农民专业合作社信用合作试点的监督管理办法》《河北唐山国家农业科技园区管理委员会关于农民专业合作社信用合作试点的考核评价办法》等多个文件。根据文件要求，农民合作社信用合作在农民专业合作社内部发起设立，名称是在“农民专业合作社”后加信用合作，即“××农民专业合作社信用合作试点”。审批程序是：由农民专业合作社信用合作试点抽检工作小组将拟定的抽检方案、章程草案等报领导小组办公室备案。由试点领导小组办公室审核并经试点领导小组同意后，依据有关规定下发同意成立的批复。由县民政局依据《民办非企业单位登记管理条例》办理民办非企业单位（法人）注册登记。统一资金费用标准，投放资金按照农信社同期同档贷款利率执行。农民资金专业合作社参照农村信用合作社的财务、会计制度等进行会计核算，每月报送相关资料。目前，共发展合作试点 4 家，信用合作社员 2595 户，资金总额 4006.78 万元，累计投放 1.88 亿元。

（二）农民合作社信用合作试点的主要特征

从理论上讲，农民合作社信用合作不仅包括资金余缺调剂，还应包括相互担保、互助保险等内容，但由于我国现阶段还处于起步阶段，大都以资金融通为主。随着农民合作社内部信用合作发展的加快，除银监会一省三县试点之外，部分县市也自发开展实践探索。这些探索尽管具体规定和做法有所差异，但基本运行原理相差不大，一般具备以下特点。

（1）封闭性。农民合作社社员可以自愿选择是否参加信用合作，但仅限于合作社社员参加，资金筹集和使用不能超出社员范围。大部分地区规定参与信用互助业务试点的农民专业合作社社员应当具有所依托农民专业合作社社员资格 1 年以上，且居住地和注册地在农民专业合作社所在行政村或乡镇。如果有新合作社社员想加入信用合作，必须经过信用合作社员代表大会表决通过。

（2）产业性。农民合作社内部信用合作发展的初衷是服务“三农”，解决农民生产经营活动中的资金需求，促进农业农村经济发展。大部分试点都规定信用合作仅限于为社员农业生产经营活动提供资金支持，不得用于合作社本身的生产经营活动（少量试点可以适当比例用于合作社发展）和投资，不得用于满足社员的生活资金需求（少量试点的创新业务可以扩大到生活资金需求）。

（3）限制出资额和借款额。从各地经验来看，总股金和单个社员入股金额、出借资金均有数额限制，遵循小额分散原则，借款期限较短。例如，山东省规定“农民专业合作社开展信用互助业务试点原则上互助资金总额原则上不超过 500 万元，确有需要的可适当扩大地域范围和资本规模，但地域范围不得超出注册地所在乡（镇），规模不得超过 1000 万元”“单个社员的存放资金额不得超过同期该合作社用于开展信用合作互助资金总额的 10%。自然人社员存放资金额原则上不超过所在县（市、区）上一年度农民人均纯收入的 3 倍”“期限以半年以下为主，一般不超过 1 年，对单一社员发放不超过互助资金总额的 5%”。沅陵王家岭合作社规定：“信用合作资金总额不超过 500 万元，单个社员的存放资金额不得超过同期用于开展信用合作互助资金总额的 10%。对同一社员的信用合作互助资金余额不得超过信用合作资金总额的 5%，单笔借款不得超过 1%。”

（4）吸股不吸储，分红不分息。合作社信用合作不承诺固定回报和分红比例，不对外投资，不以盈利为目的。信用合作业务在弥补亏损、提取公积金后的当年盈余为可分配盈余，分配盈余一般都按交易额返还为主的原则进行分配，每年返还 1 次，具体分配办法按照各社章程规定或者经社员大会决议确定。不能变相吸储揽储，不能常年、随时、大量吸收资金，资金使用、分红、费率标准等均由全体成员确定。

（5）互助资金管理包含认缴制和实缴制两种模式。一种是认缴制，出资社员仅做出资承诺，当合作社或社员有资金需求时，由资金评议小组根据事先约定的出资金额和顺序逐户归集到合作社账户，通过托管银行完成互助金发放；另一种是实缴制，社员开设账户，存入入股资金，由托管银行对入股资金统一托管，使用时合作社发出指令，由托管银行完成入股资金归集和发放。山东是认缴制，一般农民合作社内部信用合作不设资金池，部分创新点可以设资金池。

（6）资金存管制度。开展信用合作试点的农民专业合作社会选择一家银行业机构，作为其信用互助业务试点账户开立和资金存放、支付及结算的唯一合作托管银行。合作托管银行要为开展信用互助业务试点的农民专业合作社提供业务指导、风险预警、财务辅导等服务。有条件的农民专业合作社，经监管部门批准，可以与合作托管银行开展资金融通合作，协助合作托管银行办理贷前审查、贷后管理。经双方协商，合作托管银行可以为信用互助业务试点提供必要的流动性支持，满足其季节性临时资金需求。信用合作账户资金与合作社账户资金隔离。

（7）属地管理、谁审批谁监管。一般规定，各县（市、区）政府是其辖区信用互助业务试点监督管理和风险处置的第一责任人，有义务及时识别、预警和化解风险。省和设区市、县（市、区）地方金融监管局是其辖区信用互助业务试点的监督管理部门。

四、专业合作社信用合作试点的发展经验

（一）依托和服务于农民专业合作社是发展的前提

各地在推出试点方案之前大都进行了摸底和考察，通过实际调研选择综合实力较强的合作社开展试点进行推广。这是因为，实体经济是信用互助、融资发展的基本前提。生产、流通的规模和效益决定了融资发展速度和额度，同时也奠定了信用合作的基础，只有基础稳固可靠，才有融资的安全、高效。信用互助业务作为合作社内部业务之一，应与合作社农业生产、农产品销售等实际经营业务相关。一方面，若合作社生产经营活跃，在社员中认可度较高，就会带来相应的资金需求和供给，从而促进信用合作业务开展。另一方面，信用合作如果脱离产业基础盲目发展，容易成为非法集资的保护伞。只有依托优质农民合作社积极开展信用合作，才能取得解决社员融资和促进产业发展的双赢。

调研资料显示，滕州市供销社盐业公司依托农产品冷链物流中心，吸收果蔬种植户、果蔬经营户、果蔬运输户等 1000 余户社员，领办了滕州盐实果蔬专业合作社，成立信用互助部，吸收互助金 600 余万元用以支持社员，不仅有效地解决了社员在农产品收购时资金短缺的难题，冷库使用率也同比提高 3 成，实现了社员增收、冷库提效的双赢效果。

（二）建立健全配套制度体系是发展的保障

农民合作社信用合作业务性较强，需要不断加强配套制度体系的建设，才能保证其规范管理和良好运转。例如，滕州市供销社为开展信用合作的合作社制订了《财务管理制度》《信用互助部岗位职责制度》《目标考核办法》《合作社互助金管理办法》等管理制度和业务操作办法，建立了业务初审、财务复审、分管经理审核、理事长办公会集中审批和跟踪回访等一系列制度、规定，完善了工作流程，促使信用互助的每一项经营活动都在制度规定的范围内运行，为信用互助业务正常、

安全运转提供了保障。

从各地经验来看，制度建设的重点主要包括以下三点。

第一，资金管理制度。各合作试点都有规范的放款决策程序和日常资金管理制度。一是资金使用决策制度，通过议事规则的确定、资金评议小组的评议，决定如何授信和放款。二是财务公开制度，对社员借款数额、期限、生产经营项目以及互助资金总额、政府补助等事项，一律公开透明、阳光操作，并定期张贴公布。三是定期账务汇审制度。例如，枣庄市农民合作社将每月的互助资金试点情况上报到镇财政所、经管站，汇总后上报区金融办、经管局。驿城区斜屋长红枣专业合作社资金互助部实行双印鉴管理，每月 28 号互助部把当月业务报到镇经管站进行审查，每年年底经管站对资金互助部业务进行盘查。

第二，融资担保制度。为保证借出资金及时回收，除实行土地承包经营权、大棚经营权、农产品应收账款等抵押质押方式外，大部分农民合作社采取了联户担保制度，即根据借款额度，采取“一贷一保”或“一贷两保”的方法，担保期间担保人不得重复担保，不再享受借款权利。此外，滕州市社、山亭区社先后成立县级担保公司，专为农民合作社、农民社员贷款提供担保。

第三，风险管理制度。一是风险准备金制度，预留一定比例股金作为风险损失储备金。二是内部通过相互牵制并有效运行的治理结构，防范和化解经营风险。三是建立信息披露和社会监督制度。开展试点的合作社按季度将资金使用情况向社员公布，每月向地方金融监管局报送财务数据报表。四是利用互联网系统加强动态跟踪监测分析，及时处置突发事件，强化日常监管。

（三）坚持封闭性等原则是发展的根本保证

实践证明，农民合作社信用合作运行比较好且风险较低的地方，都严格遵守了封闭性等原则，将范围严格限制在社员中间，资金从社员中来到社员中去。这一制度设定从源头上降低了风险，能够切实服务社员，形成良性循环。此外，对发展社员的审批也比较严格，严禁为达到资金收集和发放目的，临时将原本没有实质性联系的农民或其他社会群体发展为社员。山东省还规定“法人社员与农民社员实行一人一票、完全平等，严格把企业法人和合作社的生产经营、财务管理区分，防止法人企业的经营风险传导到信用互助业务中”。

（四）监管部门各司其职、形成合力是发展的关键

在国家未出台有关农民合作社开展信用合作相关规定的背景下，在省一级统一开展信用合作标准、程序和监管部门等规则非常重要。调研中发现，部分地区农民合作社信用合作存在审批多头、日常管理混乱、监管部门相互推诿等现象，在资格认定、审查、审批、注册、颁证等一系列具体业务问题上职能不清。相对而言，山东省及时出台了 8 号文件，省市县三级地方金融监管部门配合密切，管理职能部门之间分工明确，建立了有形和无形的工作协作机制，在监督管理上能够形成合力，推动信用合作依规健康发展。

首先，分工科学。确定县级政府作为风险处置的第一责任人，注意发挥乡镇、村等基层组织就近管理的优势，及时识别、预警和化解风险。例如，镇政府通常会指定一名经管站人员义务担任农民合作社信用合作会计，负责互助资金的管理，互助资金由会计存入银行专户，避免了挪用资金等行为，提高了社员对互助社的信任度。

其次，职能清晰。按照“谁审批、谁负责”和“谁主管、谁负责”的要求，对于经批准开展信用合作的，由审批部门和业务主管部门负责对其进行引导规范；对未经批准自行开展信用合作的农民专业合作社，由农业局、经管局、供销社等有关部门负责进行引导规范。对不遵守信用互助基本原则、违规开展信用互助业务的，予以制止。实行规范与试点相结合，在引导规范的同时，对于经过引导规范达到《山东省农民专业合作社信用互助业务试点管理暂行办法》要求的农民专业合作社，由市地方金融监管局予以资格认定，颁发资格认定证书。

再次，依托山东省综合服务信息平台研究开发信用互助业务信息系统，系统包括试点合作社和社员情况、业务开展情况等基础数据，设置了统计、预警、评级等监管功能，目前正在试运行阶段。

（五）建立政策扶持机制是发展的必要条件

由于现阶段农民合作社信用合作还处于培育阶段，各地政府在强调规范发展的同时也出台了多项政策扶持措施。

在财政资金支持方面，山东省拨给每个合作社试点 15 万元的补助资金用于发展信用合作业务。2015 年、2016 年，山东省共划拨 1080 万元，用于试点的教育培训

和奖励补助等。为减少农民合作社信用互助业务运营成本，枣庄市制定出台《枣庄市农民专业合作社信用互助试点财政专项扶持资金管理办法》，安排400万元财政专项扶持资金，对试点合作社购置办公用房、开展人员培训和信用互助业务风险金补助等方面进行了专项扶持。滕州市和峄城区制定了差异化奖励扶持政策。其中，滕州市制定以风险补偿为主，业务奖励为辅的奖励资金使用办法，根据业务开展情况，给予合作社办公经费补助，并建立相应的信用互助业务风险基金；峄城区制定了以公共股金形势进行奖励补助的资金使用办法，每个试点合作社给予5万元公共股金，公共股金属于合作社信用互助业务共同财产，不允许私自分配，所产生的孳息直接纳入合作社股息进行分配。

在金融支持方面，湖南沅陵县在乡镇探索建立以产业信用协会为载体的互助性融资担保基金。协会建立在乡镇，以由自愿加入的协会会员保证金和县财政风险金建立信用基金，协会以信用基金为纽带在会员之间开展联保互保，银行按照信用等级和规模放大5~10倍为其授信。凡是获得协会理事会通过并向协会提供反担保措施的会员贷款项目，由协会向银行出具担保函即可放款。一旦贷款发生风险，由担保基金先行代偿，再由协会接管所经营的产业或处置反担保物，以弥补担保基金和偿还剩余贷款。临沂市联合试点县设立专项担保基金，合作托管银行根据基金规模放大一定倍数，给予合作社及社员授信。滕州市农村商业银行对开展信用互助业务的合作社免收资金托管费，对参与信用互助社员的存款给予利率上浮，存款利率为年息1.38%，是目前活期存款利率（0.35%）的3.94倍，确保收益高于银行存款收益。

在加强业务培训方面。定期组织信用互助业务管理人员参加从业资格考试，开展互助业务培训，提高业务技能和监管水平；积极宣传信用互助知识，加强风险教育，提高社员对非法集资等违法行为的识别防范能力。

五、农民合作社信用合作存在的主要问题

（一）国家层面的法律法规尚不完善

尽管国家允许农民合作社开展信用合作，但现行法律法规并没有相关条款和细

则，也尚未出台发展农村合作社内部信用合作的相关支持政策，其组建、运营、发展均缺乏应有支持。除银监会批设的试点之外，其他合作社信用合作的法律地位不明确，甚至不能注册登记，处于“无证经营”的状态。对合作社及其社员而言，由于业务合法性缺乏依据，一旦出现纠纷，权利有可能得不到保障。对监管部门而言，因为没有法律授权，缺乏必要监管手段，基本只能靠动员，无法可依导致的监管滞后客观存在。此外，由于缺少必要的法律法规支撑，风险暴露后也很难及时处置。由此导致部分地方政府对相关业务的态度是“逐步萎缩，不再发展新业务”，不利于合作社信用合作的健康发展。

对于已经纳入试点逐步规范的地方，目前矛盾的焦点在于部分地区合作社信用合作的登记入册问题，在没有规范之前，审批部门比较分散，属于分头管理。规范之后，原登记入册单位大都取消了登记，而没有新的批文，工商等部门也不给予注册登记，导致部分合作社至今没法挂牌，内部治理机构形同虚设，甚至当成私人企业在管理，体现不出互助性质。这一方面会导致其在群众中没有公信力，导致群众担心会重蹈农村合作基金会的覆辙或视其为非法集资；另一方面，合作社本身也心中没底，缩手缩脚，不敢放手大胆开展业务。

（二）部分地区监管不力现象依然存在

一是监管主体不明确，监管责任不清现象客观存在。合作社信用合作试点业务性较强，需要明确主管部门加强指导和监管，中央虽然多次强调大力发展，但都是原则性要求，并未制定统一的规范办法，也没有明确指导和监管部门，监管责任不明、职责不清的问题在部分地区客观存在。例如，由于主管部门不明确，沅陵县只好成立“农村金融改革试验区办公室”协调有关部门开展试点工作，其成立农民专业合作社内部信用合作组织、区域性农民创业资金互助组织、合作性融资担保基金组织的三种类型中，目前只有“产业信用协会”由民政部登记认可，其余两种至今无法找到主管部门登记。

二是金融办等地方金融管理部门缺乏必要的监管职责和履职手段。随着试点范围的不断扩大，试点合作社比较分散，监管难度也在不断加大。目前，仅人民银行在县域保持了较为完备的组织体系，银监系统基本撤销了县域办事处。而金融办一般最多只设到县一级，在基层没有分支机构。目前，此类信用合作的监管存在多头管理，监管力量分散，监管职责和手段均缺少法律支撑等问题。

三是县域监管力量薄弱，监管能力不足。以金融办为代表的监管部门“监管任务繁重、专业能力要求高”与“在编人员少，专业人员匮乏”之间存在矛盾，难以满足监管工作的实际需要。很多县金融办工作人员为兼职，人员力量不够，专业人才缺乏。调研中，某县金融办只有 2 个工作人员，主任、副主任分别由财政局局长、副局长兼任。

四是协调监管存在难度。前些年“重审批、轻监管”甚至“只审批、不监管”的现象普遍存在，为风险积聚埋下了隐患。各管理部门之间也没有形成有效的信息沟通共享机制，有的是金融办在管，有的是农委在管。部门之间推诿扯皮、权责不清，难以形成合力，金融办牵头协调统筹的难度较大，成本较高。例如，某县被民政部门销户的一些不合规合作社，印章、营业执照等一直没法收上来，有的甚至照常开展业务，当地基层监管部门并未对此进行联合监管。

（三）部分合作社业务量较少，互助效果不明显

调研中有合作社反映信用合作业务规模小、见效慢，试点的资金互助效果不理想，影响了合作社开展信用互助业务的积极性。例如，玉田县某合作社反映“参加信用合作试点工作的社员只占辖区总户数的 10% 左右，从目前来看参加信用试点的社员和营业资金存量都呈现下降趋势，需求不大”。

究其原因，一是源于资金的同质性。农民合作社信用合作体现的是农民在长期生产活动中结成的一种信用合作关系，主要为社员提供融资服务，满足社员生产活动中的资金周转需要。但由于专业合作社农民多以同业生产为主，社员的生产经营活动具有高度一致性，在资金需求和供给方面也较为一致，这在一定程度上影响了信用合作调剂资金余缺的功能。尤其是在农业生产的关键时期，农民资金需求紧急、集中，加之对社员借款有较高限制，每人只能按照入股的一定比例贷款，这些都会造成“用钱时都缺钱，不用钱时资金都富余”的现象，导致资金规模小与农民需求多的矛盾较为突出。此外，若发生自然灾害等，社员的信用合作业务风险可能会集中爆发。

二是大部分农民合作社不设资金池，信用互助资金不能在不同合作社之间调剂余缺，资金来源持续性不强，凝聚力偏弱，部分社员对互助业务的开展保持观望态

度，入股动力不足。

三是因为合作社信用合作业务在开展过程中不使用现金，手续比较麻烦，程序复杂，需要多次到合作社信用互助部和托管银行履行手续，有时因不方便及时到现场办理，使资金归集及划转拨付受到耽搁。此外，部分专业合作社信用合作是承诺出资制，用款时难以凭借口头承诺及时找到匹配资金。

（四）社员参与信用合作积极性、管理人员业务技能有待提高

长期以来，我国针对农民的投资者教育较少，导致农户的金融知识欠缺，规则意识薄弱，对非法集资诱惑的辨别力和抵抗力较低，对信用合作的态度也不积极。在湖南沅陵县对 100 家合作社开展的信用合作意愿调查中，在问及“是否熟悉信用合作业务”时，回答“比较熟悉”的只占 10.63%，“了解但不熟悉”的为 53.62%，“听说过”的为 21.35%，“没有听说”的为 9.47%。此外，农民中也没有普及手机银行、网络银行等现代支付手段，社员开立账户等都要现场办理，既增加了运行成本，也影响了参与积极性。

另一方面，农民合作社信用合作管理人员对信用互助业务流程的操作不够熟练，业务技能和专业知识也有待提高。例如，合作社信用合作工作人员进行宣传特别是口头介绍时，往往忽略与金融机构的本质区别，直接使用“存款”“贷款”“利息”等字眼，甚至对外宣传自己是小银行，容易引起群众的混淆和误解。

六、政策建议

农民合作社信用合作作为一项全新的工作，政策性强，涉及面广，是一项系统工程。现阶段应在总结前期试点经验的基础上，完善相关政策，推动合作社信用合作规范健康发展。

（一）明确法律地位，加大扶持力度

农村合作金融市场并不是完全意义上的市场经济，完全以市场为手段解决农村金融问题效率较低，需要政府进行扶持、规范及市场培育。从国际经验来看，日本、韩国和我国台湾地区的农村合作金融组织也都是在政府（当局）等的多方强力扶持

下发展起来的，且在发展成熟后依然能够享受各方面优惠政策。建议在国家层面形成比较完备的法律法规和配套措施，调动地方各级政府参与积极性，为农民信用社信用合作的发展创造良好条件。

首先，完善相关法律法规和指导细则。可以考虑在《农民专业合作社法》进行修订时，明确信用互助业务的法律地位；尽快在国家层面出台有针对性的规章制度和指导细则，为地方农民信用社信用合作发展提供支撑。

其次，加大政策扶持力度。考虑到信用合作业务的风险和普惠性，可以进一步加强对其扶持力度，在制度建设、资金项目、税收减免等方面给予指导支持。一是建议各级财政列出专项扶持资金，给予信用互助业务资金支持，促进合作社信用互助业务试点开展。可以考虑通过考评方式，采取以奖代补方式，对办公场所建设、办公设备配置、管理人员报酬等方面给予财政扶持。二是对参加信用互助业务试点、资金需求量大的农民专业合作社，通过风险补偿、外部担保增信等方式，鼓励农信社、银行为试点社及社员提供流动性支持，满足其季节性、临时性资金需求。三是增加托管银行优惠。建议合作银行对于参与试点的社员账户在存款利率方面给予最大限度优惠，激发社员参与信用互助热情；开发信用互助业务网上办理系统，在合作社所在地托管银行网点设立信用互助业务“绿色通道”，所在村建立“惠农服务点”，最大限度方便社员办理信用互助业务。

（二）理顺监管体制，健全监管协调机制

加强监管、防控风险，既是确保信用合作健康发展的重要前提和根本保证，也是保障群众资金安全的必然要求。特别是针对部分地方审批部门五花八门、监管主体不明确的问题，应及时理顺监管体制，明确监管部门，健全监管协调机制。

一是要明确监管主体，整合监管资源，强化监管力量。特别是要建立不同监管部门之间的协调机制，推进信息共享，形成监管合力。

二是强化业务监管。加强现场检查，按月、季对试点合作社信用合作开展情况进行问询，重点检查资金使用用途、使用期限等；开展非现场检查，借助信息技术手段，建立依托互联网的业务监管系统，对信用合作的基本情况、业务开展情况实施信息动态监测，实施全流程的监控，随机调取业务数据报表和交易记录等进行分析，进行长期的跟踪监测，督促信用合作部业务的合规运营。

三是加强风险预警。监管部门要加强与合作社、托管银行及其他业务主管部门的配合，保持信用互通，定期检查指导，发现苗头性风险，要及时进行风险提示，制定应急处置预案，迅速果断地处置突发事件，确保信用互助资金安全。

四是注意发挥托管银行的监督职责。政府监管部门要定期向托管银行调取相关业务数据报表、交易记录等，对信用互助行为进行严格监管。托管银行要充分履行托管职责，跟踪监测合作社信用互助业务，发现风险隐患及时向合作社发出预警，并向地方金融监管部门报告有关情况。

五是严格信用管理。信用是开展互助业务的基础。要积极开展“守合同重信用”合作社和社员评选活动，建立实行合作社和个人“黑名单”制度，加大对“老赖”、恶意逃废债务、资金诈骗等违法犯罪行为的打击力度，让诚实守信者得到保护、作假失信者受到惩戒。此外，还可以与县农户征信服务中心合作，共享信用信息，共同促进“三农”发展。

（三）加强对社员和经营管理人员的教育培训

农民是金融知识和风险意识比较薄弱的群体，在合作社内部开展信用合作的风险是客观存在的，因此要特别重视教育培训。

一方面，加强对信用合作业务经营、管理和监管人员的培训，提高信用合作业务运营和监管水平。通过培训使他们了解政策精神，提高政策素养，学习金融知识，增强管理能力和业务水平，真正承担起信用互助业务管理人员的责任。建议地方政府经常组织相关业务培训，对开展信用互助业务试点的经营管理人员，要重点培训试点方案、暂行办法、金融管理、会计核算、合作经济等相关业务，使他们更好地理解政策和操作方法，提升业务能力，成为信用互助业务的行家里手；对信用合作监管人员的培训，重点在于使他们熟悉日常监管制度和法则，提高监管水平，促进信用互助业务更好地开展。

另一方面，对合作社社员进行相关业务知识培训。应创新培训方式，开展针对农民的信用合作知识宣传，加强风险教育，提高政策和金融支持宣传的有效性。这是推广信用合作并控制风险的基础性工作，不仅可以促进社员了解和掌握信用互助政策和规则，也可以帮助社员提高金融风险意识，提高他们对违法行为的识别防范能力，避免落入非法集资陷阱。

（四）因地制宜进行业务创新，增强信用合作的活力

由于各地经济社会发展状况和风俗习惯的不同，不同行业、不同领办主体的农民合作社经营方式也千差万别，各地在实践中要避免照搬文件和已有模式，应结合自身情况进行探索和创新。在具体工作中，在坚持原则的基础上，可以鼓励各地实践主体大胆创新，积极支持引导，并及时总结正反两方面的经验，真正找到符合当地发展实际的信用合作模式。

一是针对部分地区反映的“生产经营季节性对互助资金运营造成障碍”，可以考虑在一定条件下允许设立适当金额的资金池，在不同合作社之间进行资金余缺调剂、实现相关信息共享，为合作社生产发展解决资金难题，增强信用合作活力。

二是针对部分合作社反映的“使用额度较低造成的发展障碍”，可以考虑对信用好、有资产的社员提高授信额度，适当放宽入股限制和资金使用额度限制，鼓励农民使用互助资金，增强资金使用灵活性，提高入社资金使用效率。

三是针对目前农户联保政策中一旦出险，其他担保人都不愿且也没有能力全额代偿，常常导致整个小组业务停止、无法正常循环的情况，可以考虑在全体社员范围内探讨担保方式，例如按份连带担保制度，让每位担保人按照一定比例承担较少的责任，避免风险传导。

四是为充分调动合作社发展信用合作的积极性，可以考虑给予管理人员一定报酬，增强其持续开展信用互助业务的动力。通过开放办社，吸纳、联合社会上的优秀人才加入到合作社基层组织体系中来，组织开展标准化生产、品牌化经营，着力发展一批产业基础牢、服务功能强、带动农户多、信用记录良的农民合作社，打牢信用合作的基础。

（五）业务创新时要把握开展信用合作的原则和边界

首先，农民合作社信用合作应坚持服务性，不以盈利为目的。合作社开展信用合作业务，主要是用于帮助社员解决生产融资难题，满足其季节性临时资金需求，合作社不得以资金互助名义违规向非成员和企业事业单位及其他组织吸储放贷，不得将互助资金用于与农民专业合作无关的业务活动。

其次，要和农业生产产业链紧密结合起来。农民合作社的信用合作一定要结合

农民的专业合作开展，而不应该专门做资金运作，否则容易办成小银行。

再次，要重视风险防范。开展资金互助工作，要坚持审慎运作原则，确保“两头堵死，封闭运作”。合作社要加强对互助资金借款的管理，严格做好借前调查、借时审查、借后检查、逾期追查工作，保证借款收回。建立资金投放担保制度，实行投放清收责任制，建立健全风险预警和防范机制，严格进行风险管理。借款发放后，合作社要经常检查借款的使用和偿还情况，检查第三方保证人的偿债能力，并建立完善的成员个人信用档案。探索开发应用资金互助软件，实现融资服务体系建设的规范化、科学化、现代化。

七、重点案例介绍

（一）山东省供销合作社发展信用互助的有关情况

山东省供销社于 2005 年开始研究推进基于农民互助的信用合作，2007 年安排开展信用合作试点。山东省供销系统开展信用互助业务的合作社最高时达到 600 多家，部分基层社和县联社探索开展了农民合作社联合社的信用互助业务，并形成了一套成熟的管理制度。2014 年底，参与制定并认真落实省政府《关于农民专业合作社信用互助业务试点方案》和《试点管理暂行办法》，供销系统内信用合作符合规范后标准的为 105 家，剩余 200 多家继续归供销社管理，没有纳入到金融办管理框架。若增设新的信用合作试点，则必须纳入金融办管理口径中。

按照社员制、封闭性和民主管理原则，不设资金池，选择 1 家托管银行开展业务，在不对外吸储放贷、不支付固定回报的前提下，引导县级社、基层社在领办的农民合作社内部规范开展信用互助业务，确保“两头堵死、封闭运行”，最大限度防控风险。基层供销社坚持与生产经营紧密结合，强化内控外管，不断探索信用互助发展方式。截至 2016 年 10 月底，山东省供销系统规范开展信用互助业务的农民合作社共计 210 家，互助资金总额 5.2 亿元。供销社改革试点单位已注册融资担保公司 2 家，注册资本总额 4.38 亿元，注册控股融资租赁公司 1 家，小额贷款公司 2 家，典当行 1 家。其中，省供销社联合系统 75 家企业共同组建山东供销融资担保股份有限公司，赢得山东省财金公司连续 3 年每年 5000 万元的注资和补贴，使股本增加至 3.38 亿元，与农行、中行、交行、农发行 4 家山东分行签署战略合作协议，可撬动 30 多亿元的银行资金投向市场服务主体。目前已实现在保金额 2.36 亿元。积极探索农业补充商业保险业务，在 13 个县（市、区）开展试点，险种已达 6 个，投保面积超过 2 万亩。山东省供销社还与建设银行山东分行合作，确定在莱芜、聊城、日照等部分市推动以助农存取款为重点的合作试点。

在多年的实践探索中，山东省供销合作社形成了滕州“448”、高密“436”、招远市“556”等发展模式。

1. 滕州“448”模式

滕州市在新开展信用互助业务方面，将省市精神归纳细化为“448”模式，即把握“内部合作、承诺出资、一人一户、用时互助”4 个原则，抓住“社员申请、民主决策、两次转账、按季分红”4 个节点，规范“承诺出资、开立账户、评级授信、借款申请、审核审批、签订合同、资金归集发放、借后管理”8 步流程。在引导规范原有信用互助业务方面，对合作社进行规范，确立了“448”的引导规范模式。即把握“民主决策、社员自愿，封闭运行、独立核算，小额分散、自担风险，稳妥推进、依规规范”4 个原则，规范“社员资格、社员出资、原借出业务、操作流程”4 个内容，细化“授信申请、授信评议、借款申请、借款审批、资金归集、借款划转、到期收回、本金回户”8 步流程。该模式既体现了相关文件的要求，又简单明了，非常实用。通过规范，提升了风险防控能力和规范化程度，还提升了决策的民主性和管理人员的素质，取得了良好效果。

2. 高密“436”模式

高密市供销社按照鲁政办发〔2015〕8 号文件规定要求，结合当地合作社实际，借鉴滕州市供销社的做法，对信用互助业务进行规范，创出了规范农民专业合作社信用互助业务的“436”工作模式。所谓“436”工作模式，概括地讲，即坚持 4 项原则，规范 3 项内容，业务操作 6 步流程。坚持 4 项原则，即坚持民主决策，社员自愿；坚持封闭运行，独立核算；坚持小额分散，自担风险；坚持稳妥推进，依规规范。规范 3 项内容，即规范社员资格，规范社员出资，规范借出业务。业务操作 6 步流程，即将信用互助业务的工作流程细化为授信评议、借款的申请、借款的调查、借款的审批、借款的划转、借款的检查 6 步。

3. 招远市“556”模式

招远市供销社与市金融办探索开展了“5 原则、5 关键、6 程序”的“556”信用互助业务运作模式，强化风险防控。坚持“5 条原则”：坚持社员自愿、民主决策；坚持内部互助、封闭运行；坚持小额分散、风险自担；坚持独立核算、公开透明；坚持稳妥推进、规范运营。把握“5 个关键”：在业务开展过程中，着重把握社员资格、授信评议、出资额度、账户管理、盈余分配 5 个重点。规范“6 步流程”：授信的评议、借款的申请、借款的调查、借款的审批、借款的划转、借款的检查。同时，严格执行“不对外吸储放贷”和“两头堵死、封闭运行”的规定，切实发挥主管部门的监管作用，对业务运作和财务管理等重点环节的检查次数每月不少于 1 次，提升风险防控能力。

（二）山东滕州市社区性信用互助业务试点

1. 总体情况

2016 年 5 月 16 日，枣庄市金融改革发展工作领导小组批复了《滕州市社区性农村信用互助合作社试点实施方案》，统一开展社区性农村信用互助试点。试点探索采取了村“两委”牵头设立、市镇联合监管的管理模式：西岗镇政府明确由经管站负责工作推动和管理工作，安排专人兼任合作社财务人员，加强资金监管。在试点村选择上，要求村“两委”班子健全，组织凝聚力强；村民诚实守信，村风文明和谐；农业经济活跃，产业基础扎实。在管理人员的资格认定上，要求人员应遵纪守法、诚实守信、无违规和失信等不良记录等。同时，对合作社的股权结构、注册资本金、经营规则等事项进行了明确。

截至目前，滕州市已发展社区性信用互助业务试点 5 家（都在西岗镇），累计借出资金 137 笔 483.6 万元，服务社员 334 户。2017 年还计划再发展 6 家社区性资金互助，迄今均未发生过非法集资案件。

2. 滕州市西岗镇半阁村信诚农村信用互助合作社

为解决信用互助部法人关系不清晰、互助资金错峰使用难等问题，滕州市半阁村成立具有独立法人资格的滕州市西岗镇半阁村信诚农村信用互助合作社，成为山东省首家社区性信用互助合作社。社区性信用互助合作社不依托农民专业合作社，主要吸收本村符合条件的农户和管理规范、信誉良好的农民专业合作社等新兴经营主体为社员，在村内社员之间开展信用互助业务，解决了资金错峰使用难题，激发了信用互助活力，主要成效包括以下四点。

一是通过规范股权管理，增强了合作社凝聚力。社区性农村信用互助合作社是独立法人，入社社员人人是股东，享有财产权、按期分红等权利，调动了入社积极性。同时，规定单个社员出资比例不得超过合作社注册资本金的 10%，使得社员出资更加合理。规范了股权退出条件，社员入股 1 年以上，在本社没有未偿还的互助金本息，股权无质押或担保，经社员大会批准后可以退股。

二是通过规范经营规则，激发了互助合作活力。文件规定合作社在注册资本金充分使用后，可采取向社员借款的方式增加互助金额度；制定了借款总额不超过注册资金总额、向单一社员借款总额不超过该社员的出资额、向社员借款的年资金使用费率参照合作社上年度社员分红比例执行（最高不超过 10%）的管理规定，既解决了注册资金充分使用后的互助资金需求问题，又增强了互助资金来源的灵活性。在互助金使用上，将互助金使用期限规定为 3 个月以下、3 ~ 6 个月、6 个月至 1 年三个期限；单一社员使用互助金金额不超过注册资本金和向社员借款资金之和的 5%；互助金年使用费率不超过 12%，提高了互助金使用效率。在互助金管理上，规定合作社要选取一家银行作为其开展信用互助业务的唯一合作托管，签订合作托管协议，办理资金业务全部通过托管银行结算，不得使用现金。

三是通过拓宽互助范围，提升了互助合作引导力。文件规定在本村内注册设立、法定代表人为本村村民、管理规范、信誉优良的农民合作社和家庭农场可以以法人身份加入合作社，拓宽了互助范围。合作社积极支持农民专业合作社、家庭农场发展，并引导他们搭建互助合作平台，为参与资金互助的社员提供产、供、销技术培训服务，实现了“互助发展、合作共赢”，合作社的引导力初步显现。

四是通过健全组织制度，提高了风险管控力。文件规定合作社要建立“三会一层”的组织架构，即社员大会、理事会、监事会、管理层，设总经理（可由理事长兼任）；建立健全互助金审查、审批、检查业务程序，议事规则，盈余分配办法，风险防控及财务管理等制度，通过健全的组织、完善的制度，从源头上把控风险。实践中，西岗镇党委政府安排镇经管站人员义务兼任信诚农村信用互助专业合作社的财务人员，加强了合作社的资金监管，有效防控了风险，取得了较好效果。

第7章

农村资金互助社发展

一、农村资金互助社存在的理论意义

（一）合作金融是现代农村金融体系中不可或缺的组成部分

从国内外农村金融市场的发展情况来看，相比于城镇较为成熟的金融市场体系，农村金融市场具有金融抑制、市场分割、政府干预等特点。Mckinnon（1973）提出的金融抑制理论认为发展中国家的金融市场发展不足是其资本利用效率低下的原因。农村相比于城镇更容易出现金融抑制，是因为农业生产收益低、风险高，同时农户面临抵押品不足的问题，金融机构也面临着更大的信息不对称风险；市场分割是农村金融市场的另一个特点，因为在某些市场，潜在的投资者面临金融排斥以及由于抵押品的限制只能获得很有限的贷款规模，从而可能导致他们寻求更为昂贵的融资方式。Aleem（1990）、Dasgupta（1989）、Banerjee（2003）等的研究中指出，在许多国家的农村地区信贷利率差异很大；金融抑制与信贷配给现象给了政府更多介入农村金融市场的动机。农村信贷补贴理论主张通过政府干预的方式弥补市场机制的缺陷，认为农民与农业生产的融资需求得不到满足，则需要财政支持对农村信贷进行政策性供给。这是绝大多数发展中国家在发展农村金融的过程中都会经历的一个阶段，但其缺陷在于，带有行政色彩的信贷供给与市场的真实需求不可能完全相适应，长时间低利率的资金不仅会造成巨大的财政压力，另一方面官方信贷也容易形成“二八”分化，即只专注于20%的客户便可获得整个市场80%的利润，因此无法保证农村金融服务的普惠性，政府干预进一步又会导致金融抑制。

为了克服农村金融市场的诸多缺陷，合作金融的组织形式逐渐成为了国际上主流的发展模式。合作金融的思想最早由德国人雷发巽（Raiffeisen）提出，其在制度上借鉴了英国合作运动中的罗虚戴尔原则，在实践中很大程度上弥补了商业银行系统对低收入农民群体信贷供给不足的缺陷，切实解决了农民购买生产资料的资金需求。在德国农村合作金融组织出现之后，英国、美国、法国、日本等发达国家也相继进行了农村合作金融的探索，学术界也对此展开了广泛的讨论。Sen（1919）将合作金融解释为多个个体自愿将储蓄资金聚集起来并向成员提供贷款的金融形式，强调组织的非营利性，信贷业务的盈余应在成员间分配①。Barou（1932）将合作金融定义为资产为社员共有、经营民主化、向社员提供低息贷款、盈利共享的小生产者或工人组织团体②。Land（1982）在对合作金融的定义中强调了社员地位的平等性，并对贷款资金的用途做出了限定。虽然各国的实践中农村合作金融的具体形式存在差异，但总体上都具有“自愿参与、共同经营、利润共享、责任共担”的特点。这与以追求股东权益最大化的经营目标和经营权、所有权分离的股份制下产生的商业性金融机构有很大的差异，商业金融有内生的规模扩张与信贷配给的动机，导致处于“长尾”区域的客户群体无法享受到金融服务，而合作金融则正是为服务“长尾”客户而设计的。何广文（2006）认为只要还有众多的弱势群体存在，对合作金融模式的需求就是存在的，同时指出经济发展到一定程度之后仍然需要合作，合作经济与经济发展程度无关③。合作金融组织能够与商业金融机构形成互补关系，是现代农村金融体系中至关重要的一环。

（二）农村资金互助社可以解决利率、风险、普惠性的“三难”问题

农村资金互助社是我国农村金融体制变迁过程中产生的新型金融组织。2007 年银监会印发的《农村资金互助社组建审批工作指引》（10 号文件）中将农村资金互助社定义为“经银监部门批准，由农户和农村小企业资源入股、联合发起设立，经

---

① Sonnich Sen. Consumers’ Cooperation［M］. 1919.

② N. Barou. Cooperative Banking［M］. London：London Press，1932.

③ 何广文：“农信社制度变异及其动因”，载《银行家》2006 年第 2 期。

营存贷款及结算等金融业务，为社员提供金融服务的社区互助性金融机构”。这是在 20 世纪 80 年代农村合作基金会的尝试失败、近年来农村信用合作社改革的背景下提出的新型银行业金融机构，与信用合作社的初衷十分类似，也具有自愿性、互助性、非营利性等特点，但与大量向村镇银行模式改革的农信社不同，资金互助社是真正的合作金融组织，其规模较小且有显著的社区特征，社员必须是生活在同一区域内、相互之间十分熟悉的村民，因此在风险控制和解决信息不对称难题方面有明显的优势。

我国农村金融发展过程中始终面临着利率、风险、普惠性的“三难”问题，商业金融机构无法在提供低利率贷款的同时控制风险，也没有动机向贫困户贷款，而政策性的扶贫资金又往往是不可持续的。事实上在学术界关于农村金融领域政府角色定位的问题已经争论了 100 多年，从最初的农村信贷补贴论主张的财政扶持，到农村金融市场论主张的完全依靠市场机制，再到非完全竞争市场论认为的政府需要在市场失灵的领域发挥作用。由于市场失灵的存在，农村普惠金融离不开政府的引导作用，但又不能完全依靠政府财力，必须建立起健康的、可持续的发展模式。

依托有效监管体系和内控制度下建立的农村资金互助社从理论上可以解决上述“三难”问题。商业银行之所以不能在控制风险的前提下提供低息贷款，是因为其信息获取的成本高。村落的人口规模很有限，单个村落的信贷业务无法弥补经营成本，而村落与村落之间又是相对分散的，这无疑会增加信贷员尽职调查的成本。但另一方面，这种居住特征却为社区性的合作金融创造了得天独厚的条件。农村是典型的“熟人社会”，同一个村庄的村民之间基本是“知根知底”的，因此在合作金融的框架下这意味着信息获取的成本很低，降低经营成本的同时也可大幅减少不良贷款的比例，这样一来低息低风险的贷款便成为了可能。农村资金互助社的原则是“共同经营”，严格地讲是一人一票制，贷款只能用于社员，这样一来普惠性便得到了保障。同时互助组织的收益是社员共享的，利用“熟人社会”的信息优势并引入家庭联保贷款等机制可以极大程度降低风险贷款的发生概率，这样一来经营收益便可以保证互助组织的可持续性，并可以通过“示范效应”带来更加广泛的参与性。

二、农村资金互助社在国内外的实践情况

（一）国外农村合作金融的发展历程与经验借鉴

农村资金互助社是具有中国特色的、制度变迁下的产物，在国外并没有相同名称的金融组织，但从职能上看与发达国家的农村合作银行十分类似，如雷发巽（Raiffeisen）信用合作纲领中规定以农村小村社为合作区域、社员只能是农民、合作社规模不宜过大、只允许熟人加入、一人一票制（共同管理）等条款，均与我国的农村资金互助社的特征是一致的。国外的农村合作金融发展历史较为悠久，下面比较德国、美国、法国和日本的农村合作金融制度异同。

1. 德国农村合作金融体系

在发达国家中，作为国际信用合作组织的产生地，德国率先建立起了成熟的农村合作金融体系。德国农村合作金融体系是以雷发巽纲领为基础建立的，分为两个层次，即地方合作银行和中央合作银行。定位于基层的地方信用合作社也称为雷发巽银行，是合作金融思想的微观载体。雷发巽银行数量众多、分布广泛，主要由农民、小农场主和合作社企业入股组成，主要提供农业贷款。其决策机构是社员代表大会，遵循一人一票制原则，每个社员无论入股多寡都有同样的表决权，通过选举和投票对组织管理和经营方式做出决策。理事会聘请专业经理进行日常经营，同时设有监事会履行日常监管职能。

在众多雷发巽银行之上是德意志中央合作银行（DZ Bank AG），其由基层的雷发巽银行入股组成，股权结构如图 7.1。

DZ Bank AG 一方面作为地区性合作银行的中央清算银行，承担着向近千家地方合作银行提供流动性服务以及结算、短期再融资等其他金融服务的职责，同时作为德国最大的股份制银行之一，也开展投资银行、抵押贷款、租赁、保险等业务并在海外设立分支机构。

除了建立的组织体系之外，德国政府也十分注重农村合作金融配套制度的完善，如颁布《合作银行法》明确规定了合作金融的职责、业务范围等，同时建立以联邦金融监察局（非现场监管）、联邦中央银行及其分行（现场监管）、合作社审计协会

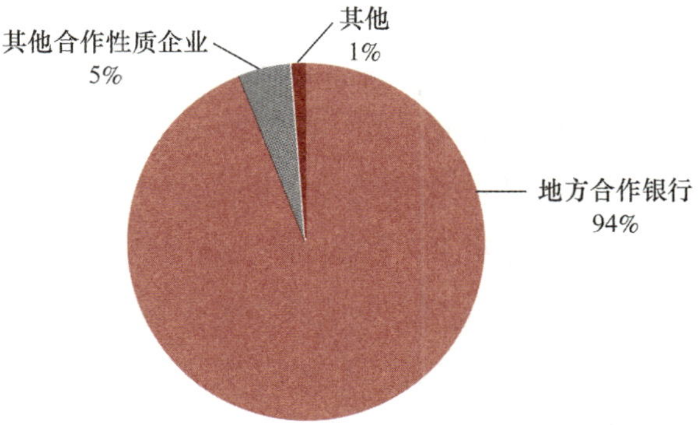

图 7.1 DZ Bank AG 股权结构

（经常性审计）组成的监管体系，另外还通过赫尔梅斯（Hermes）保险体系为没有抵押品的短期小额贷款提供担保，确保了合作金融的健康发展。

2. 美国农村合作金融体系

与德国的“金字塔”式合作金融体系不同，美国农村合作金融体系除了包含与之类似的称之为“联邦中期信用银行系统”与“合作银行系统”的合作金融系统之外，还包含了基于罗虚戴尔原则建立的联邦土地银行系统。这三大信用合作系统均是由美国政府筹资在每一个信用区内（共 12 个）组建，但目前股权都已转让给合作社员。联邦中期信用银行系统下属农业生产信用合作社，后者与德国雷发巽银行类似，但社员所有权是以出资额为准，贷款期限可达 1 ~7 年，联邦中期信用银行则起到调剂生产信用合作社之间资金余缺的作用。合作银行系统与联邦中期信用银行系统的差别在于前者是向农村生产合作社提供金融服务的，后者的服务对象则是农村生产信用合作社。中央合作银行可以为区合作银行提供资金支持。

联邦土地银行也是信用区内合作金融的组织形式，其服务对象是农场主和其他农业生产者，其向社员发放的是用于土地购买、修建房屋与生产设施等的不动产抵押长期农业贷款，期限最长 40 年。

美国农村合作金融体系的特点在于由政府出资组建，后期将股权转让给社员，即政府起到了牵头作用。此外美国农村合作金融有更完善的信用保证保险体系和更成熟的行业协会——美国信用社协会，对其健康发展起到了良好的推动作用。

3. 法国农村合作金融体系

法国农村合作金融系统的总体结构与德国有所不同，是由 2476 家地方合作银行、39 家区域性合作银行以及农业信贷银行组成的三级式结构，同时实行独立经营、总部和省级两级核算的制度。具体来看，每个农村基层合作组织的会员按照贷款额的 1% ~2% 缴纳股金，实行一人一票制的民主管理，会员享有选举与被选举权、贷款权和股金分红权，但贷款发放主要由贷款委员会和客户经理决定，客户经理和营业所主任分别有 10 万欧元和 20 万欧元的贷款审批权。

法国农村合作金融体系中基层信用合作组织为民间组织，而上层的法国农业信贷银行成立初期归农业部和财政部共同管理，其初始运营资本是由国家财政和地方机构无偿资助的资金组成，但目前已上市。法国农村合作金融的另一个特点是依托农业生产合作社发展信用合作，广泛调动了农民参与的积极性，目前社员人数甚至已经超过了农业人口总数。在配套制度建设方面，实行了信贷人才库制度，保证了从业人员的专业化。

4. 日本农村合作金融体系

日本农村合作金融体系是在借鉴了西方发达国家的实践经验基础上发展起来的，与法国相类似，也是从中央到地方的三级体系且具有更完全的独立性，三级经济组织均是独立经营，自负盈亏，除了向上存款和向下融通资金的基本职能之外，上级对下级只有监管的职能。

基层农协实行一人一票制的民主管理，利益分配方面 25% 作为发展准备金，10% 作为积累金，7% 用于股金分红，45% 返还社员，其余结转下年分配。基层农协将定期存款的 30% 和活期存款的 15% 存入信农联。信农联作为第二级机构，一方面起到上通下达的作用，另一方面向大额贷款客户提供服务。最高级机构是农林中央金库，最初由政府设立后转为民营组织，主要职责是协调全国信农联的信贷活动，同时向农、林、渔相关大型企业发放贷款。

日本农村合作金融的特点主要在于政府在政策上的大力扶持和广泛的参与性。首先，政府从利率、税收、保险制度等各方面给予不同程度的政策倾斜，以确保农村合作金融体系的顺利运行。其次，日本农村合作金融体系属于日本农协的一部分，而农协具有最广泛的群众基础，这一方面使得合作金融具备了广泛的参与度，另一方面也通过农协系统最大程度上满足了农业生产的融资需求。

5. 总结

从发达国家农村合作金融的实践情况来看，其整体结构层次有较强的相似性，均采用了上—中—下三个层级的组织体系，实现了从基层农户信用合作、区域内合作社之间资金调剂余缺到中央合作银行顶层监管的有效率的合作金融体系。在合作金融体系建立的初期，政府的支持十分重要。一方面合作金融机构需要启动资金，另一方面农民出于对风险的担忧往往不愿意在没有政府支持的情况下入社，因此大多数情况下需要政府筹建合作金融体系，待系统稳定运行之后再逐步将股权转让给合作社。另外政府给予的利率、税收、保险等方面的政策倾斜也有利于提高农民入社积极性。

发达国家在建立农村合作金融体系的同时，也十分注重配套制度的建设，如专门的立法、完善的监管体系和风险防范机制。合作金融要规范健康地发展，离不开法律法规的保障。德国的《德意志合作银行法》，美国的《农业信贷法案》《联邦农业贷款法案》，法国的《土地银行法》，日本的《农业协同组合法》《农林中央金库法》等均详细规定了各国农村合作金融机构的经营范围和监管标准。在监管方面，总体来看各国的监管体系基本都遵循政府监管和行业自律相结合的原则，并通过信用保险制度保障其安全性。

（二）国内农村资金互助社的发展现状与主要问题

2007 年《农村资金互助社示范章程》和《农村互助社管理暂行规定》颁发实施，进一步完善了互助社组织制度建设，推动资金互助社进入了新的发展阶段。根据《农村资金互助社示范章程》和《农村互助社管理暂行规定》的定义，农村资金互助社是指经银行业监督管理部门审核批准，由村民和农村小企业资源入股组成，专门为出资社员提供信贷业务，具有独立法人资格的社区互助性银行业金融机构。根据该规定，农村资金互助社是合作金融组织，即要保证资金融通的互助性、资金来源和服务对象的封闭性和管理方式的民主性；同时又是银行业金融机构，要受到银行业监督管理委员会的监管；另一方面又是微型金融机构，需覆盖未受正式金融业涵盖的低收入群体的融资需求，因此在日常经营管理和贷款流程方面均不同于传统的正式金融。

然而由于农村资金互助社是社区性的微型金融机构，具有微型、渗透性的特征，按照正规银行业金融机构标准，银监会的监管资源不足以覆盖到所有资金互助社，因此 2012 年之后全国具有正规资质的资金互助社数量不再增加，停留在 47 家。这类资金互助社是严格按照银监会 2007 年 7 号文件中的规定设立的银行业金融机构，其设立条件为：①有符合法律法规的章程；②有 10 名以上符合规定要求的发起人；③有符合规定要求的注册资本，在乡（镇）设立的，注册资本不低于 30 万元，在行政村设立的，注册资本不低于 10 万元，注册资本应为实缴资本；④有符合任职资格的理事、经理和具备从业条件的工作人员；⑤有符合条件的营业场所，安全防范设施和与业务有关的其他设施；⑥有符合规定的组织机构和管理制度；⑦银行业监管部门规定的其他条件。规定单个农民或单个农村小企业向资金互助社入股，其持股比例不得超过资金互助社股本总额的 10%，超过 5% 的应经银行业监管部门批准。资金互助社在审慎经营方面亦有严格要求，规定其资本充足率不得低于 8%；对单一社员的贷款总额不得超过资本净额的 15%；对单一农村小企业社员及其关联企业社员、单一农民社员及其在同一户口薄上的其他社员贷款总额不得超过资本净额的 20%；对前十大户贷款总额不得超过资本净额的 50%；资产损失准备充足率不得低于 100%。银监会体系会对资金互助社进行持续、动态监管。

银监会正式批准的农村资金互助社数量十分有限，远不能满足广大农村地区对小额金融服务的需求，因此各地也出现了数量众多的资金互助社。其大体上可分为三类：第一类是通过农民专业合作社内部发展信用合作的方式发展起来的资金互助社；第二类是在政府财政和社会公益组织的力量下建立的扶贫资金互助社；第三类是并不严格与生产合作社关联的民间资金互助组织，此类机构缺乏有效监管，近年来出现了不少如资金挪用、会计造假等问题。农民专业合作社内部发展起来的资金互助社尚无法人资格，只能在专业合作社内部进行资金融通。由于专业合作社大多从事同类的产业，社员相互之间的信用状况、生产能力等都较为了解，是开展合作金融业务的一定基础。这类资金互助社的数量较多。而在政府财政支持或国际社会组织援助下建立的扶贫互助社则较多分布于我国中西部欠发达地区，此类资金互助社是在内部的自发性信贷需求和外部力量推动的共同作用下产生的，如安徽省大量农村资金互助社以及下文中将着重介绍的四川省仪陇县农村扶贫互助社都属于此类型。

总体而言，农村资金互助社是我国农村基层金融服务的补充，也是国家鼓励发展的新型农村金融机构。目前全国各地开展了不同类型的资金互助社改革试点，在发展中也积累了不少经验教训，下文中将选取四川仪陇县农村资金互助社作为成功的实践经验进行案例分析。

三、实地调研——四川仪陇县扶贫互助社的创新模式

（一）仪陇县农村经济发展概况

四川省仪陇县属川东北丘陵地区，全县幅员面积 1784 平方公里，辖 57 个乡镇和一个管委会，880 个村、51 个农村社区（居委会），6142 个社、226 个居民小组 24.6 万农户，全县总人口 113.7 万人，其中农业人口 93.2 万人，耕地面积 64.2 万亩，农业人均耕地 0.69 亩。仪陇县属四川农产品主产区，经济结构以农业为主，盛产小麦、油菜、水稻、棉花、红苕，其 63.7 万亩耕地通过国家无公害农产品生产基地整体认定，同时也是全国生猪调出大县、国家优质生猪战略保障基地县、四川省产粮大县、四川省现代畜牧业重点县等。现有全国绿色食品原料标准化生产基地 43 万亩（其中水稻 25 万亩、油菜 18 万亩），草本药材基地 3 万亩，优质蚕桑基地 4 万亩，标准化果园 9 万亩，万头生猪规模养殖场 9 个。

仪陇县是国家重点贫困县。1986 年以来，仪陇县在国家的直接扶持下，仪陇县全面开展了以“生存与发展”为主的反贫困活动。截至 2000 年底，仪陇县尚有贫困乡镇 36 个，贫困人口 23.4 万人，多集中在偏远山区、干旱区及自然条件恶劣、生产条件差的乡村。截至 2016 年底，仪陇县累计培育农民专业合作社 460 家、成员 19846 户，辐射带动农户 59582 户。

近年来，由于缺乏可靠产业和稳定收入来源，大量的农村青壮年劳动力外出务工，留守人群日益庞大，土地缺乏劳力耕种，撂荒现象突出。而伴随着当地经济发展滞后、劳动力流失的同时，提供信贷服务的银行类金融机构又太少，随着正规金融机构逐步将服务重点转向城镇，致使群众生产发展融资困难，亟需一个能为农村中低收入农户提供金融服务的专业组织，而扶贫互助社就是在这样的背景下创建的。

（二）扶贫互助社的“仪陇模式”介绍

在上述背景下，2013 年 10 月，仪陇县人民政府与商务部中国国际经济技术交流中心（以下简称“交流中心”）签署了“UNDP 援建中国建设普惠金融体系项目—仪陇县小额信贷扶贫创新子项目”合作协议，核心是成立仪陇县民富农村可持

续发展服务中心（以下简称“民富中心”）作为项目的执行机构，作为非营利性质的社会化服务机构孵化、培育和管理农民资金互助组织，帮助互助社对接外部市场和资源。2014 年 1 月，仪陇民富中心在县民政局注册成立，业务主管单位为仪陇县扶贫和移民工作局。

民富中心的启动资金来源包括国际交流中心项目资金 150 万元和仪陇县扶贫互助指导监督中心注册资金 3 万元，其主要收入是提供服务收入、专项资金占用费、捐赠等，费用支出为办公费、培训费、人员费、差旅费，2016 年机构自负盈亏率约 93%，基本上已经实现了独立经营。民富中心的职能定位是通过对服务对象提供政策咨询、孵化培育、能力培训、业务指导、账务代管、信息对接、资源引进和资金余缺调剂等市场化服务，建立农村新型金融服务体系，促进贫困社区互助合作和健康协调发展，以实现服务对象和机构自身的可持续发展。其组织架构如图 7. 2。

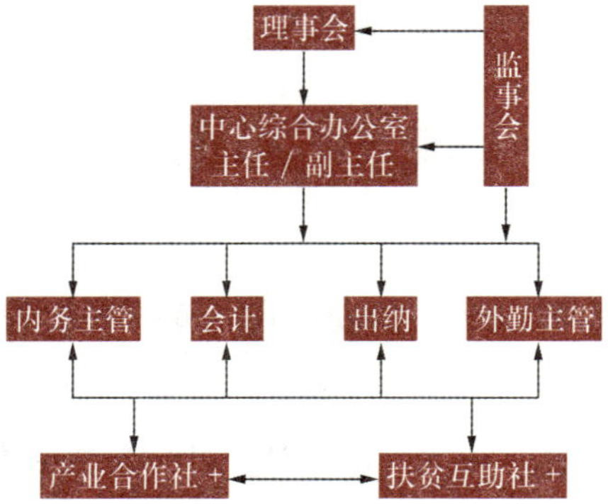

图 7. 2　民富中心的组织架构

仪陇县扶贫互助社利用熟人社会“知根知底”的信息优势和合作制度下民主管理的优越性，为农村群众提供方便快捷的金融服务，一定程度上有效解决了农村群众生产经营中融资困难的问题，通过降低融资成本，保证了农村留守人群资金安全及收益。截至 2016 年底，仪陇县共发展 50 个村级扶贫互助社（其中贫困村 21 个），覆盖 25 个乡镇。其中，资金规模 50 万元以下的 26 个、50 万 ~ 100 万元的 6 个、100 万 ~ 200 万元的 10 个、200 万元以上的 8 个。农户累计入社 13700 户，互助资金规模达到 5500 万元（其中社员入社资金 4840 万元、财政互助金 510 万元、三金积累 150 万元），累计为 1. 75 万户农户发放借款 1. 79 亿元。现有借款余额 5507 万元，借款风险率在 3% 以内，为帮助贫困群众改善生产生活条件发挥了重要作用。

（三）“仪陇模式”的创新之处——民富中心模式

仪陇县农村扶贫互助社的创新之处在于成立了第三方社会化服务机构——民富中心。从职能上看民富中心类似于扶贫互助社的行业自律组织。民富中心成立以来，现已完成了中心组织架构建设及人员配置，形成了相关的业务管理及内控制度，建立了资金互助托管平台的基本账户，并签约为 50 个村扶贫互助社提供市场化综合服务，包括财务代管、组织建设、能力建设、日常管理、设立专项借款、孵化培育等方面。

1. 财务代管

主要为服务的村扶贫互助社代管会计业务，要求各互助社每月 10 日前按时上交财务资料，实行电子账务与手工账同步管理，对入社社员和借款人统一编号，分开建立入社资金和借款明细台账，从操作层面将监管工作制度化、常态化。

2. 组织建设

通过走访调研，针对互助资金的运行规模和特点，中心协助了 36 个村扶贫互助社重组理事会、监事会并修订完善章程，协助 12 个村扶贫互助社更新管理人员和选拔后备管理人员并提供全面培训，协助白家梁等 11 个村扶贫互助社落实办公阵地。同时要求各互助社将章程、管理人员岗位职责、业务发展现状每月张榜公示，让每位社员都对互助社的发展都清楚明了。

3. 能力建设

建立经常性培训机制，将互助社管理人员技能培训作为重点，列入年度规划，实行常态化管理。两年多来，共举办规模培训 13 次，内容包括：财务基础、互助资金日常操作规程、信贷风险管理、参与式工作方法等；召开互助社发展方案研讨会 5 次，举行财务赛账 2 次，到村现场指导、分组研讨和针对问题培训 70 场次，受训人员近 2000 人次。

4. 日常管理

一是核实了代管村互助社的入社资金和社员借款等债权债务。二是加强重空凭证的管理，监督重空凭证的领用、销号和盘库，杜绝体外循环。三是对现金和银行存款进行定期盘库和随机抽查，确保库存现金和银行存款账证、账实相符。四是通过月报抽查、日常督查记录发现问题，对互助社日常工作进行痕迹管理。五是每月按《村级扶贫互助社日常管理量化考核》打分，将月考核结果作为年终绩效考核的依据，同时日常工作考核与管理人员基本工资挂钩。

5. 设立专项借款

用交流中心的项目循环金、互助社代管资金和盈余资金组成项目周转金，在留足挤兑风险金（互助社上年度借款余额的 5%）后设立专项借款，采用市场化的运作方式，用于互助社之间的资金余缺调剂。两年多来累计为 25 个村级扶贫互助社和 1 个合作社提供专项借款 1322 万元，帮助 700 多个农民家庭发展生产经营。

6. 孵化培育

两年多来，民富中心通过到乡镇、村走访调研和宣传，全县有 37 个村居递交了成立扶贫互助社申请，通过审核和考察，新孵化、培育了 15 家扶贫互助社，9 个新村完成注册。目前又有 12 个村（居）申请。

7. 开展资金互助与产业合作共同发展试点

由于仪陇县民富中心模式是外力推进型的农村资金互助社，在调研中发现其与农村生产合作组织的深度合作仍有较大的发展潜力。目前已有一些成功的尝试，如大风金盆村资金互助社内成立黄精种植生产互助组、新政镇柳树店村扶贫互助社与富源果业合作社的有机结合等。

仪陇县大风金盆扶贫互助社在社内成立生产互助组，探索社员用土地、劳动力入股的方式种植中药黄精，互助社争取资源投入前期种子、整耕，社员投入劳动力进行管理，待黄精产出后将总收入的 30% 用于社员（按投入土地的比例）进行分红，以解决该村撂荒土地问题，得到社员的赞同。目前已经种植药材种苗 50 亩，初步计划采取自己陆续供种自我发展模式，3 年逐步解决撂荒土地 500 亩。同时，黄精种植模式还将复制到新成立的大石桥村。

新政柳树店村种植果树、蔬菜历史悠久，尤以皇冠、金花梨为主，享有“果山”的美称，也是新县城的菜篮子之一。村上的扶贫互助社将互助资金与富源果业合作社的果树产业有机的结合，在社员果树须要投入和管护时，将资金借出，在果树产出后，盈余资金又回流到互助社，近 3 年，该互助社累计发放产业借款 352 万元，支持栽植核桃树 500 余亩，种植榨菜 200 亩、海椒 150 亩、高淀粉红薯 150 亩，将扶贫开发的外部推动转变为群众的自觉行动，进一步促进了农村骨干产业发展。

除此之外，民富中心还整理了村级互助社规范运行文件，并通过多年的总结积

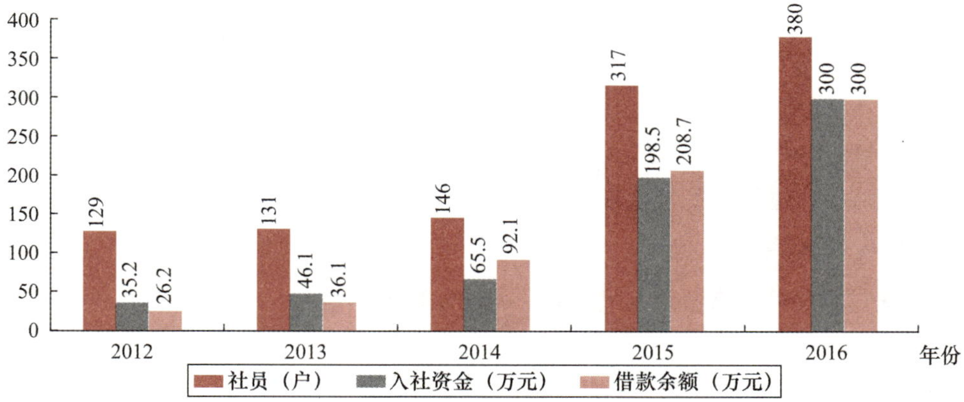

图 7.3　柳树店村扶贫互助社发展情况

累，整理了《仪陇县扶贫互助社管理细则》，由主管局发文印发到各互助社管理人员手中，从日常管理、风险控制、人员激励和管控、资金余缺调剂、运营考核等方面进一步规范了村级扶贫互助社的运营管理。协助县委办、县政府办出台了仪委办发〔2016〕3 号文件，进一步规范村扶贫互助社发展。

民富中心积极参与公益项目和资金的引进，两年多来，组织执行了爱心衣橱手绢计划、宇华商务图书管理软件、为贫困山村学生和特困户捐赠，助学资金等公益项目，同时为 7 个村引进国家财政产业专项资金 40 万元。从表 7.1 中可以看出，民富中心代管村扶贫互助社以来的发展情况是十分良好的。

表 7.1　　民富中心代管村扶贫互助社以来的发展情况

项　目	2014 年前	2015 年	2016 年
互助社数	41 个	41 个	50 个
管理人员	97 人	118 人	141 人
资金规模	1650 万元	3500 万元	5507 万元
机构整改	10 个	20 个	36 个
阵地落实	3 个	5 个	12 个
平均贷款不良率	35%①	9.1%	3%

① 根据民富中心领导的介绍，2014 年之前 35% 的不良率并不是真实的不良贷款比例，如此偏高的原因是当时信贷员没有不良贷款的概念，许多贷款收回之后没有及时登记，而并非借款人赖账不还。

（四）“仪陇模式”下扶贫互助社的日常经营制度

2016 年 2 月 24 日仪陇县扶贫和移民工作局引发了《仪陇县村级扶贫互助社管理细则》（以下简称“管理细则”），对互助社日常管理与量化考核、互助资金风险管理、互助社管理人员薪酬管理、民富中心专项借款等方面进行了进一步的规范，其主要内容如下。

1. 扶贫互助社日常管理制度与量化考核机制

村级扶贫互助社的管理人一般为 3 人，即主任、会计和出纳，互助贷款发放的流程如图 7.4 所示。

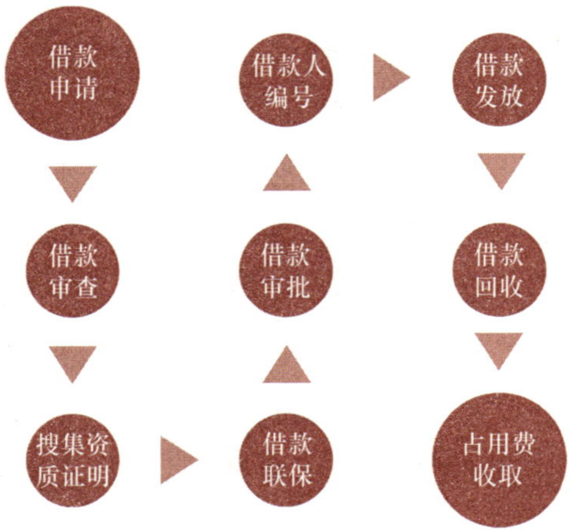

图 7.4　扶贫互助贷款发放流程

其中借款申请人必须为互助社社员，提交申请后经办人进行实地了解并搜集借款人资质证明，而借款一般采取联保的形式，要去借款联保人必须是借款经办人（首席联保人）和借款人的家人、亲戚。未成家的借款人需要父母担保，年龄在 60 岁以上的借款人需要子女担保。借款审批分为两种情况，在规定限额内的借款由互助社三名管理人员共同审核，主任签批；而超限额借款由管理人员共同审核，报理事会同意后批准发放。民富中心要求每月 1～10 号互助社会计或出纳须亲自到县民富中心报账。

《管理细则》提出了对管理人员的量化考核机制，分别从凭证管理、业务交接及月报、现金及存款管理、入社资金管理、借款管理、风险管理等维度建立起量化考核标准，着重要求管理人员保证提交资料的完整性和规范性。

2. 扶贫互助社风险管理制度

扶贫互助社面临的风险主要为管理人员操作风险、经营风险和流动性风险。为了减少管理人员操作不当或自身道德问题引发的扶贫资金风险，《管理细则》规定每名管理人员上岗前须缴纳上岗保证金 1000 元，且按所在互助社上年度借款余额 2% 缴纳入社资金（新成立的互助社每名管理人至少交 20000 元入社资金），作为风险保证金承担经营风险。社员的每笔存款在 3 日内必须进入信用社托管账户，不得再以现金形式存放。管理人员不在互助社任职时，在其账务交接 3 个月后，接替人员对相关财务账目无异议、与借款人确认借款余额，借款无风险时，方可全额退回其入社资金和上岗保证金。借款出现损失时，首先在管理人员的入社资金中扣除。

为减少经营风险、降低不良率，《管理细则》中分别对社员、互助社管理人员、村级扶贫互助社、民富中心的行为进行了限制，从多个层次控制总体风险。规定贷款发放应坚持“谁放谁收，终身问责”的原则，借款经办人作为借款的首席联保人，若借款出现风险，首先承担连带责任。从扶贫互助社的角度，规定额度较大的借款可根据具体情况按借款总额的 5% ~10% 扣收借款风险保证金，互助社每年按资金占用费总收入的 15% 提取风险准备金，累计总量须达到互助社总资产的 15%，同时按借款资产总额的 5% 提取挤兑风险储备金，交民富中心统一管理；从民富中心的角度，要求其对村级扶贫互助社实施严格监管，使其不良率月末应控制在 8% 以内，季末控制在 5% 以内，年末控制在 3% 以内。当借款风险率超过 8%（8% 含）时，次月停止相关村级扶贫互助社借款发放，全力催收逾期。

3. 扶贫互助社管理人员薪酬管理制度

扶贫互助社管理人员的薪酬结构为“基本工资 + 绩效工资 + 年终奖”的形式，总薪酬的来源为互助社年总经营收入的 30%，管理人员绩效工资不仅和互助社营业收入有关，还与总体不良率直接挂钩，因此对经办人的行为起到了很好的约束作用。

除工资和奖金之外，年末借款余额 100 万元以上互助社工作 2 年以上的管理人员还可享受一定比例的工作年金，当其退休或离职（1 年内无债务纠纷）时可领取。

4. 民富中心专项借款管理制度

专项借款是民富中心为代管互助社（包括产业合作社）进行资金余缺调剂、预防村扶贫互助社互助资金挤兑风险的制度。其资金来源由国际经济技术交流中心的项目资金、民富中心注册资金、代管的村扶贫互助社代管资金（三金）、互助社管理人员上岗保证金、村级扶贫互助社互助资金盈余上调部分和其他资金组成，原则上只为不良率低于 8% 的运营良好的互助社提供服务。

专项借款的申请人须将贷款总额的 20% 扣除作为风险保证金，规定借款的期限不长于 1 年，其利率为统一实行的月利率 0.5% 或年利率 5%。专项借款的发放流程如图 7.5。

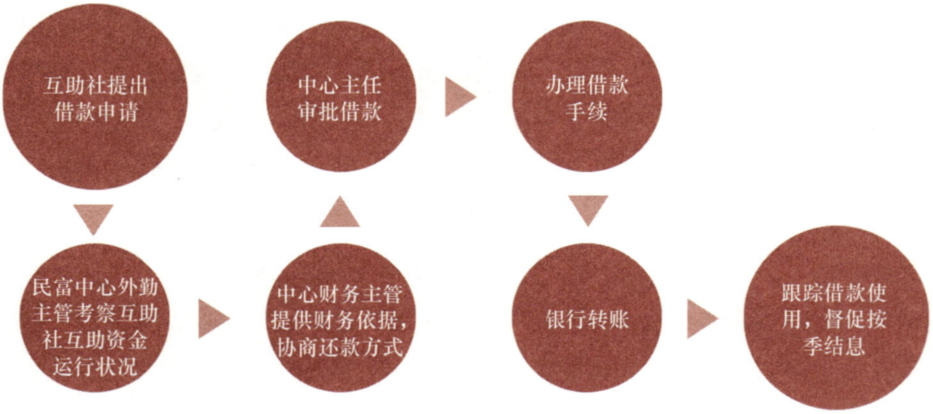

图 7.5　民富中心专项借款办理流程

（五）“仪陇模式”下扶贫互助社的经营风险

扶贫互助社中社员存放的资金的安全性至关重要。“仪陇模式”下扶贫互助社的平均贷款不良率在 3 年之间从 35% 降为 3%①，这是得益于其严格审慎的风险管理制度。

不同于国内其他地区较为松散的资金互助社发展模式，仪陇县通过设立民富中心来对区域内 50 家资金互助社进行统一审计和统一财务管理，同时建立起不良贷款的责任追究制度，实行外部审计制度，在风险控制方面取得了较好成果。

1. 扶贫互助社早期不良贷款的构成与成因分析

2006 年 9 月，民富中心对仪陇县扶贫互助社 2015 年前历年发生逾期 1 天以上所

① 其间存在管理模式、不良贷款统计口径的变化，35% 的不良率并非真实风险水平，后文中会说明。

有的风险借款进行了一次基础分析。在民富中心当时代管的 41 个互助社中，有 4 个基本处于停止状态，有 12 个互助社借款一直保持零风险，其余 25 个互助社存在不同程度的借款风险，历年累计共有 132 笔 299. 53 万元，主要集中在少数几个有历史遗留问题的互助社，其余互助社的借款风险在正常范围内（见图 7. 6）。民富中心在做借款风险分析时统计已经收回 108 万元，截至 2016 年底收回 145 万元，余下的是村上集体遗留问题借款 18. 15 万元和全家外出务工尚未返乡的家庭借款 28. 38 万元。

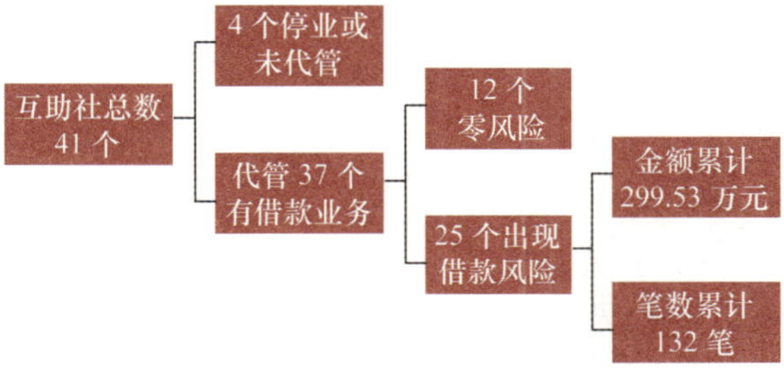

图 7. 6　2015 年之前村级扶贫互助社不良贷款

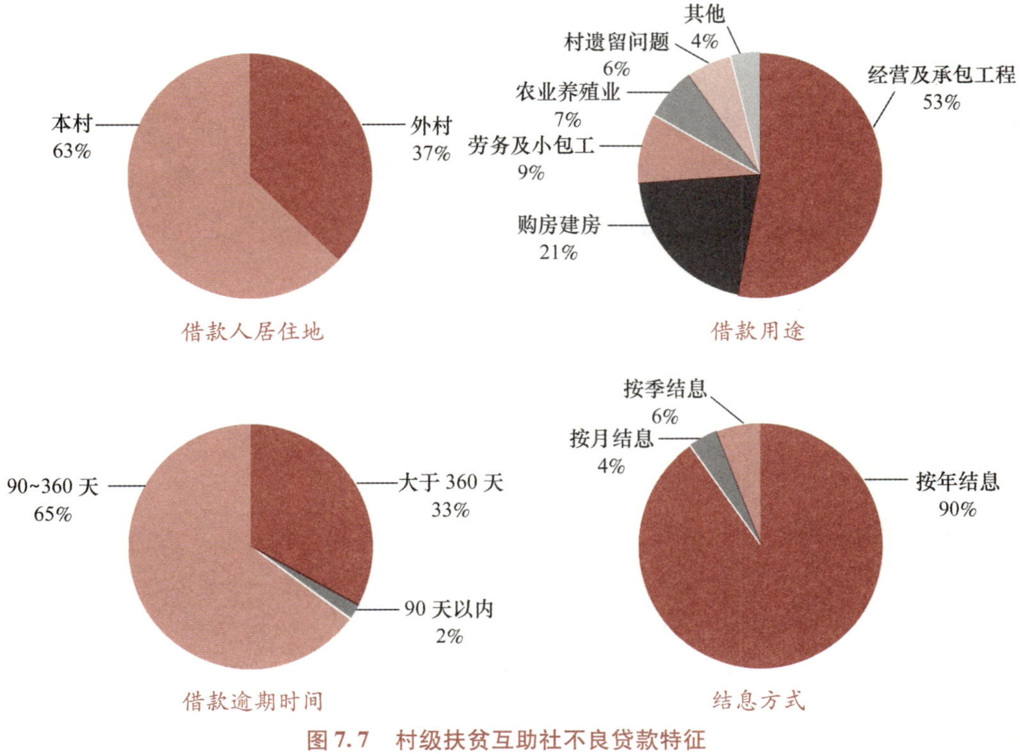

图 7. 7　村级扶贫互助社不良贷款特征

通过对比发现：风险借款受借款人居住地影响不大，但受工作和经营地影响；借款额度越大，出现风险后的损失越大；逾期时间越长的收回的难度越大；从用途上来看，承包工程或劳务的借款风险较大，其次是住居环境改善，但这种风险借款收回比例较高，农民用于住居环境改善的投入是他们一生的心血凝聚，所以一旦他们有钱后会主动还款；农业种养殖业的风险主要集中在规模种、养业上，往往这种风险不可预防，更有可能造成资金部分损失；其他行业的借款风险均在正常范围内，但互助社将款项借给村或合作社集体用于公共、基础设施建设，这种借款出现风险，基本会造成资金损失。

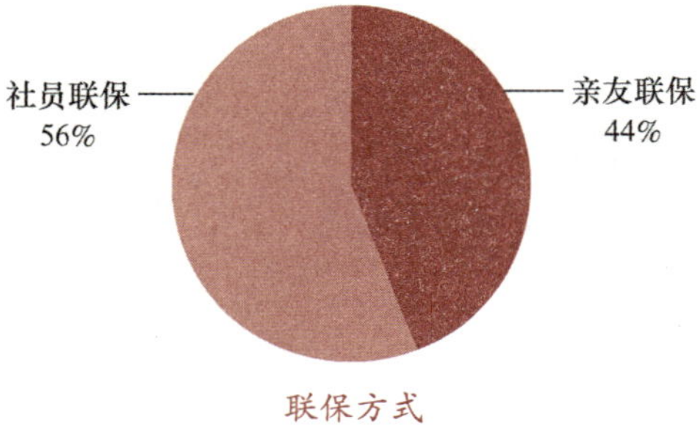

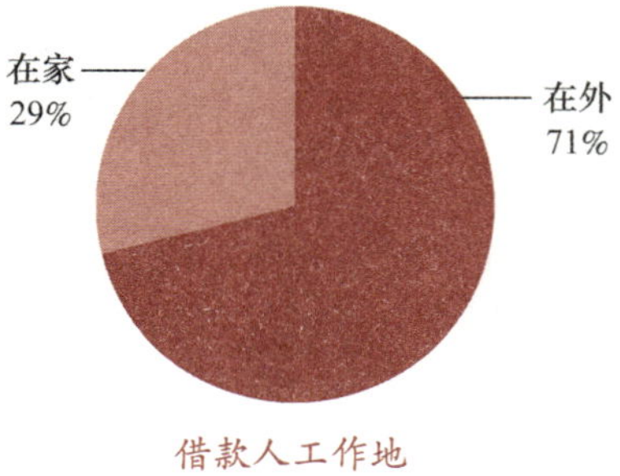

图 7.8　互助社风险现状及成因分析

借款管理中，借后跟踪尤为重要，联系越少的风险越大，每月联系并收取占用费的风险相对较小，出现风险基本能在短期收回。借款投入项目失败的回收相对困难；小组联保基本失效，真正出现风险联保人员都不可能承担偿还责任，家人和亲友联保最适合当今农村现状。

因此，与金融机构相比，互助社的借款风险相对更小，他们所掌握的信息从表面上看起来不太可靠，但利用熟人社会知根知底的优势，往往都会收回在管理上认为可能损失的借款。总之互助社的借款单笔金额不宜过大，资金投入的项目不宜太集中，不能多人借款投入一个项目。

2. 发生借款风险的责任追究制度和案例

民富中心代管村扶贫互助社后，整理了《互助资金风险管理办法》，2016 年编入《仪陇县村级扶贫互助社管理细则》（仪扶贫移民发〔2016〕26 号）中。

根据互助社薪酬管理办法，如果互助社在年终决算时借款风险超过 3% 的互助社，将按比例扣出每年管理人员应该得到的绩效工资（约工资总额的 36%）进入到公益金中作为借款风险准备金，如果下一年度内该互助社全额收回上年度风险借款及占用费，可给予不超过上年度扣除绩效的适时激励。如果下年度仍然收回上年度风险借款的，扣除的部分绩效直接转入借款风险准备金。

【案例 1】对管理人员的处罚。

从 2015 年起，在年度考核中，凡是借款风险超额的互助社，均按比例扣发了相应的绩效工资，在第二年收款时凭财务收款凭证领取扣发部分绩效。民富中心代管互助社以来，大仪乡自强村互助社 2015 年考核时因为借款风险超出标准，扣除了管理人员的绩效工资，2016 年年终决算时，风险借款仍然未收回，中心财务在通知管理人员本人知晓的情况下将其 2015 年和 2016 年的绩效工资 1600 元用于代社员偿还逾期借款。

据悉，自强村互助社社员王某于 2012 年 2 月借款 2 万元用于建房后，外出打工几年未归，致借款逾期。目前管理人员通过向其亲友多方了解，听说此人在国外务工，预计近两年可能回家，回家后就可以收回该笔逾期借款。

【案例 2】回春镇新繁村扶贫互助社诉社员文某借款案。

文某因发展酿酒和养猪项目于 2012 年 12 月 27 日在新繁村互助社用本人、其妻莫某和弟文某某各借款 10000 元钱，后因村委为其争取的生产发展项目资金未达自己需求（他听说有 5 万元，实际只有 3 万元），发生争议而拒绝还款和支付占用费。互助社管理人员多次到其家中催收未果，于 2015 年将文某借款拒还一事向当地人民法院提起诉讼，法院一审判决文某按借款协议归还互助社借款及相应占用费，并于 2016 年通过法院执行完结，收回全部借款本金和占用费。

【案例 3】新繁村因为借款风险超限，2015 ~ 2016 年两年扣管理人员绩效工资 3900 元，该款项在 2017 年 2 月将逾期借款 55000 元和借款占用费 10400 元全部收回，现已申请领取扣除部分绩效工资。

对于下步工作的打算，仪陇县民富中心将继续巩固和完善互助资金仪陇模式，并配合上级有关部门将该模式有序推广；引进互助资金管理系统并上线运行；协助互助社对接外部金融机构进行融资；探索生产、销售、信用“三位一体”的综合合作发展。

（六）“仪陇模式”经验总结

四川省仪陇县农村扶贫互助社创新性的建立“民富中心”模式，对村级扶贫互助社进行孵化培育、统一监管，取得了十分显著的成效。对于我国这样一个农业人口众多，而合作金融又从未大面积有效发展过的国度，任何成功且可复制的实践经验都是可以吸收并加以推广的。仪陇县扶贫移民局在商务部国际技术交流中心和UNDP的帮助下建立民富中心这一非营利性社会组织，弥补了县政府与村级互助组织之间管理协调上的空白，通过有效的制度安排克服了小额信贷市场信息不对称与交易成本的难题，在严格控制经营风险的基础上满足了社员的小额融资需求，促进了普惠金融在农村地区的渗透，为农业生产活动带来了资金支持。

尽管学术界对合作金融在低收入群体中的效率优势已进行了各种各样的论证，并形成了较为一致的看法，即贫困地区有必要发展合作金融以促进经济发展并提高居民收入水平，国内银行业监督管理机构也鼓励农村发展资金互助社等新型金融机构。然而在具体实践中仍出现了较多的“异化”现象，如过度商业化、偏离合作制初衷、甚至演变为非法集资等，一些地区为防范出现“资金池”风险，在监管上又有“矫枉过正”现象，很大程度上限制了正常业务的开展。“仪陇模式”下的农村扶贫互助社之所以可以实现稳步发展，始终走在正规上，总结来看可以主要归为以下三点。

第一，民富中心模式符合发展的需要，起到了良好的指导、监督、管理的职能。村级扶贫互助社每月向民富中心提交财报资料，由中心来进行统一审计和统一财务管理，一方面对互助社的经营合规性起到了督查的作用，另一方面也便于中心的专家对全县扶贫互助社经营情况进行整体把握，为下一步的发展方向提供事实依据。

第二，严格有效的风险管理是扶贫互助社得以长期存在和发展的基础。资金互助社发展的核心在于如何管控风险，以及在控制风险的基础上逐步扩大覆盖面、降低利率促进经济发展。“仪陇模式”下的扶贫互助社在利用农村“熟人社会”相互间知根知底的信息优势的基础上，建立了一整套的风险贷款责任追究制度，使得绝大多数贷款申请人没有动机去引发道德风险。控制了风险，提供低息贷款就变得顺理成章。

第三，激励相容的机制设计促进了良性循环。在农村地区发展资金互助社的主要问题，就是如何以10% ~15%的利率放贷，同时尽可能覆盖到中低收入农户。社员入社即带有两方面的利益诉求，即对贷款的请求权和对存款收益的索取权。村级扶贫互助社之间的贷款利率略有差异，但月利率都在0.9% ~1.5%之间（根据借款人的需求，农业产业、种植养殖业、贫困户低一些，而固定资产投入和消费型的贷款利率高一些），互助社每年给社员带来的股利收益率均在 5% 以上。如此一来，既能满足低息小额贷款需求，又有显著高于银行定存的收益率，这与农民的利益诉求是一致的，互助社便有了可持续发展的基础。除了社员之外，互助社管理人员面临的问题是如何持续性地获得较高的薪酬收入，“仪陇模式”下奖惩分明的制度安排使得管理人员有充足的动力去细致了解每一个贷款申请人的信用资质、尽最大可能降低风险发生的概率、同时在贷款发放之后尽力去回收。理性的市场参与人总会寻求最大化自身效用的行为决策，市场化程度过强则无法实现政策性目标，而在“仪陇模式”下政府对贷款用途是否违规等方面进行了严格的界定，一定程度上约束了管理人员利益导向的动机，体现了扶贫互助社支持“三农”发展的基本职能和使命。

第8章

农村公益性小额信贷发展

一、问题的提出及研究意义

据银监会官方数据，截至2017年5月底，我国银行业金融机构中有3家政策性银行、5家大型商业银行、12家股份制商业银行、133家城市商业银行、8家民营银行、1154家农村商业银行、37家农村合作银行、1019家县级农村信用社、25家地市级农村信用社、1家邮政储蓄银行、4家金融资产管理公司、40家外资法人金融机构、1家中德住房储蓄银行、72家信托公司、241家企业集团财务公司、65家金融租赁公司、5家货币经纪公司、25家汽车金融公司、20家消费金融公司、1488家村镇银行、13家贷款公司以及48家农村资金互助社，银行机构网点总数达到20.02万个，从业人员380万人。同时，银监会还会批准更多的民营银行或地方股份制商业增设分支机构。据统计，截至2017年5月底，已经有17家民营银行被银监会获准筹建，其中已经开业的有11家。

就我国现有银行业状况而言，可以说，机构种类已经比较齐全，数量已经比较庞大，不论是发达地区还是欠发达地区，正规金融机构服务的供给都是比较充足的。但是，对于农村偏远地区、农村贫困群体以及大农户、家庭农场、合作社、龙头企业等农村新型经营主体、城乡小微企业等，大量存在小额信贷需求，而正规金融机构在向他们提供服务时，由于普遍面临信息不对称、操作成本相对较高、缺乏具有法律意义上规范的抵押品等，其信贷需求普遍受到排斥。因而，中国农村还需要非正规金融机构、公益性信贷机构等的金融服务，作为正规金融服务的补充，这也是中国公益性小额信贷之所以一直存在，并且在某种程度上还不断发展的重要原因。

公益性小额信贷，在发展初期，一般被界定为扶贫小额信贷。在经济转型和发展阶段，被广泛界定为不以盈利为目的但以财务可持续的方式、专注于向那些难以从商业金融机构获得信贷服务的经济活动主体提供信贷服务甚至包括非金融服务的信贷组织。可以认为，公益性小额信贷的客户群体，都是受到正规金融机构排斥的群体，是弱势群体，那些偏远地区、贫困地区的公益性小额信贷，面对的可能更多的是贫困群体。那么，中国农村公益性小额信贷机构发展状况如何？它们怎么满足弱势群体的信贷服务需求的？中国农村公益性小额信贷发展存在什么趋势性特征？是否具有可持续发展能力？在正规金融机构和服务、互联网金融（特别是 P2P）越来越发达的时代，农村公益性小额信贷机构出路何在？诸多问题，值得从理论和实证角度去思考。

二、农村公益性小额信贷发展出现机构多元化格局

在中国，农村公益性小额信贷机构发展历程，实际上就是中国小额信贷发展的历程。为此，需要回溯小额信贷在中国的发展。

在 20 世纪 80 年代，中国的改革开放和经济转型处于发展初期，银行金融机构的数量有限，1985 年，仅仅只有工农中建四大银行，而农村信用社也仅仅是农业银行的基层分支机构，银行业垄断经营程度较高，80 年代中期以来处于快速成长的民营经济主体、个体工商户、农户等的小微金融服务被排斥在正规金融服务市场之外，众多的小微企业、农户的金融服务需求得不到满足。

90 年代初期，虽然出现了银行金融机构多元化的趋势，增加了交通银行、招商银行、中信实业银行以及一些城市信用社等，但是，新增加的股份制银行业务主要集中在一些经济相对发达的大中城市，城市信用社的实力极其弱小，仍然不可能惠及广大农村普遍存在的小微金融服务需求主体。这时，一些国际发展援助机构和非政府组织在中国农村扶贫过程中，开始介绍和试验小额信贷，企图以此改进中国扶贫资金到户率低和还款率低的问题，并开启了小额信贷在中国的发展历程，也启动了中国农村公益性小额信贷发展的历程。

如果从中国农村公益性小额信贷发展的初始资金来源和推动者角度分析，可以分为国际援华扶贫项目公益性小额信贷、政府机构主导的公益性小额信贷、国内民间力

量主导的公益性小额信贷、政府补贴引导拉动的公益性小额信贷四大类（参见表8.1）。这些公益性小额信贷的初衷均在于扶贫，只是资金来源和初始推动者不同。

表 8.1　　中国农村公益性小额信贷资金来源和初始推动者比较

产生基础	运作模式	资金来源及推动者	存在的组织案例
国际援华扶贫项目	国际组织出资、中国政府有关机构参与实施	联合国开发计划署（UNDP）	在全国17个省48个贫困县开展试点，目前仍有内蒙古自治区赤峰市昭乌达妇女可持续发展协会、贵州省兴仁县农村发展协会、甘肃省定西市安定区民富鑫荣小额信贷服务中心、四川省仪陇乡村发展协会、广西壮族自治区都安县UNDP项目办公室等10余家机构在运营
		联合国儿童基金会（UNICEF）	青海省大通县LPAC项目办公室、青海省尖扎县LPAC项目办公室等
		世界银行	地方政府世行项目办公室
		其他国际性援助机构	原盐池县小额信贷服务中心、云南省禄劝县的社区发展基金
	国际组织资金支持下的国内机构主导	中国社会科学院农村发展研究所等	河南省虞城县扶贫经济合作社
	中国扶贫基金会等半官方机构代理世界银行等援助项目	中国扶贫基金会等	中和农信项目管理公司
政府机构主导的公益性小额信贷	国内政府部门主导	工商联、妇联、工会、共青团、残联等	云南省昆明市妇女再就业服务中心、陕西省西乡县妇女发展协会
国内民间力量主导的公益性小额信贷	民间公益人士或组织主导	互助性、大众推动	重庆市开县民丰互助合作会、河南省濮阳市农村贷款互助合作社
政府补贴引导拉动的公益性小额信贷	村级自治组织	政府补贴、农户	贫困村资金互助社

（一）国际机构援助项目基础上成长起来的公益性小额信贷

联合国开发计划署（简称 UNDP）、联合国粮食计划署、联合国农业发展基金会、联合国人口基金会（简称 UNICEF）、联合国儿童基金会等国际组织，在 20 世纪 90 年代初期开始，通过贷款和无偿援助的方式，在中国中西部地区组织实施了若干个小额信贷扶贫的试点基础上成长起来的公益性小额信贷。后来，澳大利亚发展署、加拿大国际发展署、欧共体、福特基金会、国际小母牛组织、国际渐进组织、世界银行、世界宣明会、香港乐施会（Oxfam HK）等国家政府、多国组织、国际非政府组织等也在一些中西部贫困地区进行了小额信贷扶贫的试验。

国际援华扶贫项目公益小额信贷大体分为以下三类。

1. 国际组织出资、中国政府有关机构负责实施的扶贫小额信贷

第一，UNDP 的扶贫小额信贷项目试验，在中国的影响较大。UNDP 援助中国的扶贫项目，是中国国际经济技术交流中心组织实施的，选择四川仪陇、云南金平和麻栗坡、贵州兴仁等最偏远贫困的地区进行试点，先后在中国 17 个省的 48 个县市推行以扶贫等为目标的小额信贷项目。

为保证项目的实施，一般都在当地注册成立乡村发展协会或类似的社团组织，招聘专职人员在基层从事项目工作和信贷管理，这些人员被称为“社区工作队”队员。例如，内蒙赤峰昭乌达妇女可持续发展协会、贵州兴仁农村发展协会、四川仪陇乡村发展协会等。同时，在项目试点县，政府部门还成立专门的项目管理办公室来管理和实施项目。内蒙赤峰昭乌达妇女可持续发展协会，为本地区城乡妇女，特别是贫困和低收入家庭妇女，提供资金、技术等相关服务，帮助妇女就业和创业，提高发展能力，增加经济收入，改善生活质量，促进本地区经济社会可持续发展。其协会成立的最初目的在于实施 UNDP 援助的内蒙古扶贫与妇女参与发展项目，后来还实施了日本政府援助的敖汉旗妇女小额信贷扶贫项目、美国花旗银行通过孟加拉国“GT”援助的妇女小额信扶贫项目、美国格莱民基金会小额信贷项目、美国扶贫济困基金会小额信贷项目、世界银行和日本世川财团支持的能力建设项目、中德财政合作小额信贷发展项目，等等。截至 2016 年底，协会开展的小额信贷扶贫活动，已累计发放小额信贷 4 亿多元，已受益家庭 4 万个、受益人口 14 万多人，还款率始终保持在 99% 以上，风险贷款率控制在 0.5% 以下，实现了财务自我可持续。

第二，UNICEF 出资，中国地方政府具体组织实施的“贫困地区儿童规划与发展项目”（简称 LPAC 项目）。

LPAC 项目，于 2001 年开始启动，先后在中国 11 个省市区 34 个县开展，例如云南省腾冲、漾濞、泸水 3 个县，陕西省安康市汉滨区、岚皋县、镇坪县及铜川市印台区，湖北省秭归县等。LPAC 项目以推动贫困地区社会经济发展为目标，将生产技能培训与基础设施改良相结合，以增强贫困妇女参与社会发展意识，提高其创收能力，改变她们家庭生活条件，最终达到维护儿童各项权利的目标，提供小额信贷支持贫困妇女的创收活动。

第三，世界银行贷款项目实施中，通过小额信贷支持贫困户发展产业。20 世纪 90 年代中期以来，世界银行与中国国务院扶贫开发办公室合作，针对中国贫困地区实施了多轮大型综合扶贫项目，通过引进和创新扶贫机制，推进国家扶贫开发战略的实施。

在世界银行扶贫贷款项目实施过程中，以支持技术革新、提高农业生产率、产出率和农产品质量、加快农村收入增长为重心，除了注重以小额信贷方式支持农户产业发展以外，还一直比较重视贫困地区农户生产经营组织的培育，促进分散农户为主的农业生产走向组织化，提高农民的组织化效率，实现规模效益。

例如，2015 年 6 月，世界银行开启了与中国国务院扶贫开发办公室合作的在中国贫困地区实施的第 6 个大型综合性扶贫项目，在四川、贵州、甘肃 3 省 27 个县 537 个村开展贫困片区产业扶贫试点示范项目，通过提供技术咨询服务、农作物保险、投资农产品与服务促进产业价值链发展所需的资金、经营管理培训、办公设施等。扶持农民合作社，投资农业基础设施建设及服务，并鼓励农民合作社与能够提供市场渠道的涉农企业开展合作，促进农业发展，促进就业和增加收入，助力减少贫困。

第四，中国农村扶贫的推动，得到国际社会的广泛参与，在推动中国贫困地区农村综合发展过程中，留下了具有可持续发展能力的公益性小额信贷，例如云南省禄劝县的社区发展基金、原宁夏回族自治区盐池县小额信贷服务中心等。

1992 年，香港乐施会开始在中国西南地区开展农村综合发展项目。项目实施过程中，不断完善项目策略，项目策略从满足社区基本需求为主，过渡到以项目为主体，再过渡到以人为本的农村综合发展。农村综合发展项目体现在各个部门的广泛参与，项目领域涉及小型基础设施建设、混农林业开发、粮食作物和经济作物的生产、养殖业、小额信贷、基础教育、村级健康卫生体系、灾害防治和关注妇女的活动。香港乐施会在中国西南地区实施发展项目中，也利用了小额信贷来促进贫困地区社区的综合发展，以满足贫困农户和低收入农户生产（特别是种养殖业）资金需求为宗旨。香港乐施会早在 1999 年就在中国西南、西北地区的农村生计项目中推动农村社区综合发展时，就在传统扶贫小额信贷基础上，创造性地推行了社区发展基金小额信贷模式。1999 年 4 月开始，香港乐施会率先在云南禄劝县实施和推行了该制度模式，后来，还先后在贵州、广西、陕西、河北、湖北等省的农村社区综合发展项目中推广社区发展基金小额信贷模式，涉及到 20 多个县市的 30 多个乡、50 多个行政村、100 多个农村社区。

1998 ~ 2003 年，被概括为“霍山模式”的安徽省霍山县中荷扶贫项目中，也正是利用了社区发展基金模式，才使霍山中荷扶贫项目更具特色。

2. 国际组织资金支持下的国内机构主导的扶贫小额信贷

1993 年 9 月，中国社会科学院农村发展研究所成立的“小额信贷扶贫”课题组，研究孟加拉格莱珉银行模式的小额信贷，探索符合中国国情的小额信贷扶贫模式和小额信贷的管理经验，并得到福特基金会的资助，以后又获得了孟加拉乡村银行的低息贷款，台湾企业家杨麟先生、花旗银行等多家国际组织和人士的资助。先后在河北省易县、河南省虞城县和南召县、陕西省丹凤县等 6 个县借鉴孟加拉格莱珉银行的小额信贷模式，建立了以开展小额信贷为主要内容的扶贫经济合作社。

3. 中国扶贫基金会等半官方机构代理世界银行等援助项目扶贫小额信贷

中国扶贫基金会小额信贷项目，是这类项目的典型代表。

1996 年开始，中国扶贫基金会小额信贷部开始负责中国秦巴山区世界银行贷款项目中的小额信贷项目，在项目区服务那些不能从正规金融机构获得贷款但是具备一定生产经营能力的贫困人群。随着中国扶贫基金会小额信贷部的范围不断扩大，惠及的贫困群体的不断增加，2008 年，中国扶贫基金会在其小额信贷部的基础上组建了“中和农信项目管理有限公司”，专注于小额信贷扶贫项目的管理与拓展。“中和农信”坚持优先支持妇女发展的原则，将“输血”“造血”相结合，设计了“信贷业务 + 农民培训”的模式，不仅为贫困农户提供金融支持，还为这些项目农户提供生产技术、经营管理、法律知识等多方面的培训和市场信息服务。不但大大提高了农村妇女地位，也促进了贫困农户可持续的增收机制的培育。

2016 年，中和农信放款 39.7 万笔，放款 66.5 亿元，平均单笔贷款额度为 16760 元，64.65% 的贷款额度在 1 万 ~ 3 万元之间，用于发展农村种养殖业的贷款占比为 52.37%；2016 年底贷款余额 43.6 亿元，有效客户 36.6 万个。截至 2016 年底，中和农信累计放款 165.9 万笔，累计放款额 192.2 亿元。截至 2017 年 4 月底，中和农信小额信贷项目已经覆盖全国 20 个省市区的 251 个县域、3809 个乡镇、76838 个行政村，有效客户 38.4 万，贷款余额 49 亿元，户均贷款 12769 元。中和农信是中国覆盖面最广的小额信贷机构，还获得中国农业银行、国家开发银行、渣打银行等机构的批发贷款和授信，也被誉为“中国的穷人银行家”。

2015 年 9 月，中和农信旗下的互联网金融平台“乡信金融”上线，旨在借助互联网技术为农村的微型创业者和投资者们提供借贷居间服务。

（二）政府机构主导的公益性小额信贷

一般情况下，资金来源是财政资金或扶贫贴息贷款、国内外援助资金，通过工商联、妇联、工会、共青团、残联等实施小额信贷，是以政府机构和金融机构为运作机构的准政策性或公益性小额贷款扶贫项目。

工商联、妇联、工会、共青团、残联等部门，单独成立机构，以 NGO 的模式存在，运作专门针对中低收入群体服务的扶贫小额信贷。例如云南昆明妇联建立的再就业服务中心，利用妇联联系广大妇女的组织体系，与人社部合作在妇女中开展再就业小额担保贷款业务。陕西西乡妇联开办的妇女发展协会，利用公益组织的资助，在本地开展针对妇女的小额信贷服务，并参与扶贫小额信贷的工作。

（三）国内民间力量主导的公益性小额信贷

这类公益性小额信贷的产生与发展，其主要特征在于以下三点。

（1）具有社会责任意思的民间公益人士或民间组织主导。

（2）带有互助合作性，有本地居民的广泛参与。

（3）资金来源一般有发动者的投入、本地居民的入会资金和互助性储蓄。

由于这类公益性小额信贷可能带有私人投入，一般更具有顽强的生命力，因而，更具有可持续发展能力。但是，发展初期发动居民的过程相对难度较大。

（四）政府补贴引导拉动的公益性小额信贷

21 世纪初以来，中国扶贫模式表现出较显著的变化，就是扶贫模式的金融手段化，更多的利用信贷扶贫模式，以及更多地通过市场力量和多种创新性的制度安排为中低收入者提供机会，以更有利于可持续的方式推进扶贫、向中低收入群体提供金融服务。其中，贫困村村级互助资金，就是一种重要的金融扶贫模式。

2006 年 5 月，国务院扶贫办、财政部出台《关于开展建立“贫困村村级发展互助资金”试点工作的通知》（国开发办〔2006〕35 号），由政府安排一定数量的财政扶贫资金，在贫困村内建立互助资金，村民以借用方式周转使用互助资金发展生产。互助资金的来源有二个：一是政府财政专项扶贫资金，二是村民自愿入股资金。在一些省区，有关部门还有偿或无偿投入一部分资金。

2006 年，首先在全国 14 个省（区）的 140 个村开展了“贫困村村级互助资金试点”，以财政扶贫资金为引导，村民自愿按一定比例缴纳的互助金为依托，在贫困村建立民有、民用、民管、民享、周转使用的生产发展资金。它通过组织创新实现农村基层社区的权利调整，并对农户赋权和对农户中弱势群体的权利给予保护（陆汉文、钟玲，2008）。村级互助资金模式，因不存在准入门槛，实现了农村金融供给系统与需求系统的显结构与隐结构的协调与一致（李喜梅，2008），更接近需求、适应农村金融需求特点、惠及面广、群众认可度高，被纳入国家涉农扶贫体系。因而试点范围迅速扩大，并在全国范围内推广，也是世界银行第五期技术援助贫困社区滚动发展模式研究与试点项目的出发点，四川旺苍、河南叶县，就是该模式的代表。截至 2015 年 12 月底，全国大约 2 万个村组建了村级互助资金组织。山东全省 37 个县开展试点，扶贫互助社数量发展到 964 个，加入扶贫互助社的农户达 17. 04 万，其中贫困户达 4. 8 万户，全省互助社资金总规模达到 2. 73 亿元，其中省以上财政资金 2 亿元，农户缴纳资金 0. 66 亿元，其他资金 0. 07 亿元。

三、农村公益性小额信贷发展出现的重要变迁

在发展的最初阶段，各公益性小额信贷项目和组织，独立运作、自我发展，但

是，主要存在以下一些问题。

一是大多依靠捐助资金发展，资金规模有限，发展需要的后续资金来源缺乏，社会商业性市场化融资手段和机制缺乏，难以满足社区居民生产生活发展的资金需求。

二是产权关系不明晰，委托代理成本较高。

三是项目性而非组织化运作，而项目具有一定的执行期，对项目结束后小额信贷的存在机制缺乏明确的制度上的安排。

因此，各公益性小额信贷项目和组织，在发展过程中，为了更具有可持续发展能力，不断探索创新路径，出现显著的制度安排上的变迁特征。

（一）项目运作的组织化、机构化、专业性

以项目方式运作的公益性小额信贷，其项目参与者组建独立出来，在政府部门的支持下，成立专门的机构，或者在民政部门注册，或者以民间 NGO 的方式存在，建立专业化运作小额信贷的队伍，改变了其存在的形式。

例如中和农信项目管理公司，起源于 1996 年。1996 年，世界银行贷款秦巴山区扶贫项目启动，其中包括由中国西部人力资源开发中心在四川阆中和陕西安康实施的小额信贷试点项目。该项目计划通过小额信贷支持当地农户改善自我就业增加现金收入，提高综合素质，增加脱贫致富的能力。2000 年，中国扶贫基金会全面接管中国西部人力资源开发中心的小额信贷项目，并组建小额信贷项目部。2001 年，国务院扶贫办下发文件（国开办函〔2001〕25 号）：根据国务院《中国农村扶贫开发纲要（2001—2010 年）》第 27 条的精神，同意中国扶贫基金会作为小额信贷扶贫试点单位，标志着中国扶贫基金会小额信贷扶贫试点正式获得国家认可。2005 年，中国扶贫基金会提出小额信贷由项目型向机构型转变的战略部署，在国内率先建立直属分支机构开展信贷业务。同年，引进了国际化的小额信贷专业管理软件。2008 年 11 月 18 日，中国扶贫基金会将小额信贷项目部转制成为中和农信项目管理有限公司。

宁夏惠民小额贷款有限公司，于 2008 年 12 月 16 日成立，其前身盐池小额信贷项目始于 1996 年，是在爱德基金会资助的“盐池县爱德治沙与社区综合发展项目”的基础上，在盐池县委、政府以及中国农业大学、法国沛丰等方面的大力支持下，

参照孟加拉乡村银行（GB 模式），结合盐池县的实际和当地农户的信贷需求而设计的。为便于项目管理，于 2000 年在盐池县民政局注册成立了一家专门的社团机构——盐池县妇女发展协会（盐池县小额信贷服务中心）。

2007 年以来，在宁夏回族自治区金融办的支持和协调下，通过国家开发银行宁夏分行以及宁夏农业综合投资公司的支持，机构得到了快速发展，并于 2008 年改制成为全国公益性小额信贷机构中第一家获批的、公益资本控股的信贷机构——宁夏惠民小额信贷有限公司，自此，机构步入了合法、规范、快速的发展轨道。公司秉承“厚德亲民、兼爱互利”的价值理念，坚持“面向三农、关注贫困、微贷惠民”的宗旨，以广大的农村妇女为主要对象，量身打造了一套既适合地域特色，又符合公司发展的极富特色的经营方法，即“信贷资金 + 服务培训”和“低额度、广覆盖、高还款和高效益”的小额信贷模式。

（二）产权逐渐明晰，组织形式逐渐转型成为股份有限公司，为商业可持续发展提供了基础

最典型的代表就是始于 1996 年盐池小额信贷项目的宁夏惠民小额贷款有限公司。

始于 1996 年的盐池小额信贷，其操作主体先后为政府主导的办公室、社团性质的协会（盐池县妇女发展协会）、民办非企业性质的中心（盐池县小额信贷服务中心）、股份制的宁夏惠民小额贷款有限公司，其历程涵盖了中国小额信贷发展的四种形式。

1996 年，盐池县沙边子基地开始了和中国农业大学发展学院的合作，于 1997 年成立了外援项目办公室，1999 年 12 月爱德基金会资助的“盐池县治沙与社区综合发展”项目落户盐池，为了便于项目管理，2000 年在县民政局注册成立了“盐池县妇女发展协会”，但是，在发展过程中，面临贫困农户资金需求较大而机构服务能力很有限的问题，为了使机构的资产权属更加明晰并吸引外部投资，2006 年 8 月，于盐池县民政局注册成立了盐池县小额信贷服务中心，2008 年 10 月由爱德基金会、宁夏扶贫与环境改造中心（嘉道理基金会提供资助）、盐池县妇女发展协会 3 家 NGO 组织发起，吸收宁夏绿海苜蓿产业有限公司、宁夏众工电器有限公司两家企业参股，组建了宁夏惠民小额信贷有限公司，成为全国公益性小额信贷机构中第一

家获得公司注册的、由公益资本控股的小额信贷机构。2009 年 3 月注册成立了同心县惠民小额信贷服务中心，逐渐将业务由盐池县扩展至同心、西吉、海原、原州、红寺堡、隆德、海兴等区县。截至 2017 年 5 月底，贷款余额 4.7 亿元，有效客户 2.24 万户，在宁夏回族自治区内有 8 家区县级分公司，并进驻甘肃和政县，江西项目也在探索中。

当然，也有其他一些公益性小额信贷机构改制转型注册成为企业法人，例如甘肃省定西市安定区民富鑫荣小额信贷服务中心等。

（三）融资来源逐渐市场化、渠道多元化，摆脱了对于捐助的依赖

运作的机构化和产权的明晰，有利于外部资金以股权或者以债权方式介入，便于扩大资金来源，以满足更多的小额信贷需求。

1. 中和农信项目公司化运作后，债务融资渠道拓宽，业务规模迅速拓展

2005 年由项目型向机构型转变、2008 年转制成为中和农信项目管理有限公司，是中国扶贫基金会公益性小额信贷发展的关键转折点，由此也为拓展外援融资提供了基础，为业务规模的迅速扩张提供了条件。

2005 年，中国扶贫基金会小额信贷实施由项目型向机构型转变的战略部署以后，先后获得国家开发银行 1 亿元授信、渣打银行 2000 万元批发贷款，成为国内首家从银行获得批发贷款的小额信贷机构；2007 年，当年累计放款量首次突破 1 亿元，同时开始试点个人贷款产品。

2008 年 11 月 18 日，中国扶贫基金会将小额信贷项目部转制成为中和农信项目管理有限公司以后，获得中国农业银行 2 亿元授信，还成功接入中国人民银行征信系统，并成长为中国最大的公益性小额信贷机构。2011 年，中和农信有效贷款客户首次突破 10 万户，年度放款额超过 10 亿元。2013 年，中和农信贷款余额超过 10 亿元，项目县超过 100 个，员工人数过 1000 人。2014 年 12 月 9 日，中和农信 2014 年第一期公益小额贷款资产支持专项计划成功设立。这是中和农信尝试以市场化的方式吸引更多社会资本进入公益领域的新成果。截至 2017 年 1 月底，中和农信已在全国 19 个省、市、自治区设立 216 家分支机构，其中 81% 在国家级或省级贫困地区；中和农信全国员工总数超过 3170 名，累计发放贷款 202 亿元，支持的客户超过 400 万，为中国的扶贫事业提供了有力补充。

2. 宁夏惠民小额贷款股权结构调整以后，股权融资和债务融资渠道均得到拓展

如果说中和农信的发展，带有一定的政府背书的成分，那么，宁夏惠民小额贷款公司的发展则市场化要素更加突出。

2006 年 8 月，盐池县妇女发展协会于盐池县民政局注册成立了盐池县小额信贷服务中心以后，先后通过政府平台得到国家开发银行宁夏分行贷款支持，2008 年 10 月由爱德基金会、宁夏扶贫与环境改造中心（嘉道理基金会提供资助）、盐池县妇女发展协会 3 家 NGO 组织发起，吸收宁夏绿海苜蓿产业有限公司、宁夏众工电器有限公司两家企业参股，组建了宁夏惠民小额信贷有限公司，成为全国公益性小额信贷机构中第一家获得公司注册的、由公益资本控股的小额信贷机构，后来，还得到宁夏农业综合投资公司的支持。2015 年，宁夏惠民小额贷款有限公司吸收国有企业东方邦信资本管理有限公司资金，公司更名为“宁夏东方惠民小额贷款有限公司”，并正式启动上市计划；同年 10 月，为便于企业上市计划的推动，在自治区政府的支持下，公司正式更名为“宁夏东方惠民小额贷款股份有限公司”。

从 2009 ~ 2017 年 5 月，宁夏惠民小额贷款有限公司先后进行过 6 次股权转让、7 次增资扩股，资本金已经由最初的几百万元扩大到 1 亿元，成为了一个股权结构多元化的股份有限公司（见表 8. 2）。

表 8. 2　　宁夏东方惠民小额贷款股份有限公司股权结构表

	发起人	持股数量（万股）	出资方式	持股比例（%）
1	宁夏普惠投资咨询有限公司	4240	净资产折股	42. 4
2	东方邦信资本管理有限公司	2669	净资产折股	26. 69
3	宁夏众工电气工程有限公司	1060	净资产折股	10. 6
4	盐池县和建工贸公司	850	净资产折股	8. 5
5	银川博如信息咨询服务有限公司	570	净资产折股	5. 7
6	北京小微悦一号股权投资基金管理合伙企业	331	净资产折股	3. 31
7	盐池普惠农业技术咨询服务有限公司	280	净资产折股	2. 8

（四）出现合作与联合发展趋势

随着农村经济发展，在农村正规金融供给越来越充分的情况下，一些要素正在

显现：一是一些地区农村公益性小额信贷组织发展空间受到挤压；二是农村正规金融服务供给到达贫困农户、小微企业、农村新型经营主体的机制还不健全的情况下，一些地区的农村公益性小额信贷组织，有了更大的发展空间；三是一些地方的公益性小额信贷组织，特别是扶贫部门与财政部门共同推进的贫困村资金互助组织，鉴于监管成本较高，在一些地方出现操作风险；四是发展融资需求提升，但是外援融资出现困境；五是缺乏政策与法律制度保障；等等。这些要素，都是农村公益性小额信贷组织组织、业务不断创新的压力和动力因素。

在中国国际经济技术交流中心小额信贷管理处的推动下，特别是发源于 UNDP 项目的公益性小额信贷组织，在组织层面强化合作制度机制，同时，外部联合，成立具有行业协调管理、组织协调、资金合作发展服务中心，例如仪陇县民富农村可持续发展服务中心（简称民富中心）、湖南湘西州民富鑫荣服务中心、丹寨民富农村可持续发展中心就是这方面的案例。

2005 年 7 月，为探索财政资金扶贫到户模式，在国务院扶贫办和相关部委的指导支持下，全国第一个扶贫互助资金组织（扶贫互助社）在仪陇县三蛟镇昆山村诞生，并形成了“扶贫互助资金仪陇模式”，在全国普遍复制和推广，受到国家和社会各界的广泛关注。2005～2010 年，仪陇县扶贫互助社运行较为稳定、风险可控，在帮助贫困农户提高收入、促进产业发展、促进社区稳定等方面发挥了积极作用，但是其资金规模始终比较小，带动作用就比较小，与脱贫攻坚的现实需要不相适应。

为更加有效地发挥合作金融的作用，2011 年开始，仪陇县着手对扶贫互助社进行创新，出台规范文件《仪陇县村级扶贫互助社管理细则》，包括：《总则》《互助社日常管理量化考核项目及评分标准》《互助资金风险管理办法》《互助社管理人员薪酬管理办法》《互助社和管理人员退出机制》《互助社日常工作管理办法》。2013 年 3 月至 2014 年 1 月，仪陇县扶贫和移民工作局申请“联合国开发计划署（UNDP）援建中国建设普惠金融体系项目——仪陇县小额信贷扶贫创新试验子项目”，县政府同中国国际经济技术交流中心签署试点项目合作备忘录。按照项目实施协议，成立了仪陇县民富中心，并以民富中心为实施载体对仪陇县全县的扶贫互助社进行孵化、培育、改造，推动互助（合作）社发展、提升管理水平、提供相关服务、引进外部资金、开展公益活动和项目合作等工作。为仪陇县扶贫互助社的发展提供专业化、市场化服务，以促进扶贫互助（合作）社和民富中心的健康可持续发展。

民富中心接受扶贫互助社业务主管部门（仪陇县扶贫和移民工作局）的委托，为互助社提供孵化培育、政策咨询、财务代管、业务培训、技术指导、市场信息等服务。民富中心专门设立专用款项，用于为代管互助社（合作社）进行资金余缺调剂（解决村级扶贫互助社互助资金充盈时的闲置，为产业合作社互助资金不足时成员急需借款时的应急），预防村扶贫互助社互助资金挤兑风险。专用款项的资金来源由中国国际经济技术交流中心资助的 150 万元项目周转资金、个别村互助社充盈资金、代管村互助社三金（风险金、公益金、公积金）、村扶贫互助社管理人员的上岗保证金组成。

（五）行业自律组织是农村公益性小额信贷组织发展的助力器

公益性小额信贷组织的健康发展，也离不开内部监督与外部监管机制的构建，而来自政府部门的监管机制是比较弱的，这样，行业自律组织的引导，就是公益性小额信贷行业发展的主要因素。

2003 年底，为适应小额信贷发展的需要，参考人民银行政策研究报告的建议，作为最早开展小额信贷实验示范及研究的中国社会科学院农村发展研究所、管理着国内规模最大的外援小额信贷项目的商务部中国国际经济技术交流中心，决定发起成立中国小额信贷行业协会（或网络）。后又得到全国妇联发展部的大力支持。经征求民政部意见，2005 年 11 月在花旗基金会的资金支持下，中国社会科学院农村发展研究所、商务部中国国际经济技术交流中心和全国妇联妇女发展部联合发起成立了“中国小额信贷发展促进网络”。

在 2010 年 9 月 17 日召开的中国小额信贷发展促进网络的年会上，经出席会员代表大会的全体会员机构代表一致通过，将“中国小额信贷发展促进网络”正式更名为“中国小额信贷联盟”（以下简称“联盟”）。联盟成立初期，会员主要由公益性质的扶贫小额信贷组织构成，随着中国小额信贷行业的发展，联盟逐渐吸收了从事小额信贷业务的商业银行和小额贷款公司等机构作为其会员。截至 2016 年 12 月 31 日，联盟的正式会员机构有 176 家，覆盖全国 27 个省市。

不过，从中国小额信贷联盟的会员结构分析，与成立初期的会员构成比较，2016 年底的会员构成，已经发生了较大的变化（表 8.3），小额信贷服务咨询机构

P2P、中介机构数量增加较快，而非政府组织和农村资金互助社会员则没有增加，甚至比最初的 2005 年减少了。

在全球化背景下，小额信贷联盟参考国际小额信贷发展状况和规律，将小额信贷定义成为贫困、低收入人群和微型企业提供的信贷服务，并进而将小额信贷服务拓展到包括储蓄、汇款和保险在内的微型金融领域。在关注低端人群金融服务的同时，联盟也积极促进为所有阶层提供全方位金融服务的普惠金融体系的建设，并努力将微型金融纳入普惠金融体系之内。

表 8.3　　中国小额信贷联盟会员来源统计

	2016 年	2010 年	2005 年
非政府组织和农村资金互助社	52	52	63
商业银行	8	11	2
小额贷款公司	10	8	0
小额信贷服务咨询机构 P2P	66	3	1
中介机构	36	15	4
协会	4	2	0
合计	176	91	70

资料来源：根据中国小额信贷联盟历年年报整理。

自成立以来，联盟与人民银行和银监会等政策和监管部门保持着密切的联系与合作，在政策倡导、行业自律、培训研究、信息交流和筹资服务等领域开展了大量工作，为会员提供了卓有成效的服务。在花旗网络能力建设项目的支持下，联盟自身的治理结构和服务水平也得到了改善和提高。每年举办的年会和花旗微型创业奖已成为中国小额信贷领域备受关注的重大活动，也是联盟的品牌性活动。

作为我国最早的全国性会员制协会组织，联盟一直致力于推动我国小额信贷及普惠金融的健康发展。

2005 年，联盟积极支持与配合中国人民银行在全国 5 个省份试点小额贷款公司。同年，联盟首次将“普惠金融”一词引入我国，为后期普惠金融在我国的发展起到了抛砖引玉的作用。

2006 年，联盟邀请当年获得诺贝尔和平奖的孟加拉格莱珉银行创始人尤努斯教授在北京举办小额信贷国际论坛，并拜访了外交部、商务部、中国人民银行、银监会、扶贫办等部门，交流小额信贷发展经验，掀起了一股“尤努斯旋风”。银监会于 2016 年 12 月在全国 6 个省份试行 3 类新型农村金融机构，进一步推动了农村地区的金融改革。

联盟还积极开展行业自律工作。2011 年，联盟发布了《小额信贷客户保护公约》。2012 年，联盟牵头成立全国首家全国性 P2P 行业委员会，并发布和实施了《小额信贷信息中介机构（P2P）行业自律公约》，该公约的发布为 2016 年出台的《网络借贷信息中介机构业务活动管理暂行办法》提供了参考与借鉴。

四、公益性小额信贷发展可持续能力的案例分析

研究公益性小额信贷，需要关注四个问题：一是其服务机制是否有利于弱势群体信贷可获得性的提高；二是其财务可持续发展能力状况；三是融资可持续来源和保障；四是产权保障程度。

中国公益性小额信贷，从 20 世纪 90 年代初期产生以来，就一直缺乏政策与法律保障，因而，其产权保障问题无从谈起，也一直是中国公益性小额信贷领域发展之痛。不过，中国公益性小额信贷发展，其产生具有政府背景，产生时或多或少都得到政府的认同或者默许（没有强制性清理和关闭就是证明），鉴于其经营和发展的公益性、存在的社会属性较为突出，实际上，是直接或间接受到政府的背书的，而在中国，来自政府公权力的保护，可以类似于法律的保护，这样，可以认为，中国公益性小额信贷，具有存在的现实合法性基础。

因而，考察现阶段还存在的公益性小额信贷组织，一般仅仅考察需要关注的前三个问题就可以了。在此，以贫困村资金互助组织和内蒙古赤峰市昭乌达妇女可持续发展协会为例，分别考察其业务绩效和可持续发展能力。

（一）贫困村资金互助组织案例的考察分析

1. 发展的模式有利于其公益性的实现，运作绩效较好

贫困村互助资金，由民选产生的管理小组负责管理，形成民主化管理机制。是一种村民组内部的利益共管机制，按照“归全体村民所有，由村民民主管理、自主决策、共同参与、相互监督”的原则管理资金，全体村民大会每人一票民主推选公

道正派、有一定管理能力和责任意识强的 5～7 个村民组成“互助资金”管理小组，负责借款的审批、发放、回收和管理，内设的组长、会计、监督员各有具体明确的分工，形成相互制衡的机制。

按国开发办〔2006〕35 号文件和地方政府实施方案要求，试点村组一般还通过社区村民参与式方式，在社区居民需求分析基础上，制定了严格的“互助资金”内部管理办法，对资金的使用范围、审批程序、借款额度、期限、利率、利息用途、借款户比例，以及对特困户的扶持办法等都做出明确规定。资金只允许在村组内部借用，只能用于村民生产发展的创收性项目，不得平分给村民，不得用于抵扣往来款项，不得用于公益设施或非生产经营性支出，项目的选择不得破坏环境，不得损害他人利益。借款按照“户主申请、抵押或担保人签名、管理小组审查批准、公示、签订合同、放款”的规定予以办理。

在运作上，表现出以下特征。

（1）建立了互助金交纳与资金使用权之间的联系机制，有利于激励农户互助金的缴纳。一般情况下，借款额度为缴纳互助金的 5～10 倍。

（2）贷款程序操作简单，门槛较低，便于提高中低收入农户信贷的可获得性。

（3）坚持小额放款原则，互助社成员第一次单笔借款有一定的最高额度限制，守信的重复借款户，借款额度可以提高，但也有最高额度的限制，这样可以保证目标群体瞄准于资金需求量不大的中低收入农户，并有利于惠及更多的群体。

（4）坚持村民缴纳互助金不低于一定比例，缴纳互助金有利于提高社区居民对互助资金的拥有感和责任感，并由此树立了社区互助资金的“社区公共金融资源”概念，有利于社区居民参与社区公共事务和监督意识的强化。

村级互助资金的存在和运作绩效显著。

（1）是一种新的农村金融组织类型，带来农村金融组织制度的创新，增加了农村金融供给方式，改变了农村金融组织结构。

（2）是根植于农村社区的金融本土力量，是内生于社区的，克服了农户与正规商业金融机构之间信贷融资博弈中存在的信息不对称困局。

（3）村级互助资金，通过资金在社区内的动员和流转，为社区居民提供了一个低成本融资渠道，并促进居民的消费和投资行为的改变。同时，这种消费与投资行为的改变是建立在信息对称、控制权的获得基础之上的，实际上是一种消费和投资行为的优化。

（4）培育了农户的参与意识与民主管理能力，促进了他们在新农村建设中主体地位的提升。由财政扶持建立“互助资金”，是建立在政府对村民充分尊重和信任基础上的，通过健全公开透明的财务制度和监管制度，唤醒了农户的自我意识、参与意识和主体意识，从而激发了村民主动参与村内外事务管理的热情。

（5）互助资金是社区公共金融资源，社区居民在关注社区公共资源的有效运作与利用公共资源的内在冲动的基础上，结成了利益相关者共同体和信用共同体，培养了村民的诚信意识，优化了农村信用环境。

（6）“贫困村村级发展互助资金”是以资金为核心，促进农户资金合作、生产互助、购销联合“三位一体”的新型合作方式，能够提高农户经营水平和产品的市场竞争能力，实现各种生产要素的整合，增加农户收入，提高农村民主管理水平。

山东沂源县西里镇苗庄村，2007 年 11 月建立贫困村村民发展互助资金协会。初期，协会共有会员 766 户，6 个中心组，资金 76. 6 万元，其中财政扶贫资金 39. 1 万元，会员入社资金 37. 5 万元，截至 2014 年底，互助资金总额达到 118. 84 万元，其中中央财政资金 5 万元，省财政资金 48. 1 万元，社员自筹资金 45. 4 万元，放款收入转增资本金 16. 63 万元，其他资金 3. 71 万元。2007 ~2014 年期间，累计向会员发放借款 2518 户次，发放借款 1164. 48 万元。较好地满足了社区居民的小额信贷需求。

2. 影响贫困村资金互助组织可持续发展的两大不利因素

村级互助资金，消除了商业金融运作中因委托代理高成本、信息不对称而带来的服务困境，增强了金融资源配置的有效性，提高了组织绩效。但是，在其运作过程中，也存在一些不利于其可持续发展的因素。

（1）村级互助资金小额信贷，如果没有相对完善的内部管理机制，其运作的风险比商业银行更高。一是资产组合的稳定性比传统银行差，短期内资产质量可能出现明显恶化。二是如果出现同样金额的贷款损失，村级互助资金受到的打击将更大。

（2）村级资金互助运作过程中有可能出现“精英俘获”现象，资源可能更多的被经济或政治上的强者所占用。

（3）因为资金规模有限，缺乏完善的考核与激励机制，不具备组织更健康、快速成长的内在要素。公益性小额信贷，作为一种非营利性制度安排，具有美国哈佛大学阿索尼（Anthony，1994）在 *Management Control in Nonprofit Organization*（《非营利机构的管理与控制》）一书中总结的非营利性组织在管理控制过程中的九大特点中的部分特点，例如，它是属于服务组织、利润不是主要的考核指标、有税收和法律上的优惠政策、有特定的目标导向设定和发展战略选择、目标群体不是主要的资金来源提供者、权责利不是十分紧密，等等。因而，可能出现责任机制和发展动力机制缺失问题。由于资金规模有限，无法提供具有竞争力的薪酬，经营管理者的劳动具有志愿者或准志愿者性质，不拿报酬，或者是象征性领取较低的补贴，或者是获得非市场化的工资，个人利益激励不足，久而久之，可能出现社会志愿精神不足，因而影响组织的效率和工作效果。

（4）竞争机制缺失。村级互助资金不是通过市场机制配置金融资源的，而是在金融供给严重不足约束下垄断性地向特定的受益群体提供服务，因而，创新产品、改善服务、提高服务效率的压力不足。

同时，虽然贫困村资金互助性公益性小额信贷组织群体巨大，但是，由于其规模小，社会信息渠道不充分，组织运作上具有封闭性和排他性，组织间的合作与联系仅仅依靠政府管理部门提供的机会，社会组织和中介组织、行业自律组织的影响很有限，甚至没有，中国小额信贷联盟成员里面，没有贫困村资金互助性公益性小额信贷组织的身影，就是证明。

因为资金规模有限，缺乏完善的考核与激励机制，不具备组织更健康、快速成长的内在要素，竞争机制缺失，也是一般的公益性小额信贷具有的典型特征，是公益性小额信贷先天性不足的表现。

（二）赤峰市昭乌达妇女可持续发展协会具有较强的可持续发展能力

赤峰市昭乌达妇女可持续发展协会（简称 CZWSDA）小额信贷，是中国国内NGO 公益性小额信贷的典型案例。CZWSDA 小额信贷具有明显而典型的可持续发展能力特征。

一是目标定位、宗旨与经营策略有利于实现妇女可持续发展。赤峰市昭乌达妇女可持续发展协会小额信贷，主要借鉴的是孟加拉乡村银行模式（GB），以赤峰市城乡贫困妇女为支持对象。其宗旨是利用国内外资金及其他支持，向贫困妇女提供小额信贷、技术、市场、法律、卫生等相关服务，增加农户经济收入，促进本地区经济、环境与人类的和谐发展。目标是把协会建设成自主经营、自负盈亏、自我发展、运作规范、管理科学的能够长期为贫困妇女提供服务的可持续发展的小额信贷机构。

二是贷款对象主要是城乡有劳动能力的中低收入妇女群体。贷款对象选择上，坚持贷穷不贷富、贷女不贷男。协会的目的是为妇女提供小额信贷服务，因此其贷款对象限定于上年收入较低、家庭比较贫困、家庭资产净值较低、具有劳动能力和一定劳动技能、确有创收项目并遵纪守法的农村和城市贫困妇女。

三是实施了有利于激励借款者守信并及时还款的贷款额度安排。贷款额度安排上，借鉴了国际上通行的试验性贷款的模式，首次借款额度较低，给予守信的客户重复借款的机会，并逐渐提高借款额度，但实行最高额控制。

四是实行小组联保，不用抵押，不仅利用了成员之间的信用筛选机制和监督机制，也大大提高了中低收入群体的信贷可获得性。与传统商业银行放款模式要求的抵押担保模式不同，协会小额信贷实行小组联保贷款制度。联保小组，一般由 5 名左右的会员组成，3 ~ 6 个联保小组组成一个中心。贷款收放，均以中心为基础，集体行动，也可以降低贷款收放的成本。收贷时，如果出现个别会员不能及时还款，则由同组的其他会员代为还款。

五是实行可持续利率，以利于构建协会可持续发展的机制。虽然协会小额贷款的宗旨是扶持城乡弱势妇女群体，但是，为了实现扶持城乡弱势妇女群体的可持续，放款利率必须覆盖成本与风险，其利率是为实现自我发展目标的可持续利率。CZWSDA 放款实施的利率，名义上低于当地农村信用社、农村商业银行的利率，但是，因为是分期还款，所以，各种贷款品种的实际利率高于当地农信社利率。在利率高于农村信用社利率情况下，会员还从协会申请借款的原因主要在于：一是部分会员在农信社贷款后，同时也在协会贷款作为补充的流动资金；二是在农信社申请贷款一般时间较长；三是在农村信用社申请贷款可能存在隐形成本，比如交通费、人情成本等，而协会贷款更加公开透明，送贷上门，贷款申请成本较低。

因而，CZWSDA 的小额信贷资金能够实现良性循环。截至 2015 年底，CZWSDA 有效客户 5856 个，贷款余额 3983 万元，贷款到期还款率为 99.34%。

五、简要研究结论与政策建议

（一）简要研究结论

（1）中国公益性小额信贷，在中国消除扶贫、满足社会弱势群体的金融需求方面发挥了重要作用，在中国经济转型和发展的时期，仍然有不可替代的作用。

（2）公益性小额信贷存在的具体形式已经出现机构、组织、运作模式多样化格局。

（3）农村公益性小额信贷发展出现了重要的制度安排上的变迁，主要表现为项目运作的组织化、机构化、专业性；产权逐渐明晰，组织形式逐渐转型成为股份有限公司，为商业可持续发展提供了基础；融资来源逐渐市场化、渠道多元化，摆脱了对于捐助的依赖；并出现合作与联合发展趋势，同时，行业自律组织成为农村公益性小额信贷组织发展的重要助力器。

（4）农村公益性小额信贷组织，大多具有较好的运作绩效，不但满足了弱势群体的信贷需求，而且做到了一定程度上的可持续发展发展，但是，存在一些不利于可持续发展的影响因素，例如，因为资金规模有限，缺乏完善的考核与激励机制，不具备组织更健康、快速成长的内在要素，竞争机制缺失，也是一般的公益性小额信贷具有的典型特征，是公益性小额信贷先天性不足的表现。

（5）总的来说，我国的公益性制度主义小额信贷组织有很多实践案例表明在微观上与世界各国同类组织一样，是成功的。但为什么没有在贫困地区大规模的发展起来呢？可以说在宏观上是不成功的。中西部贫困村资金互助组织在微观上也是成功的，在宏观上仍难以说是成功的，总体上也在萎缩。之所以说在宏观上出了问题，不成功或难以说成功是因为从中央政府的一些相关部门到多数地方政府对推动这两类最真心实意扶弱扶贫，最愿意认真切实贯彻落实本届党中央金融扶贫脱贫要求的金融类组织发展的认识不够、作为不够、担当不够，而且不同部门之间以及不同层级政府之间缺乏有效统筹协调机制，因此，没有或缺乏在法规和政策上真正支持扶持它们健康和可持续地发展。

（二）促进农村公益性小额信贷可持续发展的政策建议

（1）要从普惠金融体系的构建出发，将公益性小额信贷纳入整个金融体系，看成是普惠金融体系的一个组成部分。落实《推进普惠金融发展规划（2016 ~ 2020 年）》所提出的要求，“同意支持农村小额信贷组织发展，持续向农村贫困人群提供融资服务”“通过法律法规明确从事扶贫小额信贷业务的组织或机构的定位”。围绕贫困户发展微型金融扶贫制度，并构建公益性小额信贷发展的辅助机制。例如培训、进入货币市场和资本市场、审计监督、治理结构完善、IT 服务，等等。

（2）促进公益性小额信贷规模性扩张，特别是注意扩大贫困村互助资金的规模，可以促使公益性小额信贷发展成为一个具有替代中国农村政策性金融不足而能够在更大地域范围内发挥作用的农村金融服务体系，满足农村贫困群体、小农、农村新型经营主体的信贷资金需求。

（3）建立内部监督与外部监管相结合的监督机制。内部监督机制，主要是通过在信息公开机制下的信息对称性途径建立，外部监管可能来自社会资方、主管部门、税务、工商、民政、审计或会计师事务所、媒体等，需要建立多渠道监督的机制。

（4）建立公益性小额信贷与正规金融机构之间的联结，是其可持续惠及更多的中低收入群体的基础和条件。政府甚至还可以许可那些运作较规范的公益性小额信贷开展村级成员内部的储蓄业务，将农村金融垄断的金融租金（张杰，1998）部分地回馈给农村社会。也可以将那些有一定规模的公益性小额信贷，转型注册成为小额贷款公司。或者是进行公益性小额信贷运作机制的创新，例如将贫困村互助资金存入农村信用社，作为借款担保基金，农村信用社多倍放大对村级互助资金合作社成员放贷。

2014 年，在山东省扶贫办支持和协调下，沂源县与国家开发银行山东省分行合作，开展面向扶贫互助社的金融扶贫试点。旨在通过项目的实施，拓宽扶贫互助社融资渠道，形成政府引导、金融支持、会员诚信参与、带动更多贫困户实现脱贫的良性循环及互动局面。金融扶贫贷款有效期为 1 周年，对于 1 年内诚实守信、无违约或不良还款记录的，优先进行再次授信，并适当降低贷款利率。贷款利率按国家开发银行同期政策性贷款利率标准（年利率 5.6%）执行。确定金融扶贫互助社需满足 6 个条件：①参加国家、省互助资金试点的村；②开展工作 2 年以上；③互助资金年利用率90%以上；④互助资金按期回收率100%；⑤产业初步形成，资金需求量大；⑥互助社社员诚信意识高，有发展积极性。根据条件筛选确定了9个扶贫互助社，共申请国开行贷款420万元。截至2015年5月底，已有3个互助社用款220万元，扶持135户，其中向74户精准识别户发放借款159万元。有利于贫困村资金互助小额信贷向可持续迈进。

（5）把公益性小额信贷当成村庄治理、社区发展与社区管理的要素来建设。作为一种新的组织要素，公益性小额信贷，特别是村级资金互助组织，是在中低收入群体资金使用权资源分配为中心的村民广泛参与下的运转，不仅有利于农户生产能力的培育，而且农户的参与意识将逐渐增强，农户对村庄治理、社区发展与社区管理的参与度均将逐渐改变，并逐步提高农民组织化程度。以公益性小额信贷组织特别是村级资金互助为载体，不仅可以逐步建立乡村社会的社群信任关系，并可能成为乡村社会稳定的重要要素。

因此，建议政府对于贫困村村级资金互助小额信贷组织资源进行进一步关注，扶持壮大和强化功能，而且，这可以成为贫困农村地区新型合作金融的基础和发展集体经济的载体，并且是强化农村乡村治理的组成部分。

（6）强化行业自律组织建设，加强其在公益性小额信贷发展中的指导作用。在中国，虽然存在“中国小额信贷联盟”这样的公益性小额信贷行业组织，并且也受到公益性小额信贷组织的广泛认同，其在中国公益性小额信贷发展中的作用不可小觑，但是，一直难以获得应有的法律地位，也一直难以为社会所理解。

参考文献

[1] 陆汉文，钟玲．组织创新与贫困地区“村级发展互助资金”的运行——河南、安徽试点案例研究．农村经济，2008（10）

[2] 李喜梅．农村金融机构与农民间显结构和隐结构的协调发展——破解中国农村金融困境的有效途径．财政研究，2008（2）

[3] Robert N. Anthony. Management Control in Non-Profit Organization [M]. Private Interest Government beyond Market and State Sage Publications Ltd. 1994. 51

[4] 张杰．中国金融制度的结构与变迁（1978－1998）．太原：山西经济出版社，1998

第9章

农村金融扶贫实践与创新[①]

中国的扶贫开发，是中国道路、中国经验和中国发展模式的重要组成部分，是人类社会扶贫的一个成功样板。自改革开放以来，我国的扶贫开发走过了近40年的历程，其间克服了无数困难，取得了举世公认的巨大成就。2013年，习近平总书记在考察湖南湘西时首次提出“实事求是、因地制宜、分类指导、精准扶贫”的扶贫战略，从此我国的扶贫开发走上了精准扶贫、精准脱贫的发展道路。作为贫困地区最渴望的金融管理者和各类金融机构，积极参与、主动创新，在扶贫开发上也取得了积极成效，并涌现出很多值得总结的经验和推广模式。

一、2016年前金融扶贫发展历程和政策内容

（一）我国金融扶贫的发展历程

新中国成立以来尤其是改革开放30多年来，我国扶贫脱贫取得举世瞩目的成就，据有关资料显示，中国约有7亿人口从贫困中实现了脱贫，占全球减贫人口的70%以上；按照多次提高后的最新贫困线标准，从2013年开始，我国每年减少贫困人口都在1000万以上，国家统计局数据显示，截至2016年底，我国贫困人口已经

---

① 本报告也是国家社科基金重点项目“完善我国精准扶贫精准脱贫机制路径和创新模式研究”的阶段性研究成果。项目批准号：15AZD074。

下降到了 4335 万人，取得了巨大成就。据统计资料显示，中国人民受教育水平大幅提高，1949 年全国人口中 80% 以上是文盲，学龄儿童入学率仅 20% 左右，而截至 2015 年，小学学龄儿童净入学率为 99.88%，九年制义务教育巩固率为 93%，高中阶段毛入学率为 87%，高等教育已接近中等发达国家水平。当然，这些成就取得的背后实际上是国家和社会各界共同努力结果，其中金融支持和金融扶贫也是重要组成部分。金融扶贫就是要通过特殊的政策支持，推动金融机构的改革和发展，从根本上解决贫困地区发展的资金约束，为实现减贫提供所需的资金支持，伴随着我国社会主义市场经济的快速发展，金融在扶贫脱贫中的作用也越来越明显。若从发展历程来看，新中国成立以来，我国金融扶贫共经历了三个历史性阶段。

1. 第一阶段：1949 ~ 1978 年救济式扶贫阶段的金融扶贫

新中国成立之初，我国金融扶贫的主要形式是对受灾群众和低于最低生活保障水平的城乡贫困居民直接发放自然灾害和社会救济资金，其主要特点是临时性和救济性。该阶段的金融扶贫模式存在着明显缺陷，一是容易滋生贫困人口对政府救济的依赖性，二是扶贫救济对贫困人口的保障作用有限，三是保障标准低，难以从根本上解决贫困问题。

2. 第二阶段：1978 ~ 2012 年开发式扶贫阶段的金融扶贫

改革开放后，我国扶贫模式由救济式扶贫转变为开发式扶贫。扶贫方式转变为提升贫困人口自我发展能力。该阶段的金融扶贫模式主要是扶贫贴息贷款和小额信贷，呈现出两个特点：一是重视经济发展的减贫效应，扶贫资金不仅满足贫困户的生产生活需要，还大力支持贫困地区基础设施建设和产业发展；二是扶贫资金规模不断扩大、期限不断拉长。所存在的问题包括：一是扶贫识别机制不精准，扶贫资金和扶贫项目针对性不强；二是扶贫主体和参与形式单一，除银行类金融机构外，其他金融机构参与扶贫程度不足，金融扶贫产品较为单一。

3. 第三阶段：2012 ~ 2015 年精准扶贫实施后的金融扶贫

精准扶贫战略要求扶持对象精准、项目安排精准、资金使用精准、措施到户精准、因村派人（第一书记）安排精准、脱贫成效精准。该阶段的金融扶贫呈现三个特点：一是金融扶贫制度更加健全，主要金融监管机构出台金融扶贫指导意见，使金融扶贫有章可循；二是参与机构更加全面，银行、证券、保险等各类金融机构积极参与扶贫；三是帮扶措施更加丰富，帮扶措施从单一的发放扶贫贷款转变为多种金融方式共同支撑的格局。所存在的问题包括：一是普惠金融发展仍然滞后。贫困地区金融机构网点少、人员不足、服务成本高，金融服务的可获得性、便捷度比较差。二是扶贫效能有待提升。金融产品和服务模式的益贫性有待增强，金融供给与需求的匹配度有待提高，金融扶贫中存在“脱靶”“漫灌”等问题。三是金融生态比较脆弱。贫困地区产业单一、弱质性强，产权要素流转难，有效担保抵押品缺乏，而且信用环境相对较差。

（二）我国金融扶贫政策的主要内容

改革开放以来，我国不断创新金融扶贫措施，加强对贫困地区的金融支持。我国传统金融扶贫方式为发放扶贫贴息贷款和小额信贷。2011 年以来，我国不断加强金融扶贫顶层设计，对金融扶贫进行了一系列规划和战略部署，金融扶贫措施融入“三农”扶持和普惠金融政策，多种工具共同作用的综合金融扶贫模式初步形成。

1. 扶贫贴息贷款政策

我国扶贫贴息贷款始于 1986 年，是我国最早开始使用的金融扶贫工具。根据《关于全面改革扶贫贴息贷款管理体制的通知》要求，我国逐步建立扶贫贴息贷款的市场化机制，打破了扶贫贴息贷款由农行垄断管理的模式，其他各类金融机构自愿参与，支持领域也不仅包括农业生产，还可用于支持扶贫龙头企业和重点扶贫项目的建设。2011 年起，随着我国综合金融扶贫模式的建立，扶贫贴息贷款政策作为综合金融扶贫政策之一，与财税、金融、保险等政策的协调互动不断增强。

2. 小额信贷政策

我国首次提出小额信贷政策是在 1998 年颁布的《关于农业与农村重大若干问题》，1999 年由农行直接开始办理小额信贷业务。各级政府不断加强小额信贷的政策研究，1997 年央行颁布《农村信用社改进和加强支农服务十条意见》，要求农信社采用信用贷款的方式办理农户小额贷款，2006 年国务院扶贫办和财政部印发了《关于开展建立“贫困村村级发展互助资金”试点》，启动贫困村村级发展互助资金试点工作。2014 年国务院扶贫办等五部委联合印发了《关于创新发展扶贫小额信贷的指导意见》，要求金融机构创新小额信贷产品和形式，扩大对建档立卡小额贫困户的信贷支持力度。地方政府也出台了相应政策措施。

3. 大力推动综合金融扶贫政策的实施

2011 年开始，随着《中国农村扶贫开发纲要（2011—2020 年）》的实施，我国开始建立多种工具共同作用的综合金融扶贫模式。金融扶贫措施逐渐丰富，金融产品和服务方式不断创新，帮扶效果更加全面。

第一，加强金融扶贫顶层设计的统领作用。2014 年 3 月，央行、财政部等七部门联合印发《关于全面做好扶贫开发金融服务工作的指导意见》，对金融扶贫工作进行全面战略部署。2015 年 10 月，中央发布了《关于制定国民经济和社会发展的第十三个五年规划的建议》，明确了“十三五”期间的金融扶贫发展规划，要求加快金融体制改革，加强对贫困地区的金融服务。同年 11 月，中共中央、国务院印发的《关于打赢脱贫攻坚战的决定》，将金融扶贫定位为扶贫攻坚支撑体系的重要支柱。

第二，大力加强和发展普惠金融。2013 年 11 月，十八届三中全会首次提出要发展普惠金融。2014 年，央行等门联合发文要求，截至 2020 年基本实现金融机构乡镇全覆盖和金融服务行政村全覆盖，并规定重点支持领域为贫困地区基础设施建设、经济发展和产业结构升级、就业创业和贫困户脱贫致富、生态建设和环境保护等。2015 年 12 月，国务院发布了《推进普惠金融发展规划（2016—2020 年）》，确立了截至 2020 年普惠金融发展水平居于国际中上游水平的发展目标，明确了为社会各阶层和群体可以享受到适当、有效的金融服务的发展规划。

第三，以“三农”为重点促进贫困地区发展。支持金融扶贫政策。加强财税支持力度，开展定向费用补贴政策、县域金融机构涉农贷款奖励政策、农业保险费率补贴政策、税收优惠政策。创新货币和信贷政策，大力发展支农再贷款政策，开始实施差别化存款准备金政策，强化再贴现政策。规范金融监管政策，调整农村金融市场准入机制，适度放开准入条件，引导加强涉农信贷投放力度，调整存贷比口径，提高涉农贷款不良率容忍度。

二、2016 年金融扶贫的创新探索与实践

金融体系是我国现代经济的核心，凭借自身所具备的资源聚合、资源配置、乘数杠杆及风险转化等优势，在助力解决贫困地区的基础薄弱、资本稀缺等难题时，

一直扮演着攻城拔寨的主力军角色。2016 年，我国金融行业继续提高扶贫开发力度，有效促进了扶贫对象收入增加和贫困地区经济社会的可持续发展，也涌现出了诸多具有示范效应的创新模式和创新探索实践，总体来看，主要体现在以下几个方面。

第一，银行信贷资金与多方资本协同扶贫。基于财政资金的杠杆作用，有效发挥其在信用增级、风险分散、降低成本等方面的优势，各类金融机构充分沟通协调，对各类资本与信贷资金进行合理搭配，创新设立与扶贫开发、产业发展等密切相关的金融产品，如扶贫基金等，进而充分调动社会上的各方资本力量，不断拓展贫困地区的资金总量及融资渠道。

第二，大力推进产业金融扶贫。金融机构立足区域优势产业，以贫困地区龙头企业或处于农业产业链核心位置的企业为抓手，以“金融机构 + 龙头企业”“金融机构 + 龙头企业 + 上下游产业链”“龙头企业为上下游产业链条提供贷款担保”等方式，大力推进产业化金融扶贫，为贫困农户谋求可持续的脱贫机制。

第三，常态化的脱贫攻坚机制得以建立。随着脱贫工作的不断深入，金融系统，尤其是各监管机构，纷纷确立了自身系统或行业内常态化的工作机制，成立了相对应的工作推动机构，在与脱贫攻坚相关的责任认定、计划安排、业务开展、资源配置等方面，进行了顶层设计和统筹安排，切实提升了自身和行业机构在扶贫开发方面的工作力度。

但是不同金融机构在金融扶贫的创新探索中，又各具特点，尤其是最近几年的金融扶贫创新模式呈现出多元化。为了分析需要，我们将其划分为银行、证券、保险类金融机构。主要包括以下几个方面。

（一）银行类机构的金融扶贫创新与实践

1. 银监会制定脱贫攻坚的政策指引

早在 2003 年成立之初，银监会就开始参加扶贫工作。2016 年，银监会继续督导银行业提升金融服务覆盖率，鼓励各类银行在贫困地区设立分支机构和服务网点，研究制定精准扶贫任务规划，在精准扶贫方面取得了明显成效。

一是完善扶贫监管政策。2016 年 3 月，银监会会同中国人民银行等七部门制定金融助推脱贫攻坚实施意见；同年4月，发布银行投入脱贫攻坚战的指导意见，从服务定位、信贷政策倾斜、推进金融创新等方面制定了帮扶措施，努力保持扶贫资金投入持续增长，优化调整贫困地区贷款结构，提高机构网点覆盖度，完善金融服务机制。

二是创新金融服务模式。按照《关于创新发展扶贫小额信贷的指导意见》要求，持续加大扶贫小额信贷投放力度。探索银行“包干服务”制度，由主要责任银行承包扶贫开发项目融资服务、包干一定区域内金融服务机具布设、包干某类贫困人群的特定业务等方式。创新金融服务产品，创新发展扶贫小额信贷，鼓励银行业金融机构推出契合政府出资担保机构担保的多种贷款产品。开展融资模式创新，开发多样化的授信服务和融资模式，鼓励地方政府和扶贫开发部门灵活运用财政专项扶贫资金。

三是强化准入政策和差异化监管制度。放宽贫困地区机构准入政策，对银行业金融机构在贫困地区的乡、村设立服务网点实行更加宽松的准入政策。鼓励多种金融服务业态发展，支持贫困地区培育发展农民资金互助组织，支持贫困地区培育发展农民资金互助组织，优先支持在贫困地区设立小额贷款公司，鼓励利用互联网平台开展金融服务。完善差异化监管制度，出台有针对性的扶贫开发金融服务监管措施。

四是持续增加扶贫信贷投放。拓展扶贫小额信贷适用范围，对建档立卡贫困户5万元以下、3年以内的贷款，采取信用贷款方式，不设抵押担保门槛。完善生源地助学贷款政策，学生在读期间利息全部由财政补贴，延长贷款期限至最长20年。区别对待贫困户不良贷款，确系由于自然灾害、气候、市场变化等原因导致无法归还贷款的，可予贷款展期或适当延长还款期限；对通过追加贷款能够帮助渡过难关的，应予追加贷款扶持，避免因债返贫。

五是加快基础金融设施建设。在实现基础金融服务覆盖全国所有乡镇的基础上，进一步推进基础金融服务“村村通”。引导银行业金融机构积极在贫困地区及县以下地区开设网点。增强网点服务功能，在存取款、结算等业务基础上，提供补贴、补助资金、养老金、最低保障金、粮食直补款的领取发放和新农保、公共事业缴费等代收代付业务服务。

【专栏1】 宁夏银监局引导辖内银行业创新金融扶贫模式

宁夏银监局引导辖内银行业机构创新开展“千村信贷、评级授信、项目捆绑、小额信贷”等金融扶贫模式，初步形成了政、银、企、社、民联合推动的“五位一体”金融扶贫开发新格局。截至2015年底，黄河农村商业银行“千村信贷·互助资金”工程累计为866个项目村发放贷款127.51亿元，惠及农户31.62万户；国家开发银行宁夏分行发放棚户区贷款148.2亿元，同比增长150.94%，支持棚改户数15.49万户，覆盖了宁夏回族自治区各市县；中国农业发展银行宁夏分行“十三五”金融扶贫规划已评估易地扶贫搬迁中长期贷款项目6个，审批项目贷款金额31.08亿元。

2. 银行类机构的脱贫攻坚创新与实践

在银监会的组织协调下，2016年各大银行业金融机构加快推进扶贫事业，农村基础设施、扶贫搬迁、教育扶贫等领域资金投放持续增加。

（1）政策性银行。

政策性银行在金融扶贫中创新做法主要体现在以下几个方面。

第一，加强银政合作，探索建立新时期金融扶贫攻坚工作的新机制。2016年，国开行积极加强与国务院扶贫办等部门的联系，参与脱贫攻坚政策研究，与地方政府签订开发性金融支持脱贫攻坚合作协议，共同建立省、市、县三级“开发性金融脱贫攻坚合作办公室”。中国进出口银行探索出了银政合作的“安徽模式”：加强沟通协调，发挥财政资金“杠杆作用”，先后为80余家与贫困户联系密切、致富带动力强的中小型扶贫企业和具有一定规模的农民专业合作社提供了信贷支持。

第二，制定并稳步推进重点金融扶贫工程。国开行持续支持易地扶贫搬迁重点工程，目前已完成广西、甘肃、湖北等10个省份易地扶贫搬迁贷款项目评审授信工作，惠及657万建档立卡贫困人口。2016年6月，农发行主动与全国工商联接洽，积极参与“万企帮万村”精准扶贫行动。同年9月，与全国工商联、国务院扶贫办、中国光彩会共同签署《政策性金融支持“万企帮万村”精准扶贫行动战略合作协议》，就合作原则、内容、机制等方面达成共识。同年10月，又下发《关于支持“万企帮万村”精准扶贫行动的意见》，主要措施包括：积极搭建各级合作平台、抓紧建立支持企业名单库对优质客户加大支持和服务力度、积极探索建立风险补偿机制。

第三，突出并有序地推进金融在产业扶贫中作用。国开行以产业扶贫为突破口，积极探索金融扶贫路径，不断推广完善“四台一会”融资模式，支持龙头企业发挥产业带动作用。去年全年，国开行共向 146 个贫困县发放产业扶贫贷款 264 亿元，直接惠及 310 万人，包括建档立卡贫困人口 15.7 万人。2016 年 11 月，农发行下发《关于做好产业扶贫工作的通知》，强调要加强金融产品服务创新，聚焦 832 个国定贫困县、12.8 万个贫困村和 7017 万建档立卡贫困人口，因地制宜制定特色产业扶贫工作方案，实行“精准滴灌”。

（2）商业银行。

商业银行是金融扶贫的主要力量，其做法有以下方面。

第一，加强和完善金融扶贫的工作机制。诸多大型商业银行纷纷成立金融扶贫工作小组，并就未来金融扶贫工作制定了详细规划。以中国农业银行为例，2016 年，农行成立了由一把手担任组长的金融扶贫工作小组，同时，由总行指导贫困地区县支行逐个制定金融服务方案，并向国家扶贫重点县单列信贷规模。此外，农行还制定了《关于做好“十三五”期间金融扶贫工作的意见》，明确未来 5 年的目标任务、重点工作和资源保障。

【专栏 2】　农行定点扶贫的“四融”模式

经过 2016 年的定点扶贫实践，农行探索出了定点扶贫“四融”模式，即融智、融资、融通、融商。

（1）为民“融智”，化解贫困户“思想畏难”问题。一是主动联系各地分支机构，详细了解当地扶贫项目开展情况以及新农村建设情况。二是在“三会一课”上定期给村民讲解最新扶贫政策，组建银村共建小组。

（2）帮民“融资”创新解决扶贫产业“贷款难”问题。一是开展贫困户信用等级评定。二是探索创新“农行 + 扶贫产业/专业合作社 + 贫困户”的金融精准扶贫模式。三是提供贴心式办贷服务。

（3）替民“融通”，缓解贫困户“存取款难”问题。一是联系在村小卖铺、肉牛养殖专业合作社安装“金穗惠农通”智能终端。二是组成金融服务宣传小组，负责向村民宣传“金穗惠农通”智能终端。三是向年轻村民、外出务工农民以及外出读书大学生等推荐普及手机银行 APP。

（4）助民“融商”，调解贫困户小生产与大市场“对接难”问题。一是帮助蔬菜瓜果进城。二是帮助土特产品入超。

第二，积极开展并加大定点扶贫力度。以中国建设银行为例。2016 年，该行印发了《中国建设银行总行定点扶贫工作方案》及相关实施细则，并强调要实行定点扶贫和金融扶贫双轮驱动。此外，共向 4 个定点扶贫县及下设贫困村选派了 4 名挂职副县长、4 名第一书记，相关工作由 1 名安康挂职副市长协调推进；每年为安康地区划拨专项扶贫资金 800 万元、党建费用 20 万元。

第三，在大力发展普惠金融方面创新服务。2016 年，各商业银行积极采取行动，大力发展农村普惠金融。一是延伸服务网络，为贫困农户提供了便捷的小额存取、转账、结算等基础金融服务；二是拓展服务功能，在惠农服务点陆续上线跨行取款、跨行转账等新功能，并积极代理新农合、新农保、涉农财政补贴项目、农村公共事业代收费项目等；三是创新服务方式，将惠农通服务点与互联网金融对接。四是实施减费让利，在贫困地区减免小额账户管理费、年费等。

【专栏 3】　　农行商业可持续的金融扶贫模式

2016 年，农行打造推广了一批商业可持续的金融扶贫模式。一是推广了政府增信扶贫模式。截至 2016 年末，“政策性担保公司或风险补偿金 + 农行 +（贫困）农户”的政府增信模式已推广到 27 家一级分行、973 家支行，累放贷款 807 亿元、余额 349 亿元，累计支持了 154 万农户。二是推广了产业基金扶贫模式。内蒙古分行与包头等 13 个地市政府合作，设立了专项服务农村基础设施建设的“美丽乡村产业基金”，截至 2016 年末，已投资 212 亿元，将惠及全区 1000 余万农牧户。贵州分行拟投资 600 亿元，参加贵州省总额 3000 亿元的脱贫攻坚基金。三是创新了政府购买服务项目融资扶贫模式。2016 年，审批贷款 46 亿元支持贵州省黔西南州“十三五”教育扶贫工程，工程涵盖学前、小学、初中、高中、中职和特殊教育 6 类学校的基础设施、附属设施建设。四是创新了扶贫小额信用贷款模式。西藏分行以乡镇、村级信用体系建设为基础，以“钻金银铜”贷款卡为标识，累计发放农牧户信用贷款 470 亿元，覆盖了全区 90% 以上的农牧户。

（3）合作性银行。

合作银行在扶贫脱贫中的特殊作用主要体现在以下方面。

第一，强化并积极探索合作性银行的扶贫考核机制。各省信用联社积极成立金融扶贫开发小组，建立金融扶贫工作推动机制，有的还下发了全省农信社扶贫工作指导意见；部分信用联社制定了金融扶贫服务考核办法，对相关工作进行考核，从而有效调动金融扶贫工作的积极性和主动性。

第二，持续推动和大力发展小额信贷。立足扎根农村优势，专注投放农户贷款，创新 5 万元以下免抵押、免担保的扶贫小额信贷模式。部分省市还建立了风险补偿金制度，降低扶贫小额信贷利率，并由地方财政补贴贷款利息。

第三，大力支持现代农业产业发展。立足产业发展需求，部分地区探索建立链式金融服务体系、产业扶贫信贷基金担保贷款等制度；结合“三农”、小微企业特点，大力推进惠农金融创新工作。如贵州省各级农信社相继推出“支付通”“金纽带”等 90 多个符合贫困农户和小微企业特点的服务产品，极大地满足了贫困地区在发展特色产业上的信贷需求。

第四，积极发展和探索普惠金融的新方法和新方式。各农村合作性银行充分发挥网点优势，搭建起服务农村各地区的金融网络。一方面，畅通支付结算渠道，保障贫困群体享受便捷、高效的金融服务，同时，也为扶贫资金的有效利用搭建了良好渠道。另一方面，积极探索“互联网 + 金融”服务模式，大力推广电子银行渠道业务，推动农村电子商务发展，有效降低了贫困群体享受金融服务的成本。

3. 银行扶贫中存在的问题

尽管银行类金融机构在脱贫攻坚中积极探索并创新实践，但也出现了很多新问题和新矛盾，归纳起来主要有以下四点。

第一，银行扶贫的约束激励机制有待完善。诸多参与扶贫工作的银行，尤其是地方性的法人机构，尚未单独设立扶贫金融部门和单列信贷资源。而贫困地区信贷风险相对较高，银行不良贷款零容忍制度及相配套的处罚措施，影响基层信贷投入的积极性。

第二，信息不对称导致成本控制难度增大的困难不容忽视。贫困地区经济发展不足，财力有限，无法在风险补偿方面为银行提供有力支持。所以，银行要在扶贫开发工作上追求商业可持续，就必须在成本控制方面有所创新。但由于信息不对称，银行在贷前精准识别贫困户有效需求、贷后保障资金确实应用于生产项目方面，存在很大困难。

第三，金融产品和服务模式的益贫性和脱贫效率有待改进。这主要表现在软硬件两个方面。硬件主要体现在网点和人员不足，尤其是大型商业银行，在这方面表现地更为突出。而软件则主要体现在银行的金融资源供给和贫困地区、贫困户的需求匹配性有待提高，银行扶贫中存在“脱靶”“漫灌”等问题。

第四，特惠金融对银行扶贫脱贫工作创新思路和理念提出新要求和新挑战。2016 年 3 月，国务院副总理汪洋强调“鼓励和引导商业性、政策性、开发性、合作性等各类金融机构实施特惠金融政策”。相对于普惠金融，特惠金融要求银行要立足精准扶贫、精准脱贫，以各种扶贫资金和政策为基础，为贫困地区和贫困户提供精准、全面、有效的金融服务。普惠金融的核心是共享和普惠，而特惠金融核心内涵是精准和特惠。所以，特惠金融对银行扶贫提出了新要求。

（二）证券类机构的金融扶贫

资本市场具有促进资本形成、优化资源配置等优势，而且作为我国金融体系的重要组成部分，在脱贫攻坚中承担着重要责任。2016 年，我国证券类机构积极参与脱贫攻坚有所突破，其示范效应和创新模式有待很好总结和完善。

1. 证监会的脱贫攻坚创新实践

2016 年，作为证券市场的政府管理机构——中国证监会在扶贫脱贫中，积极探索了资本市场在扶贫脱贫工作中特殊服务功能和助推作用。

第一，制定和完善了各类扶贫脱贫相关政策体系，为资本市场参与和助推扶贫脱贫确立了方向和重点。2016 年 3 月，证监会会同人民银行等七部委制定了《关于金融助推脱贫攻坚的实施意见》，提出了支持贫困地区的企业通过多层次资本市场进行融资的原则；9 月 9 日，证监会发布《关于发挥资本市场作用服务国家脱贫攻坚战略的意见》，从政策支持、引导行业力量支持、加强定点扶贫支持等方面制定了帮扶措施，努力引导发达地区的人才、资本、技术等要素流入贫困地区，实现区域协调发展、协同发展和共同发展。

第二，在贫困地区企业上市等一系列政策上进行了倾斜和优先。进一步优化制度安排，不断拓宽贫困地区多元化融资渠道。支持和培育贫困地区企业上市，充分利用全国中小企业股转系统和区域性股权市场挂牌、股份转让功能，促进贫困地区企业融资发展。鼓励证券交易所、保荐机构加强培育辅导贫困地区有上市前景的企业。

第三，加大对“三农”企业在资本市场工具上创新支持力度。尤其是支持农业龙头企业和大型专业化公司，通过并购、重组等方式，有效整合上下游产业链，增强龙头企业带动能力，提高我国农业产业化经营水平。加大债券市场服务“三农”力度，鼓励支持更多符合条件的涉农企业通过发行公司债、中小企业私募债和资产证券化产品融资，拓宽融资渠道。

【专栏4】　证监会定点扶贫县兰考县金融扶贫模式

兰考县辖13个乡镇、3个街道、451个行政村（社区），总人口83万人。2014年4月有建档立卡贫困村115个，贫困人口7.94万人。在证监会推动下，兰考县在全国率先提出的金融扶贫理念，构建以政府主导、银行支持、企业带动的“三位一体”金融扶贫模式。仿照上市公司信息披露机制，证监会在兰考县探索建立了扶贫资金公示公开制度，通过“村上墙”“县上网”等方式，将扶贫资金使用情况在贫困村内和县政府网站扶贫专栏公开，接受群众和社会监督。

2. 证券市场主体的脱贫攻坚创新实践

2016年8月4日，《助力脱贫攻坚履行社会责任——证券公司“一司一县”结对帮扶贫困县行动倡议书》号召每家证券公司至少结对帮扶1个国家级贫困县。2016年9月，证监会又发布相关意见指出“鼓励证券公司开展专业扶贫，通过组建金融扶贫工作站等方式结对帮扶贫困县，与当地政府建立长效帮扶机制，帮助县域内企业规范公司治理，提高贫困地区利用资本市场促进经济发展的能力”。在各项政策的鼓励下，截至2016年底，共有82家证券公司参与全国125个贫困县，平均每家券商帮扶1.5个县。集中表现在以下五点。

第一，发挥资本市场优势，突出重点助力产业发展。如东方证券、东莞证券、东吴证券等券商，立足自身在资本市场上的优势，为当地企业和平台有针对性地打造融资方案，推动这些企业通过资本市场开展直接融资，降低融资成本，并通过企业发展，带动贫困户脱贫和产业的可持续发展。

第二，利用互联网便利性，助推贫困地区的农产品营销体系建设。开源证券目前在全力推进消费扶贫，即利用中证互联线上平台，帮助帮扶地区的企业、农户等扩大农副产品销路，甚至有些单笔销售金额高达 55 万元，为定点帮扶地区的企业不断扩大市场销路。

第三，加码 IPO 扶贫，缓解资金短缺问题。诸多券商纷纷在贫困地区设立分支机构，加强与当地政府和企业的对接，在 IPO、债券承销发行、新三板挂牌融资、挂牌后融资工具发行及做市商交易等诸多方面提供金融服务，支持当地企业利用资本市场资源，拓宽直接融资渠道，提高融资效率，降低融资成本，进而实现产业机构调整升级、当地经济发展进入良性轨道的目标。

第四，聚焦扶贫重点，发行收益债券，助推扶贫脱贫。易地扶贫搬迁是打赢脱贫攻坚战的“头号工程”，也是精准扶贫工程中难啃的“硬骨头”。2016 年 9 月，由华西证券与国开证券设计承销的全国首个易地扶贫搬迁项目收益债券（16 泸扶贫项目 NPB）成功发行。这种模式，不仅能够满足类似项目对资金的短期、大量需求特征，实现对相关政策的碎片化整合，而且为逐利资本参与公益性质的扶贫项目，从而实现多方共赢，提供了范本和参考。

第五，多方联动，开展产融结合，助推扶贫脱贫。2016 年 10 月，由上市公司主导的产业扶贫基金落户兰考县，中证中扶私募基金管理有限公司也取得了营业执照。这种模式首创上市公司主导、产业基金作为引导资金的商业模式，即由当地政府提供地区资源及项目，上市公司主导项目筛选，并推动落地。这种模式能够充分发挥上市公司在行业研究、专业能力、技术水平和管理团队方面的优势，深度发掘贫困地区优势资源，实现产业精准扶贫。

3. 证券扶贫中存在的问题

IPO 扶贫可能会滋生新型的扶贫套利冲动。在以资源配置价值最大化为目标的证券市场，对贫困县企业的 IPO 实施“即报即审、审过即过”政策，在阶段性 IPO 总量一定的情况下，确实对非贫困县拟 IPO 的企业有失公允。在资本市场天然的套利冲动下，不排除有拟 IPO 的企业将注册地迁移至贫困地区，或者通过收购贫困地区较具规模的企业，以便尽快曲线迈入 IPO 的快速通道。所以说，贫困地区出凤凰的难度不小，从现实角度来讲，穷地方内源式造就 IPO 的资源禀赋欠佳，对投机者而言，筑巢引凤却是条捷径。

（三）保险类机构的金融扶贫

保险是近年来国民经济发展最为迅猛的行业之一，从内在属性而言，保险生来就具有扶危济困的特性。所以说，保险与扶贫具有天然的内在联系。和财政直接扶贫相比，保险扶贫是一种间接扶贫，在体制、路径、资源分配和机制上都存在区别，有着商业可持续性、精准投放和注重造血的特点。保险的功能、特点和属性决定了保险业可以而且理应在精准扶贫方面发挥更大的作用。

1. 保监会的脱贫攻坚创新政策与方向上引领

保监会作为保险行业的监管者，基于独特的体制优势，提出了“金融扶贫，保险先行”的倡议。

第一，明确保险扶贫的政策导向。在 2016 年 5 月份，保监会与国务院扶贫办联合发布《关于做好保险业助推脱贫攻坚工作的意见》，提出以满足贫困地区日益增长的多元化保险需求为出发点，以脱贫攻坚重点人群和重点任务为核心，精准对接建档立卡贫困人口的保险需求，为贫困户提供普惠的基本风险保障。7 月份，保监会又与国务院扶贫办联合召开工作会议，并发布《保险业助推脱贫攻坚倡议书》，为保险业在助推脱贫攻坚方面提供了政策导向。

第二，积极开展扶贫模式或产品创新探索。在资金运用方面，保监会推动成立中国保险业产业扶贫投资基金和中国保险业公益扶贫基金，立足发挥保险资金长期优势，助推贫困地区产业脱贫；创新开发扶贫保险专属产品；积极降低贫困地区或与扶贫相关的保险费率；大力开展保险异地理赔，多举措、全方位助力脱贫攻坚工作。

2. 保险市场主体的脱贫攻坚创新实践

在保监会的组织推动下，在保险市场各类主体的积极参与下，我国已建立起三套功能作用协同配合的保险扶贫体系，包括以农业保险、大病保险为代表的保险扶贫保障体系，以小额贷款保证保险、农业保险保单质押为代表的保险扶贫增信体系，以保险资金支农融资和直接投资为代表的保险扶贫投资体系。涌现出的宁夏盐池“脱贫保”、四川凉山“惠农保”、河南兰考“脱贫路上零风险”等模式。

第一，立足农业生产特性，发展农业保险。种植业、林业、畜牧业和渔业等贫困户主导的农业生产，容易受到自然环境和市场波动的双重影响。保险市场各机构积极推进农业保险，在为贫困户构建起一道防范农业风险“防火墙”的基础上，实现了产出的增加和产品价格的稳定。目前，共开发地方特色农险产品近 800 个，扶贫专属保险产品达 50 个。如河北隆化县大力推广“政银企户保”模式（具体内容见专栏 5），在帮助低收入农户获得金融信贷支持、提高生产经营能力、实现精准脱贫等方面取得了明显成效。

【专栏 5】　太保农险在河北隆化探索“政银企户保”模式助推精准脱贫

河北承德隆化县是国务院确定的新 10 年扶贫开发重点县，全县现有贫困人口 8.35 万人，贫困村 152 个，全县贫困发生率达 21.8%。太保财险河北分公司积极配合隆化县大力实施脱贫攻坚战略，主动探索“政府、银行、企业、农户、保险”（以下简称“政银企户保”）“五位一体”的金融扶贫新模式，通过开办“政银企户保”小额贷款履约保证保险，充分发挥保险行业体制机制优势，履行扶贫开发社会责任，在帮助低收入农户获得金融信贷支持、提高生产经营能力、实现精准脱贫等方面取得了明显成效。

其特色做法与举措包括如下。

1. “政府、银行、保险”三方联动，积极探索金融扶贫新模式。河北隆化“政银企户保”模式，就是以政府产业政策为导向，以政府投入财政资金做担保，以银行为符合贷款条件的担保对象提供贷款为基础，以优势产业企业带动为条件，以贫困户参与农业产业化建设为目标，以保险公司对贷款提供保证保险为保障，实现多方联动、协调合作，有效降低贫困户贷款申请难度。2016 年，隆化县农业政策性担保服务中心通过设立风险补偿金的方式，出资 7000 万元，为隆化县农村信用合作联社发放的“政银企户保”贷款提供全额担保，农信社发放贷款总额度不低于担保服务中心出资金额的 10 倍达 7 亿元，太保财险河北分公司通过开办农村小额贷款保证保险业务，为担保贷款同时提供保证保险和政策性农业保险，以财政资金（担保资金）撬动银行授信、以银行放贷作为保证险前提、以保险服务为风险保障，实施三方联动、利害共担的运营方式，充分运用“农业保险+农业信贷”的精准扶贫机制，全面落实中央扶贫工作会议中对保险扶贫政策要求，积极发挥保险在扶贫工作中的保障作用。

2. 以农业生产经营为借款内容，确保金融扶贫贷款专款专用。针对当地贫困农户发放的小额贷款资金用途限定用于农牧业生产经营，不得挪作用于个人消费及其他用途，定向支持贫困农户将贷款直接用于农业生产经营、扩大增加收入、实现脱贫出列，同时将贫困户贷款期限设定为3年，贷款额度单户不超过5万元，保证了贫困户贷款的使用周期和效率。

3. 建立相对完善损失分担机制，解除贫困户后顾之忧。如发放给贫困户的小额贷款出现坏账风险，担保服务中心、农信联社、保险公司三方共同确认在发生贷款损失时，三方将按照10%、10%、80%的比例进行风险共担，避免造成贷款农户未能脱贫又返贫，严重影响农户基本生活水平。

主要成效包括以下五点。

第一，有效破解了农民融资瓶颈、缓解了农民贷款难、担保难、贷款规等问题。河北隆化“政银企户保”模式，有效发挥了保险在精准扶贫工作中的保障作用。隆化县某生猪养殖场通过“政银企户保”模式向银行借款250万元，直接带动32个贫困户脱贫，每户每年无偿获得仔猪3头、800元饲料和养猪技术指导，每户年终收入因此提高10000元以上。截至2016年6月30日，已发放贷款2754笔，贷款总额3.22亿元，保险公司共为1462家涉农企业及农户提供贷款保障达3.1亿元，预计2016年承德地区农村小额贷款规模将突破35亿元。

第二，通过保险撬动社会资本，共同推动各方参与支持扶贫攻坚。以“政府风险金担保、保险公司贷款承保、银行免抵押放贷，风险1:8:1承担”为原则，每年整合各类资金1亿元以上，作为担保基金，撬动金融资本10亿元以上，拉动社会投资30亿元以上，连续投入3年，支持扶贫产业发展。

第三，贴息鼓励脱贫，风控保证实效。通过对建档立卡贫困户以及60%以上贫困户参与的农民专业合作组织、种养殖大户给予100%贴息，充分调动贫困群众贷款积极性。同时，建立“乡镇摸底签字、政府初选提名、银行甄别放贷”机制，乡镇、驻村扶贫工作组、村“两委”班子全程监管资金使用情况，做到群众不脱贫、工作不脱钩，确保贷款“放得出、用得好、收得回”。目前，年内已发放的 2754 笔贷款中无一坏账。

第二，推广大病保险，维护贫困人口健康权益，扶贫脱贫效果明显，深受贫困家庭欢迎。在经办城乡基本医保基础上，保险市场主体充分发挥市场机制作用，采取商业保险机构承办大病保险的方式，对贫困人口医疗费用给予进一步保障。目前，大病保险已覆盖 9.2 亿城乡居民，累计超过 700 万人直接受益。大病患者医疗费用实际报销水平普遍提高 10 ~ 15 个百分点，整体报销比例达到 70%，最高赔付达 112 万元。此外，部分地区，如云南昭通、江西赣州等地还为农村建挡立卡贫困人口购买补充医疗保险，为扶贫对象提供兜底医疗保障，有效减轻民政救助人群医疗负担。

第三，力推民生保险，兜住贫困户生产生活风险底线，成为扶贫脱贫重要保障。保险业针对建档立卡的贫困人口，积极研究开发各种保障适度、保费低廉的小额保险，满足主要劳动力意外伤害、疾病、医疗等保险的保障需求。每人每年只交 15 ~ 25 元，出现意外事故可以获得赔款 2 万 ~ 3 万元。如 2015 年西藏“4. 25”地震发生后，保险公司向 4. 03 万户受灾农牧民支付农房保险赔款 2. 43 亿元，成为西藏史上最大的一笔保险赔款。

第四，创新融资方式，积极探索保险业助推产业脱贫的新路径。贷款难、贷款贵是贫困地区产业发展面临的突出问题。保险业通过小额贷款保证保险、借款人意外伤害保险、保单质押等方式为贫困户增信，推动信贷资源向贫困地区投放。如人保集团，用自有资金设立 50 亿元的资产管理产品，在部分贫困县探索开展农业保险加扶贫信贷小额保证保险，加保险资金融资的试点，协助贫困人群更便利地获得免担保、免抵押、优惠利率的小额资金，来打通农村保险服务的全链条。

第五，积极探索组合保险，实现贫困户的保险全覆盖，保险扶贫脱贫特殊作用满意度高。部分市场主体探索开发了“特惠包”等综合保险产品，进一步提高保障水平和服务能力。如河南省兰考县启动“脱贫路上零风险”保险扶贫项目，向建档立卡贫困户提供农业保险、意外健康险、农业基础设施保险、农房保险、小额贷款保证保险等一揽子保险产品，并对贫困户实行优惠费率。

【专栏 6】 中原农业保险“脱贫路上零风险”模式

中原农业保险密切配合兰考县实施“脱贫路上零风险”项目。项目自 2016 年 3 月 18 日起实施，是我国首个为整县扶贫上“保险”的金融扶贫项目，开创了“保险 + 扶贫”的新模式。

根据项目实施方案，兰考县政府扶贫基金投入近 1000 万元保费，中央、省、县财政补贴 260 余万元保费，为全县建档立卡贫困户提供与生产、生活相关的财产、人身、种植作物、农业设施、住房、贷款担保、带动脱贫龙头企业等一揽子保险方案。此项目覆盖了全县贫困户达到 2.3 万户、7.7 万人。兰考县通过缴纳近千万元的保费，可撬动高达 84 亿元的保险金，大大增加了贫困户的人身保障能力以及生产的抗风险能力。

中原农业保险通过该项目，向贫全县贫困户提供各类保险产品 16 个。其中，在 6 个生活风险保障类项目中，该保险公司为全县贫困户提供农村住房保险和“人身意外 + 附加医疗险”的基本保险服务，其中“人身意外 + 附加医疗险”投保人群涵盖 0 岁起的所有贫困群体和残疾人群体；而在 10 个生产风险保障项目中，则涉及当地小麦、玉米、花生、水稻、棉花、大豆六大农作物种植险和日光温室、鸭棚等现代设施农业财产险。此外，该公司还为农户、农业合作社、涉农企业以及脱贫龙头企业提供贷款总额为 2 亿元的农业贷款保证保险和企业财产险，帮助贫困户增收脱贫。

目前，兰考“脱贫路上零风险”综合保障项目经验已复制推广至 4 个贫困县；6 市 35 县 3 区与中原农险签订包含推广“脱贫路上零风险”保险扶贫模式的合作协议（含 22 个贫困县）。13 个省辖市扶贫办转发了《中国人寿参与精准扶贫工作的实施方案》，推广贫困人口专属小额保险产品组合。

3. 保险扶贫中存在缺陷和不足

第一，农业保险发展仍显不足，与贫困地区需求仍存在较大缺口。由于该业务风险的普遍性、区域性和伴发性，所形成的损失不仅数额较大而且不可预见，市场供给主体面临的风险较大。加之贫困户缺乏保险知识，对保险公司、险种、条款等不了解，而且索赔困难，手续繁琐，农业保险有效需求不足。此外，农业风险分散机制不足，一旦发生巨灾风险事故，保险市场主体只能自己承担全部保险责任，从而影响了市场主体承保能力的扩大和经营的稳定性。

第二，涉农小额信贷增信能力仍然不足，服务质量和效率有待提高。涉农小额信贷保险在某种程度上，是具有政策性成分的准公共产品，由于我国目前对承办该类业务的保险机构并无额外支持举措，从而导致市场主体供给积极性不高。

第三，保险机构服务能力和管控能力不足，限制了扶贫效果。贫困群体大多分布在生存条件恶劣、基础设施薄弱、经济社会发展滞后的地区，对保险机构的服务能力和管控能力提出了更高的要求。但部分保险机构投入不足，服务能力和管控能力未能同步跟进，产品开发、基层网点和人员数量远不能满足贫困群体的需求。加上精准识别程度不够，难以完全落实监管要求，难以防范道德风险。

三、我国金融扶贫展望

在 2017 年的全国两会期间，习近平总书记在参加四川、新疆等代表团审议时强调，脱贫工作需要下一番“绣花”工夫，发出了“坚定不移打赢脱贫攻坚战”的行动号令；《政府工作报告》明确 2017 年再减少农村贫困人口 1000 万以上。入之愈深，其进愈难。当前的扶贫脱贫已进入啃硬骨头、攻坚拔寨的冲刺阶段，金融扶贫应当发挥更加积极的作用。

自 2015 年以来，金融系统在改进和提升扶贫金融服务、增强扶贫金融服务的精准性和有效性方面做了大量的工作。但是，在开展具体工作时，各类相关经济主体、贫困户，甚至是政府部门，在金融扶贫方面普遍存在三个误区。

（一）对金融扶贫认识上的差异辨析

1. 金融扶贫与给贫困户提供贷款是否等同

由于金融在经济发展中的作用明显，因此，在金融扶贫实践过程中，将金融资源的可获得性作为衡量金融机构助力脱贫攻坚的衡量标准，就不难理解。但是，对此，金融机构和非金融系统的贫困地区人群对此有着不同甚至相反的观点。有人认为，这种要求并不能强制金融机构在资源分配时只瞄准贫困户。毕竟，贫困人口属于收入层级中最贫困的人群，普遍缺乏基本的偿债能力，即使得到了贷款，多数人仍无法将资本用于有经济效益的投资，最终仍旧实现不了“造血”功能。在小额信贷发展较好的国家，小额信贷在发放时，依然具有明显的甄别性。所以，在推进金融扶贫过程中，要结合我国实际情况来考虑，而不能狭义地将资源分配对象限定在官方定义的贫困人群上。此外，小额信贷并非金融扶贫的唯一方式。支付结算、存取款、保险、理财等都是基础性金融服务。如果在这些方面为贫困户提供充足服务，其作用可能不亚于融资支持。但也有人认为，扶贫脱贫是社会责任，人人有责。企业，包括金融机构，同样有着扶贫脱贫的社会责任，因此，对有需求的贫困户提供贷款，是必须承担的一种责任。给贫困户贷款，同样是扶贫脱贫的一种方式，不容置疑。贫困户满足程度越高，扶贫脱贫的效果预期就更很高。

2. 金融扶贫是否需要提供低息贷款

对此，同样存在着严重分歧。从金融机构角度来讲，立足金融机构中的商业性机构的可持续性发展诉求，为贫困户提供贷款等资源，本身就意味着要承担高风险。高风险就要有高回报。针对类似业务，要求高收益无可厚非。很多的国际研究成果也支持这样的做法。世界银行扶贫协商小组等机构的调查结果显示，小额信贷机构要想实现财务可持续，其贷款利率平均需在26%左右，这远远高于普通银行贷款的利率水平。况且，明显不符合市场规则的低利率，往往会诱发道德风险，这也被我国历史上的金融实践所证明。所以，有人提出金融扶贫不是搞慈善，不能搞道德绑架。对此，也有人认为，银行和金融机构，作为市场主体，考虑到自身经营效益，无可否认，但是，一方面，作为扶贫脱贫社会责任性，作为金融机构，同样担负着社会责任，低利息贷款甚者无息贷款，也是应尽的社会责任，社会责任不是仅仅让非金融机构其他人员去承担的；另一方面，从中国特色社会主义市场经济特点出发，市场经济不是完全仅为自身利益，更重要是为人民群众服务。如果失去了为人民服务宗旨，为国家发展战略服务，就失去在社会主义市场经济国家存在和发展的根基和意义。适当的低息贷款在市场经济国家同样存在，更何况在社会主义市场经济国家里。对此，还需要进行在理论上、政策上和社会发展制度层面和法律层面进行探讨。显然，纯粹否认和肯定都是待商榷的。

3. 不同金融机构的扶贫方式和重点有所不同，“一刀切”做法是否正确

目前，我国各类金融市场主体纷纷响应中央和国家号召，投身到了脱贫攻坚的各项工作中。这种态度是值得肯定的，但是作为帮扶机构，不同类型的金融机构，在脱贫攻坚中发挥的作用理应是相互区别的，不能搞“一刀切”。例如，政策性银行把金融扶贫作为其重点工作之一，并从政策上给予更大更多的优先和倾斜；农信社等合作性银行，把目标锁定在城乡中低收入人群，也是符合市场规律的。但是商业银行，尤其是非国有控股的商业银行，如何参与扶贫脱贫呢？是否可以照搬政策性银行和合作银行的做法？显然不是，商业银行可以根据自身的特点创新做法和创新商业金融新工具和新品种，在保障一定风险控制的基础上，积极推进业务拓展，在社会责任义务担当中直接支持脱贫攻坚，另一方面也可以通过支持在脱贫攻坚方面具有专长机构，如向其发放批发低息或者无息贷款等，间接助力扶贫开发，履行自身应该承担的社会责任。但是，以商业银行不是国家政策性银行，要以风险和利润追求为由否认参与扶贫脱贫的职责，这种行为显然是不可取的，扶贫脱贫的方式方法可以不同，不能“一刀切”，可以创新扶贫脱贫方式、提高扶贫脱贫的服务质量，贫困地区脱贫之日，就是未来金融市场拓展空间之一，没有今天的付出，未来的市场同样难以获得。

（二）应着力的重点工作

笔者在上文中就银行类、证券类和保险类金融机构脱贫攻坚中存在的问题，进行了分类说明。在“精准扶贫、精准脱贫”的基本方针指引下，笔者认为要做好脱贫攻坚工作，应在以下几个方面着力推进。

第一，以普惠金融为抓手，增强贫困地区金融服务的可获得性。基于快速发展的互联网经济，不断扩充服务对象、丰富服务手段、延伸服务半径、创新服务产品，以普惠金融的方式，积极推进基础金融服务“村村通”，着力打通贫困地区金融服务“最后一公里”，弥补贫困地区金融覆盖率和服务深度不足的短板，力争在满足贫困户与贫困地区各类金融需求的同时，培育良好的金融环境。

第二，注重创新性方式和工具的开发与应用。如在金融扶贫过程中，不要局限于普通的存贷汇，还要注重应用征信、移动支付体系、互联网金融等手段，特别是移动支付和互联网金融在地广人稀的地方更具商业价值，通过移动互联解决非现金类金融服务的全覆盖。

第三，“精准”定位特色产业。产业发展是贫困地区持续脱贫最直接、最有效的办法。所以，金融机构要立足区域经济与贫困户收入结构特点，“精准”定位并持续扶持以特色产业为基础的“造血点”。积极支持产业化龙头企业、特色资源开发以及民生工程，避免介入低水平重复建设；围绕产业圈、供应链加强金融支持，大力支持新经济新业态新模式和农村一二三产业融合。强化贫困户与产业主体、项目主体之间的利益联结机制，通过“金融机构 + 龙头企业 + 贫困户”“金融机构 + 专业合作社 + 贫困户”等模式帮助贫困户脱贫。

第四，进一步细化“IPO 扶贫”实施细则。为防止证券市场主体通过“IPO 扶贫”进行套利，监管部门应尽快出台相关实施细则，针对贫困县企业 IPO 宜采用增量法则；对迁徙企业要差别化对待，对符合迁入地产业发展的要实施鼓励政策；对所有 IPO 企业在信息公开、财务真实性核查等方面，都要一视同仁，确保资本市场公平有序发展。“IPO 扶贫”仅仅是扭转贫困地区资本逆向流动的辅助因素，其作用肯定是阶段性的。长期来看，贫困地区要吸引资本，不能盲目依赖“IPO 扶贫”，而是应立足自身资源优势，引导产业聚集，营造良好的营商环境。

第五，强化协作共享，降低因信息不对称产生的经营风险。金融精准扶贫是一项系统性工程，必须调动政府、企业、社会等各方面力量共同推进。各类金融机构要加强协同、错位发展，充分发挥各自的优势，有效增加贫困地区金融供给。为有效缓解贫困地区市场失灵和信息不对称等关键问题，金融市场监管机构要加强正向激励引导和信息对接共享，完善风险补偿机制和政策性担保机制，降低金融扶贫的风险成本。

金融扶贫任重道远。对于贫困地区和贫困户而言，金融资源是促进区域产业发展进而带动贫困户脱贫致富的最直接要素。金融机构应通力合作、主动作为，不断加强自身的改革创新力度，为实现党和国家预设的扶贫目标，作出自身应有的贡献。

【专栏 7】 **四川省银行业扶贫案例分析**

一、四川省银行业金融扶贫经验

1. 积极采取行动，建立健全金融扶贫体制机制

四川银行业站在政治和全局的高度，积极投入脱贫攻坚战。四川银监局成立四川银行业扶贫推进办公室，落实工作职责和专门人员，专司全省银行业的扶贫攻坚指导推进工作。研究制定《四川银行业支持帮扶全省 88 个贫困县行动计划

（2015—2020 年）》及配套实施方案、统计制度和考核办法等系列文件，扎实推动金融扶贫有序开展；联合四川省财政厅，研究出台《精准扶贫财政金融互动政策实施办法》，完善扶贫开发财政金融政策协调配合的具体工作措施。各银行业机构均成立了扶贫金融事业部或扶贫专业部门，建立起较为完善的扶贫工作机制，积极投入全省的脱贫攻坚战。

2. 精准信贷投放，全力助推贫困地区经济社会发展

近年来，四川银行业主动对接国家和省内脱贫攻坚规划，调整优化信贷投向，持续加大对贫困地区、贫困户的金融支持力度，努力破解发展资金短缺这一难题。通过向基础设施、易地扶贫搬迁、产业发展、公共服务、生态保护、创业就业和教育扶贫等重点领域实施精准信贷投放，不断提升贫困地区的经济发展后劲和贫困人口的创收增收能力。截至 2016 年 6 月末，全省 88 个重点贫困县存款余额 1.05 万亿元，较年初增长 11.12%，高于全省存款平均增速 3.6 个百分点；各项贷款余额 5767.51 亿元，较年初增长 8.29%，高于全省各项贷款平均增速 1.17 个百分点。

3. 推进普惠服务，积极履行银行业的社会责任

四川银行业主动强化物理网点对贫困县域发展的支撑和辐射作用，在新设网点、人员、费用匹配等方面重点向贫困乡镇和社区倾斜。通过广泛布设 ATM、POS 机、转账电话、自助服务终端等金融电子机具和聘请金融服务联络员，实现对全省所有贫困村基础金融服务的全覆盖。截至 2016 年 6 月末，全省 88 个重点贫困县共设银行业营业网点 4434 个，自助设备 157695 台，聘请金融服务联络员 2.31 万人，累计开展流动银行服务 8000 余次。各银行业机构积极创新金融扶贫产品和服务，有效对接贫困地区的多元化融资需要，并对贫困地区的企业、农户、个人贷款尽可能地实行优惠利率，除贷款利息外不收取任何费用。截至 2016 年 6 月末，全省 88 个重点贫困县执行基准利率和下浮利率的贷款余额 1899.46 亿元，占贷款总量的 1/3。

4. 实施智力扶贫，切实防止贫困的代际传递

按照扶贫先“扶智”的原则，四川银行业积极捐资助学，切实帮助贫困地区改善办学条件，提高贫困人口的受教育水平。近年来，在万源市、峨边县、美姑

县等贫困县捐建希望小学25所，投入资金3000余万元，大部分捐建学校已建成并投入使用。各银行业机构在新员工招聘时注重招录家庭贫困的高校毕业生，同等条件下优先录取，以实际行动提高贫困家庭子女的就业率。2015年下半年以来，多家银行业机构通过专场招聘、校园招聘等形式共招录家庭贫困的大学毕业生63名。另外，各银行业机构通过办理助学贷款业务，积极帮助更多的贫困学生实现大学梦想。截至2015年年末，全省银行业机构助学贷款受助总人数9.5万人，贷款余额7.87亿元，比年初增长9.26%。

5. 开展结对帮扶，确保精准扶贫措施落地见效

按照“一行一县”的原则，四川银行业主动与88个重点贫困县建立起“一对一”的结对帮扶机制，“一行一县”签订《金融扶贫开发合作协议》，通过精准实施项目扶贫、产业脱贫、人才培养、捐资捐物等举措，助推贫困县域加快发展。目前，四川银行业已完成87个重点贫困县的“结对”工作，剩余1个县将于近期完成；结对帮扶4879户贫困家庭，对口捐赠资金1420万元，捐赠物品折款3600余万元；选派105人通过专职、兼职、双向挂职等方式下派到县、乡、村从事脱贫攻坚工作，其中多人被评为优秀驻村“第一书记”。

6. 弘扬社会善举，发起设立四川银行业扶贫慈善基金

为减少因学致贫、因学返贫的现象，帮助农村建档立卡贫困户、城镇低保户子女完成大学学业，四川银行业发起设立“四川银行业扶贫慈善基金”，专项用于资助家庭经济困难大学生。该基金委托四川省青少年发展基金会阳光运作管理，资助对象为全省88个重点贫困县（市、区）当年考取国民教育序列二本以上院校的经济、金融、法律、信息科技等专业的学生。资助标准为一次性给予每名新生交通和过渡期生活费5000元。该基金已募集资金977万元，远超预期募集目标。2015年向四川大学、西南财经大学等省内17所高校的188名2015届贫困家庭大学新生一次性资助交通和过渡期生活费共94万元。

二、不足之处

1. 对商业金融资源吸引力有待加强

贫困地区受地理环境、自然资源、经济总量等因素的制约，金融发展水平和活跃度较差，对商业性金融资源缺乏足够的吸引力，缺乏资金仍是制约当前扶贫

开发工作的最大瓶颈。随着金融扶贫工作的不断深入，贫困地区的存贷比虽然逐年提高，但仍远低于全省平均水平，资金外流较为明显。截至 2016 年 6 月末，全省 88 个重点贫困县的存贷比仅为 54.82%，低于全省平均水平 13 个百分点。

2. 政策性金融扶贫措施落实效果有待提升

调查发现，基层银行业机构对各级部门制定下发的金融扶贫相关政策的落实情况并不理想。主要原因是贫困地区客户群体整体还款能力差，但利率仍需给予适当优惠，加之风险转移机制不健全，银行基于风险和效益的考虑，介入的积极性不高。

3. 信用环境有待进一步改善

贫困地区经济金融发展水平较低，部分贫困人口的个人信用意识淡薄，贷款逾期、损失时有发生，一些地区发放的地震灾区农民建房贷款、无牌无证车辆贷款、牧民定居贷款出现了大面积不良。截至 2016 年 6 月末，全省 88 个重点贫困县不良贷款余额 177.25 亿元，不良率超过 5% 的有 21 个县。

4. 扶贫信贷风险补偿机制有待完善和健全

贫困地区经济活动大部分为自给自足的自然经济和传统、简单的商品经济，产业基础非常脆弱，扶贫贷款面临较高风险。目前，金融扶贫模式的创新更多地体现在增信方面，而对风险分担与补偿则缺少更有效的措施，且现有的一些鼓励政策仍存在落实障碍。

第10章

银行业服务“三农”的实践与创新

一、国家开发银行服务“三农”发展的新探索

2016年，国家开发银行（以下简称“开行”）认真贯彻落实党中央、国务院关于打赢脱贫攻坚战和推进农业供给侧结构性改革的战略部署，积极创新思路和方法，加大对脱贫攻坚、现代农业、水利建设等重点领域和薄弱环节的融资融智支持力度，在促进农民脱贫致富、助推农业农村改革、推进城乡统筹发展等方面，取得了良好成效。截至2016年末，全行涉农贷款余额1.25万亿元。

（一）主要工作与成效

1. 坚持精准扶贫、精准脱贫，切实加大脱贫攻坚工作力度

2016年是脱贫攻坚首战之年，开行坚决贯彻精准扶贫、精准脱贫基本方略，举全行之力、集全行之智，从建机制、寻方法、出实招入手，扎实推进脱贫攻坚工作，全年发放精准扶贫贷款3153亿元，实现了脱贫攻坚工作良好开局。

（1）强化组织推动，深化银政合作，构建开发性金融精准扶贫新机制。

一是组建脱贫攻坚“集团军”。按照《中共中央国务院关于打赢脱贫攻坚战的决定》（中发〔2015〕34号）关于“国家开发银行、中国农业发展银行分别设立‘扶贫金融事业部’”的要求，开行高效率组建扶贫金融事业部，以专门机构、专业队伍，为开发性金融支持脱贫攻坚提供有力保障。二是研究制定脱贫攻坚“路线图”。提出“易地扶贫搬迁到省，基础设施到县，产业发展到村（户），教育资助到户（人）”的工作思路和方法，确定了“十三五”期间发放脱贫攻坚贷款1.5万亿

元的工作目标。三是签订脱贫攻坚“军令状”。坚持党建引领，强化责任担当，总行党委与25家有脱贫攻坚任务的分行党委签订脱贫攻坚责任书，全面落实脱贫攻坚任务目标，形成全行上下齐抓共管的脱贫攻坚工作局面。四是强化脱贫攻坚政策研究。加强与中农办、人民银行、国家发改委、国务院扶贫办、银监会、国家卫计委、水利部、交通部、教育部等部委沟通联络，积极开展脱贫攻坚政策研究，共同推动重点领域、重点行业扶贫开发工作。五是与地方政府建立脱贫攻坚合作机制。先后与贵州、甘肃、云南等21个省份签订开发性金融支持脱贫攻坚合作协议，为合力推进脱贫攻坚奠定坚实基础。通过与地方政府共同建立省、市、县三级“开发性金融脱贫攻坚合作办公室”，搭建金融精准扶贫工作机制和银政合作平台。六是构建信贷风险补偿机制。创新扶贫捐赠资金使用方式，将捐赠资金注入贫困县信贷风险补偿金，重点支持贫困地区特色产业发展，有效缓解产业项目风险高、融资难的瓶颈制约。

（2）突出重点领域，加强探索创新，实现开发性金融精准扶贫新突破。

一是大力支持易地扶贫搬迁，打好脱贫攻坚首仗。按照中央“省负总责，市县抓落实”的易地搬迁工作要求，协助22个省（市、区）政府建立省级扶贫投融资主体，研究建立省、市、县三级资金管理体系，畅通资金运作渠道，严格规范资金借、用、管、还各环节，切实加大评审承诺和资金投放力度。二是整合财政涉农资金，破解农村基础设施融资难题。立足中央统筹整合使用财政涉农资金支持贫困县发展的各项政策，研究提出通过整合财政涉农资金撬动信贷资金的创新性举措，围绕村组道路、安全饮水、环境整治、校安工程等农村基础设施建设难点和“短板”，在不增加地方财政负担的前提下，为贫困县农村基础设施建设项目提供贷款支持。三是创新融资模式，支持贫困地区特色产业发展。充分发挥产业化龙头企业和新型农业经营主体对贫困农户的组织带动作用，完善推广“四台一会”融资机制，以批发的方式融资支持贫困地区群众发展生产，有效促进建档立卡贫困户就业增收，在河南、甘肃、陕西、贵州等贫困地区探索形成了可推广、可复制、可借鉴的产业扶贫好做法、好经验，如，以村级互助资金协会为核心的甘肃“双联”贷款模式、陕西商洛“政府＋开发银行＋供销集团＋龙头企业（合作社）＋贫困户”产业扶贫模式、贵州小额农贷模式等。四是立足薄弱环节，加大对教育医疗卫生领域的支持力度。要实现“两不愁、三保障”的脱贫目标，教育和医疗是需要解决的突出“短板”。开行发挥助学贷款主力银行优势，进一步扩大助学贷款覆盖面，并开展贫困

“两后生”助学贷款试点。在云南，以“省级统贷”的模式支持“云南省现代职业教育和县级公立医院及妇女儿童医院扶贫工程”实施，有效改善和提升了云南贫困地区教育医疗基础设施条件，为金融支持教育扶贫和健康扶贫工程做出了试验示范。

（3）加强融智服务，巩固工作基础，开创开发性金融精准扶贫新方式。

一是坚持规划引领。积极参与国家“十三五”脱贫攻坚规划、易地扶贫搬迁规划等扶贫重点规划的编制工作；协助 22 个省份编制省级脱贫攻坚规划，并选择 22 个国家级贫困县开展融资规划编制合作试点；组织开展武陵山、大别山集中连片特困地区等 28 项扶贫融资规划编制工作。二是举办“扶贫开发地方干部培训班”。2016 年，为六盘山等 8 个集中连片特困地区、391 个贫困县的 492 名干部开展培训，帮助贫困地区干部更好地掌握国家扶贫政策，学习了解开发性金融支持脱贫攻坚的理念和做法。三是向贫困地区派驻扶贫金融专员。选派 183 名综合素质好、责任意识强、业务能力过硬的骨干人才到贫困地区专职开展扶贫开发工作，其中党员比例占 79%，处级干部占比 36%，拥有硕士及以上学历占比 70%。专员走村入户，帮助贫困地区摸情况、找思路、出主意，发挥了宣传员、规划员和联络员的作用，架起了开行与贫困地区联系的桥梁，为贫困地区打赢脱贫攻坚战提供人才保障。四是加大定点扶贫工作力度。积极配合中央国家机关和有关单位做好定点扶贫工作，截至 2016 年底，已与 47 个中央国家机关建立合作关系，与 103 个县的中央国家机关挂职人员和驻村干部建立了稳定联系机制，先后参与 79 个县的扶贫规划编制，为 119 个县设计融资方案并与其中 44 个县签订扶贫合作协议，累计向 230 个定点县发放贷款 1074 亿元。同时，积极做好贵州正安、务川、道真和四川古蔺 4 个开行定点县扶贫任务，累计为 4 县发放贷款 57 亿元，捐赠资金 2880 万元，助力 30 余万贫困群众脱贫致富。

2. 把握重点领域和薄弱环节，大力支持现代农业发展

开行紧紧围绕服务农业供给侧结构性改革，突出重点，多措并举，精准发力，围绕农业基础设施建设、农村土地制度改革、绿色生态农业以及农业“走出去”等重点领域，加大融资融智支持力度。截至 2016 年末，累计发放现代农业贷款 2194 亿元，贷款余额 732 亿元，当年发放 309 亿元。

（1）以高标准农田为重点，加大对农业基础设施建设的中长期信贷支持。

农业基础设施薄弱是现代农业发展的突出“短板”。2015 年，开行与财政部联

合发布《关于创新投融资模式加快推进高标准农田建设试点的通知》（财发〔2015〕26 号），将财政资金与信贷资金和社会资金结合，通过贴息和补助两种方式，大力支持高标准农田建设，在巩固农业基础设施、提升粮食生产能力等方面取得了积极成效。2016 年，开行进一步密切与财政部、发改委、农业部等部委的联系沟通，以涉农资金整合为契机，共同研究完善财政资金撬动金融和社会资本支持高标准农田建设的投融资机制，重点推动粮食主产省和西部贫困地区高标准农田建设项目。为充分发挥财政资金的杠杆作用，开行主动与国家发改委等相关部门沟通，在国家农村产业融合专项建设基金的基础上，推动增设高标准农田专项建设基金，以国家现代农业示范区为重点区域，扩大专项建设基金政策的惠农范围。

（2）服务农村土地制度改革，积极稳妥推进“两权”抵押贷款试点。

《农民住房财产权抵押贷款试点管理办法》（银发〔2016〕78 号）及《农村承包土地的经营权抵押贷款试点管理办法》（银发〔2016〕79 号）印发后，开行积极贯彻落实有关要求，先行先试，在条件相对成熟的黑龙江、吉林、内蒙古、四川等粮食主产省率先开展农村承包土地经营权抵押贷款试点工作，融资支持新型经营主体开展农业项目建设，取得了初步成效。2016 年，全行新增发放“两权”抵押贷款 1.1 亿元。在黑龙江，开行以庆安县农村土地经营权流转服务中心为融资平台，以农村承包土地经营权流转合同项下全部权益和收益提供质押担保，发放 13 年期 4914 万元贷款，用于统一归集当地 510 户农户 2 万余亩土地，转租给农业种植合作社进行统一耕种，项目建成后，每年可增产粮食 2000 吨以上，增效超过 300 万元，每年每户家庭纯收入增加 1.5 万元，有效促进了土地规模化经营，达到了土地增产节支和农户创业增收的目的，实现了多方共赢。在吉林，开行创新模式，由政策性担保公司提供保证担保，以承包土地经营权提供反担保，引入保险公司建立风险保障机制，引入粮食收储企业解决农户卖粮难和还款资金难落实问题，发放贷款 3660 万元，支持榆树、九台、四平、梨树、白城 5 个市县、30 余家农业合作社的土地流转和规模化种植融资需求，惠及 1148 户农户，有效缓解了新型农业经营主体信用能力不足的融资难题，有力推动了当地现代农业发展。

（3）创新融资机制，支持绿色生态农业建设。

开行紧抓国家大力开展储备林建设的契机，在探索形成“风险准备金 + 林权抵押 + 林业保险”的“广西模式”的基础上，在天津、河北、吉林、湖南等地继续开展探索实践。其中，吉林森工集团收购湖南储备林项目，开行与国家林业局密切合作，开创了国有林权抵押的融资模式，为国有林权改革开辟了新路、打下了基础。为更好地服务脱贫攻坚，开行积极研究林业产业脱贫方式和融资模式，与国家林业局、财政部、国务院扶贫办联合下发《关于整合和统筹资金支持贫困地区油茶核桃等木本油料产业发展的指导意见》（林规发〔2015〕150 号），并与赣州市政府签署《共同推进赣州油茶产业精准扶贫开发性金融合作备忘录》，重点推动赣州油茶产业扶贫项目，承诺贷款 60 亿元，支持赣州贫困地区新建和改造油茶林基地 200 万亩，将带动 10 万建档立卡贫困人口脱贫致富。

（4）立足"两个市场、两种资源"，推进农业对外合作和农业企业"走出去"。

开行作为我国农业对外合作部际联席机制的成员单位，积极为国家农业对外合作政策创设建言献策，配合开展农业对外合作规划编制，以服务"一带一路"战略和落实国家领导人高访成果为重点，发挥"投贷债租证"综合金融服务优势，不断加大对农业"走出去"项目的融资融智支持力度，在提升我国农业企业国际竞争力、保障国家重要农产品安全等方面发挥了积极作用。2016 年，开行认真落实李克强总理访问哥伦比亚成果，以"公路建设 + 农业开发"的项目建设方案和融资方式，推动哥伦比亚农业综合开发项目。按照汪洋副总理在中国东北地区和俄罗斯远东地区地方合作理事会上的指示精神，研究制定中俄远东"种养加"一体化农业综合开发方案。配合埃塞俄比亚总理访华，组织中资农业企业参加中埃国际产能合作对接会，推动双方农业合作。融资支持中粮农业国际并购再融资等农业对外合作项目，是支持我国农业"走出去"的重要金融力量。

3. 发挥水利融资主力银行优势，积极服务国家水利事业发展

开行始终把水利作为信贷优先支持领域，不断深化与水利部和地方政府合作，创新融资模式，落实优惠措施，大力推动水利事业建设发展。截至 2016 年底，累计投放水利资金 8184 亿元，余额 4680 亿元，继续保持水利融资主力银行地位。

（1）加大融资支持力度，水利资金投放再创新高。

2016 年，开行水利资金投放 1517 亿元，创历史新高，重点支持了国家重大水利工程、农村饮水安全、中小河流治理、重点水源建设等民生水利项目。建立 172 项重大水利工程建设跟踪机制，通过提供中长期贷款、规划贷款、专项建设基金、融资方案咨询建议等多种方式积极推动项目建设，尤其是充分发挥专项建设基金的"搭桥铺路"和"杠杆撬动"作用，"投贷结合"支持项目融资，取得良好效果。

截至 2016 年末，开行已融资支持广西大藤峡水利枢纽、新疆阿尔塔什水利枢纽、贵州夹岩水库、陕西引汉济渭工程等 59 项重大工程，承诺 2760 亿元，发放 1440 亿元。此外，针对 2016 年水旱灾害频发的特殊情况，开行及时启动应急响应机制，在安徽、江苏、河北、河南等受灾省份发放 156 亿元抗灾抢险应急贷款，有力支持了各地防汛抗旱和抢险救灾。

（2）加强融智服务，积极出台水利融资优惠措施。

开行发挥融智优势，积极参与国家水利行业重点规划编制，主动为地方水利部门编制系统性融资方案，筑牢工作推动基础。与水利部建立高层联席机制，围绕重点水利项目融资、投融资体制改革、水利中长期发展战略、建立节水灌溉长效机制、水利扶贫等重点工作开展深入研讨，不断深化合作。加强水利融资经验宣介，为水利部门尤其是地方水利部门进一步了解开行水利信贷政策、加强项目合作起到了有效促进作用。为更好地支持国家重大水利工程建设，开行结合项目特点和工作推动中遇到的困难与问题，积极研究出台制度措施，从贷款利率、期限、额度等方面给予优惠，开通评审绿色通道，加快项目评审和信贷投放进度，同时，与水利部及地方水利部门加强重点项目沟通协调，立足项目实际和地方需求，有针对性地设计融资模式和融资方案，切实提高服务水平。

（3）深入贯彻中央指示精神，大力推动水利扶贫工作。

为更好地服务脱贫攻坚，开行把水利扶贫作为水利融资工作重点之一，整合资源，创新模式，支持水利扶贫工程建设。一是与水利部联合下发《关于加强水利扶贫开发金融支持的意见》（水财务〔2016〕58 号），明确优惠政策，建立工作机制，加快推进地方水利扶贫工作。二是创新贷款模式，充分运用统筹整合贫困县涉农财政资金政策，大力支持农村饮水安全、农村水环境治理等农村水利工程建设。三是加大对重点水利扶贫项目的资金投放。支持云南省重点水源工程建设，累计发放贷款 77 亿元，有效解决云南贫困地区工程性缺水问题；为江西省城乡一体化供水项目承诺贷款 90 亿元，将解决 41 个县 1249 万农村人口饮水安全问题。截至 2016 年末，开行累计发放水利扶贫贷款 228 亿元。

（二）2017 年工作展望

1. 继续加大对脱贫攻坚工作的支持力度

坚持将支持脱贫攻坚作为服务国家战略的重中之重，继续做好金融精准扶贫工作。一是加快推进易地扶贫搬迁。积极做好筹资和信贷支持，加强对已搬迁群众和安置区的跟踪支持，为实现“搬得出、稳得住、能致富”的易地搬迁工作目标提供全面金融服务。二是大力支持贫困地区基础设施改善。以贫困村提升工程为重点，继续推动通过整合财政涉农资金等方式，支持贫困地区基础设施建设和改造，解决制约贫困群众生产、生活和发展的瓶颈问题。三是加大产业扶贫力度。将易地扶贫搬迁后产业发展作为产业扶贫重点，围绕供给侧结构性改革，通过资产收益扶贫、“四台一会”、扶贫转贷款等方式，切实加强对产业扶贫项目的信贷支持，促进贫困村集体经济发展，带动贫困群众脱贫致富。四是着力支持健康扶贫和教育扶贫工程。重点支持贫困地区县乡村三级医疗卫生机构建设与改造、医疗机构装备购置和升级改造和远程医疗系统建设。加大建档立卡贫困学生助学贷款支持力度，继续推进职业教育基础设施建设和“两后生”助学贷款试点。五是做好典型经验示范推广。开展开发性金融脱贫攻坚示范点建设，打造开发性金融支持精准扶贫的样板，为金融助力全面打赢脱贫攻坚战提供试验示范。六是强化扶贫合作机制建设。通过加强银政合作、定点扶贫合作和东西部扶贫协作机制建设，推动形成支持脱贫攻坚的强大合力。

2. 积极服务农业供给侧结构性改革

充分发挥开发性金融在支持农业供给侧结构性改革、支持培育农业农村发展新动能方面的作用，加大对现代农业的支持力度。一是以国家现代农业示范区、现代农业产业园、农业可持续发展试验示范区、粮食生产功能区、重要农产品生产保护区和特色农产品优势区“五区一园”为切入点，加强重点项目信贷投放。二是继续支持高标准农田等农业基础设施建设，保障粮食和重要农产品稳产增产。三是以国家推进特色农产品优势区建设为契机，支持农业生产、加工、仓储、流通全产业链发展。推进清洁、绿色、生态农业发展，着力支持种养结合、农业废弃物综合利用、国家储备林基地建设等项目建设。四是支持乡村休闲旅游产业和特色村镇建设，促进农民增收和农村繁荣，支持建设一批农村产业融合发展示范园，打造城乡一体化的农村发展新格局。五是以“一带一路”沿线国家和周边国家为重点区域，大力支持国内龙头企业“走出去”投资建设农业生产基地和仓储物流设施，生产国内供给不足或当地市场空间较大的优质农产品。六是积极创新信贷投放方式，稳妥扩大“两权抵押”贷款试点，探索通过 PPP、政府采购等方式支持农业发展，研究农业贷款与基金、投资、证券、租赁等融资工具综合运用的有效融资方式。

3. 不断加强对水利事业改革发展的融资融智支持

发挥好水利融资主力银行优势，加强融资模式探索创新，打通融资瓶颈，助推水利事业改革发展。一是继续加大对国家重大水利工程的支持力度，密切跟踪工程进度，及时制定融资方案，积极争取融资主动权，切实加大资金投放。二是继续深化与水利部等部委以及地方政府合作，以《全国水利改革发展“十三五”规划》为指导，共同研究梳理重点项目清单，研究合作机制、工作措施，创新融资模式，助力“十三五”水利建设发展。三是支持民生水利工程建设实施。加大对农业节水工程、中小河流治理、小型病险水库除险加固、工程性缺水地区重点水源工程、城市防洪排涝工程等民生水利薄弱环节的支持力度。四是做好水利扶贫融资工作。加强与水利部合作，建立水利扶贫项目储备库，落实水利扶贫项目各项优惠政策，探索创新贫困地区水利发展投融资模式。

二、中国农业发展银行服务“三农”的实践与创新

2016 年，农发行全面贯彻落实党中央、国务院决策部署，认真践行新发展理念，主动服务农业供给侧结构性改革，充分发挥创新驱动作用，积极推进体制机制创新和产品服务创新，持续加大支农力度，全年累放贷款 1.77 万亿元，年末贷款余额 4.1 万亿元，增长 19%，在服务国家粮食安全、脱贫攻坚、农业现代化、城乡发展一体化等方面作出了积极贡献。

（一）2016 年服务“三农”主要创新举措

1. 全力服务国家粮食安全战略，保障粮棉油宏观调控政策落实和主要农产品有效供给

2016 年，国家继续推行粮棉油收储制度改革，取消了玉米临储政策，合理消化粮棉油库存，农发行主动顺应和服务改革要求，积极创新工作思路，顺利完成了粮棉油收购信贷任务。

（1）推动建立东北四省区玉米收购贷款信用保证基金。

农发行主动开展相关研究，积极向国务院及相关部门建言献策，多次提出建立

信用保证基金的政策建议。国务院确定建立信用保证基金后，与财政部、银监会、粮食局联合发布《关于印发〈建立东北地区玉米收购贷款信用保证基金实施方案〉的通知》，同时要求各省分行抓紧制定基金方案、开立基金账户和发放贷款，为保证玉米市场化收购工作顺利推进发挥了重要作用。

（2）配合做好粮棉油去库存工作。

配合发改委、财政部等部门开展研究，及时完善信贷政策，要求各行摸清库存底数，做好台账登记监测，及时全额收回贷款本息，对去库存过程中产生的价差亏损，认真落实销售价差亏损承贷主体和利息来源，尽可能降低国家财政损失。

（3）创新封闭运行管理模式。

积极打造“互联网 + 封闭运行”系统平台，加快推进粮棉油库存远程监控系统、数据采集传输系统、购销“一卡通”系统和库存巡查系统建设，修订完善封闭运行管理办法，简化办贷流程，为客户提供优质高效的信贷服务。

2. 以服务脱贫攻坚统领全局，助力打赢脱贫攻坚战

农发行认真落实精准扶贫精准脱贫方略，勇于开拓创新，在全国金融系统开创了多个率先，较好发挥了在金融扶贫中的先锋、主力和模范作用。全年累放精准扶贫贷款 4883 亿元，余额 9012 亿元，增长 59.5%。荣获全国金融机构年度唯一“最佳脱贫攻坚银行”称号。

（1）健全金融扶贫组织体系。

成立服务脱贫攻坚工作领导小组，率先在全国金融系统成立扶贫金融事业部，下设 5 个一级部门，对全行扶贫业务进行指导、管理和监督。在 22 个扶贫重点省份设立扶贫业务处，二级分行设立扶贫业务部，在 839 个国家贫困县设立“扶贫金融事业部”或派驻扶贫工作组，率先实现贫困地区政策性金融服务机构全覆盖，努力构建全行全力扶贫工作格局。率先编制政策性金融扶贫五年规划，为做好服务脱贫攻坚工作提供行动指南。

（2）全力支持易地扶贫搬迁。

积极参与国家及地方政府政策规划研究，迅速研发专项贷款产品，率先投放首笔易地扶贫搬迁贷款。2016 年累放易地扶贫搬迁贷款 1202 亿元，余额 1921 亿元，支持搬迁项目 624 个，惠及 414.2 万建档立卡贫困人口。在国家下达的易地扶贫搬迁贴息贷款、专项建设基金规模中，农发行占比均超过 50%，发挥了金融服务主力军的作用。

（3）大力支持贫困地区产业发展。

在做好贫困地区粮棉油收储和农业产业化经营信贷业务基础上，积极探索支持产业发展的新产品新模式。一是积极支持光伏扶贫工程，会同国家能源局、扶贫办等部门研究光伏扶贫政策，联合出台《关于实施光伏发电扶贫工作的意见》，创新推出光伏扶贫信贷产品，发放贷款 1. 37 亿元。二是研发旅游扶贫贷款，出台《关于做好旅游扶贫贷款业务的指导意见》，依托贫困地区特有的自然人文资源，积极支持乡村旅游扶贫工程，2016 年 11 月 25 日发放首笔旅游扶贫贷款，年内发放 1. 8 亿元。三是稳步推进特色产业扶贫。印发《关于做好特色产业扶贫工作的通知》，确定了生产基地扶贫、科技扶贫、电商扶贫、种养加扶贫、旅游扶贫、生态扶贫六大特色产业扶贫重点领域。四是试点开办支农转贷款业务。选取江西、浙江分行作为支农转贷试点行，探索将农发行资金规模优势与商业银行网点和地缘优势有机结合，同时限定转贷行资金利率，引导降低涉农贷款利率水平，破解贫困地区“融资难”“融资贵”问题。

（4）探索推进政策性金融扶贫实验示范区建设。

会同国务院扶贫办在广西百色、河北保定、贵州毕节、陕西安康相继创建 4 个政策性金融扶贫实验示范区，同时与贵州、重庆等省级政府合作创建省级实验示范区，将实验示范区作为先行先试平台，积极探索财政资金与政策性金融合力扶贫的有效模式，加强财政扶贫、金融扶贫、社会扶贫的协同合作，引领各方资源形成扶贫合力。

（5）深入开展银政银企合作扶贫。

一是加强与发改委、农业部、交通部、住建部等相关部门合作，签署合作协议，发布支持政策，共同推进网络扶贫、特色产业扶贫、交通扶贫、小城镇建设等专项扶贫行动。积极参与地方政府扶贫规划及政策制定，积极申请成为当地扶贫领导小组成员，与 22 个省级政府或扶贫开发主管部门签订合作协议，切实加强与地方政府的扶贫合作。二是开展合作共建扶贫。各级分支机构通过与当地财政、发改、农业等产业主管部门对接，成立本级行动领导小组，联合构建产业扶贫合作支持模式。对领导小组推荐的符合条件的企业或项目，农发行优先保证信贷规模，优先受理调查评估，加快贷款审批速度，给予适度利率优惠。三是支持东西部扶贫协作。制定

《关于支持东西部扶贫协作的指导意见》，东西部地区各级行主动对接地方政府，建立合作机制，切实发挥在东西部扶贫协作中的支持和引导作用。向 4 个协作帮扶项目发放贷款 4.3 亿元，带动建档立卡贫困人口 4 万余人。四是支持“万企帮万村”精准扶贫。与全国工商联、国务院扶贫办、中国光彩会共同签署《政策性金融支持“万企帮万村”精准扶贫行动战略合作协议》，制定实施意见，以“万企帮万村”精准扶贫行动为抓手，建立项目库，构建支持产业扶贫新模式。湖北分行已率先与当地有关部门签订了合作协议，搭建了四方合作平台。

（6）积极支持基础设施扶贫。

一是创新信贷政策和支持模式。研究下发基础设施扶贫工作指导意见，明确基础设施扶贫贷款发展思路。积极探索政府购买服务、政府采购、政府授权自营、PPP 等业务模式在扶贫开发领域运用。二是推动扶贫过桥信贷政策落地。认真落实中发 34 号文件关于采用过桥贷款撬动扶贫信贷资金投入有关精神，专门出台扶贫过桥信贷产品，支持有稳定来源的扶贫项目建设。甘肃、河南省分行已发放扶贫过桥贷款 2 亿元。三是开发特色小镇专项扶贫产品，满足贫困地区特色小镇“区域化、整体化”建设资金需要，发挥特色小镇示范引领作用，实现扶贫攻坚与城乡一体化建设协调统一、相互促进。

3. 全力服务农业现代化，促进农村一二三产融合

总行成立创新部，专门负责全行金融制度和产品创新工作，进一步加大创新力度支持我国农业现代化建设。

（1）服务“藏粮于地”战略，大力推进高标准农田建设。

加强与发改、财政、农业等部门合作，积极开展投融资模式创新，先后推出“债贷投组合”“全程贴息”“先建后补”等有效投融资新模式。将高标准农田建设与农业结构调整和提质增效转方式结合起来，赋予高标准农田更加丰富的内涵。例如，支持黑龙江安达市 45 万亩“旱改水”高标准农田项目，不仅解决了当地“靠天吃饭”的传统生产状态，还有效破解了种植结构单一的生产局面，项目建成后可惠及 1.46 万农户，带动 591 户、1094 人建档立卡贫困农民脱贫致富，亩均增收 800 余元。

（2）助力转变农业生产方式，积极支持农村土地有序流转和适度规模经营。

一是围绕破解“谁来种地”问题，支持地方政府牵头搭建农村土地流转经营服务平台，探索出“临颍土地银行模式”，有效解决流转双方信息不对称、相互不信

任和流转不规范等问题。二是围绕破解新型农业经营主体融资难、融资贵问题，探索推进“江苏沛县统贷统还”模式，统筹解决从基础设施投入到农业生产全过程的融资难题，使当地 139 家新型农业经营主体平均融资成本下降了 30% 以上，得到汪洋副总理、江苏省委省政府的充分肯定，荣获江苏省“农村综合改革优秀奖”，被评为江苏省银行业“创新服务”十件有影响大事之首。三是围绕破解“如何种地”问题，通过“政、银、社、企”密切合作，探索推出“山东土地托管”模式，较好破解了基层“为农服务中心”小、弱、散，难以获得银行融资支持等问题，有力支持了农业生产全程化社会服务体系建设。四是围绕支持优势区域率先实现农业现代化，不断探索完善安徽整建制推进现代农业示范园区建设的“宣城模式”，得到农业部和地方党政的高度肯定。

（3）创新绿色信贷产品，助力生态文明建设。

一是研发林业资源开发与保护贷款，重点支持林业生态保护修复与开发利用、林业生产基地和基础设施建设，促进林业产业提质增效，推进林业现代化建设。共支持项目 45 个，贷款余额 120.8 亿元。二是研发海洋资源开发与保护贷款，重点支持现代海洋产业发展，已实现首笔贷款审批发放。三是研发救灾应急贷款，支持地方政府快速应对自然灾害，为 8 个省份发放应急贷款，贷款余额 13.6 亿元。

（4）全力推进投融资模式创新。

一是探索“投贷结合”融资模式。通过农发行专项建设基金投入，引导社会资金和商业银行资金进入国家重点项目，实现投贷联动。江苏泰州创新推出“债贷投”组合推进高标准农田建设模式，得到国务院领导的肯定。二是发展供应链金融模式。整合农业全产业链核心企业与上下游企业资源，设计金融产品，提供全链条服务，促进一二三产业融合发展。三是探索开展“政银担”“政银保”合作模式。通过与地方政府、担保和保险等机构的合作，建立风险分担补偿机制，加大对新型农业经营主体的支持力度。四是探索“两权”抵押贷款业务，研究出台制度办法，指导分行探索开展农村承包土地的经营权抵押贷款业务。

4. 大力支持农业农村基础设施建设，促进城乡发展一体化

（1）全力服务“补短板、去库存、降成本”等供给侧结构性改革重点任务。

着力补齐“三农”重点领域和薄弱环节等短板，重点破解农村地区“出行难”，优先支持集中连片特困地区、原中央苏区、革命老区和边疆少数民族地区的交通建设；发挥专项过桥、中长期贷款和重点建设基金等产品组合优势，优先支持国家172项重大水利工程；主动服务“62+2”新型城镇化综合试点，积极支持试点城镇建设；进一步完善棚户区改造贷款政策，加大棚户区改造贷款投放力度。通过PSL资金、专项过桥贷款以及债券置换，有效帮助企业和政府降低融资成本。例如，自开办重大水利专项过桥贷款以来，共投放423.5亿元，贷款利率平均下浮16.2%。积极支持棚户区改造货币化安置，有效帮助三四线城市化解房地产库存压力。

（2）积极推广“统贷统还”等业务模式。

指导分行积极向住建、交通部门推介“统贷统还”“统贷分还”模式，做好省级客户营销及项目对接工作，进一步推动“服务重心下沉、客户层级上移”；择优支持地市级客户“统贷统还”“统贷分还”，积极推进整区域农村交通、棚户区改造等基础设施建设。

（3）开展信贷资产转让等创新研究。

在下半年信贷规模偏紧、地方建设急需资金的形势下，通过信贷资产转让、已批待放项目转为银团贷款等方式，加强金融同业合作，更好地满足地方融资需求。目前已出台相关政策，并组织分行试点推行。

5. 广泛筹集资金回流反哺农业农村，千方百计降低支农资金成本

农发行积极应对利率市场化影响，加大筹资创新力度，着力解决市场化筹资与政策性支农之间的矛盾，多措并举筹集低成本资金，有力支持了“三农”重点领域和薄弱环节建设。

（1）积极参与债券市场建设。

2016年5月9日，农发行与中央结算公司联合发布了国内首支“三农”债券指数——“中债—农发行债券总指数”，向市场清晰展示农发债价格走势，为决策监管部门及投资者提供更为准确的参考数据，有助于提高市场运行效率和价值发现能力。8月15日，“中债农发行债收益率曲线”正式发布，向市场提供更加个性化和精细化的收益率曲线服务，进一步提升政策性金融债市场效率。

（2）创新债券品种和发行模式，拓宽低成本资金来源。

一是创新发行扶贫债券。2016年4月1日，农发行率先在全国银行间市场发行国内首单扶贫专项金融债券，专项用于易地扶贫搬迁贷款项目，全年累计发行390亿元；5月9日，又率先发行普通扶贫债券，累计发行600亿元，为全力服务脱贫

攻坚提供长期稳定、低成本的资金来源。二是参与首单扶贫社会效应债券发行。12月23日，全国首单扶贫社会效应债券在银行间市场成功发行，开辟了我国金融扶贫融资的新途径。农发行积极配合央行推出沂南扶贫社会效应债券试点，全程参与了债券的设计研发，并作为主要投资者，认购了发行总量的92%。以扶贫社会效应债券为基础，农发行创造性提出“项目+债券”“债券+”的金融扶贫新模式，为债券市场建设和金融扶贫事业作出了突出贡献。三是创新发行绿色债券。12月21日，农发行通过银行间债券市场公开招标发行了本行首单绿色金融债券60亿元，成为境内机构首次通过公开招标方式发行的最大规模绿色金融债券。四是努力降低发债成本。通过加强市场研究预判、精心制定发债策略、强化精细化管理等措施，债券发行呈现“量升价降”的良好态势，全年发债规模达到1.24万亿元，加权平均发行利率为3.11%，同比下降40个基点。五是创新机制大力组织低成本存款，积极争取各类低成本财政资金，争取人民银行再贷款、PSL、定向降准等政策支持，千方百计为服务“三农”发展筹集低成本资金。

（3）持续加大惠农力度。

积极响应党中央、国务院金融服务实体经济、促进“三农”发展有关要求，坚持让利于农，新发放贷款平均利率4.59%，低于全国金融机构平均利率水平106个基点。全年累放利率下浮贷款占比20.53%，同比提高12%，累放基准利率贷款占比48.4%，同比下降10%；累放利率上浮贷款占比31.07%，同比下降2%，上浮幅度仅为8.61%，上浮贷款占比和幅度均显著低于商业银行。

（二）2017年金融支农展望

2017年，农发行将认真贯彻落实党中央、国务院决策部署，深入践行新发展理念，坚持稳中求进工作总基调，以服务农业供给侧结构性改革为主线，坚定不移地实施“一二三四五六”总体发展战略，加大支持“三农”力度，统筹抓好促发展、防风险、推改革、严管理、强队伍各项工作，助力全面建成小康社会，为促进产业升级、农村发展和农民增收发挥更大作用。

1. 着眼服务国家粮食安全，全力支持农业现代化

一是全力支持粮棉油收储。始终把支持粮棉油收储作为全行工作的重中之重，坚持在不打“白条”的前提下防控风险的指导思想，落实“多收粮、收好粮、防风

险”的总体要求，确保不因农发行工作原因出现“卖难”问题。积极培育壮大优质客户群，加大力度支持粮食多元市场主体入市收购。积极推进“互联网 + 封闭运行”模式，加强粮食库存监管。全力配合粮棉油“去库存”工作，确保政策性信贷资金安全。二是大力支持藏粮于地、藏粮于技战略实施。按照“稳粮、优经、扩饲”的要求，积极支持高标准农田建设、土地流转和规模经营等，促进农业产业结构调整，提高农业综合生产能力。积极支持现代种业、农机装备、节水灌溉、智慧农业等，促进科技转化，提升农业可持续发展能力。三是研究支持农业全产业链发展。积极支持乡村旅游、休闲农业、大健康产业等新业态，着力支持现代农业产业园、科技园、创新园“三园”建设，拓展农业产业链价值链。积极支持现代流通体系建设，探索支持农村电子商务。加大对林业资源、海洋资源开发与保护的支持力度，推动绿色生态建设和海洋经济发展。积极支持农业“走出去”，充分利用国内国际两个市场、两种资源。

2. 着眼全面建成小康社会，全力支持精准扶贫稳定脱贫

落实精准扶贫精准脱贫方略，聚焦建档立卡贫困人口“两不愁、三保障”问题，进一步加大精准扶贫工作力度，精准扶贫贷款净投放占比达到60%。一是全力支持易地扶贫搬迁，配套支持安置区基础设施建设和产业发展，实现搬迁人口搬得出、稳得住、能脱贫。二是加大产业扶贫支持力度，立足贫困地区资源禀赋，大力支持特色优势产业和农产品加工；积极支持贫困村提升工程，培育壮大集体经济和合作经济；探索支持光伏扶贫、旅游扶贫、网络扶贫、生态扶贫、教育扶贫等模式，增强贫困地区、贫困农民自我发展能力，实现稳定脱贫。三是把定点扶贫作为全行扶贫工作的窗口和标志，助力定点扶贫县率先脱贫、稳定脱贫。积极支持政策性金融扶贫实验示范区建设、东西部扶贫协作和“万企帮万村”精准扶贫。

3. 着眼统筹城乡协调发展，全力支持农业农村重点领域和薄弱环节

一是以国家级贫困县、革命老区、民族地区、边疆地区为重点，支持农村路网项目建设，促进城乡互联互通，解决“最后一公里”问题。二是积极支持水利建设，加大对灾后水利薄弱环节、重大水利工程和农田水利建设，特别是贫困地区水利基础设施建设的支持力度。三是积极支持棚户区改造，及早对接棚户区改造工程。四是积极支持新型城镇化建设，大力支持改善农村人居环境，开拓生态环境建设、特色小城镇和特色村镇建设等领域。

三、农业银行服务“三农”的实践与创新

（一）农业银行 2016 年“三农”和县域金融服务工作取得显著成效

2016 年，农业银行认真贯彻落实党中央、国务院“三农”工作决策部署，积极应对宏观经济减速降档、县域有效金融需求不足的影响，主动适应和服务经济新常态，加大改革创新力度，提升服务能力和水平，“三农”和县域业务取得了新成效。截至 2016 年末，涉农贷款余额 2.76 万亿元，较年初增加 2172 亿元，同比多增 118 亿元；增速 8.57%，比同期全行贷款增速高 1.16 个百分点，连续第 6 年达到外部监管要求。

1. “三农”重点领域金融服务能力明显增强

2016 年，我国深入推进农村综合改革，带动农村土地加快流转，规模农业快速发展；农村一二三产业加速融合，新产业、新业态不断涌现；特色农业加快发展，农业结构日趋合理。农业银行立足自身资金实力强、机构网点多、经营范围广的优势，积极服务好以农业农村大企业、大项目、大市场为代表的“大三农”，以新产业、新业态、新主体为中心的“新三农”，以及以特色农业、乡村旅游业、传统手工业为重点的“特色三农”，助推现代农业农村加快发展。截至 2016 年末，全行家庭农场和专业大户贷款余额达 528 亿元，较年初增加 159 亿元；重大水利工程贷款余额达 2746 亿元，较年初增加 423 亿元，同比多增 231 亿元；县域城镇化建设贷款余额达 4000 亿元，较年初增加 634 亿元，同比多增 237 亿元。

2. 金融扶贫工作成效显著

2016 年，农业银行切实贯彻落实中央打赢脱贫攻坚战安排部署，举全行之力，出台专项支持政策，倾斜配置业务资源，做好产业带动金融扶贫、精准到户金融扶贫以及定点扶贫工作，实现了扶贫贷款的快速增长，完成了每年带动 100 万以上建档立卡贫困人口增收脱贫的目标。截至 2016 年末，农业银行在 832 个国家扶贫重点县贷款余额达到 7044 亿元，比年初增加 920 亿元，增幅 15%；全行精准扶贫贷款余额 2034 亿元，较年初增加 424 亿元，增幅 26.4%；累计服务了 560 万建档立卡贫困人口，较上年增加 106 万人。

3. 农村普惠金融服务取得实效

按照国家推进普惠金融发展规划要求，农业银行依托传统网点、渠道，积极引入互联网新技术，大力发展农户贷款业务，努力缓解农户贷款难、贷款贵问题，提升贷款可得性和可负担性；着力优化网点布局，将城区低效网点迁至乡镇，在农村地区加快建设自助银行，扩大网点服务覆盖范围；深入开展“金穗惠农通”工程提质增效工作，改造升级惠农通电子机具，对接农业部信息进村入户工程，扩大服务覆盖面，增加服务内容，提升服务质量，让广大农民足不出村就能享受现代金融服务。截至 2016 年末，农业银行农户贷款余额达到 9438 亿元，其中农户小额贷款余额超过 900 亿元，惠及 200 多万农户；全行共建设“金穗惠农通”工程服务点 63 万个，布放电子机具 101.2 万台，行政村覆盖率达到 75.1%。

4. 三农金融事业部改革稳步推进

2016 年，农业银行制定出台了《关于进一步深化三农金融事业部改革的意见》，以完善三农金融事业部组织架构、下沉经营管理和决策重心、改革“三农”和县域业务考核政策、探索放权搞活县支行有效路径等为重点，深入推进三农金融事业部改革工作，强化事业部对“三农”和县域业务的支持保障能力。截至 2016 年末，农业银行县域贷款余额达 3.18 万亿元，较年初增加 3173 亿元，同比多增 1088 亿元；增速 11.09%，高于全行平均水平 1.47 个百分点。

5. 县域资产质量基本保持稳定

2016 年，面对复杂多变的外部经济金融环境，农业银行进一步调整“三农”和县域信贷结构，主动退出“两高一剩”行业和“僵尸企业”，积极推进不良率超 5% 县支行专项整治工作，不断加大风险资产清收和处置力度，“三农”和县域风险防控取得明显成效。截至 2016 年末，县域贷款不良贷款余额 960 亿元，比年初增加 97 亿元；不良率为 3.02%，与 2016 年初持平。

（二）农业银行强化“三农”金融服务创新

1. 创新“三农”信贷政策

2016 年，农业银行继续出台年度《“三农”信贷政策指引》，研究制定《食品制造行业信贷政策》等涉农行业信贷政策，对江西赣南、广西、新疆、浙江宁波等地区出台有针对性的区域信贷政策，进一步完善了“以年度信贷政策指引为引领、以涉农产行业政策为基础、以差异化的区域信贷政策为重点”的“三农”差异化信贷政策体系。针对“三农”发展新需求，制定下发《中国农业银行林果贷款管理办法》《集体经营性建设用地使用权抵押管理办法》《农户养老贷款业务管理办法》等专项信贷管理办法；研究制定“三农”独立价值评估模型，规范特色押品管理，形成覆盖包括林权、海域使用权、土地经营权、集体经营性建设用地、渔船、农机具等常见“三农”特色押品管理体系，进一步加强了“三农”信贷制度建设。

2. 创新“三农”金融产品

针对农业农村新产业、新业态、新要素、新市场、新需求，2016 年农业银行先后研发推出农民住房“安家贷”、政府购买服务贷款、“三权”抵押贷款、金穗快农贷等 10 个全行性新产品，财政风险补偿基金担保农户贷款、美丽乡村贷款、光伏扶贫贷、“金穗甜蜜贷”农户贷款等 120 项区域特色“三农”产品，有效满足了新时期“三农”发展的金融服务需求。截至 2016 年末，农业银行“三农”专属金融产品数量已达 193 个，其中全行性“三农”金融产品 43 个，区域特色“三农”金融产品 150 个，“三农”金融产品体系更加完备。

3. 创新“三农”金融服务模式

近年来，农业银行根据自身发展战略及市场定位，利用辖内“三农”有利环境和资源禀赋，按照“服务到位、风险可控、发展可持续”原则探索形成了较为完备的金融服务模式体系。探索推广了江苏、甘肃分行的政府增信模式，重庆、内蒙古分行的特定融资主体带动模式，江西、福建分行的特色产业链带动模式，河北、湖北分行的专业市场带动模式，四川分行的旅游带动模式等，构建起一系列有特色、能复制、可持续的金融服务“三农”好模式，破解当前“三农”服务成本高、风险大、收益低的难题。

4. 创新农村金融服务渠道

全面推动“金穗惠农通”工程与互联网金融融合升级，与移动通讯公司合作，加大网上银行、掌上银行推广力度，为农村居民提供基础金融服务；对接农业部“信息进村入户工程”，推动农村信息化进程，为农村居民提供信息服务。积极推广农行自有电商平台“E 农管家”，为农业龙头企业、县域商品流通企业、重点农产品批发市场、大型连锁超市等客户，提供包括进销存管理、信息发布交易撮合、线上线下联动支付、订单管理在内的全方位电商服务。创新开展“三农”互联网融资服务，研发推出小额度、批量化、规模化、自动化的信贷产品——金穗快农贷，为农村客户提供更为便利的线上融资服务。

（三）农业银行 2017 年服务“三农”和县域工作安排

2017 年，农业银行将紧紧围绕推进农业供给侧结构性改革主线，牢牢把握服务“三农”的战略定位，始终高举服务“三农”、做强县域大旗不动摇，始终坚持基于商业化原则不动摇，突出服务重点，深化改革创新，提升发展能力，推动“三农”和县域金融服务迈上新台阶。

1. 突出做好“三农”重点领域金融服务

以新型农业经营主体、农业农村基础设施建设、优势特色农业、新型城镇化项目、一二三产业融合、农村产权制度改革、县域新经济新业态、农村普惠金融等为重点，积极提供金融服务，助力农业供给侧结构性改革。

2. 积极开展金融扶贫工作

继续对 832 个国家扶贫重点县匹配专项资源，出台优惠政策，重点支持当地基础设施建设、特色产业发展和建档立卡贫困户脱贫，力争全年帮扶带动不少于 100 万建档立卡贫困人口增收。着力做好定点扶贫，以更高的标准、更实的措施、更大的成效，努力将河北武强县和饶阳县、贵州黄平县、重庆秀山县等 4 个定点扶贫县打造成农业银行金融扶贫的示范和标杆。

3. 大力推进互联网金融服务“三农”工作

2017 年，农业银行把互联网金融服务“三农”作为“三农”金融服务工作的一号工程，力争打造成“三农”金融服务工作的新品牌、新优势、新亮点。全面推进惠农通工程与互联网金融的融合升级，做好县域普惠金融服务；积极开展农村电商金融服务，建立适合农村商贸流通特点的电子商务金融服务体系；创新开展县域互联网融资服务，重点推进农户贷款业务线上化改造，实现农户贷款线上申贷、线上办贷、线上放贷，推动农户贷款向批量化、线上化、自动化作业方式转变。

4. 着力强化“三农”金融服务四大支撑

适应农业供给侧结构性改革要求，修订完善“三农”信贷政策和产品，强化差异化的信贷政策与产品支撑。优化县域网点布局，加大离行式自助网点建设力度，升级改造“金穗惠农通”工程，强化县域农村服务渠道体系支撑。以“降成本、控风险、提效率”为着力点，不断加强“三农”金融服务科技系统建设，强化“三农”金融服务科技支撑。加强县支行领导班子队伍、县支行客户经理队伍和总分行“三农”人员队伍建设，强化“三农”专业人才队伍支撑。

5. 推动建立三大协同支农机制

完善推广政府增信服务模式，与发改委合作设立“三农”基础设施建设和产业发展基金，与国家农业信贷担保联盟和各省农业信贷担保公司合作投放贷款，建立银政合作协同支农机制。加强与国开行、农发行、农业保险公司的合作，建立同业合作协同支农机制。发挥农行综合化经营优势，与农银国际、农银汇理、农银租赁联合为客户提供包括信贷、产业基金、农业租赁、上市发债等多样化融资途径，着力提高服务“三农”集团合成能力，建立集团联动协同支农机制。

6. 深化三农金融事业部改革

围绕《关于进一步深化三农金融事业部改革的意见》确定的 7 个方面 20 项改革任务，出台配套政策措施，倒排工期、落实责任、限时办结，逐项逐条抓好改革措施落地工作，进一步增强事业部对“三农”和县域业务的服务能力。

7. 做好“三农”和县域业务风险、案件防控

加强对“三农”和县域重点领域、重点行业、重点客户的风险治理，将“三农”和县域不良贷款控制在可接受的范围内。积极开展“双基管理建设年”活动，加强基层管理和基础管理，提升基层行风险和案件防控能力。组织开展案防“大排查、大起底”，及时发现问题，督促分行做好整改，进一步优化案防制度、机制和流程，消除案件风险隐患。

【专栏 1】 农业银行创新推出“农民安家贷”支持农民进城购房

2016 年初，农业银行创新推出国内首款农民专属的特色个人住房贷款产品——“农民安家贷”。该产品针对进城农民特点，简化了收入证明等手续，灵活设置了还款方式，有效满足了广大农民进城购买商品住房的信贷需求。产品推出一年来，共发放贷款 1676.3 亿元，深受进城购房农户的欢迎，并得到了国务院领导的点名表扬，国家住建部领导在 2016 年两会上公开“点赞”。

【专栏2】 农业银行重庆分行支持县域基础设施升级

2016年，农业银行重庆分行积极对接重庆市各级政府，全力做好县域政府购买服务金融服务工作，取得较好成效。一是主动与市政府对接。以政府主导的新型城镇化、基础设施建设、农业现代化建设项目为重点，重庆分行第一时间对接政府建设规划及项目清单，逐一了解项目情况，制订金融服务方案。二是积极与县（区）政府签订合作协议。重庆分行分别与潼南、荣昌、丰都、开县、秀山政府签订战略合作协议，约定在符合国家产业政策、信贷政策及农行贷款条件的前提下，由重庆分行提供300亿元的意向性信用额度，支持地方经济发展。三是建立项目库。重庆分行对各个区县政府的债务指标进行了全面摸底调查，了解掌握了各区县政府的债务率、负债率、偿债率情况，同时对各区县政府的平台类公司进行全面梳理，并对平台类公司承担项目进行优选，明确营销目标。截至2016年末，成功审批政府购买服务贷款28笔，授信金额153亿元，已经投放45亿元。

【专栏3】 农业银行安徽分行大力推进光伏扶贫

2016年，农业银行安徽分行积极对接政府光伏扶贫项目，努力探索“金融+光伏”的精准扶贫模式。在深入调研分析的基础上，安徽分行最终确定法人、个人分别运作的贷款模式，对应推出“光伏扶贫法人贷款”和“光伏扶贫农户贷款”产品。在法人贷款模式上，择优支持有政府背景的公司统一建设光伏电站，以村级光伏电站为主、集中式光伏电站为辅，电站发电收入部分用于偿还农行贷款本息，其余收入主要用于补贴建档立卡贫困户。这种模式将光伏项目产生的收益，通过政府项目平台精准发放到每一位贫困户手中。据估算，项目帮扶贫困户户均每年直接收益约为2000~3000元。在个人贷款模式上，对贫困户申办光伏扶贫农户贷款，借款人年龄不设上限，贷款期限最长可达10年；在评分卡测评基础上，对贫困户可以向上推翻2级，最高至良好级，允许贫困户可以本人光伏发电产生的应收账款进行单独质押。截至2016年末，安徽分行已累计发放“光伏扶贫贷款”1.13亿元，其中，法人光伏扶贫贷款1.11亿元，可带动13000多户建档立卡贫困户和27个建档立卡贫困村脱贫；个人光伏扶贫贷款205.88万元，带动232户建档立卡贫困户。

【专栏 4】 农业银行湖北分行推进农银 e 管家平台建设

2014 年以来，湖北分行持续完善农银 e 管家电商平台，链接“生产商、批发商、农家店、农户”四级客户，打通了城乡商品流通最难的“一公里”，构建了集电商、金融、消费、结算于一体的县域互联网金融生态圈。围绕电商平台不同类型的核心客户，形成了“县域批发商 + 农家店 + 农户”“市县专业市场批发商 + 农家店 + 经销商 + 农户”“统一管理的物流园批发商 + 农家店 + 农户及其他农村生产经营主体”等运作模式。截至 2016 年末，湖北分行已为 12.6 万户商户上线电商平台，实现交易金额 721 亿元，其中上游商户 5614 户，下游商户 12 万户，2016 年交易 259 万笔，交易额 598 亿元。

【专栏 5】 农业银行福建分行运用互联网金融思维探寻农户贷款新模式

2016 年 8 月 3 日，农业银行“金穗快农贷”在福建上线，并面向安溪茶农开展首个试点。农业银行通过与安溪县农资监管与物流追踪平台对接，获取 14.3 万茶农的生产、经营、交易等数据，建立信贷模型，筛选符合条件的农户生成白名单，以信用和自助可循环方式发放贷款，实现农户贷款线上批量化、标准化、模式化作业。截至 2016 年末，福建分行已为 897 户茶农办理金穗快农贷授信，授信金额 2017.5 万元；贷款 556 户，贷款余额 877 万元。

四、中国邮政储蓄银行服务“三农”的实践与创新

中国邮政储蓄银行（以下简称“邮储银行”）秉承“普之城乡、惠之于民”的理念，成立 10 年来始终坚持服务“三农”战略定位，扎根农村、服务农业、贴近农民，努力填补农村地区金融服务空白，不断探索农村金融服务创新，持续加大对“三农”领域的金融支持力度。经过十余年发展，三农金融业务已成为邮储银行的传统优势领域，在服务“三农”方面积累了较为显著的渠道优势、队伍优势、经验优势、信息优势和品牌优势。

（一）邮储银行三农金融服务现状

1. 邮储银行总体介绍

1986 年，邮政储蓄业务正式恢复开办。2007 年，邮储银行正式成立，2012 年完成股份制改造，2015 年引入 10 家战略投资者，2016 年成功在香港挂牌上市。截至 2016 年末，邮储银行资产规模达 8.27 万亿元，同比增长 13.28%；各项存款余额 7.29 万亿元，同比增长 15.56%；各项贷款总额 3.01 万亿元，同比增长 21.80%。全年净利润 397.76 亿元，同比增长 14.11%。10 年来，邮储银行依托自身资源禀赋，在“服务社区、服务中小企业、服务三农”等领域不断发力，形成了一批优势特色业务，与其他商业银行形成良好互补，有力支持了国家经济社会转型发展，确立了行业地位，树立了负责任的国有大型商业银行良好形象。

2. 三农金融事业部改革情况

按照 2016 年中央一号文件“支持中国邮政储蓄银行建立三农金融事业部，打造专业化为农服务体系”的要求，邮储银行于 2016 年 9 月 8 日成立三农金融事业部，通过整合全行资源，加大三农金融业务资源倾斜力度，扩宽三农金融业务服务领域，提升三农金融业务专业化运作水平，实现三农金融业务统筹协调发展。截至 2016 年底，广东、吉林、内蒙古、河南、安徽 5 家分行实施了三农金融事业部改革试点。

一是增强专业性，扩大服务范围。由三农金融事业部统筹全行三农金融服务，通过内设小额贷款部（扶贫业务部）、农业产业化部、农村项目部三个专业营销部门，在做好农户服务的基础上，将原三农金融业务范围扩展为对农户、新型农业经营主体、农业产业化、农业农村基础设施等全部涉农领域，使其更加适应农业现代化发展趋势和农村社会经济转型需求。

二是整合资源，优化内部职能。整合全行资源，形成三农金融业务管理与营销有效融合。一方面，将贷款审查审批、信贷风险管理和政策及业务创新职能嵌入事业部，实现单笔贷款全流程管理，提高“三农”服务效率；另一方面，成立人力资源、财务管理、风险管理和资产负债管理等四个后台支撑服务中心，增强中后台管理策略与前台经营需求的匹配度，有效解决前、中、后台信息不对称问题，提高内部管理运行效率。

三是完善体制机制，建立垂直管理体系。构建“三农金融事业部总部—三农金融事业部省级分部—三农金融事业部地市级分部—三农金融事业部县级营业部”垂直的四级组织架构，并在县级营业部成立专业化支农的小额贷款人员队伍。在资源配置方面，对人力、物力等方面给予适度倾斜，在信贷资金紧张的情况下，给予三农金融业务专项的信贷规模额度支持；人才建设方面，打造专业的“三农”客户经理、产品经理、审查审批团队三支队伍，建立起专业为农服务体系。

3. 涉农金融业务开展情况

一是助推农村金融服务机构全覆盖。截至 2016 年底，邮储银行共有营业网点 39927 个，其中，县域及以下网点数达 28440 个，占全部网点的 71% 以上；邮储银行共拓展助农金融服务点商户 16.46 万个，完成助农账务类交易 1760.50 万笔，查询类交易 791.83 万笔，每个服务点平均完成 155.06 笔，完成助农类交易金额 206.33 亿元，每个服务点平均完成 12.53 万元；邮储银行坚持做好“新农保”等代收代发服务，截至 2016 年底，累计代缴保费 1.5 亿笔、代缴金额 401.71 亿元；累计代发保费 13.7 亿笔、代发金额 1409 亿元；为有效拓展农民工及农村居民的支付渠道，邮储银行积极推广“农民工银行卡”“绿卡通・福农卡”，截至 2016 年底，作为农民工银行卡受理方全年累计交易金额 11.40 亿元，福农卡期末结余 443.86 亿元。

二是加大涉农贷款投入。在资源投入上，邮储银行优先向“三农”领域倾斜。在实际操作过程中，为涉农贷款单列信贷投放计划，其中支农小额贷款业务发展不受信贷规模限制。截至 2016 年底，邮储银行涉农贷款余额达 9174.45 亿元，同比增长 22.67%，近 5 年涉农贷款持续较快增长，年复合增长率 37.33%；全行小额贷款累计发放近 1.28 万亿元，笔均金额约 7 万余元，有效解决了近 960 万农户的经营资金短缺困难。

三是加大金融扶贫力度。邮储银行 36 个分行已全部开办针对建档立卡贫困户的扶贫小额信贷业务。截至 2016 年底，全行金融精准扶贫贷款余额 411 亿元，较年初增长 46 亿元，增幅近 13%。其中，建档立卡贫困人口贷款余额 87 亿元，较年初增长 40 亿元，增幅超过 86%。全年发放金融精准扶贫贷款近 8 万笔、150 亿元，其中，建档立卡贫困人口贷款发放超过 7 万笔、65 亿元。加强对 832 个国家重点贫困县（区）的扶贫小额贷款服务，支持贫困户通过生产经营脱贫增收，特别是宁夏分行“蔡川模式”和四川分行县域“金融立体扶贫”模式广受好评。

四是做好新型农业经营主体金融服务。支持新型农业经营体系构建，开发专门的信贷服务产品，精准服务农业经营主体，在全国范围推广家庭农场（专业大户）贷款、农民专业合作社贷款。截至 2016 年底，新型农业经营主体贷款[①]结余 312.03 亿元，近两年的年净增额均超百亿元。积极推广产业链金融模式，发展“公司 + 农户”贷款，为产业化龙头企业提供一揽子综合性金融服务，并带动农业产业链上下游企业或农户的发展。截至 2016 年底，邮储银行涉农行业公司贷款结余 86.19 亿元，全年发放 84.96 亿元，支持的客户包括温氏集团、海大集团、伊利集团、光明乳业、君乐宝乳业、唐人神集团、通威股份、新希望六合、三星集团、天邦股份等企业，涵盖养殖、饲料、乳制品、肉制品、农副产品批发、油脂等多个涉农行业。

五是改善农村支付服务环境。邮储银行在全国积极推广农村手机金融服务，发展手机银行万能版，积极推广便捷版手机银行，还在有条件的农村网点实现 Wi-Fi 无线网络覆盖，通过电子银行渠道改善农村地区金融服务条件。同时，邮储银行积极推进农村地区电子渠道的使用，截至 2016 年底，邮储银行县及县以下地区个人网银结存客户数近 8000 万户，全年累计交易近 4 亿笔，交易金额近 9000 亿元；县及县以下地区电话银行结存客户数近 7000 万户，全年累计交易近 1 亿笔，交易金额近 10 亿元。

六是支持新型城镇化发展。结合城镇化农民的住房、医疗、养老、教育需求，通过加强银政合作，开展代发养老金及农民拆迁款、金融社保 IC 卡、助学贷款、住房贷款等产品；结合城镇化农民的消费升级需求，积极发展信用卡、POS 收单等产品；结合城镇化农民的资产保值增值需求，发展保本理财、国债、货币基金等低风险产品。对尚未开始城镇化或处于城镇化建设初期的区域，开展“新农保”“新农合”、助农取款、绿卡村镇建设等服务，带动新型城镇化建设的发展。邮储银行稳妥推进新型城镇化消费贷款服务产品，同步在深圳、海南、内蒙古等地探索面向中低收入阶层的个人保障房贷款服务，为改善农村地区居住和消费环境贡献力量。

---

① 新型农业经营主体贷款包含个人贷款和法人贷款。

（二）邮储银行三农金融业务创新

1. 创新三农金融服务模式

邮储银行深化银政、银协、银企、银担和银保等五大平台合作，强化和拓宽“总对总”战略合作范围，创新贷款增信要素，丰富抵质押担保措施，加大了依托五大平台的产品及服务方式创新力度，开发了依托合作平台的对应产品及服务，形成了从“总对总”战略合作框架到产品创新、市场拓展、业务监测、风险管理和绩效评估等系统化建设模式。特别是加强了同国家农业信贷担保联盟的合作，强化了各层级的高效对接、友好合作。目前，邮储银行已有 31 家一级分行与对应省级农担机构进行了对接，累计发放贷款 13.45 亿元。

2. 创新三农金融服务产品

邮储银行已经形成了农户贷款、新型农业经营主体贷款、涉农商户贷款、县域涉农小微企业贷款、农业龙头企业贷款等五大产品体系，每个产品线下又细分为多个贷款品种，基本上实现了涉农经营主体全覆盖。同时，按照“一县一业、一行一品”发展思路，结合本地实际，针对各地优势特色农业产业开发各类产品。例如，在江西推出“财政惠农信贷通”、在江苏试行“小额流水贷”、在浙江试点开办“掌柜贷”等特色信贷产品，有效服务了当地现代农业发展。其中“掌柜贷”业务结合了互联网思维和邮政农村电商两方面优势，2016 年已在全国范围实现推广，累计发放贷款 5840 万元。

3. 创新抵质押担保方式

邮储银行积极推进“林权”“农村承包土地的经营权、农民住房财产权”（简称“两权”）抵押贷款业务。截至 2016 年底，21 家分行开办了林权抵押贷款，36 家分行均已开办“两权”抵押贷款业务。农村承包土地的经营权抵押贷款已在 30 家分行实现放款，贷款结余超过 12.4 亿元，其中吉林、黑龙江、新疆、四川 4 家分行贷款结余均已超过 1 亿元。农民住房财产权抵押贷款已在浙江、湖南、辽宁、江西和江苏 5 家分行实现放款，贷款结余超过 16 亿元。同时，邮储银行积极引入政策性担保公司和保险公司，与中国人保财险、诚泰财险等公司合作，共同开展了保证保险贷款业务。

4. 创新移动互联科技应用

邮储银行积极开展依托移动终端的移动展业信贷办理模式，利用移动电子设备，实现贷款客户调查的位置定位、拍照上传、录音、调查内容记录等功能。信贷员仅需一台移动智能终端，就可以完成现场调查，实现当日申请、次日放款。该服务2014 年开始在福建、河北等地试点，目前已在邮储银行 36 家一级分行全面推广，使用范围覆盖农户保证贷款、商户保证贷款、农户联保贷款、商户联保贷款等多个业务品种，已累计受理并实现放款 7.1 亿元。

5. 创新优化贷款业务流程

邮储银行推出了小额贷款业务优势行业调查报告模板、小额贷款业务合同打印功能和零售信贷辅助营销系统等优化业务流程的应用。小额贷款业务优势行业调查报告模板目前主要服务种植、养殖、收购、生产加工四个优势行业，有效提升了小额贷款作业效率、进一步促进了前、中台的有效沟通。小额贷款业务合同打印功能，减少了合同填写环节的疏漏，减少了信贷人员合同填写工作量，提升了客户贷款服务体验度。零售信贷辅助营销系统实现了对零售信贷客户信息的 360 度标准化覆盖，为充分挖掘丰富的客户资源，实现精准服务、精准管理、精准风控、精准学习提供了数据支撑。

（三）邮储银行三农金融工作展望

2017 年中央一号文件指出："加快完善邮储银行三农金融事业部运作机制，研究给予相关优惠政策。"邮储银行将按照党中央、国务院要求，深入推进三农金融事业部改革，夯实现有优势，拓展服务领域，加大涉农贷款投放力度，激活市场、激活要素、激活主体，着力培育农业供给侧结构性改革新动力。

一是加快完善三农金融事业部运作机制。在经营体系上，进一步加强农村信贷专业化经营机构建设，下沉信贷服务重心，提高涉农信贷服务效率；在管理机制上，建立健全三农金融专业化财务核算体系、专项的资源配置政策、独立的绩效考核机制；在业务流程上，建立一套垂直的"三农"贷款审查审批体系，加强相关制度、流程、IT 系统建设；在服务领域上，加强对于国家宏观政策、农业产业、区域经济等研究的广度深度，逐步拓展涉农公司金融业务，更好满足农村社会经济转型需求；在队伍建设上，进一步细化部门职责与分工，培养更为专业的三农金融服务队伍，加强专业知识、实操能力等方面的培训力度，保障三农金融人才队伍的规模和质量。

二是持续加大“三农”重点领域信贷投放力度。做好现代农业金融服务，加大对适度规模新型农业经营主体和农业产业化龙头企业的支持力度，大力推进以农业产业化龙头企业为核心的供应链金融业务。继续加大县域地区基础设施建设支持力度，积极服务农田水利工程、农村污染治理项目、城镇化改造等项目。全面贯彻落实中央供给侧结构性改革要求，积极服务农业产业、经营、生产体系优化，大力支持农业特色产业和农村电商、乡村休闲旅游、特色村镇等新产业新业态。

三是不断创新三农金融服务模式。不断深化与政府、企业、担保、保险、协会等平台的合作，加强信用村建设，完善准入机制、创新担保方式。加快发展农业“互联网 + 贷款”，充分应用移动受理终端，大力发展互联网小额贷款业务。推进金融立体扶贫，推广“惠农易贷”扶贫专属产品，创新金融扶贫模式，全面做好金融精准扶贫工作。

【专栏 6】 邮储银行宁夏分行精准扶贫“蔡川模式”

蔡川村地处六盘山特困地区，是宁夏固原市建档立卡贫困户占比较高的重点贫困村。近年来，邮储银行宁夏分行以“整村推进小贷扶贫”为抓手，紧扣当地特色产业和群众需求，推进“输血式扶贫”向“造血式扶贫”转变，有效推动该村早日拔穷根，取得显著成效。截至 2016 年底，该分行已累计向蔡川村发放贷款 1 亿余元，使该村人均纯收入达到 6775 元，较 2008 年增长了 3.3 倍，取得了商业银行商业可持续“造血式”扶贫的良好成效。

主要做法

第一，金融小贷与扶贫开发相结合，突破农村普惠金融难题。邮储银行宁夏分行将业务聚焦小额贷款，对象瞄准普通农户，2008 年先行在蔡川村进行试点。选择 60 户具有一定养殖基础的农户，创新联保方式，变 5 户联保为村干部、养殖能手等任意 3 户联保，用于黄牛育肥和肉羊繁殖。通过贷款，户均增收超过 1 万元。2009 年，在全村推开“整村推进”金融小贷扶贫，创新开发了针对散户无抵押的“好借好还”金融产品，简化手续，实行上门集中办理，实现了 5 个工作日放贷到户。经过 3 年努力，邮储银行宁夏分行小贷投放已实现对蔡川村所有农户的全覆盖。

第二，采取“银行+合作社+农户”模式，弥补贫困户担保物短板。围绕地方政府产业扶贫的工作重心，邮储银行宁夏分行着力推进“金融+产业+扶贫”模式进村入户。充分发挥“村两委”和致富能人引领作用，支持组建了金羚牲畜养殖专业合作社，为社员提供品种选育、养殖技术、市场销售等服务，并对农户的贷款进行担保，对贷款用途进行审查和监督。合作社成员由成立初期的3户发展到现在的382户。同时，采取大户保小户、富裕户保贫困户的模式，形成了“小贷跟着穷人走、穷人跟着能人走、能人跟着产业走”的良性发展格局。

第三，建立信用评价体系，实现贫困户贷款可持续。邮储银行宁夏分行联合乡政府、“村两委”，共同对蔡川村和村民开展信用评价体系建设。分A、B、C三个信用等级，信用等级根据贷款使用情况，可逐年升高，截至2014年，蔡川村80%的农户都达到了A级，蔡川村也被授予“信用示范村”。邮储银行对信用等级较高的农户给予优惠，如A级可授信8万~10万元，贷款期限由1年延长至2年，信用户贷款利率逐年下降，增加按周期结息、一次性还本还款方式。通过信用体系的建立，不仅有利于农户持续性获得商业贷款，更有利于信用体系的建设。

第四，严把贷款推荐审核关口，确保贷款安全运行。邮储银行与乡政府、“村两委”紧密配合，由3家共同负责把好贷款推荐关、发放关和使用关。农户提交贷款申请后，经村级组织初审后，报乡镇审核同意，再推荐到银行放贷。贷款发放及资金使用由乡、村、银行3家共同跟踪监督，确保贷款用到发展产业上。为防控风险，贷款逾期可由合作社利用合作基金垫付还款，8年来蔡川村小贷资金没有出现一笔逾期。

几点启示

“特色产业”是金融精准扶贫可持续性的根本依托。蔡川村山地较多，退耕还林还草6000多亩，有着发展草畜产业的天然优势。邮储银行抓住该村养殖优势，大力推进扶贫小额信贷，充分调动农户养殖的积极性，也带动了当地特色产业的发展。目前，全村80%以上农户从事牛羊养殖，牛、羊存栏数达到1300多头、6500余只，分别是2008年的21倍和4倍，农户收入大幅提升。

培养和发挥“致富带头人”是脱贫致富关键环节。蔡川村把村干部、党员、养殖大户作为致富带动能手，培育脱贫致富“领头雁”，引导其创办合作组织、专业协会，既提高了贫困户的组织化程度，又为贫困户提供了担保和技术支撑。

“整村推进”和“熟人信用”是金融扶贫的重要举措。农村社会长期以来形成了特殊的熟人经济圈。邮储银行利用蔡川村“村两委”熟悉全村情况、村民互相了解的特点，建立相互监督机制，有效解决信息不对称问题，筑好风险防控“防火墙”。

“服务下沉”是金融扶贫的主要支撑。多年来，宁夏固原地区一直处于金融服务的盲区。邮储银行宁夏分行充分贴近贫困户、贴近特色产业，创新产品，简化流程，集中办理，上门服务，克服了偏远地区金融服务成本高的难题，有效推动了扶贫小额信贷与精准扶贫的衔接，创造了好的模式。

【专栏 7】　邮储银行江西鄱阳支行做实“财政惠农信贷通”

为支持全省中小企业、“三农”发展，更好发挥财政资金杠杆效应，江西省创新推出“财政惠农信贷通”融资新模式，有效解决了农民“贷款难”、银行“难贷款”的问题，走出了一条“政府牵引、银行运作、农民受益”的财政支农新路子，为新常态下全省的“三农”发展注入了“金融新动能”。

邮储银行江西鄱阳支行以“根植城乡，服务三农”为发展宗旨，依托网点遍布城乡的独特优势向广大鄱阳百姓提供了存、取、汇、兑等优质传统金融服务，同时也高度重视涉农贷款的发放工作。自“财政惠农信贷通”业务开办以来，鄱阳支行将该项业务作为助力农业供给侧结构性改革、服务新型农业经营主体的中心工作来抓，通过多走访、勤宣传、建团队、细考核、开设绿色通道等措施，做好了“财政惠农信贷通”这道加分题。截至 2017 年 3 月 13 日，该支行累计发放“财政惠农信贷通”440 笔，金额 16046 万元，结余金额 8036 万元，列全市第一。

“感谢邮储银行，‘惠农信贷通’真正让农民贷得上、用的起!”鄱阳县三庙前乡一甲村的莲藕大户张长进对正在执行贷后调查的鄱阳支行信贷员兴奋地说道。张长进 1998 年就开始了水稻、莲藕种植，种植经验已经相当丰富，但一直以来受到资金的限制，无法扩大种植规模。2014 年 12 月，邮储银行鄱阳支行开办了“财政惠农信贷通”业务，张长进成为第一批受惠的新型农业经营主体。凭着邮储银行的财政惠农信贷通贷款，张长进迅速扩大了生产种植规模，提高了生产技术水平。2017 年，张长进的莲藕种植规模已达到 400 亩、水稻种植规模达 647 亩。为了增收，张长进不仅为 400 亩莲藕种植地搭建了大棚，实现了莲藕反季节上市，提高了销售价格，同时还实现了“种、产、销”一体化，通过莲藕加工，开发了刀削藕粉、一甲莲子等多种高附加值产品。如今，张长进已成为当地有名的莲藕“种、产、销”大户，他的大棚莲藕和一甲藕业也成为了邮储银行鄱阳县支行助力农业供给侧改革的有力见证。像张长进这样受益于邮储银行鄱阳支行“财政惠农信贷通”的农民还有很多，借着“财政惠农信贷通”的好政策，鄱阳支行把金融活水引到了田间地头；凭着多年连接城乡、服务“三农”的好底子，鄱阳支行把阳光信贷送到了百姓面前。

为做好“财政惠农信贷通”贷款投放工作，更好助力鄱阳县农业供给侧改革，鄱阳县支行主要做了三方面工作。一是加强银政互动。2016 年，鄱阳支行多次走访县农工部、农业局、林业局等相关职能单位，在加深银政合作深度的同时，也了解到了大量企业及新型农业经营主体客户信息，为主动服务“三农”提供了便利。二是充分发挥已有客户的带动作用。通过春节走访、日常短信慰问、强化服务等方式，既提高了已有客户的满意度，也为老客户带动新客户共同发家致富提供了动力。2016 年鄱阳支行按行业、乡镇进行分类，成功召开了 12 场专项信贷推介会，为农村地区的“大众创业、万众创新”提供了资金支持。三是进行全方位宣传。为做好“财政惠农信贷通”产品推广，鄱阳支行利用网点 LED 屏播放宣传内容、张贴海报等多种形式进行了阵地宣传，同时还开展了多次“金融知识送下乡”活动，向当地百姓送上了“财政惠农信贷通”相关政策知识，做好做足了前期宣传工作。

资料来源：根据张静然 2017 年 3 月 22 日发表在《中国江西网》的文章整理而成。

五、农信社服务“三农”实践与创新案例

潍坊市农村信用合作社联合社（以下简称潍坊市联社）成立于 2000 年 4 月，是 1999 年国家深化农村信用社改革试点，全国首批组建的地市级联社之一。自成立以来，潍坊市联社始终高举服务“三农”大旗，坚持走创新转型发展之路，围绕把

“三农”市场定位做实做细，创造了全国知名、具有示范效应的“普惠金融”潍坊模式。截至 2017 年 3 月末，山东省农商银行系统各项存款余额 16355.9 亿元，各项贷款余额 10091.6 亿元，潍坊市联社各项存款余额 2031.4 亿元，占全省 17 家地市总额的 1/8；各项贷款余额 1111.1 亿元，其中涉农贷款余额 860.4 亿元，较年初增加 13.4 亿元，涉农贷款占比 77.4%。存贷款规模、增量连续多年居全省农商银行系统首位。

潍坊是全国唯一的现代农业综合改革试点市，农业发展水平一直处于全国领先地位。近年来，伴随着农业产业结构转型升级的发展，涉农资金需求量剧增，由于农民及农业经济组织往往缺乏有效的担保、抵押，如何打破融资难、融资贵“瓶颈”，为现代农业发展助力扬帆，成为一道全国性难题。为此，潍坊市联社在山东省联社坚强领导和大力帮助支持下，围绕供给侧改革要求创新信贷产品，主动引领农业产业升级和转型发展，因地制宜、按需施策，围绕“三农”需求不断创新信贷产品，引领了信贷支农模式的突破和创新，按照“大模式、小产品”的思路，创新推广包括农民专业合作社贷款、“家庭银行”贷款等信贷产品在内的“金惠农”助农贷款系列产品，建立了可持续、立体化、普惠型的支农信贷产品体系。逐步形成完善的适合“三农”发展需求的金融服务体系，使当地农村金融和经济社会共同成长，实现了农民增收、农业增效、经济发展、农商行受益的“多赢”效果。新华社、人民日报、中央电视台“新闻联播”“焦点访谈”等多家媒体进行了报道，潍坊市联社先后被授予“全国支农工作先进单位”“山东省金融创新奖”、山东省“服务业先进单位”等荣誉称号，多项产品被中国银行业协会评为“服务小企业及三农十佳特色金融产品”，“金惠农”贷款获山东省企业管理现代化创新成果一等奖。

1. 创新推出“产权贷”，激活农村“沉睡”资产

为满足农村三权改革后新的融资需求，进一步拓宽农村融资渠道，潍坊市联社创新“产权贷”，以土地承包经营权、土地流转收益权、大棚、畜禽养殖场、林权、农民私有房产、水域滩涂养殖权、农村集体股权等农村产权作为抵质押物发放贷款，有效满足种养专业大户、农民专业合作社、龙头企业等新型农业经营主体及广大农民的贷款需求。如寿光、安丘等县市大批高标准农民专业合作社、龙头企业在贷款资金的支持下先后发展壮大，形成了“产业龙头 + 基地 + 农户”“合作社 + 基地 +

农户”的农业经济发展新形式，带动了当地的农业标准化生产，创出了全国闻名的“寿光模式”和“安丘模式”。潍坊滨海经济开发区联兴水产养殖专业合作社以取得承包经营权的600亩“土地承包经营权”作抵押，在潍坊农商行办理“产权贷”110万元，以“合作社+基地+农户”的农业经济发展新形式，带动了当地的农业标准化生产，带动就业200人。截至2017年3月末，全市农信系统通过齐鲁产权交易中心办理“产权贷”1629笔、贷款金额3亿元，支持种养专业大户1377户、农民专业合作社52家。2016年，农村“产权贷”被中国银行业协会评为“2015年服务三农五十佳金融产品”。

2. 精准对接农业供给侧结构性改革带来的新需求、新机遇，增强农业产业链条竞争力

潍坊市联社紧跟农业产业升级，建立零售业务产业链信贷支持模式，大力培育“新六产”和农业产业链，将每条产业链作为大客户群管理，实施“链条式”批量营销服务，研发了“4+1”农业产业链贷款，“4”即现代农业龙头企业、担保公司、农民专业合作社、农商行四方，“1”即农户，四方紧密围绕农户形成具有链条式合作关系的利益共同体，农商行以农户为载体对整个链条注入资金，解决了产业链条中资金不足、各环节不够紧密的问题，全方位提升了农业产业链竞争力。如以农商行为纽带，撮合位于昌邑市的潍坊市聚天农牧有限公司与位于峡山区的泰恒养鸡专业合作社、万基养鸭专业合作社进行对接，并对合作社中信誉较好、养殖规模较大的88户社员客户进行了专项授信，授信额度达2770万元，由龙头企业潍坊市聚天农牧有限公司对所有社员贷款都提供了有效担保，降低了农商行的资金风险，同时实现了龙头企业与合作社的紧密对接，降低了企业的生产经营成本，提高了企业的运转效益。截至2017年3月末，全市农信系统累计发放“4+1”产业链贷款6.2亿元，授信总额7.5亿元，辐射带动产业周边的农民专业合作社238家，社员1.2万户，其他个体工商户和农户达5万多户，解决2万多名社会剩余劳动力的就业问题。同时吸引3900多名外出务工农民返乡创业，户均增收1000元，拉动税收近亿元。

3. 推广农民专业合作社贷款，主动培育、规范农民专业合作社

农民专业合作社是发展现代农业的核心载体，围绕支持农民专业合作社发展，潍坊市联社先后制定了《农民专业合作社贷款指导意见》《农民专业合作社贷款管理暂行办法》《关于实施“百合”工程，引导、参与、规范农民专业合作社发展的指导意见》等制度办法，主动引导、参与、规范农民专业合作社发展。对合作社社员实行贷款额度增加、利率优惠的政策，贷款利率少上浮 30% ~40%。自 2009 年开始，潍坊市联社每年至少牵头组建或规范 100 家农民专业合作社，并牵头做好农民专业合作社与农业龙头企业或专业市场的对接。如诸城得利斯集团是全国著名的肉食品加工企业，潍坊市联社将得利斯生猪专业合作社作为“百合”工程的首批服务对象之一，支持得利斯生猪专业合作社牵头成立了 36 个合作社，分布在诸城、临朐及周边的 14 个县市，合作社年出栏肥猪 100 万头，形成“农场到商场”的一体化绿色食品产业体系。在支持合作社发展的同时，潍坊农信累计投入贷款 5 亿元支持得利斯集团发展壮大，带动 20 万名劳动力就业，年增加社会效益 30 亿元。

4. 推广农村土地流转“一抵通”贷款和农业产业园区建设贷款组合，引领品牌农业发展

近年来，农业产业化发展面临新形势，从国际上看，我国农产品出口面临的检验检疫、技术标准、认证程序等贸易壁垒不断升级；从国内情况看，农产品质量安全已经成为社会关注的热点问题，农业标准化生产势在必行。针对农业标准化生产资金需求增大、抵押担保资源不足等问题，市联社积极拓展新型抵押业务，推出农村集体土地流转“一抵通”贷款和农业产业园区建设贷款组合，支持通过农村集体土地流转、集中建设的形式，发展农产品质量安全生产示范园区，推动农业标准化生产。这一新型产品组合以农业产业园区流转土地承包经营权及地上附属设施为抵押，解决园区建设、承包、经营三方资金难题，覆盖了现代农业园区建设运营的前、中、后三个层面的资金需求。目前，先后投放土地流转类贷款 9.7 亿元，支持全市通过认定的无公害农产品、绿色食品和有机食品基地 471 万亩，无公害农产品和绿色、有机食品品牌 531 个，生产的优质农产品合格率达到 96% 以上。

5. 积极推进“家庭银行”模式，打造“银家共赢”新格局

以“家文化”为支撑，以家庭的资产、负债、收入、支出及所有成员的信誉等信息为基础，围绕家庭成员的生产经营、生活消费需求，通过签订书面协议的形式，由农商行为其提供包括存款理财、信贷融资、支付结算、便民金融服务及增值延伸服务等一揽子金融服务，实现“银家共赢”的综合服务模式，进一步增强客户黏性。以“家庭银行”商业模式为依托，以“线上、线下”联动为支撑，以智 E 购平

台为载体，对信息采集、授信、用信、电商推广等多项工作统筹规划、相互嵌入融合，实现“一体化”的综合营销。营销推介存款、理财、智 E 购电商平台等用户，引导客户积极开立账户或注册成为智 E 购用户，实现对客户的社群化、会员化管理，最大限度的扩充客户信息，以便实施精准营销和培育潜在客户，提升金融服务的粘性和深度。截至 2017 年 3 月末，全市农商银行系统信息采集 13.2 万户、34.2 万人，发放“家庭银行”贷款 2.9 万户、49.9 亿元，发展合作商家 2383 家。

6. 以履行社会责任为己任，创新“富民农户贷”“富民生产贷”特色信贷产品，扎实推进金融精准扶贫

针对农户和企业分别推出“富民农户贷”“富民生产贷”两大特色信贷产品。农商行、扶贫办、财政局签订三方协议，由扶贫办在农商行开立三方监管账户，专门存放贴息资金、风险补偿金和担保金，资金由扶贫办和财政局下设的金财担保融资有限公司提供，金财担保为合作社贷款提供担保。农商行、扶贫办与合作社签订协议，贷款额度及利率根据合作社生产经营状况、资产状况、信用状况、偿还能力、扶贫方案等因素综合确定，合作社每带动 1 名农村贫困人口达到省定贫困线以上，扶贫办给予 5 万元贷款贴息，年贴息率 3%，农商行给予基准利率上浮 30% 的利率优惠。如：临朐农商行向九山镇青杨峪板栗合作社发放一笔 200 万元“富民生产贷”，以上两项优惠叠加之后，该笔 200 万元贷款年利率仅为 2.655%，较基准利率下浮 39%，一年较普通贷款节省利息支出 10.35 万元。青杨峪板栗合作社辐射周边 26 个村，板栗基地 2.3 万亩，建成板栗深加工项目后，能够带动 327 户农户增收，直接带动贫困户 28 户、42 人脱贫，吸纳周边 7 个省定贫困村 100 多名贫困富余劳动力就业增收，进一步扩大了扶贫覆盖面，让贫困户“聚在合作社、富在产业链、一举拔穷根”。

精准对接异地扶贫搬迁金融服务需求，支持贫困人口搬迁致富。如皇华镇东尚庄村是诸城市南部山区中一个贫困村，收入以种植小麦玉米等粮食作物，由于人均耕地严重不足，再加上近几年的连续干旱，该村出现大面积返贫现象，由于自然禀赋匮乏难以通过自身发展摆脱贫困，部分青年人通过异地搬迁方式尽快脱贫，诸城农商行了解到情况后为该村异地搬迁户提供每户 10 万元经济适用房按揭贷款。其他还有潍坊农商银行创新光伏扶贫贷，安丘农商行创新“惠民—电商贷”等。

六、村镇银行服务“三农”实践与创新案例

达尔罕茂明安联合旗包商村镇银行（以下简称达茂旗包商村镇银行）是由中国银监会批准，由包商银行作为发起行，从原来三类新型农村金融机构之一的达尔罕茂明安联合旗包商惠农贷款有限责任公司（以下简称贷款公司）转型升级而来，注册资本 1 亿元，是地处边疆少数民族地区的达茂旗唯一的村镇银行。达茂旗包商村镇银行成功由贷款公司转型，得益于人民银行、监管部门以及发起行包商银行的鼎力支持，同时和贷款公司良好的经营业绩有着密不可分的关系，更是为达茂旗广大农牧民群众和城镇居民提供更为广泛的金融服务的有力举措。

达茂旗包商村镇银行转型成功后，继续秉承了贷款公司“小额分散”的贷款发放原则，并且确定了“金融普惠、润泽三农”的经营宗旨，为达茂旗农牧民群众和城镇居民提供种类多样方便快捷的金融服务，全力支持“三农”“三牧”以及小微企业发展。

1. 金融普惠，注重小额分散

达茂旗包商村镇银行根据经济形势和达茂旗地方实际情况，将信贷工作基调确定为“普惠金融与创新服务县域经济相融合、信贷投向与政府方针政策相契合、信贷创新与地方产业发展需求相结合”，在工作中注重下沉基层，坚决以支持“三农三牧”为重点，根据达茂旗地方经济发展现状，结合达茂旗旗委、政府开展“九大工程”和“十个全覆盖”工作目标，大力发展农畜产品深加工和打造具有民族、地域特色的综合旅游、食品加工的方针政策，在发起行的指导下，借鉴其他机构创新服务县域经济工作的经验，信贷工作开展具体可以概括为以下三点：一是普惠金融实施重点以行政村、嘎查村为单位。在 2016 年共发放各类贷款 40830.57 万元，11527 笔，户均贷款额仅为 3.54 万元。二是普惠金融与创新服务县域经济以农牧业合作社、家庭农牧场为侧重点。三是创新服务县域经济以农畜产品加工和具有地域、民族特色的食品加工、综合旅游业为突破点。通过服务半径的不断延伸，信贷产品覆盖了农牧民生产资料购置、农田水利建设、农畜品种改良、新农村建设、产业结构升级、合作组织发展以及生活水平提高等生产生活的各个方面，达茂旗 7 镇 2 乡 3 苏木，77 个行政村，372 个自然村实现了全面覆盖，直接辐射带动人群达 37000

余人，惠及了达茂旗常驻人口的 45%，有效地实现了创新服务县域经济的工作目标，促进了普惠金融。

截至 2017 年 3 月末，达茂旗包商村镇银行已经累计发放各类贷款 25 亿元，累放笔数 66000 余笔，农户贷款占比在 90% 以上，笔均仅为 3.8 万元，单笔最大额没有超过 500 万元，单笔最小额仅为 3000 元，为达茂旗农牧户提供了实实在在的服务，形成了良好的社会口碑，从名不见经传到在达茂旗家喻户晓。

2. 精准扶贫，落实国家政策

将人民银行、监管部门定点扶贫指导思想及自身实际探索相结合，根据达茂旗的实际情况，贯彻落实金融精准扶贫有关政策。采取切实有效的工作方法，注重与地方扶贫办以及相关部门的紧密对接，大力开展金融精准扶贫工作，取得了较好的工作成效。一是加强合作，银村共推。指定专职部门主动加强与地方政府、扶贫办、等部门的联系沟通，及时了解掌握达茂旗政府的金融精准扶贫产业贷款的政策架构、运作模式以及操作流程，并积极配合到当地政府做好宣传服务工作，努力做到扶贫贷款政策家喻户晓。二是深入调查，摸底建档。根据当地政部门政府公布的贫困村、贫困户名单，派专职人员对贫困村、贫困户以及相关的家庭农场、专业合作社等组织进行详细摸底调查，为其建立调查档案，为办理金融精准扶贫贷款提供依据和第一手资料，并且由专人负责，实现了长效的工作机制。三是精心准入，积极扶持。通过对建档立卡的贫困村进行筛选，把班子团结、发展意识和工作能力均较为突出的村委会，列为扶贫贷款拟投放对象。针对已实现土地流转全覆盖，产业种养植前景好的惠农专业合作社，着手进行调查，为社成员发放扶贫贷款，真正让扶贫资金最大限度的惠之于民。截至 2016 年年末，达茂旗包商村镇银行当年发放金融扶贫贷款 1166 万元，余额 1113 万元，涉及贫困户 383 户，对这些贫困户的脱贫致富提供了有效的金融支持。

成功转制为村镇银行，达茂旗包商村镇银行金融服务手段更加多样，结算渠道较之前也有了极大改善，银行站在新的起点，将为农村牧区及县域经济提供充沛的金融供给，为促进地方经济发挥更加积极的作用。

第 11 章

农业保险支农创新与发展

2016 年，农业保险原保险保费收入为 417.71 亿元，同比增长 11.42%，占产险业务的比例为 4.79%，同比上升 0.10 个百分点。2016 年，参保农户 2.04 亿户次，提供风险保障 2.16 万亿元，为 3822.71 万户次农户支付赔款 299.21 亿元，同比增长 26.22%。2016 年，农业保险积极探索创新，在高保障产品、价格类、收入类和指数类产品创新、经营模式创新以及农业保险功能扩展方面都作了很多探索，提升了我国农业保险的发展质量，有效地支持了我国农业现代化的发展。为了进一步发挥农业保险支农作用，要进一步创新高保障产品服务现代农业；创新价格风险保障机制，参与农产品价格形成机制改革；创新农业保险经营模式以及完善农业保险支农创新的相关政策。

一、2016 年农业保险支农创新的新探索

2016 年，各地根据地方实情，积极探索农业保险创新，并形成了一些较为成熟的模式和经验。这些试点虽然规模不大，但面向产业需要、瞄准农民需求，都取得了阶段性成果，为全面推进农业保险创新积累了大量经验。

（一）高保障产品创新

为更好地服务于新型农业经营主体发展，满足其高保障需求，2015 年中原农险

开发出河南省新型农业经营主体专属的高保障产品。与传统产品相比，该款产品具有保障范围广、保险金额高的特点，广受河南省新型农业经营主体的欢迎。2016年，更多的地区探索开发高保障产品，以适应新型农业经营主体的需求。如，为满足农户对种植业保险不同保障程度的需求，阳光农业相互保险公司开发出 220 ~ 820 元保额的产品，分 6 个档次供农户自由选择；湖南、安徽等省开展针对新型经营主体的“基本保险 + 附加保险”试点，水稻保险金额提高到 800 元。

【专栏 1】 中原农业保险股份有限公司新型经营主体专属主粮作物种植保险

由于以传统农户为对象、以保障生产风险为目标的广覆盖、低保障的“一刀切”式的普惠制政策性保险产品体系，已不能满足新形势下集约化、专业化、组织化、社会化相结合的新型农业经营体系风险需求，并导致农业保险自身的政策效能和与农业发展政策的配套能力大打折扣，中原农业保险开发了服务于专业大户、家庭农场、合作社、产业化龙头企业等新型农业经营主体的专属高保障小麦、水稻、玉米种植保险产品。

产品特点包括：一是全面扩展保险责任范围。在传统保险责任基础上增加三项针对性强的保险责任：火灾、降雨量过低造成灌溉费用增加和倒伏导致收获费用增加责任。二是大幅提高保险金额。不仅考虑生产投入的直接物化成本，还将一定比例的租地和人工成本纳入保障范围，有效适应了新型农业经营主体对风险分散水平和保障能力提出的更高要求。小麦种植高保障保险每亩保额从 447 元提高至 800 元，每亩保费 52 元，玉米种植高保障保险每亩保额从 329 元提高至 700 元，每亩保费 52.5 元；水稻种植高保障保险每亩保额从 487 元提高至 850 元，每亩保费 55.25 元。三是农户保费负担不重。该产品获得省级财政政策支持，保费补贴与传统产品保费补贴比例一致，投保新型农业经营主体只承担 20% 的保费，因保额提高造成保费较传统产品提高部分的财政补贴由省级财政全额承担。

该产品的实施成效较为明显：一是发挥了为新型农业经营主体保驾护航的作用。2016 年在全省 74 个县开展新型农业经营主体小麦、玉米、水稻种植高保障产品，其中小麦投保面积 87.55 万亩，保费 4552.92 万元，风险保障 70044.92 万元，赔付金额 5152.06 万元，简单赔付率 113.16%；水稻投保面积 41.97 万亩，保费 2319.70 万元，风险保障 35675.98 万元，已决赔款 1221.14 万元，未决赔款 1.57 万元，预计简单赔付率 52.71%；玉米投保面积 81.18 万元，保费 4261.75 万元，风险保障 56823.34 万元，已决赔款 3806.09 万元，未决赔款 49.25 万元，预计简单赔付率 90.46%。3 款产品共发生赔款 10179.29 万元，未决赔款 50.81 万元，平均赔付率为 91.88%。赔付水平远高于传统产品，一方面体现了新型农业经营主体的生产风险高于传统生产风险，另一方面表明新型农业经营主体对风险的敏感程度更高，对农业保险的需求更加迫切。二是赢得了新型农业经营主体的认可。产品的保障范围较为贴近新型农业经营主体的需要、自负保费水平基本控制在生产成本可接受的范围内，受到了广大新型农业经营主体的欢迎。首先，新型农业经营主体的投保意愿较强，业务宣传发动效率较传统产品高；其次，新型农业经营主体自行承担保费的意识和能力较强，传统种植农户中存在的要求“保费返还”现象较少；最后，新型农业经营主体对保险责任、理赔方式等条款内容更加关注。三是构建起了服务不同生产力水平的产品体系。该产品与传统产品形成覆盖各层次农户需求的完整的、高低配的农业保险产品体系，从而建立了传统农业保险产品服务于传统农户，体现政策普惠效应；高保障农业保险产品服务于新型农业经营主体，支持现代农业发展的农业保险产品架构。四是丰富了政府支持现代农业发展的政策工具。通过农业保险产品、财政补贴政策的差异化，解决了新型农业经营主体的后顾之忧，提升了新型农业经营主体的扩大再生产积极性，为推动现代农业发展起到了积极的作用。五是实现了精准承保理赔到户的监管要求。公司在该产品的操作中实行一对一承保理赔的方式，逐户逐地块查验标的、绘制投保地块坐落图、单独出单、到户逐地块查勘定损，与新型农业经营主体建立起一对一的合同关系。通过精准承保理赔，一方面解决了传统产品以村为单位集体投保、通过抽样定损核定赔款的粗放式发展问题；另一方面在承保理赔过程中充分满足了新型农业经营主体的个性化保险利益。

【专栏 2】 **湖南省华容县水稻补充保险**

自 2007 年开展政策性农业保险试点以来，湖南省农业保险产品不断拓宽，承保面逐步扩大，使灾后农户得到保险经济补偿，为促进农村经济发展起到了“稳定器”的作用。但随着新型经营主体不断涌现，他们认为仅按原有基本保障已与市场变化极不相符，灾后的保险补偿与实际投入的成本差距太大，一旦遇到灾害，保险每亩基本补偿达不到投入的物化和人工成本额，强烈要求增加每亩保险金额。人保财险湖南省分公司面向种粮大户、家庭农场、农民合作社、农业产业化龙头企业等新型农业经营主体，设计推出涵盖农业生产和农业的基础设施设备、生产机具等流通全流程的一揽子风险保障方案，满足多层次农业保险需求。其中，在华容县面向种粮大户、家庭农场、合作社以及龙头企业，开展水稻种植补充保险试点，着力提高保障程度。

水稻种植补充保险每亩保险金额，在政策性水稻种植保险每亩 360 元基础上，分档次增加 140 元（每亩增加保费 7 元）、240 元（每亩增加保费 12 元）、340 元（每亩增加保费 17 元）、440 元（每亩增加保费 22 元），即每亩保险金额分别为 500、600、700 和 800 元。各地根据经济实力选择档次。保险费率为 5.0%。

2016 年，保险公司在 92 个家庭农场、种粮大户承保中稻和晚稻面积 24076 亩，在中央政策性水稻每亩保险 360 元金额的基础上，每亩增加 440 元，即每亩保险金额达到 800 元。每亩保险费增加 22 元，其中由华容县国家现代农业试范区农业改革与建设指挥部承担 70%，农户承担 30%，全县共收水稻补充保险费为 529672 元。2016 年 7 月华容县发生了暴雨渍水灾害，导致承保的中稻在幼穗分化期受损，仅水稻补充保险就赔偿 958324.4 元（简单赔付率为 180.93%），使新型经营主体很快得到经济补偿，促进粮食生产发展。

（二）价格类、收入类和指数类产品创新

第一，为了应对价格风险，各地继续推动价格指数保险试点。2016 年，价格保险试点已在广西等 31 个省份启动，试点品种包括生猪、蔬菜、粮食作物和地方特色农产品共 4 大类 50 种，保费收入突破 10 亿元，同比增长 65%。

【专栏 3】　安华农险生猪价格指数综合保险

2013 年 5 月，安华农业保险股份有限公司在北京市顺义区签订了国内首款农业保险创新型指数产品——生猪价格指数保险。在北京市开展一年试点的基础上，公司于 2014～2017 年期间，先后 3 次对生猪价格指数保险进行了升级换代。

生猪价格指数保险以支持生猪产业的持续健康发展为目标，保障生猪养殖大户的养猪积极性，维护生猪生产市场稳定，确保居民日常生活的市场供应，为我国逐步建立市场机制下成熟的生猪市场，提供了有别于期货、订单农业等化解市场价格波动的风险解决手段和工具。

该产品具有承保条件宽泛、保险责任简化、赔款计算简单、承保和理赔具有公信力以及费率水平适中等特点。

从实践看，生猪价格指数保险有利于保持生猪生产者的积极性，对于稳定物价具有积极示范作用；惠及了广大生猪生产者，为生猪产业的健康发展提供了价格风险保障机制；生猪价格指数保险发挥了“稳定器”作用，维护了农村社会稳定。

第二，探索收入保险试点。2016 年，黑龙江、吉林、河南、陕西等地开展了水稻、大豆、小麦、苹果收入保险试点。

【专栏 4】　安华农险大豆收入保险试点

2016 年，安华农险在吉林敦化市试点大豆收入保险保险，试点期间共承保了大豆种植面积 14505 亩，承担自然风险和市场风险保障额度 665.42 万元。该产品以大豆的收入为保险标的，当大豆的产量、价格波动或者二者共同导致被保险人的实际收入水平低于保险合同约定的预期收入水平时，保险人负责按照保险合同约定进行赔偿。可见，收入保险既保障生产风险又保障市场风险，即收入保险保障的是融合生产风险和价格风险两种因子造成的农作物种植者收入减少的损失，保障程度较高。

安华农险开展大豆收入保险，有利于化解自然风险和市场风险，在收获后可以保障农产品生产者的合理收益，以确保主粮的有效供给，从而探索实现“市场定价、价补分离”的一种新的有效途径。同时，收入保险能促进新型农业生产经营主体的生产经营，助力适度规模化农业发展。通过投保农产品收入保险，可以锁定绝大部分的收益，并能有效推动生产过程中融资的便利性和可行性（保险+信贷），从而促进农村金融的快速发展。

【专栏5】　安信农业保险在上海试点粮食作物收入综合保障保险

为探索“黄箱”政策向“绿箱”政策转化，农业直接补贴转为保险的间接补贴，提高财政补贴的精准性、有效性，2016年安信农业保险在上海试点粮食作物收入综合保障保险，3年共计划试点面积6.2万亩。一是促进农业产业结构调整和生态保护。参加收入保险后农户可以种早熟品种的水稻来获取收益，减少化肥农业使用过量化，保护生态环境。二是满足新型农业经营主体多层次需求。有四层保障程度可供选择，满足不同合作社、家庭农场对风险保障的需求。三是提高农险产品精准化。开发基于GIS信息系统，制定农业风险区划，实现保险责任、费率厘定差异化。

【专栏6】　阳光农业相互保险公司试点水稻收入保险

为探索不断提高农业保险保障程度，阳光公司2016年在黑龙江垦区290农场开展了水稻收入保险试点。试点保险面积47.3万亩，参保农户2866户，提供风险保障5.54亿元，试点保障产量每亩377.49公斤，约定赔付价格为每公斤3.1元，保险金额为每亩1170.2元。费率为4.7%，亩保费55元，总保费收入2601.46万元。保费补贴比例为在物化成本范围内中央财政给予65%的补贴，超过成本部分由农牧场和参保农户承担。低于保障产量时按每公斤3.1元进行赔付。8~9月遭受台风机内涝灾害，赔款金额为2415.1万元，理赔户数2866户，户均赔款8426元，赔付率92.8%。试点对水稻产量和价格风险进行了双重保护，一定程度上起到了替代最低收购价的作用；保障水平由原来保直接物化成本大幅提高到基本覆盖水稻生产全部成本，锁定了水稻种植户的收入预期。

第三，继续推动天气指数保险试点。2016 年，湖北、浙江等 20 个省研发了 68 个天气指数保险产品，涉及玉米、水稻、小麦、花卉、蔬菜等多类农产品。

第四，探索开展财政巨灾天气指数保险试点。黑龙江、广东开展了财政巨灾天气指数保险试点，地方财政对遭遇巨灾后可能面临的大额救灾支出进行保险，解决财政救灾资金“无灾之年花不出、大灾之年不够花”问题。

【专栏 7】 瑞士再保险联合阳光农业相互保险推出中国首例农业巨灾指数保险

为了更好地保障黑龙江省的粮食安全并放大黑龙江省 28 个贫困县的财政救灾资金，确保灾害发生后，财政部门有足够的流动资金，以尽快安置受灾农民、抢修农业设施、恢复农业生产。瑞士再保险、阳光农业相互保险及黑龙江省财政厅联合黑龙江省气象服务中心及中科院遥感所签订全球首例通过雷达遥感方式承保针对农业相关标的洪水损失的保险保障，也是中国首个农业巨灾指数保险。巨灾项目通过运用卫星雷达遥感指数，标准化降水蒸发指数，低温指数和降水过多指数为黑龙江省 28 个贫困县提供包括流域型洪水，干旱，低温和降水过多等自然灾害的保障。

该指数保险方案以卫星雷达及气象站观测到的客观数据作为衡量洪水，干旱，低温和洪涝灾害的基本参数，结合黑龙江省的历史干旱、低温、洪涝灾害事件损失情况，分析灾害参数和应对农业灾害的财政支出之间的关联性，并建立相应的风险模型进行产品设计开发，并由独立的第三方机构根据客观测量、公开透明的数据按照保险合同所约定的算法完成理赔。当地财政部门根据灾害的实际损失情况，可自行决定将保险赔付金按照财政部门资金使用规定，用于应急响应、农户转移安置、灾后农业生产和农业生活设施修复重建、灾后农民救助等财政部门或有责任的履行。

此次试点由阳光农业相互保险公司承保，以 80% 的比例分保给瑞士再保险公司。投保主体为黑龙江省财政厅，保险区域为黑龙江省 28 个贫困县，保险险种包括干旱指数保险、低温指数保险、降水过多指数保险、洪水淹没范围指数保险，总保费 1 亿元，保障程度 23.24 亿元。其中，干旱指数保险、低温指数保险、降水过多指数保险费率为4%，洪水淹没范围指数保险费率为6.16%。在保险期间内，当保险区域超过设定的干旱、低温、降水过多、流域洪水阈值后，保险人按保险合同约定，计算保险赔付金额，赔付到投保人指定账户。

以洪水淹没范围指数保险为例，保险合同约定将齐齐哈尔、佳木斯地区松嫩流域13个投保贫困县的耕地每1.65公里×1.65公里的范围指定标记1个点，触发洪水灾害事件中所有被洪水淹没的点的总数作为洪水淹没范围指数。当发生洪水事件时，卫星监测到承保区域内有698个点被淹没，即洪水淹没范围指数为698，则视为发生触发洪水事件，进而启动保险赔付。保险公司最低赔付金额9750万元，之后每多1个点被淹没，保险赔付金额增加14.67万元，直到总保险赔付金额达到赔付限额3.25亿元。

试点有三方面突出特征：一是保障区域、责任全面。受超强厄尔尼诺现象影响，气象部门预测，2016年黑龙江省嫩江流域和松花江流域发生区域性灾害的可能性较大。试点区域包括全省28个贫困县，其中13个分布在松花江、嫩江流域沿岸，承保责任包括干旱、低温、降水过多和洪水淹没4种，全面涵盖了投保区域常见农业灾害类型。二是合理设置赔偿触发机制。干旱指数保险、低温指数保险、降水过多指数保险条款中，针对每个投保县市的不同灾害类型，分别设置了高、低两个赔付标准，高标准对应百年一遇灾害，低标准对应六年一遇灾害，在抵御巨灾风险的同时，又能保证一定的赔付频度。三是扶贫宗旨突出。自然灾害是导致返贫的各种因素中最主要的因素，全国每年农村返贫人口中70%是因自然灾害所致。黑龙江省是农业大省，也是经济落后省份，全省28个贫困县主要分布在西部风沙盐碱干旱地区、东部低洼易涝区、松嫩两江沿岸洪涝区、北部低温冷害区，农业生产、农村生活、农业基础设施极易遭受自然灾害侵袭。在再保险的支持下，试点密切围绕扶贫主题，为黑龙江省"量体裁衣"，财政、扶贫、气象、民政、防汛等省政府部门也深度参与，为方案设计、流程规划提供了很多建设性意见。

此次试点开创了财政巨灾指数保险制度安排和巨灾指数保险精准扶贫的先河，在三方面实现创新突破。一是巨灾指数保险依据客观气象监测数据、指数理赔，更加公开透明、效率更高。二是巨灾保险首次聚焦农业领域、扶贫主题，保障重点更突出、目标更明确。三是以保险机制平滑财政年度资金预算，有效解决财政救灾资金“无灾小灾花不出、大灾巨灾不够花”的问题。通过试点，保险的功能作用进一步显现，日益成为政府精准扶贫的有力抓手，参与社会管理的有效载体，促进农业产业发展和农村稳定的有用工具。

（三）经营模式创新

第一，通过区域产量保险的创新破解小农经济条件下农业保险经营的困境。当前分散经营的传统种植农户仍然是国家粮食生产主力军，开展针对传统农户的农业保险，是体现农业保险政策普惠效应的需要。但目前农业保险经营中存在的诸多问题，表象在于保险公司服务能力不足，其实根源在于农险产品自身的缺陷，即以农户个体风险进行理赔的保险产品模式与小农经营的农业生产方式存在巨大的现实差异，从而带来一系列诸如无法实现精准承保理赔、虚假承保理赔等现实问题，严重影响农业保险的政策效能。通过区域产量保险的创新，则可以在很大程度上破解目前农业保险经营的困境，提高农业保险政策效能。

【专栏 8】　中原农业保险股份有限公司小麦区域产量保险

公司根据目前传统农险产品开办中存在的问题和传统农户种植风险特点，开发了针对传统农户的小麦区域产量保险产品。

产品特点包括：一是保险责任。在保险期间内，由于责任免除之外的一切原因造成保险小麦的损失，且保险小麦所在乡镇的实际平均产量低于乡镇保障产量，或保险小麦所在乡镇的实际平均产量大于等于乡镇保障产量，但保险小麦所在村的实际平均产量低于村保障产量，保险人在保险金额内按照本保险合同的约定负责赔偿。其中，乡镇保障产量按照保险小麦所在乡镇过去 3 年平均产量和保险合同约定的保障比例确定的；村保障单产为该村所在乡镇的乡镇保障产量的 80%；实际平均产量时由保险人在保险小麦成熟收割前按照国家规定的技术规范测量确定。二是赔偿方式。以乡镇、村为单位的赔偿，当保险小麦所在乡镇实际平均产量低于该乡镇保障产量时，赔偿金额 =（保险小麦所在乡镇保障产量 - 该乡镇实际平均产量）× 保障价格 × 保险面积；当保险小麦所在乡镇实际平均产量大于等于该乡镇保障产量，但保险小麦所在村实际平均产量低于该村保障产量时：赔偿金额 =（保险小麦所在村保障产量 - 该村实际平均产量）×保障价格×保险面积。保障价格参照国家公布的小麦最低收购价格确定，以保险单载明为准。若国家取消小麦最低收购价格，则由保险人与投保人协商约定保障价格，并在保险单中载明。三是费率分区。坚持风险与费率相对价的原则，依据河南省各县区产量波动风险状况，划分了3个风险区域，实行不同的保险费率，实现风险与定价的公平性，确保生产投入成本控制在农户能接受范围内，不增加农户保费负担。

从公司运营来看，区域产量保险具有多方面的优势，一是节约时间成本。以虞城县全县统保15个乡镇324个村为例，传统保险查勘定损，每天查勘6~8个村，时间跨度约40多天，区域产量保险每乡镇采集样本地块5~10个，每天可以完成20个地块的采样工作，时间跨度4~8天，可以节约30多天。二是减少理赔成本投入。传统保险需要现场查勘、定损，以虞城县全县统保15个乡镇324个村为例，每天查勘6~8个村，每村成本280~340元［2次，交通费25~35元、临时用工费20~25元、租车费40~50元、杂费（水、餐、通信）20~25元、专家费40~50元、查勘补助15~20元］，全县仅现场查勘定损费用共计9.1万~11万元，区域产量保险仅需要以乡镇为单位测产，全县测产费用0.5万~1万元（不含引入卫星遥感技术费用5万元）。三是理赔流程简单易行。传统保险理赔工作流程包括报案、查勘、立案、定损、定损结果公示、理算、理算结果公示、赔款确认、核赔、赔款支付等，区域产量保险不需要报案，只需要将产量数据导入系统，系统自动进行报立案后流转到理算环节，极大地简化了流程。

同时，将节约的成本用于农业保险承保理赔技术的研究和创新，在区域产量保险承保和理赔中应用卫星遥感技术，承保时采用卫星遥感影像宏观把控作物种植面积，保证承保信息的真实性和准确性，理赔时采用作物长势卫星遥感监测和地面现场勘查测产相结合的产量评估新方法，提高样本点的代表性和样本点选择的科学性，使产量测定结果更接近实际产量。

可见，区域产量保险的创新有效化解了传统农业保险面临的经营困境。一是解决保险公司服务能力不足的问题。将区域产量下降作为理赔触发条件，赔偿与投保区域的整体风险挂钩，保险公司无须确定投保农户的具体位置和个体损失程度，摆脱了不可能真实定损到户的现实困境。二是承保理赔客观透明。与政府农业、统计部门成立联合测产小组，开展区域产量测产工作，结果公开透明；引入天气指数保险技术，气象数据的唯一性和客观性保证了理赔结果的公信力。三是解决依法合规问题。区域产量数据和气象数据的客观性、透明性解决了虚假、任意理赔问题；区域风险的不确定性，虚假投保不会带来必然的理赔，极大压缩了虚假投保、虚假理赔的存在空间。

第二，应用互联网技术推动农业保险经营模式的创新。加快应用互联网技术，主动融入互联网金融发展新潮流，不断满足客户需求、改善客户体验、提升经营管理专业化发展是农业保险创新发展的重要路径。

【专栏 9】　太保“e 农险”：从 1.0 到 3.0

太平洋保险和中国农科院构建战略合作关系，共同倾力打造以互联网技术为核心的“e 农险”项目，进一步优化农险承保理赔流程和操作模式，提升太保农险专业化经营管理能力。

“e 农险”是基于互联网思维下，通过运用先进的互联网 + 技术、大数据管理等手段，聚焦农险客户需求，整合各项新技术应用打造的运营管理体系，打造基于互联网技术、连接保险公司和客户、精准匹配并充分满足农险客户的市场需求和服务要求的农联网系统，最终目标是建成独具特色的“互联网 + 农险运营管理体系”。

“e 农险”不是单纯的技术手段和技术工具组合，其意义在于打造成为先进的农险“运营管理体系”。这一体系包含四个核心内容：搭建移动平台，与 IT 系统实现对接；开发各类 APP 应用，符合移动应用属性；外围设备辅助，开发应用载体；业务流程再造，固化标准操作流程。

太保“e 农险”从 2015 年首次发布的“e 农险”1.0，目前已升级到“e 农险”2.0，共有承保管理、理赔管理、业务综合、客户服务、智能应用和实用工具等 7 大类，e 键承保/理赔、验标/查勘助手、风险地图、气象服务、保单/赔案查询、承保/理赔公示、农情早知道等 30 多个功能，“e 农险”功能集成进一步强化，用户类型实现多元化，各项技术应用与业务管理创新相结合推动“e 农险”体系向纵深发展。

未来太平洋保险将继续打造“e 农险”3.0，做集团数字太保战略的重要践行者。以互联互通作平台，以物联网应用来辅助，以大数据应用为灵魂，以业务流程管理来指引，以优质服务与合规经营为方向。将“e 农险”打造成农险从业人员不可或缺的运用平台。在经营统计分析、销售管理支持、业务操作支持、风险管控手段、政策咨询服务、客户增值服务等方面提供全面应用支持。

“e 农险”3.0 基于卫星遥感、农业气象数据，采用深度机器学习和大数据统计分析技术，对农险应用实验室示范点进行保险标的识别、生长环境与生理数据的快速获取与综合分析，实现种植业的客户标的管理、风险识别、智慧农业平台管理、产量估算；养殖业标的生长状态监控，以及气象指数保险自动理赔的农业保险服务模式探索与创新，为探索农业保险的标准化、科学化、高效化的管理提供坚实的数据基础和有力的分析工具。

第三，浙江、福建等 25 省份通过互助保险或“互保协会 + 商业保险”模式开展的渔业、渔船和农机互助保险，为商业保险不愿进入的高风险领域提供保障。河北阜平等地开展的政府与保险公司“联办共保”以及西藏开展的保险公司为政府代办试点，探索政企合作新模式。

【专栏 10】　河北阜平政府与保险公司“联办共保”的“三农”保险运营模式

为提升财政资金支持保险扶贫效果，中国人民保险与阜平县政府合作，探索出共同管理、共担风险的“联办共保”“三农”保险运营模式。保费收入由中国人民保险和政府保险专户5∶5分成，形成对保险基金的持续补充机制；保险赔款也由中国人民保险和政府保险专户5∶5分担，如果当年的理赔金额小于保费收入，结余自动留在保险基金，不断扩大保险基金规模。这种联办共保机制，不仅从制度层面保障了保险业务可持续经营，推动了“三农”保险保障范围与保障水平提升，而且有效放大了财政资金使用效应，以少量财政投入撬动更大社会资源。2016 年，阜平县补贴了扶贫资金近 1400 万元，撬动农业保险保障金额 13.7 亿元，相当于将 1 元扶贫资金效能放大了近 98 倍；中国人民保险在阜平支付保险赔款 1980 万元，有 153 个村 1.8 万农户直接受益。

（四）农业保险功能扩展试点

1. “保险 + 期货”试点

2016 年，辽宁等 12 省份开展的“保险 + 期货”试点，涉及大豆、玉米、鸡蛋、棉花和白糖等多个品种。通过保险和期货两类工具的结合，转移分散农产品市场风险。

【专栏 11】 太保财险和安信农保共同推动的广西糖料蔗价格指数保险试点

糖业是广西重要的支柱产业之一。全区糖料蔗种植面积约 1500 万亩，蔗农超过 2000 万人，产量占全国总产量的 60% 以上；共有白糖加工企业 104 家，年产白糖约 800 万吨。近年来，受生产成本上升和国外低价糖冲击双重影响，制糖企业效益全面下滑，糖料蔗收购价格不断下降，蔗农收入难以保障。同时，为平抑白糖市场供需稳定市场价格，确保制糖企业正常生产，在白糖价格较低时，政府需要通过政策性收储进行调节，每年投入的收储资金近 20 亿元，也给地方财政带来沉重压力。在财政部、农业部等相关部委支持下，2016 年 1 月，太保财险和安信农险共同推动广西糖料蔗价格指数保险试点，综合运用保险和期货两种金融工具化解糖料蔗价格波动风险，维护农民种植利益。为提升广西糖业竞争力，自治区政府计划筹资 80 亿元建设 500 万亩高产高糖的“双高”糖料蔗种植基地。糖料蔗价格保险将 40.44 万亩“双高”基地纳入首年试点，占已建成双高基地总面积的 31%，有效服务糖业产业健康发展。试点的主要做法包括以下几点。

一是建立联动式的保险保障机制。试点以广西现行的糖料蔗政府统一定价机制为基础，在保险合同中设置合理的糖料蔗目标价格并与蔗糖价格联动。当蔗糖价格下跌时，保险公司赔付蔗糖企业，使其能按政府统一定价向农民支付收蔗款，确保农民基本收入；当蔗糖价格上涨时，保险公司赔付农民，增加农民额外收入，通过稳定收入预期保障蔗农的种植积极性。

二是建立组合式的风险分散模式。由 4 家保险公司组成了共保体共同承保，共保体与 3 家期货公司签订合作协议，购买看跌期权，通过期货市场转移分散风险。通过构建组合式的风险分散机制，承保公司风险得到了有效分散，风险可控可测，确保了试点的稳健运行。

三是建立便捷式的保险理赔流程。试点改变了传统农业保险先报案再查勘后理赔的模式，创新建立了触发式赔付的便捷理赔流程。保险期间结束后，当蔗糖价格达到触发条件时，赔付数量和赔款金额可由保险公司系统自动计算得出，当日即可完成赔款金额核定，赔款由系统自动支付到农户个人银行账户，10 个工作日即可完成全部理赔，理赔周期大幅缩短一半以上，不但降低了大量理赔中间成本，还有效提升了理赔服务质量。

试点为广大蔗农稳收增收提供了风险保障。试点首年，参加保险试点的蔗农，可以得到每亩 30 元的保险赔款，按照大户种植 50 ~ 80 亩测算，每户可增加净种植收益 1500 ~ 2400 元，按 2015 年广西自治区农村居民人均纯收入 9467 元、户均 3 人计算，可提高家庭纯收入 5% ~ 10%，通过保险在一定程度上实现了提高蔗农种植积极性、稳收增收的政策目的。同时，试点也为大宗农产品价补改革创新以及“保险 + 期货”分散市场风险都作了积极的探索。

【专栏 12】 阳光农业相互保险公司大豆价格“保险 + 期货”试点

2016 年，阳光公司在黑龙江垦区赵光农场开展大豆价格“保险 + 期货”创新试点。大豆价格保险试点承保面积 5 万亩，承保户数 114 户，承保大豆 1 万吨，每吨保额 3800 元，保险费率 5.263%，签单保费 200 万元。保费由大连商品交易所通过减免交易税的方式补贴 80%，农户自交 20%。阳光公司与期货公司签订保值协议，对冲风险，保值价格每吨 3800 元，保值费用 161.3 万元。理赔时，当约定合约的约定时间段期货收盘平均价格低于约定价格每吨 3800 元时，保险公司先行将差额赔付给农户，期货公司再根据保值协议补偿给保险公司。阳光公司大豆价格保险赔付给赵光农场种植户共计 876111 元。

试点意义包括：第一，探索建立金融风险转移新模式。开展大豆“保险 + 期货/期权”试点，保险公司通过购买期权对冲价格风险，有效弥补了传统价格保险缺少有效风险转移机制的缺陷，充分发挥金融机构的优势，实现农户、保险机构和期货机构之间的优势互补和多方共赢。农户能够通过参保获得价格风险保障，保险公司通过期货公司降低风险敞口，期货公司通过保险业务拓展了业务领域。

第二，促进农产品价格机制改革。实践证明，临时收储的模式不可持续，价格风险不能通过集中管理大量同质风险来分散，其分散的主要手段就是购买期权产品，因此保险公司通过购买期权对冲价格风险，可以为价格保险提供有力的风险保障。第三，优化保险产品赔付模式。开展大豆价格保险，采用期货市场价格作为价格基准，解决了赔付时参考价格的公允性问题。种地农民发生价格损失时，农户无需报案，不需要保险公司现场查勘，其理赔系统根据期货市场价格跌幅自动触发理算，并直接通过银行打卡折方式向农户支付赔款。价格保险减少了传统的查勘、定损、理赔资料收集环节，运行成本低、操作方便，可以实现快速理赔。

2. “保险＋信贷”试点

广东、陕西、安徽等 26 省份开展的“保险＋信贷”试点，通过农业保险保单质押、保证保险等方式，实现多方风险共担、财政小钱撬动大钱，解决农民尤其是新型经营主体“融资难、融资贵”问题。“保险＋信贷”在实践中也探索出不同的模式。一是“农村小额信贷保险＋专业大户贷款”模式。具体指在银行向专业大户发放小额贷款时，保险公司为贷款人提供因意外伤害、财产损失或其他原因造成贷款不能及时偿还时的代为偿还贷款的保险，是一种以小额农户贷款为载体的新型金融产品。此项业务的发展，可以帮助保险机构拓展业务，使银行的信贷资产得到更好的保护，同时使农户更容易获得贷款，并得到一份保障。二是“小额贷款保证保险＋龙头企业贷款”模式。相对传统的融资模式，小额贷款保证保险是银行与保险公司协作的新模式。此种模式下，贷款企业不需要提供抵押或担保，只需按照贷款金额的一定比例缴纳保费，就能获得较低利率的贷款，体现了保险机制在解决小微企业融资难方面的独有优势，为小微企业融资找到了一条新路。三是“农业保险＋新型农业经营主体贷款”模式。从事农业生产的专业大户、家庭农场、农民专业合作社组织、龙头企业等新型农业经营主体向银行申请贷款时，保险机构为其提供种植业政策性保险。并通过贷款人、保险公司、贷款银行三方签订理赔权益转让协议，将赔偿第一受益人投保主体权益转让给贷款银行，以此打破新型农业经营主体融资瓶颈。

【专栏 13】　　广东小贷险模式

目前广东已探索形成了“政银保”、商业化运作和服务中心三种主要的小贷险业务模式。其中，在“政银保”模式中，由政府财政出资设立担保基金及财政补贴，银行提供贷款，保险公司根据政府及市场的需求设计保险产品，为贷款提供保证保险服务。该模式主要有三个特点：一是融资成本较低，申请人可按照人民银行最低基准利率贷款，保险公司保险费率一般为2%，政府对贷款人提供50%保费补贴，或同时提供利息补贴；二是坏账风险共担，可根据政府角色的差异，采取政府、银行、保险公司“按比例共担”“政府先赔”“政府兜底”等不同风险分担形式；三是监督机制完善，政、银、保三方会在协议中对贷款风险进行“封顶”，确保风险总量可控。“政银保”已然成为了广东发展小额贷款保证保险、运用保险机制缓解小微企业融资难题的一个主要载体。

商业化模式由保险公司与银行合作，通过市场机制运行，针对有资金需求，但通过传统渠道难以获得贷款的企业和个人，贷款风险由保险公司根据合同约定承担。这类产品的市场化程度高，覆盖面广、放款时效快，能解小微企业燃眉之急。

服务中心模式则介于上述两种模式之间，取两者之长，即政府“出力不出钱”，通过整合公共资源，为保险公司、银行提供小微企业资信信息，协助建立并完善逾期贷款追偿机制，主要经营风险由保险公司承担，是准政策性保险业务。该创新模式的优势在于，可在有效管控业务风险的基础上降低企业融资成本。同时，政府还可通过服务中心对特定行业提供补贴支持，进一步降低企业融资成本。

3. 农业保险与病死畜禽无害化处理结合

浙江、河南等地将农业保险与病死畜禽无害化处理相结合，破解了养殖业保险道德风险高、政府收集处理病死畜禽难的难题，国办发文予以推广。

【专栏 14】　　浙江省发改委出台《关于加快推进生猪保险与无害化处理联动的指导意见》

一、总体要求

（一）指导思想

围绕省委省政府“五水共治”“三改一拆”中心工作，积极发挥农业保险的社会管理功能，运用市场经济杠杆，着力解决病死猪乱丢弃或流入市场问题，努力实现生猪保险全覆盖、病死猪无害化处理无死角，为广大群众食品安全、生态环境保护、生猪养殖业转型升级提供制度保障。

（二）基本原则

——坚持政府引导。加大政策宣传，健全财政补贴、组织协调和信息共享机制，不断提高农户的政策知晓度、参保积极性和政策受益面。

——坚持市场运作。鼓励以市场方式提供农业保险与病死猪无害化集中处理服务，充分发挥市场主体的积极性和能动性。

——坚持保险联动。建立保险理赔联动制约机制，实现保险查勘理赔与病死猪无害化集中处理无缝衔接，发挥保险经济杠杆作用。

二、主要内容

1. 扩大保险范围。生猪保险的保险对象覆盖至所有生猪养殖户，保险标的覆盖 10 公斤以下仔猪，按实际死亡并进行集中无害化处理的生猪数量赔偿。

2. 核定保险数量。对养殖户自繁自育的生猪，按照能繁母猪与育肥猪1:20比例计算保险标的数量；对购入小猪育肥的，按照存栏生猪数量的 2 ~2.4 倍计算保险标的数量。

3. 创新理赔方式。生猪保险发生理赔时，按照死猪尸体长度给予赔偿，具体标准由保险公司根据地方实际，与当地农业保险管理部门协商确定。

4. 明确保险费率与财政补贴。保险费率为 4.5%，与原生猪保险费率一致。各级财政给予 85% 的保费补贴，其中，中央、省、县（市、区）财政对一般地区分别补贴 40%、20%、25%；对财政困难或海岛地区分别补贴 40%、35%、10%，生猪养殖户自负保费的 15%。宁波市财政补贴政策由宁波市自行制定。根据实施情况，建立生猪保险的保险费率、财政补贴动态调整机制。

4. “险资直贷试点”

保险公司还在部分地区开展农业保险“险资直贷”试点，从保费中拿出 50 亿元直接向参保农户提供无抵押、无担保、低利率的小额贷款。支农支小贷款的服务对象为中小微企业主或农业保险投保农户。相比传统的银行抵押贷款，险资支农支小贷款具有独特的优势：一是成本较低。贷款利率低于银行向农业龙头企业的贷款利率。二是手续简单。农户通过投保农业保险转移风险，无需提供抵质押物即可方便获得贷款，更加贴近农户缺少抵押物、分散、频繁的资金需求。三是服务全面。该项目既提供贷款资金支持，也能提供保险风险保障，满足了中小微企业主或农户的多种需求，也实现了保险业从提供风险保障到提供综合金融服务的跨越，是保险业服务脱贫攻坚战略，解决“融资难、融资贵”问题的重要实践。

5. 保险促进投融资模式创新

甘肃、内蒙古开展“肉牛、肉羊保险 + 互联网金融”试点，探索保险促进投融资模式创新。

二、创新高保障产品服务现代农业

中国农业正处于大规模非农就业、人口自然增长减慢和农业生产结构转型的历史性变迁中。在这一背景下，中国农户正处于分化与转型时期，传统农户在工业化、城市化、农业产业化和市场经济发展中，正沿着多维几何路径以多层次多重方式快速地分化与转型：一方面，小规模经营农户仍将长期大量存在；另一方面，新型农村经营主体快速增加。发展现代农业是新时期加快推进我国农业发展的重要战略部署。现代农业发展的重要内容是构建新型农业经营体系。2014 年、2015 年、2016 年中央一号文件都反复强调要“发展多种形式规模经营”“支持新型农业经营主体和新型农业服务主体成为建设现代农业的骨干力量”。在现代农业发展的内生需求驱动以及政策引导的共同作用下，我国农业新型经营主体快速发展。农户的分化使得农业保险长期面临两类需求差异非常大的服务对象，即小规模经营农户与新型农村经营主体。但目前的农业保险政策大都以一般农户为出发点，将农户视为“同质”的整体，将已经分化的“异质性”的农户简单地抽象为“同质性”，抹煞了已经日益分化的农户的不同需求特点。这使得目前大多数产品的保障水平不能满足新型农村经营主体的需求，农业保险服务现代农业发展的水平有待提升。由于农业保险没有有效地区分新型农村经营主体与小农户，在这两个细分市场的经营效率都不高。因此，农业保险的发展要区分新型农村经营主体与小农户，要基于新型农业经营主体的需求，开发面向新型农业经营主体的专属性产品，大幅提高保险金额水平，提高服务现代农业的能力。

（一）现代农业发展对农业保险提出了更高的要求

2016 年，我国新型农业经营主体继续发展。我国家庭农场、农民专业合作社、农业产业化龙头企业等新型农业经营主体竞相发展，总量达到 280 万个；同时，新型职业农民不断壮大，总数超过 1270 万人，成为农业现代化发展的引领力量。

截至 2016 年底，全国已有各类家庭农场 87.7 万家，逐渐成为我国农业生产的生力军。其中，经农业部门认定的达到 41.4 万户，平均每个种植业家庭农场经营耕地 170 多亩。据农业部对全国 3000 多户家庭农场生产经营情况的典型监测，家庭农场的年均纯收入达到 25 万元左右，劳均纯收入近 8 万元，高于普通农户收入。

农民专业合作社组织形式不断丰富、行业领域不断拓展、产业链条不断延伸，带动引领作用不断增强。截至 2016 年底，全国依法登记的农民合作社达 179.4 万家，入社农户占全国农户总数的 44.4%。其中，国家示范社达 8000 家、县级以上各级示范社达 13.5 万家、联合社 7200 多家。合作社内涵式发展迈出新步伐，超过一半的合作社提供产加销一体化服务，8 万多家合作社实施标准化生产，7 万多家合作社注册商标，4 万多家合作社通过“三品一标”农产品质量认证，2 万多家合作社创办加工实体，2 万多家合作社开设社区直销店开展“农社对接”。

目前，全国各类农业产业化组织达到 38.6 万个，辐射带动种植业生产基地约占全国农作物播种面积的六成，带动畜禽饲养量占全国的2/3以上；各类产业化经营组织以订单合同、合作、股份合作等方式，辐射带动农户 1 亿多户，户均年增收 3000 多元。其中各类龙头企业达到 12.9 万家，销售收入 9 万多亿元，所提供的农产品及加工制品占农产品市场供应量的 1/3，占主要城市“菜篮子”产品供给的 2/3 以上，涌现出了中粮、新希望、温氏等一批年销售收入超百亿元的大型龙头企业。

新型经营主体的不断壮大，有力地助推了土地流转型、服务带动型等多种形式的适度规模经营稳步发展，多种形式适度规模经营面积占比超过 30%。

农业风险的客观存在及其多元化发展使得现代农业与新型经营主体经营面临着诸多不确定性，需要构建现代农业风险保障机制。农业保险则是现代农业发展的稳定器和助推器，是世界各国促进现代农业发展的普遍制度安排。在发达国家，农业保险发展的历史就是不断适应现代农业发展的过程。如美国、加拿大和日本，随着农业规模化、集约化和现代化程度越高，越倚重农业保险。在新兴市场，农业保险也是从小农经济向可持续农业飞跃的途径之一。如南非、韩国、巴西均把政策性农业保险作为推动农业规模化、现代化发展的一项重要支持工具。

现代农业对农业保险发展提出了新的更高的要求。首先，细分市场，开发有针对性的专属产品。随着农业生产方式日益走向集约化、规模化，要求针对新型农业经营主体制定适合其生产方式与需求特点的农业保险产品和条款。与传统农户在超小规模条件下主要依靠经验以及手工、畜力的农具操作截然不同，随着现代农业的发展，新型农业经营主体越来越广泛地采用现代化的生产组织形式和先进的经营管理方法，努力实现农业生产的专业化、社会化、规模化、集约化、农业工艺过程的科学化、农工商经营的一体化以及农业的产业化等。这需要农业保险适应新型经营主体生产方式变革的特点，进行有效的市场细分，开发满足其需求特点的专属性产品。

其次，提高保障水平，适应农业进入生产高成本时代的要求。随着农业现代化的推进，人工、设备等将带动农业生产成本逐步提高，要求进一步提升农业保险的保障水平，以使得新型经营主体在灾害发生时能够得到比较充分的补偿，及时恢复再生产。随着现代农业的发展，新型经营主体越来越多地应用现代农业科学技术和农业机械化操作，大量设备投入的成本不断提高。同时，随着农村人口结构的变化以及劳动力市场供求关系的逆转，人工成本也在不断攀升。可见，我国农业发展当前已到了一个转折关口：劳动成本等直接生产成本推动了农业生产总成本的增加，农业进入高成本时代。伴随着工业化、城镇化的进程，农资、土地、劳动力等农业生产要素的成本会出现不断上升的趋势。这一规律已为人地矛盾相对紧张的东亚国家和地区农业发展历程所验证。这就要求农业保险提高保障水平，适应新型经营主体高投入、高成本的要求。

（二）传统农业保险不能适应现代农业的发展

我国自 2007 年开始实施财政补贴保费的政策性农业保险制度，对于保证国家粮食安全和实现农村社会稳定都发挥了积极的作用。但传统的农业保险主要着眼于高度分散化的小农经营，不能适应现代农业与新型经营主体的发展。这突出表现在三个方面：一是农业保险产品体系单一、没有差异化，难以满足现代农业发展过程中多层次的风险管理需求。新型农业经营主体已经表现出不同于传统小农户经营的特点，但适应其风险管理需求的专属产品却不多。二是农业保险产品的保障水平低，难以满足规模化经营主体的保障需求。传统保险产品的保险金额较低，甚至难以覆盖种植业的物化成本，不能适应现代农业高成本、高投入的生产特点。三是农业保险的保障范围较窄，难以适应现代农业发展中出现的许多新情况、新需求。

可见，新型经营主体成本投入大、对灾害风险高度敏感，对保障水平要求更高。而现行基于传统农户设计的保险产品保障程度远远低于新型经营主体的保险需求，导致新型经营主体的生产风险缺乏有效的分散渠道，从而制约了新型经营主体的快速发展壮大。因此，农业保险只有全面地适应现代农业发展需求，不断开拓创新，才能更好地支持新型经营主体的发展，在促进农业发展方式转变的过程中发挥更大的作用。

（三）通过创新高保障产品服务现代农业

不少公司在服务现代农业方面做了积极的探索，推出面向新型农业经营主体的高保障创新产品，这是农业保险服务现代农业的重要尝试。和传统的农业保险产品相比，高保障产品通常具有有以下几个特点：第一，保险金额提高，保障水平和程度提升。与传统产品不同，创新产品保险金额的确定不仅考虑生产投入的物化成本，还考虑一定比例的租地成本和人力成本，较大幅度地提升了保障水平。第二，保险责任扩展，保险范围扩大。这主要表现为创新产品在在传统产品保险责任（暴雨、洪水、内涝、风灾、雹灾、冻灾、旱灾、地震、泥石流、山体滑坡、病虫草鼠害）的基础上增加针对性很强的责任。保险公司通过扎实的田野调查，掌握了新型农业经营主体在现代农业发展中的新特点、新风险和新需求，通过农业保险产品创新，超越了传统产品“低保费、低保额”的局限，提高保障程度，扩大保障范围，有效适应了新型经营主体对风险分散水平和保障能力提出的更高要求，满足其规避大规模和高投入生产方式下面临较高风险的需要，有利于促进现代农业和新型经营主体的发展。

一些农业保险公司顺应现代农业发展提供的契机，开发面向新型农村经营主体的专属高保障产品，并以此为突破点，建设农业保险直销服务模式。比如，中原保险目前已经开展专业大户、家庭农场、农民合作社、农业产业化龙头企业等农业新型经营主体信息数据库建设工作，将通过公司自有县、乡村服务人员和渠道对新型经营主体开展上门承保、理赔服务，以直接服务新型主体。

三、农业保险参与农产品价格形成机制改革的创新

长期的托市收购政策导致粮价与市场脱钩，当前粮价政策改革的核心是让粮食价格和收储回归市场。[①] 目前我国正在深化粮食等重要农产品价格形成机制和收储制度改革，农户面临粮食价格的不确定性变动所带来的市场风险。粮食属于必需品，其需求的价格弹性和收入弹性较低，当粮食价格高涨时易导致“米贵伤民”；而当粮食价格暴跌时又会引起“谷贱伤农”。自 2004 ~ 2015 年，我国粮食产量实现 12 年连增，国内粮食市场格局已然发生变化，部分粮食品种由紧平衡向供给盈余转变。粮食的持续增产与托市收购政策导致的粮价高企之间形成价量齐涨的悖论，粮食市场面临供需失衡的局面，如何解决粮食产量持续增产带来的粮价下跌风险与国内粮价高位运行之间的矛盾尤为重要。当前关于粮食价格风险管理的政策走向形成两方观点：一是政策手段的边际优化，其主张是从托市收购政策向价差补贴演进。价补政策虽然不直接干预市场价格，但其本质是政策性手段的边际优化，依然受到黄箱政策的制约，依然会产生效率损失和制度成本。二是从政策性手段向市场化工具的彻底转移，其主张是采用市场化的价格保险或其他农村金融工具来转移和分散农户面临的价格风险。未来我国粮价风险管理是在政策性举措上进行边际优化，还是逐步由政策性举措向市场化工具转化，是当下粮食价格管理领域需要回答的首要问题。

农业保险如何参与农产品价格形成机制改革，一直广受关注。在近几年的中共中央国务院“一号文件”也多次提出政策性指导意见。我们认为，需要在把握自然风险和市场风险的异质性以及持守保险经营基本原则的基础上探讨市场风险的可保性，充分认识价格指数保险的可能局限。以收入保险作为农产品价格保险的主体产品形态，审慎参与农产品价格形成机制改革。

（一）市场风险与自然风险的异质性

农户在农业生产经营中，主要面临两种风险，即自然风险和市场风险（主要是

---

① 孔祥智：“农业供给侧结构性改革的基本内涵与政策建议”，载《改革》2016 年第 2 期。

价格风险）。新型经营主体生产方式的变革，推动了农业的商品化程度的提高，这也改变了现代农户对风险保障的需求。在传统农业背景下，因为农户生产的很大一部分产品是为了自给自足，需要出售的商品产品只是一部分甚至是很少一部分，农业生产主要惧怕的是自然风险损失，也就是灾害导致的减产和绝收。但是，农村经济结构的巨大变化，日益扩大的商品性农业生产，使得农业生产和经营者惧怕的风险损失不仅仅是成本或者是产量，农业生产的周期性以及农产品价格波动风险对现代农业的影响越来越大。

自然风险与市场风险在性质上是迥异的。农业的自然风险除了洪水、地震、台风等灾害，在极端的情况下或者一定范围类具有某些系统性风险的属性，但总体上属于纯粹风险，气象灾害或者病虫灾害基本上可以看作是随机事件，其发生具有不确定性，从而在空间和时间两个维度上都可以分散风险，这类风险的可保性比较强。

但价格风险就不一样了。随着市场经济深入发展和市场一体化的形成，价格具有快速的传导性，这使得农产品的价格风险具有近乎完全的系统性特征，具体表现在如下三个方面：一是不同区域农产品价格波动趋势和特征基本一致；二是农产品生产价格、批发价格和零售价格的波动趋势和特征基本一致；三是所有农产品生产者面临的价格变动趋势与特征是一致的。可见，农产品的价格风险具有系统性风险的属性，且同时具有投机性风险的属性。这使得价格风险的系统性虽然一定程度上可在时间上予以分散，但也受到很大的局限。因为农产品价格风险事故不是随机事件，农产品价格的下降或者上升是缓慢生成的，人们是可以从各种信息中感知、了解和预测到，从而在保险购买上表现出强烈的逆选择特点，市场价格上涨预期强烈的时候，农户不会选择投保，而在价格进入下行通道时，多会选择投保。另外，价格风险在空间上难以分散，易造成巨灾损失，让保险公司面临巨大的赔付风险。因此，本质上说，价格风险不具有可保性的。在商业保险条件下，保险公司通常不会承保价格风险，再保险商也不会接受分保。

自然风险和价格风险的异质性是农业保险面临的重要挑战。农业保险是否以及如何承保价格风险，是农业保险产品与经营模式创新的重要抉择。目前由于对自然风险和价格风险的异质性认识不足，对“从保成本、保产量到保价格”过于乐观，对其中遇到的问题与困难认识不足，这使得实践中农业保险在承保价格与市场风险方面面临诸多约束，在支持农产品价格形成机制改革方面思路不清、作为不大。

（二）价格指数保险与“保险＋期货”的探索

近年来我国不少地区都开发了蔬菜价格保险、生猪价格指数保险、“保险＋期货”等纯粹承保价格风险的保险产品，对承保市场风险进行了诸多有益的探索。这些价格指数保险本质上类似一种“看跌期权”，对相关各方都具有一定的价值与意义：首先，对农户而言，通过购买价格指数保险，让农户有机会利用类似于“看跌期权”的市场价格风险管理工具；其次，对政府而言，可以利用市场机制探索农产品价格形成机制改革，可以发挥政府补贴的杠杆作用，利用保险公司已有的组织资源效率也会更高；最后，对公司而言，以创新的方式集合与分散风险，参与农产品价格形成机制改革试点，服务于现代农业发展。同时也可以提供专业风险管理服务，以专业的经营推动业务发展和获取适当的盈利。

“保险＋期货”也是市场化价格风险管理的探索，即应用价格保险来转移农户的粮价风险。试点的基本运行模式为：农户、种粮大户、合作社等农业种植主体向保险公司购买根据期货价格开发的价格保险产品，将价格风险转嫁给保险公司。保险公司同时向期货公司或其风险子公司购买场外看跌期权，转移自身承担的价格风险。期货公司或其风险子公司对期权进行复制，通过商品交易所的期货市场进行风险对冲，在期货市场的众多投资者中分散风险。可见，价格风险由农户转移到保险公司，再通过期货公司向期货市场转移。

2016 年，农业部和大商所等推动的“保险＋期货”试点包括 3 个大豆项目和 10 个玉米项目，现货量为 20.1 万吨，投保面积为 56.3 万亩，共有 4159 户农户和 41 个合作社投保。其中大豆试点项目的平均目标价格为 3734 元/吨，保费总额 614.5 万元，平均保费 178 元/吨，赔付总额 87.61 万元，赔付水平为 87.61 元/吨；玉米试点项目的平均目标价格为 1537 元/吨，保费总额 2033.46 万元，平均保费 122 元/吨，赔付总额 435.7 万元，赔付水平为 36 元/吨（参见表 11.1）。

2016 年，“保险＋期货”试点省份包括黑龙江、吉林、辽宁、内蒙古和安徽。除了黑龙江，其他地区的试点品种均为玉米。除内蒙古外，其他地区的试点项目均发生赔付（参见表 11.2）。

表 11.1　“保险 + 期货”试点的整体情况

项目		大豆	玉米
试点基本情况	试点个数	3 个	10 个
	现货量	3.45 万吨	16.65 万吨
	投保面积	23 万亩	33.3 万亩
	农户 & 合作社	136&2	4022&39
保险产品及赔付情况	保险平均目标价格	3734 元/吨	1537 元/吨
	保费总额	614.5 万元	2033.46 万元
	平均保费	178 元/吨	122 元/吨
	赔付总额	87.61 万元	435.7 万元
	赔付水平	87.61 元/吨	36 元/吨

资料来源：大连商品交易所。

表 11.2　“保险 + 期货”试点区域情况

	黑龙江		吉林	辽宁	内蒙古	安徽
试点个数	3 个大豆	3 个玉米	2 个玉米	2 个玉米	2 个玉米	1 个玉米
现货量（万吨）	3.45	3.5	2.5	3.33	4.5	2.82
投保面积（万亩）	23	7	5	6.66	9	5.64
农户 & 合作社	136&2	154&4	20&11	574&7	3266&2	8&15
平均目标价格（元/吨）	3734	1514	1548	1627	1500	1508
保费总额（万元）	614.5	325.5	407.1	678.6	379.8	242.5
平均保费（元/吨）	178	93	162.4	204	84	86
赔付总额（万元）	87.61	53.39	66.33	214.48	无	101.52
赔付水平（元/吨）	87.61	15	26	64	无	36

资料来源：大连商品交易所。

由于试点的时间比较短，其效果还有待进一步观察。但从其运行机理以及初步实践看，与托市收购政策和价差补贴相比，试点取得了以下成效。

第一，保费水平较临储费用有一定的优势。根据测算，保险价格为大连商品交易所玉米 1701 合约 1570 元/吨，10 个玉米试点的平均保费为 122 元/吨。粗略估算，玉米临储政策国家固定补贴费用约为 332 元/吨（参见表 11.3）。可见，“保险 + 期货”较临储可以节约费用 210 元/吨。这意味着“保险 + 期货”可以达到临储政策类似的目标，但通过机制的创新可以节约财政支出资金。

表 11.3　　玉米临储政策国家固定补贴费用估算　　单位：元/吨

项　目	金　额	项　目	金　额
收购费用	50	粮损	10
年保管费用补贴（以存储 2 年计）	172	固定补贴费用合计	332
资金利息（年利率 5%，2000 元/吨）	100		

资料来源：大连商品交易所。

第二，可实现农户价格风险转移的梯度效应。从试点实践看，由于地区差异、签订合同的时间不同、期货价格的动态变动以及不同地区农民或者合作社的心理目标价位不同，不仅不同省份试点项目的目标价格存在差异，而且同一省份的不同试点项目中的目标价格也有所不同。这意味着“保险＋期货”在理论上和实践中都具有较高的灵活性和梯度保障效应，即市场化的价格保险可以灵活设置保障程度。考虑到我国农户群体的分化，可以细化计算在不同保障价格和不同保障程度下粮食价格保险的保费数值，提供多样化的选择。这样，不论是小规模为自家口粮种植的农户，还是大规模为商品粮从事生产的农户，均可根据自身风险转移的差异选择不同保障水平的价格保险。

第三，可发挥保险公司和期货公司的精算和风险管理的技术优势。作为金融市场中专注于风险管理的金融机构，保险公司和期货公司联合，可以对粮食价格风险进行更为精确的测算与评估。通过充分发挥保险的风险转移职能、保险公司的精算技术优势以及期货公司对风险管理的优势，“保险＋期货”通过对保障价格的统计预测及其对保费厘定的精算定价，对于风险测算精度通常会高于价差补贴，从而有利于提升财政支农资金支出的精准性。

第四，在一定的条件下不影响现货价格的市场形成。临储政策对农产品的现货价格产生重大影响，从而扭曲了价格信号。而“保险＋期货”通过衍生品对价格下跌风险进行分散，本身不会对现货市场价格产生影响，农户可以根据市场信号来调整种植结构与规模。因此，“保险＋期货”有助于探索和推动农产品价格形成机制和收储改革。但值得注意的是，“保险＋期货”不影响现货价格的市场形成机制的前提是，保障价格与保障程度是多样化的。如果设定单一的保障价格，则其效应相当于临储政策，农户对价格将形成一致的预期，会弱化甚至扭曲市场价格的形成。①

第五，可以增强财政支农资金的硬约束及其透明度。“保险 + 期货”可预先确定保费补贴的比例和额度，从而可以预先确定财政补贴总额，增强财政预算的硬约束。另外，“保险 + 期货”运作流程较短，环节清晰，资金流向公开，容易审核和监督，也有利于提升财政资金运作的透明度。

第六，“保险 + 期货”可以在一定条件下规避国际规则对农业直接补贴的限制。为了防止对农业保险的滥用，世界贸易组织对作为绿箱的农业保险政策作了严格的规定。比如，对于传统产量保险，保障水平要求不超过 70%。因此，美国和加拿大等发达国家都将其农业保险申报为黄箱。日本则将保障水平 70% 以上的农业保险申报为黄箱，70% 以下的申报为绿箱。印度、巴西、菲律宾等由于保障水平较低，基本符合规定，都将其农业保险申报为绿箱。② 虽然世贸规则没有对“保险 + 期货”作具体的规定，但参照其对农业保险的一般性规定，适度保障水平的“保险 + 期货”形式的价格保险应该符合其规则，从而可以规避托市收购政策遇到的制度屏障，例如黄箱补贴的限制。

农业政策的两个基本目标是“保供给”和“保收益”。当前推进粮食价格体系改革必须将这两个目标分别对待。粮价政策的目标，尤其是粮食收储制度的核心应该是解决农户卖粮难的问题，而不是保收益的问题。粮价波动风险及其农户收入变动风险，应当交给市场机制来解决，③ 农业保险则是当前国际金融市场中管理粮食价格风险最有效的手段之一。④ 在这个意义上，“保险 + 期货”试点对于粮价波动风险及其农户收入变动风险的市场化管理作了有益的尝试和积极的探索。

---

① 朱俊生、庹国柱：“农业保险与农产品价格改革”，载《中国金融》2016 年第 20 期。

② Joseph W. Glauber, 2015, Agricultural Insurance and the World Trade Organization, IFPRI Discussion Paper 01473.

③ 程国强“我国粮食价格改革的逻辑与思路”，载《农业经济问题》2016 年第 2 期。

④ 解决粮食价格风险的市场化手段除了价格保险还有农产品期货。但是对于中国当前以小规模农业生产为主的农业经营主体而言，农产品期货的发展受以下因素制约：第一，农产品期货需要较大的资本投入，实践中主要是农产品加工企业和投机者在进行期货操作，农户受资金限制，较少参与期货交易；第二，农产品期货的技术性壁垒较强，其交易需要较高金融知识，而保险是交易成本较低的金融工具，其投保与理赔较之于农产品期货的对冲操作更为简便易行。

（三）价格指数保险与“保险＋期货”面临的挑战

对于价格指数保险，其最大的挑战在于纯粹的价格保险不完全具有可保性，短时间内难以大规模推广。一些地方的蔬菜价格指数保险之所以能够在一定的区域试点，是因为这些蔬菜大都是本地产、本地销售，而且蔬菜保质期短、运输性差，某种程度上具有封闭循环的特点。加之当地往往采取限定种植面积的方式控制供给扩大，以不造成因为供给扩大造成的价格下跌和保险赔付。但对于大宗农产品来说就难以承保了，因为像玉米、小麦、水稻、生猪、奶牛等产品生产，其同质性强、可运输性强、全国统一的大市场、大流通基本形成，其价格变动的风险具有系统性，保险公司承保这些产品生产面临很大的巨灾风险。由于价格风险的系统性风险属性，以及对农产品价格波动规律的预期，逆选择严重，这使得纯粹的价格保险短时期内难以大规模推广。2015 年我国生猪价格指数保险承保规模仅 400 多万头，相比年出栏量 7 亿多头的全国生猪市场而言几乎可以忽略不计。

“保险＋期货”在运行中则存在价格发现机制不健全、农产品期货交易的市场容量有限、场外期权存在缺陷、资金支持不足以及存在发生系统性风险的隐患等问题，需要在未来的发展中逐步加以解决。

第一，农产品期货市场发展滞后。一方面，期货市场的价格发现机制不健全。“保险＋期货”运用期货价格来定价，但由于长期以来托市收购政策的价格支撑作用，期货市场的价格发现机制受到抑制，大多数农产品的期货价格与现货价格的相关性不强，不仅制约了“保险＋期货”的试点品种选择，也影响了定价的准确性。另一方面，期货交易的市场容量小，制约了试点规模。我国农产品期货发展相对滞后，交易不活跃，且农产品的季节性特征显著，可对冲的期货量占现货量的比例微乎其微，这使得利用期货市场进行风险对冲的容量有限，从而制约了试点的规模。

第二，场外期权存在制度性缺陷。在“保险＋期货”试点中，保险公司通过看跌期权将风险转移给期货公司或其风险管理子公司。但目前没有玉米和大豆的场内期权，而利用场外期权进行期货交易存在不少问题，如交易成本较高、流动性不足、交易形式单一、缺乏集中清算机制等，[①] 这些推高了保费水平，增加了相关金融机

① 田渊博：“场外期权的发展呼唤场内期权期货”，载《证券日报》2017 年 1 月 16 日。

构的风险。

第三，存在发生系统性风险的隐患。大豆、玉米等大宗粮食产品已经形成了全国性的大市场，其价格变动的风险具有系统性的特征。[①] 一方面，保险公司通过看跌期权将风险全部转移给期货公司或其风险管理子公司，表面上是稳赚不赔，但由于期货公司的资本大都比较有限，承担风险能力不足，在系统性风险发生时很可能会出现违约风险。因此，保险公司的经营结果仍然存在不确定性。另一方面，期货公司通过卖出看跌期权承担了主要风险，并通过期货市场对冲风险，同样存在交易风险。可见，价格风险通过期权和期货市场进行对冲，并不能实现 100% 的转移，仍存在发生系统性风险的隐患。

第四，没有纳入政策性保险范围，资金支持不足。2016 年“保险 + 期货”的试点资金主要来自农业部（1500 万元）、大连商品交易所（1960 万元）以及个别地方政府的支持。另外，除了财政资金，农户承担了保费的约 10% ~30%。由于试点没有纳入政策性保险范围，资金支持有限，也进一步限制了试点规模。

因此，为了推动价格指数保险，特别是“保险 + 期货”的发展，要将其定位为国家粮食价格风险管理市场化手段的重要工具，逐步将其纳入政策性保险体系，建立政府与保险、期货市场的风险共担体系，发展农产品期货和场内期权以及探索收入保险。

第一，将“保险 + 期货”定位为国家粮食价格风险管理市场化手段的重要工具。“保险 + 期货”实行以市场为基准的保险定价，可以规避价格管理的政策性手段对粮食市场的扭曲，确保在对农户价格风险提供保障的同时，不影响粮食市场的价量平衡和供需平衡。因此，在粮食价格风险管理的一揽子策略中，价格保险应逐步成为粮价风险管理市场化手段的重要工具。

第二，逐步将“保险 + 期货”纳入政策性农业保险体系。这样可以由中央和地方财政给予农户一定比例的保费补贴。价格保险的保费补贴不会额外增加财政负担，因为在当前的托市收购政策中，政府需要承担巨额的收储成本和价差损失，而推行价格保险后，政府可将收储成本的财政软预算转变为保费补贴的硬约束，并使财政资金运行更加清晰透明。

---

① 朱俊生、庹国柱：“谈农产品价格保险的几个局限性”，载《中国保险报》2016 年 6 月 7 日。

第三，建立政府与保险、期货市场的风险共担体系。在托市收购政策中，粮价风险从农户向政府转移，政府扮演了农业保险公司的角色。在“保险 + 期货”中，粮价风险从农户向保险公司与期货公司转移，需要政府在粮价剧烈变动导致超额赔付时共同承担粮价的系统性风险，构建多方风险共担体系。政府作为“保险 + 期货”的再保险人，既可降低政府对粮食市场的直接干预，也可将政府从收购价的制定、仓储、运输至补贴的全流程风险管理中解放出来，专注于顶层制度设计、监管和风险最后承担，以实现粮食价格风险的市场化管理。

第四，发展农产品期货和场内期权，为“保险 + 期货”的发展夯实基础。要充分发挥“保险 + 期货”的优势，核心在于做好精算定价。而科学合理的精算定价的前提是发达的农产品期货市场及其提供的良好价格发现机制。为此，除了积极发展国内的农产品期货市场，还可以鼓励期货公司利用美国商品期货交易所等国际市场进行风险对冲。同时，要发展场内期权，以降低期权的交易成本，提高交易效率，降低交易风险，从而可以降低保费水平以及相关金融机构的风险。

（四）探索收入保险，实现从纯粹的价格保险到收入保险的超越

收入保险是未来农产品价格保险发展的主体产品形态。原因在于，直接承保价格风险，对于大宗农产品来说有很大的挑战。这可能是美国从农作物产量保险越过价格保险直接试验和发展农作物收入保险的重要原因。

要以收入保险作为农产品价格保险的主体产品形态。主要原因在于：从国际经验看，收入保险更具有可保性和推广价值。随着农产品的市场化，价格波动已经成为农户的重要风险因素。世界上有不少国家将农产品价格风险纳入到农业保险保障范围之内，如美国、加拿大、巴西、西班牙和法国，其中美国是世界上唯一将大部分农产品价格风险纳入农业保险保障计划的国家。在美国，农作物收入类保险的纯保费占总纯保费的份额，从 1996 年的 8% 增长到 2014 年的 81.5%，收入保险已经成为农业保险产品的主流。因为收入保险产品提供的保险保障更全面，更符合农场主对农业经营风险的管理需求。

在上述国家，对农产品价格风险的承保大都是通过收入保险（产量 × 价格）来完成的。美国之所以通过收入保险而不是纯粹的价格保险对大部分农产品的价格风险进行承保，主要有两方面的原因。

一是在一定区域范围内，大田作物当期的产量与价格之间往往存在显著的负相关关系，产量风险与价格风险可以进行一定的对冲，减小年际之间的赔付的离散系数，也就会平滑和降低总的赔付风险，从而使得产量风险和价格风险组合而成的收入风险要比单独的价格风险更小，也有利于降低作物收入保险的费率。

二是在市场经济高度发达的美国，不同地区同种农产品的价格走势应该是高度一致的，农产品价格风险的系统性非常强，单独采用价格保险形式非常容易出现大范围同时理赔的现象，从而导致保险巨灾风险的发生，而收入保险综合了产量因素，同一作物在不同区域同时遭受损失的可能性较小，这样有利于保险公司在空间上分散风险和防范巨灾风险。

美国的上述经验表明，当某种农产品生产更易受到各种旱、涝、冻、雹等自然灾害影响遭受损失，同时也面临着市场价格波动的风险，那么它更适合采用收入保险的形式予以保障。

同样的，笔者认为，收入保险适合承保大多数农产品价格风险，应成为我国农产品价格保险的主体产品形态。

随着我国现代农业的发展、家庭农场、种养大户、各种农业专业合作社等新型农业经营主体的不断增多、经营规模不断扩大、农民职业化进程不断加快，农作物收入保险能够和农场的生产效益紧密结合，将会更加受到新型经营主体的欢迎。我国应借鉴美国收入保险的经验，在有条件的地区，积极探索和开发收入保险产品，丰富我国农业保险产品体系，更有效地满足农民多层次风险管理需求。为此，要积极支持保险公司开发收入保险产品。可以在经营规模较大的粮食主产区进行个体农作物收入保险的试点，可以在具有相似自然条件、相同风险系数的粮食主产县进行区域农作物收入保险试点。

尽管收入保险在国际上，特别是美国，比较成熟，也更符合农产品价格形成机制改革的实践方向，但其发展也面临不少的挑战。在美国，由于近年来农产品的价格风险显著增加，而且价格风险具有系统性风险的特征，这使得农产品的收入风险比产量风险大得多。原因在于，近年来农产品的价格风险显著增加、价格风险具有系统性风险的特征，尽管理论上产量与价格之间呈现负相关关系，但实际上并不完全如此，特别是局部市场。这种风险也使得发展收入保险需要具备一系列的条件，包括足够年份的产量数据，良好运作的产量保险是发展收入保险的先决条件；充分的价格数据，拥有客观、不具有可操纵性、准确反映当地价格的价格发现机制；足够的数据支持以确定价格与产量之间的相关关系；保费补贴以及对巨灾风险的公共支持；对公共资金使用的有效监督；政府提供充分的法律和监管框架等。

除了上述共性的挑战外，在中国发展收入保险还面临如下挑战。

第一，产量保险的发展很不充分。除了个别地方对产量保险的探索，绝大多数产品都是成本保险。尽管这种成本保险可以近似地看成是低保障水平下的产量保险，但所积累的有效数据还是很有限的。

第二，在现行条件下，价格风险很大程度上是政策风险，而不单纯是市场风险。我国多年实行的农产品最低收购价、临时收储价对价格的托底，使得实际市场价格、期货合约价格以及最低保护价大致呈现同一变化趋势，且波动程度有限。价格波动主要是对政策可能变化的反映。如果继续执行最低收购价、临时收储，则农民对于价格风险有最基本的保障预期，那么，农户对于收入保险的需求可能不大。我们在有的地区调研时，农户代表就说："有政府的价格保护价收购，我们没有必要花钱买这种收入保险。"

同时，如果继续维持最低收购价与临时收储价政策，收入保险的开发还可能面临很大的政策风险。原因在于，最低收购价与临时收储价的价格"托底"信号显著，粮价"只涨不跌"预期增强，粮食价格形成机制及市场价格信号被扭曲。政府通过政策性收购掌握了大部分粮源，导致市场供应依赖于政府政策性粮源的投放，形成了政府调控政策主导市场粮价基本走向的格局，很大程度上使粮食市场呈现"政策化"趋向，"市场价格"可能并不存在，并具有很大的不确定性。如果取消最低收购价、临时收储，则长期内有利于形成市场价格。但短期内价格走低几乎是必然，可保性不强。在这种情况下，产量与价格几乎没有相关关系，价格可能单边下降，与产量无关。

第三，价格发现机制不健全。收入保险保障价格的确定，对于收入保险产品的开发与定价至关重要。其他国家的经验表明，这个价格的确定有赖于期货市场，就是说期货市场的发展对于收入保险产品设计非常重要。期货市场可以为收入保险的保障价格确定提供更为科学的依据。期货市场的价格是市场交易者集合当前信息的基础上对未来价格变动做出的判定，根据有效市场假说，期货价格对于现货价格具有价格发现的功能。一般认为，有效期货市场中的远期合约价格是最理想的预期价格，是保险保障价格确定的依据。因为有效期货市场这种价格发现功能，期货市场的远期合约价格可以充分包容长期趋势性、周期性、季节性等可预期因素对农产品价格的影响，因此期货远期合约价格更加接近于远期农产品的真实价格，保险人和被保险人双方都不会做出比期货市场更好预测。因此，发达国家收入保险都是以期货市场远期合约价格作为预期价格，用于设定保险标的保障价格的依据，未来实际价格低于保障价格的差额完全是由保险合同签订后的不可预期的因素造成的，这样就可以规避和有效防治投保一方的逆向选择问题。

因此，为了发展收入保险，更好地参与农产品价格形成机制改革，需要从以下几个方面夯实收入保险发展的条件：第一，大力探索产量保险，不断提高农业保险的保障水平，为收入保险的发展奠定基础；第二，进一步推进农产品价格改革，形成市场化的价格形成机制；第三，发展农产品期货市场，利用期货市场的价格发现功能设定保障价格，为收入保险的产品设计奠定基础。

四、农业保险经营模式的创新

目前我国农业保险经营模式的主要特征是依托政府有关部门行政推动、基于一家一户承保理赔，产生了成本高昂与违规行为严重的问题，损害了农户的利益和政府通过农业保险分散农业风险的政策目标。农业保险经营模式出现问题的根本原因在于，我国农户以小规模分散经营为主的国情与传统农业保险产品之间本质上不相容。要通过建立普惠性农业保险体系，以指数保险取代传统的农业保险产品，实现农业保险经营模式创新。

（一）农业保险经营模式存在的问题

在实践中，农业保险（尤其是种植业保险）的经营模式通常具有两个典型特征：一是基于个别农户的多风险保险产品。保险公司要按照农户的不同损失程度比例赔偿，且最大赔偿限额随着作物的生长期变化。这就意味着在理论上应该做到承保到户与理赔到户。二是政府有关部门行政推动，包括从省到市、县、乡镇和村的层层组织与发动，在理赔过程中参与沟通与谈判等。目前这种经营模式产生了成本高昂与违规行为严重的问题，不利于农业保险的可持续发展。

1. 成本高昂

基于个别农户的多风险保险的经营成本高昂，使得农业保险面临巨大的可持续发展压力。[①]根据调研与测算，某公司在河南省5个市开展的小麦保险的平均亩均承保成本为5.3元，已经远远超过了农户每亩3.6元的自缴保费（参见表11.4）。[②]

表11.4　　某公司亩均承保成本　　单位：元/亩

费用类别	平均	1市	2市	3市	4市	5市
1. 县乡两级推动会和培训会	0.22	0.1	0.3	0.2	0.10	0.4
2. 宣传材料印制及发放	0.23	0.2	0.2	0.2	0.33	0.2
3. 投保清单登记造册	0.16	0.1	0.1	0.2	0.32	0.1
4. 协保员工资	1.93	1.5	3	1.5	1.67	2
5. 公示、车辆费用等	0.29	0.2	0.13	0.3	0.43	0.4
6. 凭证印制、打印成本及设备	0.18	0.2	0.17	0.2	0.17	0.17
7. 保单的印制及成本	0.18	0.179	0.179	0.2	0.179	0.179
8. 工作经费	1.18	0.7	0.34	0.3	3.94	0.6
9. 现场验标及相关车辆费用	0.16	0.2	0.2	0	0.11	0.3
10. 省公司印制宣传折页费用	0.56	0.56	0.56	0.56	0.56	0.56
11. 其他	0.20	0	0.5	0.4	0.00	0.1
亩均承保成本（收费到户）小计	5.30	3.94	5.68	4.06	7.81	5.01

资料来源：河南省保监局。

同时，理赔环节也成本高昂。按照基于个别农户的多风险保险的理赔要求，保险公司必须在不同的时间点进行3次查勘定损，查勘量巨大，定损手续繁琐，成本支出不堪重负。

2. 违规行为严重

由于经营成本高昂，目前农业保险主要依赖行政的强力推动，以降低承保和理赔成本。但由于对地方政府相关部门的行政权力约束不够以及保险公司自身内控不足，造成虚假承保、虚假理赔和虚假费用等违规问题相当突出。虽然保险监管部门不断加大监管的力度，对部分保险公司在农险领域的违法违规行为进行严厉的处罚，并于2016年开展了农业保险专项治理整顿工作，但通过编造保险事故或是扩大部分

①② 朱俊生、庹国柱："财政补贴型农险的两难困境"，载《中国保险报》2016年6月30日。

农户损失程度进行赔付、赔款用于返还代垫保费等问题仍然屡禁不绝，不仅损害了农户的利益，而且难以发挥农业保险的政策效应，[①]从而危及了农业保险发展的根基。

（二）农业保险经营模式问题的成因

目前农业保险的经营模式在某种程度上陷入了“违规经营找死，合规经营必死”的两难困境。即对于基于个别农户的多风险保险产品，如果在小规模分散经营状况下运作，则经营成本很高，面临巨大的可持续发展压力。[②]如果在行政的强力推动下经营，则非常容易发生违规现象，严重伤害农业保险的声誉，与农业保险的政策目标相悖。农业保险经营模式出现问题的根本原因在于，我国农户以小规模分散经营为主的国情与传统农业保险产品之间本质上不相容。[③]

1. 传统农业保险产品的可持续发展要求规模化经营

对于传统的多风险保险产品（Multiple Peril Crop Insurance，MPCI），规模化经营是其发展的先决条件。[④]规模化农户由于种植面积大，可以有效降低农业保险的交易成本，[⑤]提高农业保险的可持续发展能力。国际经验也表明，采取 MPCI 产品经营相对成功的国家往往其农场经营规模较大。[⑥]比如，目前美国农场的平均规模约为 2700 多亩。加拿大农户的经营规模则更大，2015 年，曼尼托巴省农业服务公司（MASC）每张农业保险保单的平均承保面积为 6542 亩，阿尔伯塔省农业金融服务公司（AFSC）每张保单平均承保面积更是高达 7703 亩。在发展中国家中，菲律宾的农业保险经营较为成功，这与其主要承保规模相对较大的水稻和玉米生产农场有很大的关系。

2. 小规模分散经营造成传统农业保险产品不可持续

近年来，虽然我国新型农村经营主体发展迅速，但规模化经营的实际占比仍然较为有限。农业部的统计显示，2014 年，经营耕地规模在 30 亩以下的农户占汇总农户数的 96.1%，30～50 亩、50～100 亩、100～200 亩以及 200 亩以上的农户分别

①② 朱俊生、庹国柱：“财政补贴型农险的两难困境”，载《中国保险报》2016 年 6 月 30 日。

③⑤ 朱俊生、庹国柱：“小规模生产难以匹配农险经营成本”，载《中国保险报》2016 年 7 月 18 日。

④ 朱俊生：“以农业保险推动农业适度规模经营”，载《中国城乡金融报》2016 年 6 月 22 日。

⑥ 朱俊生：“破解农险困局还得靠大农业”，载《中国保险报》2015 年 9 月 21 日。

占汇总农户数的2.60%、0.90%、0.28%和0.12%（参见表11.5）。

表 11.5　　2014 年农户经营耕地的规模及其占比

规　模	30 亩以下	30～50 亩	50～100 亩	100～200 亩	200 亩以上
占　比	96.10%	2.60%	0.90%	0.28%	0.12%

资料来源：农业部。

可见，小规模分散经营仍然是我国农业的主导性经营形态。相应的，每份保单的承保面积相当有限。2015 年，农业保险承保主要农作物 0.964 亿公顷，参保农户户次 2.29 亿户，据此计算，每户次承保面积仅为 0.42 公顷（约为 2.56 亩）。在这种情况下，农业保险承保和理赔的成本都很高。①为了降低经营成本，实践中市场主体大多依靠地方政府推动农业保险发展，这使得在行政权力约束不足的情况下出现了很多违规行为。②

（三）农业保险经营模式创新的方向

为了实现农业保险经营模式创新，要建立普惠性农业保险体系，以指数保险取代传统的农业保险产品，降低交易成本，提高供给效率，从而增强农险的可持续发展能力。

1. 建立普惠性农业保险体系

普惠性农业保险体系的核心是："政府补助保费保基本、农户自愿参保保增量。"即由政府全额补贴保费，提供最基本的风险保障，农户可以根据需要通过额外缴费提高保障水平。③如上所述，在小规模分散经营占主导的农业经营模式下，向农户收取保费的成本异常高昂，甚至保险公司的承保成本已经超出了农户的自缴保费，不符合经济效率的原则。因此，对农户的缴费实行全额补贴，可以降低承保环节的成本。④同时，也在一定程度上遏制农业保险经营中的虚假承保、虚假理赔等违法违规行为。

建立普惠性农业保险体系也是发达国家的重要经验。⑤美国的巨灾保险（Cata-

①② 朱俊生、庹国柱："小规模生产难以匹配农险经营成本"，载《中国保险报》2016 年 7 月 18 日。

③ 朱俊生："构建面向小农户的普惠性农业保险体系"，载《中国保险报》2015 年 12 月 16 日。

④ 朱俊生："构建面向小农户的普惠性农业保险体系"，载《中国城乡金融报》2015 年 12 月 16 日。

⑤ 朱俊生："农业保险财政补贴的新形势、新要求和新任务"，载《中国保险报》2015 年 8 月 10 日。

strophic Coverage，CAT）就是联邦政府为农场主提供最基本风险保障的普惠性农业保险产品。[①]农场主一般都在巨灾保险基础上，额外缴费购买保障程度更高的保险产品。[②]中国可以借鉴美国的经验，创新农业保险的经营模式，探索建立普惠性农业保险体系。[③]

2. 以指数保险取代传统的农业保险产品

传统的农业保险产品要求核保到户、验标到户、查勘定损到户，在小农经济条件下经营成本非常高，在实践中难以规范运作。因此，要进行农业保险的产品创新，主要以指数形态的保险产品取代当前的物化成本保险。[④]

指数保险（包括区域产量保险和天气指数保险等）将损害程度指数化为特定区域农作物的平均产量或是气象数据指标，其赔偿基于预先设定的参数是否达到触发水平，而非实际损失，[⑤]因此通常不需要核保到户、验标到户、查勘定损到户。可见，指数保险本质上是通过产品创新，将小规模分散经营的农户聚合成虚拟的规模农场，[⑥]从而有效降低农业保险在承保、定损以及赔付环节的成本。[⑦]

在选择合适的产品形态方面，印度农业保险的经验提供了很好的启示。和中国类似，印度也是小农经济占主导地位。由于农户的经营规模有限，印度主要发展区域产量保险和天气指数保险。[⑧]印度的经验表明，农业保险产品形态的选择要与农户的经营规模相适应。[⑨]为了适应小规模分散经营的基本国情，我国要创新农业保险产品形态，克服传统农业保险产品经营成本高的不足。

（四）农业保险经营模式创新的风险及其应对

首先，指数保险存在基差风险。无论是区域产量保险还是气象指数保险，理论上都存在基差风险。基差风险主要是指农户发生了损失但领取的赔款不足以弥补损失，或者根本就得不到赔款。对于区域产量保险而言，区域产量和个人产量的相关性大小决定了基差风险的大小，相关性越大，基数风险越小。因此，区域产量保险

---

①② 朱俊生、庹国柱："以政府全额出资解决农民惜保问题"，载《中国保险报》2016 年 7 月 20 日。

③ 朱俊生："农业保险财政补贴的新形势、新要求和新任务"，载《中国保险报》2015 年 8 月 10 日。

④⑤⑥⑧ 朱俊生、庹国柱："指数保险能破农业保险的难题么?"，载《中国保险报》2016 年 7 月 28 日。

⑦ 朱俊生、姜华、庹国柱、侯硕博："加拿大农业保险考察报告（下）"，载《保险理论与实践》2016 年第 8 期。

⑨ 朱俊生："农业保险创新的国际经验"，载《中国金融》2016 年第 8 期。

应该在那些区域产量和个人产量相关性很高的地区进行推广。对于天气指数保险而言，气象站与保险标的所在地之间的距离远近与空间基差风险相关，即由于不同地点的差异，指数不能有效地反映投保人的个体损失。气象站之间的合适距离取决于地形的同质性等因素。通常认为，降水量指数保险产品试点中的气象站之间的最大距离一般不超过 20 公里，气温和湿度指数保险一般要求气象站之间的最大距离不超过 50 公里。我国不少省份区域辽阔，但地面气象观测站点分布不充分，这是推广天气指数保险必须要解决的重要约束条件，因为拥有足够数量且符合规定标准的气象观测站点，是天气指数保险降低基差风险与顺利实施的关键因素之一。

其次，指数保险对数据质量的要求高。区域产量保险要求长时间的和可信度高的区域产量数据。美国区域产量与区域收入保险计划（GRP/GRIP）的运行实践表明，由国家农业统计中心（NASS）测算的县域产量的可靠性存在一定的问题。2010 年，美国中止了 1062 个县的 GRP/GRIP 计划，其中一个原因就是 NASS 的校正标准虽然提高了区域产量数据的可信度，但使得数据变少了。在我国，产量数据积累的时间相对有限，且由于有些地方一些年份产量收据受非经济因素的干扰，数据的质量存在较大的问题。相对于产量数据，我国常规站的气象数据质量还是相当高的，满足国际气象组织（WMO）制定的国际气象测量标准，数据质量可靠、不易篡改，而且可以自动获取，能够满足天气指数保险对于数据的要求。但问题在于，我国常规站覆盖面有限，不足以支撑天气指数保险降低基差风险的要求。而自动站虽然分布更广，但其数据的可靠性要差一些。我们在此前的研究中，曾采取逐日平均温度对比方法，考察相对于临近常规气象站而言，自动站的数据是否可用。初步的研究表明，自动气象站观测的平均温度波动比较大，而常规气象站的平均气温较平滑，目前一些地方的自动站数据仍不是很可靠。

最后，指数保险产品开发对技术的要求比较高。其中，天气指数保险尤其如此。天气指数保险的产品设计经常需要很强的技术性工作，需要产品开发人员具备相当的数学技能、丰富的气象学知识以及建立农业气象模型的经验。特别是中国地域广阔，气候复杂多变，涵盖了寒带、温带和热带气候。即便在同一个省区，也存在许多不同的风险区域。如何根据不同地区的风险设计不同的天气指数保险是一项工作量巨大的复杂工作，要求大量气象、农业、数据处理和保险方面的专家。

为了应对指数保险创新过程中的技术风险，首先，要降低基差风险。比如，对于区域产量保险而言，可以在成本可控的情况下缩小测产单位。产品可以以乡镇为单位测产理赔。显然，和以县为单位理赔相比，以乡镇为单位测产理赔的方式可以有效降低县域范围内的基差风险。同时，要在产品条款中特别向农户提示基差风险，以增强农户对基差风险的认知。其次，要加强指数保险发展相关的数据及相关的基础设施建设。比如，通过加强各部门的合作，实现数据的共享以及不同口径的数据相互校验，修正产量数据；增加气象站点的建设力度，扩大常规站的覆盖范围，同时提高自动气象站的数据质量。最后，增强指数保险开发的技能。通过加强国际合作，搭建交流平台，加大研发的投入，提升我国市场主体对于指数保险产品开发的技能。

五、完善农业保险支农创新的相关政策

虽然近年来随着政策性农业保险发展的不断深入，农业保险的公共财政补贴制度不断得到健全，但是，农业保险发展的新形势对财政补贴提出新要求。一方面，现代农业和地方特色农业发展、构建普惠性农业保险体系等要求进一步优化目前的保费补贴政策。另一方面，要适应将部分“黄箱”补贴改“绿箱”补贴的要求，拓展补贴结构，提高补贴的总量水平，从而进一步提升农业保险的支农地位。

（一）将服务现代农业发展的高保障产品纳入中央财政补贴范围

目前中央财政主要对大宗作物保成本的传统“低保费、低保额”农业保险提供保费补贴，这样，对于面向新型农村经营主体的创新产品，其保险金额和保险费率超过现有传统产品部分的保费将得不到中央财政的补贴。但传统的“低保费、低保额”的农业保险产品并不能有效满足现代农业发展的需求。因此，农业保险财政补贴政策应适应现代农业发展的要求，适时拓宽产品补贴范围。要基于目前的中央财政补贴品种目录，将服务现代农业发展、提高保障水平的高保额产品纳入中央财政补贴范畴。

如前所述，当前农业保险发展已经进入促进现代农业发展的新阶段，要“从有至优”，即要着眼于提高保障程度，满足新型农业经营主体规模化经营对于农业保险的更高的风险保障要求，建立多层次的农业保险产品体系。因此，中央财政要改

变选择补贴产品的原则，将面向新型农村经营主体的高保障创新产品纳入中央财政补贴范畴，以提高农业保险保障水平，促进现代农业的发展。

（二）基于地方特色农业发展的需要扩大中央财政补贴品种

发展地方特色优势农业，是提高农业产业化水平、推进农业现代化的必然要求，是优化资源配置、提高农业综合生产能力的重大举措，是发挥比较优势、提升农产品市场竞争力的客观要求。各地特色与优势产业形成，要求相应的农业保险产品为之保驾护航。

而目前中央财政提供保费补贴的品种却是“自上而下”确定的，虽然大都是关系国计民生的大宗农产品，具有重要的战略意义，但由于补贴品种数量有限，难以满足各地区和农户差异化的农业保险需求，与地方政府“自下而上”的诉求和政策导向产生一定的冲突，从而削弱了政策性农业保险的效果。

中国农业保险补贴品种的数量虽然在逐年增加，但与发达国家相比差距甚远。目前，中国得到农业保险保费补贴的农产品品种只有 15 种，而美国得到农业保险保费补贴的农作物和畜牧产品多达 130 多种。尤其是对于地方特色农作物和特色养殖产品的保险，至今没有纳入中央财政补贴保费的支持体系，只是地方财政给予单独的保费补贴。可见，农业保险保费补贴的品种范围有待拓展，以适应地方特色优势农业发展的需要。因此，要基于地方特色农业发展的需要进一步增加保费补贴品种，尽可能扩大中央财政补贴的品种范围，满足地方的需求。中央财政要逐步对各地具有地方优势特色的农产品保险提供保费补贴，设立特色农产品保费补贴项目。

（三）财政要加大对农业保险经营模式创新的支持

农业保险经营模式创新对财政补贴支持的需求，主要体现在以下两个方面。

一是为了改变小农经营条件下农业保险的经营困境，财政部门要鼓励指数保险的开发，直接将指数保险纳入中央财政补贴范围，以促进产品创新，提高农业保险的供给效率。目前中央财政主要对大宗作物保成本的传统农业保险提供保费补贴，这样，对于区域产量保险、气象指数保险等指数型保险的保费补贴存在争议，这不利于农业保险经营模式的转型。以降低交易成本。以区域产量保险和（或）天气指数保险取代当前的物化成本保险，可以大幅度地降低农业保险理赔成本，缓解农业保险的经营困境。因此，财政部门应支持指数保险产品的发展，促进农业保险经营模式的转型。

二是通过全额补贴，支持构建为农户提供最基本风险保障的普惠性农业保险体系。2015 年，财政补贴型种植业保险（不含森林险）保费收入 249. 65 亿元，其中财政补贴为 191. 55 亿元，占保费收入的比例为 76. 73%。在财政补贴中，中央财政补贴 95. 36 亿元，省级财政补贴 61. 4 亿元，地市县财政补贴 34. 79 亿元，分别占财政补贴总额的 49. 78%、32. 05% 和 18. 16%。在保成本的现行思路之下，粗略地匡算，如果在保持现有的保费收入规模不变情况下实行全额补贴，财政需要另行支出 58. 1（249. 65 - 191. 55）亿元。如果保持现在的补贴结构不变，则中央、省和地市县财政补贴分别需要另行支出 28. 92 亿元、18. 62 亿元、10. 55 亿元。但实施普惠性农业保险后，理论上可保种植面积应该全面覆盖。2015 年，农业保险承保主要农作物 14. 5 亿亩，占全国主要农作物播种面积的 59%。以此推算，在全额补贴的情况下如果实现主要农作物播种面积 100% 覆盖，则应多支出 231. 57 亿元（191. 55 ÷ 0. 59 ÷ 0. 7673 - 191. 55）。如果保持现在的补贴结构不变，则中央、省和地市县财政补贴分别需要另行支出 115. 28 亿元、74. 23 亿元、42. 06 亿元。即保费补贴在目前的基础上增加约 231. 57 亿元，就可以在现行保障水平之下以全额补贴的方式实现对全国主要农作物的完全覆盖。

特别值得指出的是，如果全额补贴适用于创新后的保险产品，则由于这些产品的费率还有可能更低，财政因此支出的保费补贴甚至会相应减少。在美国，2010 年，投保区域产量保险（GRP）的农户，平均每英亩的保险金额为 519. 5 美元，保费支出为 13. 7 美元，平均费率为 2. 64%。而基于个别农场的产量保险（APH）平均每英亩的保险金额为 306. 9 美元，保费支出则为 25 美元，平均费率为 8. 17%。可见，APH 的保险费率约为 GRP 的 3 倍，即平均 1 美元 GRP 保险保费可以获得 37. 8 美元的保障，而 1 美元的 APH 保险的保费却仅能获得 12. 3 美元的保障。可见，全面推行指数保险，将会有效降低费率，甚至在财政补贴不增加的情况下就可以建立较低水平的普惠性的农业保险体系。当然，中国各地区的情况比较复杂，且农户的数量众多，这一点不同于美国以较大规模农场经营的特点，不能简单地套用美国的经验。关于普惠性农业保险体系涉及的财政投入的测算还需要进一步进行细化研究。

目前农业保险的许多补贴政策还没有落实到位，财政资金的使用效率还有待提高。如果能够从多方面着手，加大各级财政的协调配合，将现有各项补贴政策充分落实到位，充分挖掘财政资金潜力，可以解决小农户缴费全额补贴的资金来源问题，从而为中国农业保险经营模式的创新提供坚实的基础。

（四）提升农业保险在农业支持政策体系中的地位

农业保险有助于管理食物价值链风险、稳定农业收入并促进农业投资，从而促进现代农业发展。无论是发达国家还是新兴市场，都在致力于提升农业保险在其农业支持政策体系中的地位。美国是全球最发达的农业保险市场，农业保险在其农业安全网中地位突出。从支出结构看，美国政府对于农作物保险支出的占比不断增加。2012 年年，政府对保费补贴和经营费用补贴 85.6 亿美元，承担承保损失 53.7 亿美元，合计 140 亿美元，远高于农产品计划和灾害救助计划支出总和 69.28 亿美元。从风险管理效果看，美国也越来越倚重于农作物保险计划。2012 年，美国遭遇 50 年来最严重的干旱，农业保险赔付 172 亿元，几乎是其他两个计划（农产品计划和灾害救助计划）支出的 2.5 倍，凸显了农业保险的核心地位。农业保险之所以能够成为美国农业安全网的核心，原因在于，美国农业保险产品以收入保险为主体，具有价格与收入双重支持功能，可以部分取代农产品与价格支持计划。同时，农业保险的灾害补偿功能取代灾害救助计划的大部分功能。从政策效果看，农业保险可以更好地发挥市场机制在风险管理中的作用，通过费率的高低调节生产过程中的风险行为，抑制灾害救助激励扩大在高风险地区生产的倾向；可以发挥政府补贴的杠杆作用，2014 年平均纯保费补贴 62%，带动了农场主的保费投入，从而有助于减轻政府的预算压力。正是在上述背景下，美国《2014 年农业法案》进一步改革收入补贴，增加保险项目，在未来的预算中增加对于作物保险项目的支出。

另一个农业保险大国加拿大也是如此，21 世纪初至今，加拿大逐步构建市场导向的农业政策体系，形成了以农业风险管理（Business risk management，简称 BRM）为核心、非风险管理项目（Non-BRM Program）为补充的农业支持保护的基本框架和政策体系，其中农业保险是农业风险管理计划的重要组成部分。2015 ~ 2016 年度，加拿大农业保险承保面积 5690 万英亩，保险责任 180 亿加元，保费收入 15 亿加元。2010 ~ 2014 年，加拿大联邦政府对农业保险的支出（包括保费补贴与管理成本）为 30.2 亿加元，各省的参保率约为 75% ~ 85%，承保面积约占种植面积的

65% ~70%，可保价值占加拿大全部种植作物价值的88%。

印度、巴西、菲律宾等新兴国家均将其农业保险作为支农政策体系中的重要组成部分，并作为“绿箱补贴”政策向世界贸易组织申报。近年来，新兴国家农业保险发展迅速，农业保险保费收入年均增速接近30%，其保费在世界农业保险保费中的占比不断增加，其中中国和印度是主要的增长推动因素。而且新兴市场农业保险的未来发展潜力也很巨大。

国际上农业安全网的上述变化趋势对中国的农业补贴政策的调整具有重要的借鉴意义。近年来，中国对农业的补贴支持快速增长，农业支持总量和主要农产品补贴水平大幅提高。价格支持和挂钩补贴逐步成为主要政策工具，对市场的干预和扭曲作用日益明显。我国作为世界贸易组织成员，对农业的补贴受到世界贸易组织规则的约束。中国入世时承诺，农产品“黄箱补贴”不得超过产值的8.5%，据有关测算，中国已经逼近这条“黄线”。继续增加现有补贴种类的总量，将使我国在世界贸易组织规则总体范围内的支持空间进一步缩小，不利于我国充分利用规则调动种粮农民积极性、进一步提高种粮农民收入水平。因此，需要根据WTO规则调整和改革农业补贴政策，将部分“黄箱补贴”改为“绿箱补贴”，即将一部分农业补贴转为在世界贸易组织规则范围中使用不受限制的补贴，比如对符合一定条件的农业保险的支持。我们认为，应借鉴国际经验，更好地发挥政策性农业保险在农业补贴政策体系中的核心地位，将完善农业保险与上述补贴政策变革的方向结合起来，在现代农业发展背景下完善农业保险政策，提升农业保险在支农体系中的地位与作用，从而改善目前的农业补贴结构，促进现代农业发展和农业保险之间相互促进的双向互动关系。

（五）完善公私合作的农业保险制度模式

首先，目前在农业保险实践中，政府对公司微观经营渗透和不当干预的风险仍将在一定程度上存在。这种干预本质上内生于一些地方农业保险公私合作的边界不清以及相关权力缺乏有效约束，难以单独通过产品和经营模式创新予以杜绝。我们在实践调研中发现，一些地方的政府部门干涉保险机构的业务活动，要求保险机构签订不合规范的保单；克扣、截留保险费的财政补贴款；以掌管的财政补贴资金拨付权力为武器，迫使保险公司不恰当的多赔，甚至没有灾害也要求赔偿；在缺乏经验依据的条件下，压低保险费率等。上述风险事实上都源于政府权力缺乏有效的约束及其衍生出的对公司经营行为的不当干预，这在很大程度上漠视甚至践踏了商业运作的基本原则，使保险经营机构正当保险费收入减少和赔付率人为地提高，扩大了保险损失成本，或者不能给遭受灾损的投保农户足额赔付，既损害了保险人的合法利益，也损害了被保险人的利益，影响到农业保险制度的健康和可持续发展。

其次，农户在农业保险治理结构中缺位。一直以来，农业保险虽然事关农户，但由于小农户其本质上缺乏需求，农业保险很大程度上成为了政府的“需求”。这样，农户作为被虚置的主体，成为农业保险治理结构中沉默与被动的绝大多数。我们在以前的“田野调查”中发现，不少农民虽然掏钱参加了农业保险（或者干脆就没有自己掏钱），但对于农业保险表现漠然，对保障内容、条款等知之甚少。农业保险目前围绕财政补贴资金分配的自上而下的制度安排，使得政府与公司成为主导（尤其是政府具有一边倒的发言权），特别是政府天然成为农民的代言人，成为事实上的需求主体，而农民则参与程度很低，从而使得政府、公司、农民之间缺乏利益制衡与协调机制。显然，这种高高在上的制度安排很难真正满足农民的需求，也很难对农民的合理诉求及时响应。如果农业保险制度的三个主体——政府、公司、农民之间出现利益失衡，就会导致制度操作偏离预定的目标，长期偏离目标的操作就会颠覆制度本身。这种危险的矛头事实上已经出现，在一些地方农业保险一定程度上已经异化为权力寻租的工具。

为了解决农业保险面临的制度风险，首先要秉持法治原则，规范和约束农业保险中权力的运行。法治理论认为，权力的“知止”单靠主权者的自律是做不到的，其权力边界应通过外在力量的约束来划定和实现。目前的《农业保险条例》虽然规定了相关政府部门对农业保险的政策支持，但没有有效界定和约束政府在农业保险经营活动中的权力边界，例如，已有的罚则几乎全部针对保险公司，而对于政府可能的违规行为却没有任何相应的罚则。农业保险的相关立法要进一步完善，特别是要基于法治思维，通过规范和约束权力，保障市场主体的权利与自由，要通过外部约束明晰政府在农业保险经营活动中的权力边界。

其次，建立农民参与农业保险制度的机制。法治理念还重视权力的制衡。当一个社会中存在某种权力的时候，必须有另一种权力能够制约它，避免一权独大，但目前在农业保险制度架构与治理结构中，则明显缺乏权力的制衡，这突出表现在农户几乎缺乏任何的参与权利。因此，有必要将农民参与农业保险制度的运行和监督作为重要的发展方向，发挥农户这一重要主体的积极性，构建农民与政府以及公司之间的利益制衡与协调机制，解决农业保险治理结构中农户本质上缺失的问题，使农户由被虚置的主体回归真实的需求方，从而促进农业保险回归其本来的政策目标。

第 12 章

农村融资租赁市场创新与发展

融资租赁，是指出租人根据承租人对出卖人、租赁物的选择，向出卖人购买租赁物，提供给承租人使用，承租人支付租金的交易方式。

作为产融结合的一种投融资方式，融资租赁目前已在全球 80 多个国家和地区得到广泛应用和推广。《全球租赁业报告 2017》的统计显示，全球融资租赁业务额持续增长，2015 年新增业务额达到 1 万亿美元，比 2014 年的 9943 亿美元增长了约 6.5%。其中，北美、欧洲和亚洲 3 个地区的业务额之和超过全球业务额的 90%。美国依然是全球最大的单一租赁市场，2015 年新增业务额 3740 亿美元，约占全球租赁市场的 40%。在工业发达国家，融资租赁的渗透率一直保持较高水平，全社会设备投资总额的 15% ~30% 是通过融资租赁的方式实现的，已成为推动经济发展的重要动力。

从 1981 年第一家中外合资融资租赁公司成立到现在，我国的融资租赁业已走过了 36 个发展年头。加入世界贸易组织以后，融资租赁对外资全面开放，金融租赁的回归和内资试点工作的开展推动我国融资租赁行业进入全新的发展阶段。如今，融资租赁在业务规模、服务领域等方面已经取得了骄人的成绩，截至 2016 年底，我国实际运营的融资租赁公司约有 2000 家，其中，金融租赁公司 57 家、内资试点融资租赁公司 192 家、外资融资租赁公司超过 1700 家。各类融资租赁公司在公共医疗、文化教育、节能减排、交通运输、机械加工、工程建设等国计民生领域，为众多企事业单位提供大量融资服务。当前，我国融资租赁行业存量资产超过 5 万亿元，年新增业务额超过 1 万亿元，已成为市场配置资源的重要机制，为我国的经济建设和社会发展作出了重要贡献。

“三农”问题是我国走向现代化国家历程中的基本问题，也是我国建设全面小康社会的关键问题。2017 年中央一号文件指出，当前我国农业农村发展已经进入新的历史阶段，“农业的主要矛盾由总量不足转变为结构性矛盾，突出表现为阶段性供过于求和供给不足并存，矛盾的主要方面在供给侧”，突出的是结构性、体制性矛盾，明确提出将“深入推进农业供给侧结构性改革”作为新历史阶段农村农业工作的主线，围绕农业增效、农民增收、农村增绿，加强科技创新引领，加快结构调整步伐，加大农村改革力度，提高农业综合效益和竞争力。结合我国“十三五”（2016～2020 年）规划中农业部分关于“大力推进农业现代化，加快转变农业发展方式，走产出高效、产品安全、资源节约、环境友好的农业现代化道路”的论述，预计我国未来“三农”发展将在农业基础设施、生态农业、特色农业、土地流转、农机机械化、农村物流、农业电商等众多领域实现较大发展。可以说，当前我国正处于从传统农业向现代农业转变的关键时期和全面建设小康社会的攻坚阶段。

在工业发达国家，融资租赁是服务农业发展的重要方式，是农场主购置使用农机设备的首选方式，渗透率高达 60%～70%。而我国农业融资租赁业务起步较晚，尚处于政府推动、试点运行的阶段。近年来，中国外商投资企业协会租赁业工作委员会①积极推动融资租赁服务我国“三农”发展，多次召开座谈会、研讨会探索融资租赁服务“三农”的新模式、新问题，为贯彻国家产业政策、促进行业发展做了大量卓有成效的工作。

一、融资租赁是支持我国“三农”发展的一个重要金融工具

推动我国农业走向现代化、农民实际收入增加、农村迈向新型城镇化，实现

---

① 中国外商投资企业协会租赁业工作委员会成立于 1988 年，是由商务部主管的融资租赁企业自主管理的行业自律组织。作为国内第一个融资租赁行业组织，租赁业工作委员会集中了国内最主要的融资租赁业务的专业人才，为中国融资租赁业的健康发展作出了突出贡献，得到了会员、政府主管部门和业界的肯定和认可。

"农业增效、农民增收、农村增绿"，金融服务业的有效支持必不可少。经过多年的发展，当前我国初步建立了多层次的农村金融服务体系，对我国"三农"的发展有着显著的促进作用。但"农村金融信贷存在明显的信贷配给问题，由于农户和中小型企业普遍存在经营规模小，财务信息不透明，抵押物不足的缺点，加上存在信息不对称，正规金融向农村经济提供信贷服务面临较大的交易成本"①。在中央鼓励金融惠农的政策下，不少"农村正规金融机构为了规避信贷风险，对于农户贷款表现出极强的惜贷情绪，普遍采取提高农户信贷资金价格、要求抵押担保等条件，甚至人为造成申贷手续复杂、环节多等提高农户信贷门槛，使农户知难而退"②。即便是一些无担保的小额贷款金融服务形式，也由于授信额度小、办理周期较长等原因打击农户的贷款积极性。以上这些都使得农村金融机构难以真正满足农户的金融需求，难以使金融业在深度上服务于我国"三农"发展。

（一）融资租赁服务我国"三农"发展的作用

融资租赁作为一种将"融资"和"融物"结合起来的新型金融工具，以租赁物的所有权与使用权相分离为特征，出租人根据承租人所选定的租赁物和供货人，从供货人处获得租赁物，然后与承租人签订融资租赁合同，承租人以支付租金为前提，从出租人处取得租赁物的使用权。

融资租赁这一新型金融工具在服务我国"三农"发展中具有重要作用。在促进我国农业现代化发展过程中，与传统信贷相比，租赁这一独特融资形式更加灵活，能够根据农业经营主体类承租人需求进行租赁与信贷的组合设计，加大"三农"发展中的固定资产投入，最大限度方便承租人融资融物，减少资金占用，降低融资成本，缓解农业经营主体的担保不足。因而融资租赁是支持我国"三农"发展的一个重要金融工具，也是促进我国金融服务业与"三农"发展良性互动的重要方式，其作用主要体现在以下方面。

1. 融资租赁有助于有效缓解新型农业经营主体的资金短缺

在我国农业发展从传统形态向现代农业形态转变的历史过程中，我国农业生产

---

① 吴田："试论我国普惠型农村金融体系的构建"，载《农业经济》2014 年 6 期。

② 李明贤、陆舟："金融机构农户信贷发放门槛分析"，载《农村金融研究》2014 年第 12 期。

经营结构也发生着较大变化，主要表现为从单户经营为主的农户向新型农业经营主体转变，这些新型农业经营主体具体包括专业种养大户、家庭农场、农民合作社、乡下工商企业、农业龙头企业和农业社会化服务组织等。“2016 年，我国家庭农场、农民专业合作社、农业产业化龙头企业等新型农业经营主体竞相发展，总量达到 280 万个；同时，新型职业农民不断壮大，总数超过 1270 万人，成为农业现代化发展的引领力量。”①

各类新型经营主体的不断壮大，有力地促进了农村土地流转型、服务带动型等多种形式的适度规模经营稳步发展，多种形式适度规模经营面积占比超过 30%。与传统单个农户主要依靠人力的生产产出方式相比，新型农业经营主体具有生产规模较大、更多依靠机械化、土地产出率较高等特点，相应也需要较高的、多元化的金融服务支持。

但农业本身属于弱势产业地位，加上大部分新型农业经营主体尚处于初期发展阶段，其他金融服务支持不足，致使生产所需的大型农机器械的资金来源短缺。融资租赁可以让新型农业经营主体在结合自身经济条件的基础上，初期只需支付较少费用，采取分期支付租金的方式取得大型设备的长期使用权，大大缓解一次性投入带来的资金压力，加上相关国家优惠补贴政策（使用融资租赁方式购买农机的承租人，可以享受财政补贴），都有助于降低新型农业经营主体的固定资产和管理成本的投入，缓解其资金短缺，增加资金流动性。

2. 融资租赁有助于多层次的农村金融服务体系的有效构建

“建立多层次的农村普惠金融体系，对于解决农村低收入人群的生存和发展问题具有非常重要的现实意义。”② 在走向现代农业的历史过程中，农业经营主体不仅存在着“小额、短期、分散”的周转式金融服务需求，一些新型农业经营主体更多的是“长期、大额、集中”的规模化金融服务需求，这都需要金融服务机构对此做出有效回应。但传统的涉农金融服务业务仍然存在限制较多，通道不畅，覆盖有限，种类单一等问题，难以有效满足现代农业发展过程中农业经营主体对金融服务的规模化、多层次、普惠性的金融需求。

---

① 余瑶：“我国新型农业经营主体数量达 280 万个”，载《农民日报》2017 年 3 月 8 日。

② 曹凤岐：“建立多层次农村普惠金融体系”，载《农村金融研究》2010 年第 10 期。

利用融资租赁，可以以各类农业经营主体支出较大的农机设备为切入点，提供手续便捷的设备金融服务，降低其融资难、融资贵等问题，形成大体风险可控、形式易于推广的农村金融服务模式，进而有助于切实有效构建服务于我国“三农”发展的多层次农村金融服务体系。

3. 融资租赁有助于解决农业经营主体抵押担保不足的问题

在我国现行产业结构中，由于农业行业利润相对较低，农业经营周期较长，自然风险、市场风险较高等原因，各类农业经营主体自身抵御风险、控制风险的能力较低的情况仍将长期存在，这让农业经营主体往往缺少进行贷款时所需的有效担保抵押物品。另外，虽然国家层面在推动农村承包土地的经营权和农村住房财产权“两权”的抵押担保，但由于在流转变现上仍存在较大障碍，市场化的金融机构难以真正响应国家号召进行大胆尝试。即使是存在个别地区推出针对新型农业经营主体的优惠无担保贷款政策，但在覆盖范围、实际效果等方面发挥的作用比较有限。

以上种种因素使得农业经营主体在面对银行信贷类金融服务时往往难以获得有效的服务。用融资租赁作为支持“三农”发展的方式，由于融资租赁公司拥有租赁物件的所有权，可以将之作为担保物，进而融资租赁公司可以根据农业经营主体使用租用机械时所产生的现金流为租金支付保证，而不是过度看中农业经营主体的担保抵押物品和历史资信状况；同时也可以配合经营周期，根据承租人的现金流情况来设计灵活的租金支付方案，这在很大程度上可以解决农业经营主体抵押担保不足的问题。

4. 融资租赁有助于降低“三农”发展过程中的整体风险

当前我国经济步入新常态，经济的健康发展更多地应该来自于实体经济的转型升级，此时金融行业服务应该找准重点服务领域，其中农业就是我国经济下一阶段发展必须突破的一个重点和难点问题。

作为与实体经济联系最为紧密的金融服务产业和投融资行为，融资租赁的上游为资金供给方，下游直接与实体企业相连，通过以融物代替融资、债权与资产所有权相结合的形式，在向新型农业经营主体提供金融服务时，可以以设备租赁物件为载体，将惠农支农资金导向农业实体经济的发展中，降低农村金融服务“脱实向虚”而产生的风险。另外，与银行相比，租赁公司“对不良资产的处置更加多元化，既可采用与银行相同的清算视角来剥离，也可采用持续经营视角将生产资料‘收回再租’或通过‘二手流通市场’实现设备转租，提高使用效率”①，这需要融资租赁企业与涉农设备厂商进行深度合作，加快农业机械设备的流通市场建设，合理配置社会资源，盘活闲置资产和设备的流通，以降低融资租赁公司对租赁物件进行残值处理的风险，提高承租人的信用保证，进而降低“三农”发展过程中的整体风险。

（二）融资租赁服务“三农”的主要业务模式

融资租赁可以为客户提供多种多样的金融服务，目前市场上服务“三农”发展的业务模式主要有以下四种。

（1）直接融资租赁：是指出租人根据承租人的选择，从设备制造商（或供货商）处购买指定的设备，并将其出租给承租人使用的融资租赁方式。其中出租人先与制造商（或供货商）签订买卖合同；然后与承租人签订融资租赁合同。在租赁期内，出租人拥有设备的所有权和处置权，承租人享有设备的使用权和收益权。租赁期满后，设备归承租人所有。

（2）售后回租模式：是指承租人将其所拥有设备的所有权以公允价值出售给融资租赁公司，再以融资租赁方式租入该设备。此时承租人与供货商为同一方，从融资的角度来看，它是融资租赁的一种特殊形式。租赁期间，融资租赁公司在法律上享有设备的所有权，但实质上设备的风险和报酬由承租人承担。租赁期满后承租人获得设备的所有权。售后回租可以盘活承租人的固定资产，增加其现金流动性。目前我国融资租赁行业售后回租业务的比例较高，从业务模式的角度看，直接租赁融资额占比 22.4%，售后回租融资额占比 67.4%，其他租赁方式占比 10.2%。

（3）厂商租赁：是指设备制造商或经销商，利用租赁方式将自身设备交付给最终用户使用，并进行后续设备资产管理的一种租赁销售方式。这种出租人与供货人身份的“重叠”，由于厂商对自身所生产的设备具有较好理解，对设备的保养、维修等环节都具有主动性，因而能够可以使出租人通过对租赁物的灵活处置，保证出租人债权保障、处置和回收的有效实现。

① 郑金宇：“脱虚向实下金融租赁发展的政策逻辑”，载《银行家》2017 年第 3 期。

（4）经营租赁：经营租赁是融资租赁发展中的一种高级形式，它集债权融资和物权融资为一体，是指出租人根据承租人的选择，向设备制造商购买设备，并将其出租给承租人使用，其中出租人获得从承租人处所获得的租金小于其租赁投资，即出租人承担租赁投资风险的一种租赁形式。出租人享有设备的所有权，承担资产风险，享有资产回报。经营租赁需要出租人对租赁物件有较好的残值把握能力。

二、我国融资租赁服务“三农”发展的相关法律和政策

融资租赁业的顺利发展，需要法律、会计、税务和监管四大支柱的有效支撑，其中法律的有效规范和引导是融资租赁业发展的关键基础，直接关系到融资租赁在各领域的实际操作范围和操作方式。而融资租赁服务“三农”发展，也需要相关法律法规（特别是国家层面）的有效支持。

（一）我国融资租赁行业相关法律发展情况

在 20 世纪 80 年初我国引入融资租赁以来，我国融资租赁行业长期没有法律的规范与引导。“对融资租赁是否具有信用融资的性质没有明确规定，由此造成法院只能按有关传统租赁的法律来判决融资租赁交易纠纷，形成允许承租人以退还设备为条件而终止合同的判决”①，最后造成了租赁行业出租人在将欠租承租人诉诸法律时却遭受大量败诉，使得行业欠租问题范围之广、规模之大，对行业发展造成重大负面影响。为此，最高人民法院在没有法律的基础上在 1996 年 5 月 27 日出台了“司法解释”《关于审理融资租赁合同纠纷案件若干问题的规定》，作为规范行业发展的法律文件。

1999 年人大颁布了《中华人民共和国合同法》，将租赁和融资租赁作为列名合同单立章节。2004 年人大又开始讨论《融资租赁法》的相关立法问题，虽然还未通过，但随着我国融资租赁行业规模的迅速发展，行业问题的逐步暴露，单独立法进行规范引导的所需要的条件也逐步成熟。虽然目前融资租赁业暂无统一法律体系，但国家层面在近几年先后发布了多项促进我国融资租赁业发展的政策法规。

① 史燕平：《融资租赁及其宏观经济效应》，对外经济贸易大学出版社 2004 年版，第 207 页。

2015 年 9 月 7 日和 9 月 8 日，国务院办公厅接连发布《关于加快融资租赁业发展的指导意见》（国办发〔2015〕68 号）和《关于促进金融租赁行业健康发展的指导意见》（国办发〔2015〕69 号），更是从顶层设计的角度拉开了融资租赁业从更深、更广层面服务于我国经济转型升级的大幕，有助于促进我国融资租赁业发展实现从量变到质变的变革。

此外，地方政府也纷纷出台相关促进政策，这类相关政策都使得我国融资租赁行业发展的政策环境日益向好。

（二）我国关于促进融资租赁支持“三农”发展的相关法律法规

21 世纪以来，随着我国“三农”问题的日益突出，国家层面陆续出台众多支持三农发展的相关政策，最为大家所熟知的是中央一号文件，从 2004 ~ 2017 年连续 14 年的都聚焦“三农”问题。为了支持“三农”的发展，促进我国农业迈向现代化，金融服务业的支持必不可少。国家层面出台了不少支持以“融资租赁”的方式促进我国“三农”发展的相关法律法规。

（1）2008 年 12 月 13 日，国务院办公厅发布《国务院办公厅关于当前金融促进经济发展的若干意见》（国办发〔2008〕126 号），在第八部分“加大财税政策支持力度，增强金融业促进经济发展能力”提出“鼓励金融机构加大对‘三农’的信贷支持力度”“结合增值税转型完善融资租赁税收政策”，这表明国家层面已经注意到利用融资租赁的优势来促进我国“三农”的发展。

（2）2011 年 1 月 29 日，新华社授权发布中央一号文件《中共中央国务院关于加快水利改革发展的决定》，在第十七条“加强对水利建设的金融支持”中，提出“探索发展大型水利设备设施的融资租赁业务”，首次从国家层面明确指出利用融资租赁服务我国“三农”发展。

（3）2014 年 1 月 26 日，中央一号文件《关于全面深化农村改革加快推进农业现代化的若干意见》发布，其中在第六部分“加快农村金融制度创新”的“强化金融机构服务‘三农’职责”小节中，提出“支持由社会资本发起设立服务‘三农’的县域中小型银行和金融租赁公司”。

（4）2014 年 4 月 22 日，国务院办公厅发布《国务院办公厅关于金融服务“三农”发展的若干意见》（国办发〔2014〕17 号），在第一部分“深化农村金融体制机制改革”的“丰富农村金融服务主体”中，提出“支持组建主要服务‘三农’的金融租赁公司”。在第四部分“创新农村金融产品和服务方式”的“创新农村金融产品”中，提出“鼓励开展农业机械等方面的金融租赁业务”。

（5）2015 年 1 月 29 日，农业部、财政部发布《2015～2017 年农业机械购置补贴实施指导意见》，在第三部分“补贴范围及标准”中，明确指出“鼓励开展大型农机金融租赁试点和创新农机信贷服务，多渠道、多形式支持农民购机、用机”。

（6）2015 年 8 月 07 日，国务院办公厅发布《国务院办公厅关于加快转变农业发展方式的意见》，在第三部分“创新农业经营方式，延伸农业产业链”的“培育壮大新型农业经营主体”中，提出“探索开展农村承包土地经营权抵押贷款、大型农机具融资租赁试点，积极推动厂房、渔船抵押和生产订单、农业保单质押等业务，拓宽抵质押物范围”，这对农业经营主体获取金融服务的抵押担保问题不足问题进行了规划。

（7）2015 年 9 月 07 日，国务院办公厅发布《国务院办公厅关于加快融资租赁业发展的指导意见》（国办发〔2015〕68 号），在主要任务的“加快重点领域融资租赁发展”中，提出“鼓励融资租赁公司参与城乡公用事业、污水垃圾处理、环境治理、广播通信、农田水利等基础设施建设”“支持现代农业发展，积极开展面向种粮大户、家庭农场、农业合作社等新型农业经营主体的融资租赁业务，解决农业大型机械、生产设备、加工设备购置更新资金不足问题”；在政策措施的“完善财税政策”中，提出“通过融资租赁方式获得农机的实际使用者可享受农机购置补贴”。

（8）2015 年 9 月 08 日，国务院办公厅发布《国务院办公厅关于促进金融租赁行业健康发展的指导意见》（国办发〔2015〕69 号），在第四部分“提升金融租赁服务水平，加大对薄弱环节支持力度”中，提出“支持设立面向‘三农’、中小微企业的金融租赁公司。鼓励金融租赁公司发挥融资便利、期限灵活、财务优化等优势，开发适合‘三农’特点、价格公允的产品和服务，积极开展大型农机具金融租赁试点，支持农业大型机械、生产设施、加工设备更新。探索将生物资产作为租赁物的可行性。允许符合条件的金融租赁公司享受财政贴息和财政奖励。允许租赁农机等设备的实际使用人按规定享受农机购置补贴。加大对科技型、创新型、创业型中小微企业支持力度。允许金融租赁公司使用地方人民政府建立的中小微企业信贷风险补偿基金，参与中小微企业信用体系建设。鼓励地方人民政府通过奖励、风险补偿等方式，引导金融租赁公司加大对‘三农’、中小微企业融资支持力度。支持符合条件的金融租赁公司发行‘三农’、小微企业金融债券。适当提高中小微企业金融租赁业务不良资产容忍度”。相对于 68 号文，国家希望金融租赁能够在支持“三农”发展中走出坚实步伐。

（9）2016 年 1 月 4 日，国务院办公厅发布《国务院办公厅关于推进农村一二三产业融合发展的指导意见》（国办发〔2015〕93 号），在第二部分“发展多类型农村产业融合方式”的“大力发展农业新型业态”，提出“鼓励发展农业生产租赁业务，积极探索农产品个性化定制服务、会展农业、农业众筹等新型业态”。

（10）2016 年 1 月 15 日，国务院发布《国务院关于印发推进普惠金融发展规划（2016—2020 年）的通知》（国发〔2015〕74 号），在第二部分“健全多元化广覆盖的机构体系”的“规范发展各类新型机构”中，指出“鼓励金融租赁公司和融资租赁公司更好地满足小微企业和涉农企业设备投入与技术改造的融资需求”。

（11）2016 年 3 月 16 日，为贯彻落实《中共中央国务院关于打赢脱贫攻坚战的决定》和中央扶贫开发工作会议精神，紧紧围绕“精准扶贫、精准脱贫”基本方略，全面改进和提升扶贫金融服务，增强扶贫金融服务的精准性和有效性第二部分“精准对接脱贫攻坚多元化融资需求”，中国人民银行、发展改革委、财政部等七部门联合印发《关于金融助推脱贫攻坚的实施意见》，指出应充分利用融资租赁等多种融资工具，支持贫困地区交通、水利、电力、能源、生态环境建设等基础设施和文化、医疗、卫生等基本公共服务项目建设。

国家层面一系列关于利用“融资租赁”来支持我国“三农”发展的相关政策，对我国“三农”问题的解决具有重大的促进作用。融资租赁在“三农”领域发挥自身独特作用的同时，也将促进我国融资租赁行业的进一步发展。

三、融资租赁服务“三农”发展的业务领域与创新

融资租赁服务现代农业发展市场广阔，潜力巨大。要发展农业现代化，农业机械化是必然途径，当前，我国农业机械化发展已经到了转方式、调结构的关键阶段。融资租赁将融资与融物相结合，是一种非常适合农业机械化发展的现代金融工具。

与其他金融服务行业相比，融资租赁业的一个突出特征是其特有的以租赁物为载体的“融物”属性，对于承租人而言，融资租赁这一金融工具不仅提供了资金，而且也提供了生产资料等“实物”类固定资产。这一独特特点使我们可以以“租赁物”为分析的切入点，对融资租赁服务“三农”发展的领域加以考察。

结合融资租赁服务农业发展成熟地区的发展历程和我国自身经济发展的阶段性特征来看，参考我国“十三五”规划和 2017 年中央一号文件对“三农”发展的部署，当前融资租赁服务于我国“三农”发展的领域相当广泛，拥有巨大的市场潜力，具体来看主要有以下几方面。

1. 机械耕种设备

机械耕种设备是农产业租赁最为传统的服务领域，也是大型农产业租赁服务商提供丰富服务功能的领域。在欧洲和北美，通过融资租赁获取是农场主取得所需机械耕种设备是一种常规获取形式。根据有关数据，在德国，农机设备融资租赁服务商通常可以把一台拖拉机或收割机出售两次以上，甚至是循环出售达到五次。在我国，耕种设备机械化的进程正在迅速推进，对租赁公司而言，这一领域意味着巨大的市场机遇。另一方面，现代耕种设备的技术含量也在显著提高，例如，现在越来越多的耕种设备在提供复杂多样的作业功能的同时装备了激光校准系统（主要作用是节水并提高产量）、自动定位系统等设备。对于租赁公司而言，这意味着设备附加值上升，从而单笔业务的获利空间上升。

2. 除机械耕种设备以外的其他农场设备

农场设备是一个比较宽泛的概念，从租赁公司的角度出发，适合于提供支持的是价值易于认定，或资金较为密集的设备，常见的租赁类型包括灌溉系统、农场内的建筑物、与农场配套的发电设备（风力或其他发电形式），以及农场配备的专用围栏等。在部分发达国家租赁公司的服务领域中，奶牛也视同为“设备”，适合于以租赁的方式向牛奶生产商提供，并按月收取租金。

3. 农产品和食品仓储所需的设备

由于农产业生产的特殊的季节性要求，以及农产品消费的全年持续性的特点，食品仓储在农业产业链中具有格外重要的意义。由于农业仓储的主要对象是粮食、肉类、蔬菜及水果等特定商品，与一般工业制成品相比较，在仓储条件上有特定的要求，因而现代农产品和食品仓储所需的设备往往对资金的投入要求相对较高，并且设备具有一定的通用性，因而属于融资租赁业可以发挥专长的领域。此外，这一领域也包括与仓储直接相关的仓储建筑、仓储设施、传送机械，以及相关的特定用途的运输工具，比如专门用于运送生鲜食品的车辆。

4. 农产品加工所用设备

现代意义上的农产品加工已越来越接近于工业化的生产方式，农产品加工所用设备包括粉碎和研磨设备、速冻设备、包装设备等多种类型。

5. 食品和饮料制造设备

包括切割设备、烘焙设备、包装设备、装瓶设备等，以及与制造直接相关的产品质量控制设备。

6. 原料和原材料供应商所需设备

此类设备包括各类原材料以及特点的混合设备、专用运输工具等。

7. 农产品经销商所用设备

经销商所用设备多种多样，其中尤其适合于租赁的设备包括运输工具，以及经销商需要的信息和 IT 系统等。

8. 产品零售环节所需设备

由于零售环节在全产业链的利润分割中具有特殊的重要意义，为连锁餐饮、食品和饮料零售等企业提供的租赁服务同样可以为租赁公司提供可观的业务机遇。

9. 农用设备供应商所用设备

对于发达国家专业从事农产业租赁的租赁公司而言，这一概念通常不包括如特定的机床等生产农用设备的工业机械设备，而是多指建筑物、办公设备、车辆、管理信息系统等方面的设备。此类设备的承租人通常是租赁公司经办的农用设备的供应商，从而双方已经有比较长期的主营业务方面的合作关系和信任。

10. 农业水利、能源等基础设施设备

这一领域包括农田水利设施、农村水力发电设备、天然气管网设备、光伏设备、农业排污处理设备、资源循环设备等多个方面，同样是农产业租赁可以充分发挥融物与融资作用结合的重要领域。

总之，从租赁标的物角度，与其他金融服务形式相比较，源于融物与融资属性结合，融资租赁业可以发挥突出的金融服务作用。现代农产业租赁的对象已经远不限于直接用于农作物生产的机械设备，典型的如拖拉机、收割机、水电设备

等，而是已渗透到农业全产业链，并在产业链相关联的各个环节都可以发挥积极的作用。

要在“三农”领域开展融资租赁业务，须结合我国国情，进行制度创新，使融资租赁这一工具既能适应“三农”发展的要求，又能适应金融监管的要求，成为连接农业、市场、金融的运作平台，有效地解决当前金融下乡问题。通过以下五个领域，可以进行融资租赁的模式创新。

（1）与财政工具结合。与财政工具结合，是“三农”融资租赁业务中，充分发挥金融调控能力的一项重要的制度创新。这种结合可以考虑融资租赁的三方面功能，一是用融资租赁，提升财政资金的预算约束机制，使财政资金能形成良好的激励约束机制，实现政府在“三农”领域的宏观调控目标，为融资租赁提供风险保障；二是用融资租赁分期还款的功能，对财政的“三农”资金进行贴现，加快“三农”项目建设力度，使农民早受益，农村面貌早改观；三是通过融资租赁与财政补贴的结合，放大政府调控力度，在扩大补贴对象、实现政府目标的同时，通过对补贴对象的有效整合，形成良好的融资租赁业务模式，提升租赁在农业领域的渗透率。

（2）与股东的结合。银行系融资租赁公司都有母行作为强大的背景支撑，除了提供低成本的资金外，更重要的是需要和母行的其他金融工具形成互动，共同推进金融下乡；充分与母行业务形成有效的对接，可以成为推进“三农”融资租赁业务的重要渠道。厂商系融资租赁公司借助母公司强大的销售渠道和技术支撑，可以有效控制各环节交易风险，实现租赁资产的专业化管理。

（3）与资本市场结合。融资租赁的一个重要功能，就是对企业财务报表的合理调整，充分发挥这一功能，引导和推进农业龙头企业、重要的农业产业链企业上市，可以形成多种融资租赁业务模式。特别是通过这些企业的市值管理，可以较好地为融资租赁形成良好的盈利模式。

（4）与产业基金结合。融资租赁工具与农业产业基金、农业保险基金等其他金融工具的结合，带动其他金融工具下乡，也可以形成多种业务模式。特别是在融资租赁对一些中小农业企业支持的过程中，通过产业基金的股权投资与融资租赁资金的物权投资有效组合，可以使这两个工具形成互动优势，在给企业提供综合金融服务的同时，促进双方盈利能力和风险控制能力的提高。

（5）与专业机构结合。为了促进我国“三农”发展，政府机构和各类非政府组织已经形成了一系列的服务农业的专业机构。他们熟悉“三农”某一领域的发展要求，与他们有机结合，形成银事合作、银政合作模式，不仅可以减少公司的经营成本，而且，可以通过这些专业机构，放大成熟的业务模式，从而加大融资租赁在“三农”领域的渗透力。

四、融资租赁服务“三农”发展中存在问题与建议

近年来，虽然国务院及各级地方政府出台了多项政策措施，鼓励和支持融资租赁服务农业发展。但由于理解上的偏差和政策落实不到位，融资租赁企业在开展涉农项目时仍面临诸多因难。

1. 根据目前的农机财政补贴政策，农民通过融资租赁方式购买农机时，无法享受像金融贷款购买农机一样的农业补贴

在某种程度上，融资租赁与银行贷款相似，也是一种融资行为。在租赁期间，承租人是租赁物的实际使用人、收益人和控制人，出租人只是享有具有担保功能的名义上的所有权。因此，融资租赁应该与农业贷款一样，允许农户享受国家相关的农业补贴政策。

2. 全面营改增以后，涉农项目的实际税负大幅增加，与国家扶植农业发展的税收优惠政策无法衔接

根据目前的税收政策，农户直接或通过银行贷款购买农机时，所适用的增值税税率为 0%。但是，由于融资租赁公司所适用的增值税税率不同，农户通过融资租赁方式购置农机时，增值税税率则上升为 17%，无形中增加了融资租赁公司和农户的税收负担。农户通过融资租赁购置农机时，农户是农机的实际使用人和控制人，理应继续适用 0% 的增值税税率，或者仅对农户还款的租息部分适用 17% 的增值税税率。

3. 在融资租赁服务农业发展方面，缺乏有效的长效机制，财政贴息等优惠政策在融资租赁业务中也无法适用

融资租赁服务农业发展，需要加强特殊金融优惠政策与产业、投资、财政等政策的协调配合，充分发挥政策的导向和调节作用，增加资金投入，促进农牧区经济

发展及农牧民收入提高，不断改善农牧区金融生态环境，防范农牧区金融风险，建立健全金融服务我国社会主义新农村建设的长效机制。融资租赁应参照适用与现行银行、农村信用社对农业信贷支持的一系列激励、鼓励政策。

4. 农用车辆的抵押登记在很多县市存在困难，不利于融资租赁公司的风险防控

在农用车辆融资租赁业务开展过程中，对车辆所有权的保护是融资租赁企业风险防控的底线，而融资租赁车辆抵押权的设置对保护车辆所有权起着至关重要的作用。实践中，融资租赁的农用车辆在办理抵押登记手续时存在诸多困难。例如，一些地区的车管部门已经明确表示不接受融资租赁公司的车辆抵押登记，而在其他一些地区，车管部门对于融资租赁公司的汽车抵押登记要求必须携带组织机构代码证及营业执照原件办理、必须进行合同公证后办理等较难适用的条件。因车辆抵押登记受阻，融资租赁公司的开展农用车辆融资租赁业务的风险成倍增加，也不利于相关地区的经济与社会发展。

5. 完善农业发展环境，加强征信体系建设和相关配套措施

目前，我国个人征信信息基础数据库已经实现了全国联网运行。同时，应加强农牧民个人信用档案建设，为金融服务农业发展提供信息支持、提高决策水平，鼓励融资租赁公司接入人民银行的征信系统，加强风险控制。此外，应鼓励组建各类性质的担保机构，扩大担保资金来源，鼓励和支持企业、农牧户组建互助性担保组织，逐步形成多层次、多形式、多种所有制的担保体系，充分发挥对金融服务“三农”的保障作用。

五、融资租赁服务“三农”的典型案例

（一）新疆亚中机电销售租赁股份有限公司

新疆亚中机电销售租赁股份有限公司前身为新疆亚中机电物流园有限公司，2003 年 9 月，经新疆维吾尔自治区人民政府批准，整体变更为股份有限公司。公司注册资本 1.7 亿元，控股股东为新疆亚中（集团）有限公司。

在各级党委政府的大力支持和帮助下，公司秉持“团结拼搏、文明敬业、严肃务实、高效创新”的企业精神，专注于机电流通服务领域，已经建立了机电市场综

合体运营、金融服务、机电销售及服务、电子商务四大业务板块为核心的机电一体化服务平台。依托机电一体化服务平台汇聚的客户资源，重点围绕“三农”、矿产能源、本地基础设施建设、工业成套设备、装备及交通物流等领域，为客户提供装备与产能提高的中长期融资配比方案设计、资金融通及其他配套服务，在促进各类机电产品销售同时，也在带动农民增收致富、促进中小微企业发展方面发挥了积极作用。公司作为国内首家面向农民个人及农业生产加工企业的融资租赁企业，在“三农”领域形成了鲜明的行业特点和品牌优势。

公司根据农村的各地特异格局，因地制宜，优化整合农业机械资源，培育农机大户、农机合作社和农副产品加工、农业物流等成长性经济主体，树立了不同特色的农业机械融资租赁服务品牌，取得了积极的经济效益和社会效益。公司将继续通过自身研发“三农”融资租赁业务的大力开展，围绕广大农村、农民利益的提高，实实在在的提供更多更优质的农业设施、机械装备融资租赁服务。公司率先面向“三农”（包括农民个人、农机大户等自然人，城镇化过程中转型农民，新疆特色林果业、畜牧业、农副产品深加工业等涉农企业，新农村基础设施建设等四大业态）提供融资租赁服务，实实在在地解决了新疆“三农”市场和涉农各类企业部分装备、设施融资难的问题。截至 2016 年底，公司已为地方农民和兵团农工融资租赁了价值逾亿元数百台套各类谷物收割机、玉米收割机、番茄收获机、采棉机、犁地机和各类马力的拖拉机等农机设备，缓解了农民农机设备融资难问题，解决了 200 多万劳动力短缺的实际困难。

同时，公司在“三农”租赁的实践中积极尝试将融资租赁与社会主义新农村建设、城镇化建设紧密结合。新疆沙湾县数字电视改造升级缺乏资金来源，公司积极对接，通过融资租赁的方式，在很短时间内解决了该县数字电视的整体投资，解决了该县域社会 12 个乡镇、3 个团场、6 万多户农牧民、20 余万广大城镇、农村和农牧民数字电视收看难的问题。10 年来，公司一半以上的业务均为“三农”类的项目，且公司在未来将继续专注“三农”领域，为边疆“三农”事业发展添砖加瓦。

1. 红枣高 c-AMP 浓缩液深加工设备融资租赁项目

2012 年 6 月，阿克苏市某农业科技公司因原有设备无法满足生产需求，需要购置新的生产设备。新疆亚中机电销售租赁股份有限公司办理该公司“红枣高 c-AMP 浓缩液深加工设备”融资租赁业务，项目规模（整体投资额）总投资为 2527. 8 万元，租赁期 4 年，租金每月按期支付。

本项目属于当地政府招商引资项目，该公司的品牌扩张战略和当地政府的产业结构调整优化政策奠定了双方合作共同发展的基础，三方合作拉开了“品牌基地强强联合，打造全疆枣业航母”的序幕。通过融资租赁的方式，企业解决了设备投资需求，缓解了一次性支付压力。由于农业加工企业现金流季节性变化较大，在本项目中，新疆亚中机电销售租赁股份有限公司创新性地运用或有租金模式，根据企业现金流量的特点，个性化设计租金支付方式，在资金充裕时可多偿还租金，而在资金短缺时则可少偿还租金。

2. 气调保鲜库新建项目深化农业产业链

新疆某农业股份有限公司为改善公司负债结构和税务筹划，通过新疆亚中机电销售租赁股份有限公司办理该公司“气调保鲜库新建项目”的融资租赁业务。项目总体投资规模 7200 万元，租赁期 4 年，租金每月按期支付。

该项目重点依托当地的特色果品资源，主动开拓国内、国际市场，推动了全国主要带有辐射区域性质的大中型城市销售网络及体系的建立和完善，扩大了当地区域特色果品的销售区域，促进了经营业绩的逐年增加。

通过融资租赁的交易模式，解决了企业设备投资因难，缓解了资金压力，释放了现金流，优化了企业的财务结构。在本项目中，客户以自有房产抵押担保，同时公司法定代表人个人提供连带责任保证担保，使融资租赁公司的项目风险降到了最低。

（二）约翰迪尔融资租赁有限公司

约翰迪尔融资租赁有限公司成立于 2010 年，作为约翰迪尔在中国负责融资业务的全资子公司，迪尔融资旨在为农业用户购机提供金融服务，主要帮助解决中国地区约翰迪尔用户设备购买时的资金需求，是中国最早专业从事农业机械设备融资服务的公司之一。凭借着专注的服务、创新的业务模式、先进的运营管理，在融资租赁服务“三农”发展方面做出了突出的贡献。

1. 对新疆采棉机机械化作出贡献

新疆阿克苏阿瓦提县农户王顺年承包了 1 万亩地种棉花。他从 2008 年开始成为约翰迪尔摘棉机用户，通过采用约翰迪尔的融资计划，一下子购买了 2 台 7760 和 1

台 7660 摘棉机，成为当地不折不扣的摘棉机大户。他是新疆第一个约翰迪尔 7760 打包摘棉机用户，使用第一年就被周围棉农“哄抢”。

承包土地种棉花是王顺年的“拿手好戏”，但他也有苦恼的时候。每当棉花收获季节，他既高兴也苦恼。高兴的是，棉花丰收，收购价格高，效益好；苦恼的是，那么多的棉花如何才能“入库”。

前几年，每当棉花收获季节，大量采棉工从四川、河南、甘肃等地蜂拥而来，那时候，多付一点工钱，还是能够保障地里的棉花收起来的。但是近年来，随着外地来新疆采棉的人越来越少，而且价格越来越贵，让王顺年感受到了巨大的压力。

王顺年对约翰迪尔摘棉机爱不释手，但却无法一下子筹够购机款。在经过详细打听后，他了解到可以采用首付 200 万，余款 6 年付清的融资租赁模式。

约翰迪尔的摘棉机，真是帮了他的大忙。自己承包的 1 万亩地棉花，用自己的机器收割，只需要付驾驶员的工钱，加上棉花丰收，收购价格有保障，效益当然不在话下。另外，除了收自己种的棉花，王顺年的摘棉机还帮着周围棉农作业，因为机器稀少，作业价格自然也高。多重效益叠加，让王顺年的经济效益大幅增加，仅用 3 年时间就付清了余下的欠款。

新疆作为中国的棉花主产区，手工采棉成本不断提高，越来越多的棉户选择机械采棉。约翰迪尔融资租赁有限公司先后共为新疆几百台采棉机提供融资，成为新疆采棉机融资的领跑者，这也是新疆采棉机械化中不可或缺的重要环节。

2015 年底，新疆维吾尔自治区农业厅与约翰迪尔融资租赁有限公司在乌鲁木齐联合签订新疆首个农业 PPP 模式合作（Public-Private-Partnership，即公私合作模式），开创了全国农机 PPP 模式的先河。此次融资租赁贴息购置大型采棉机项目，由农业部安排贷款贴息补助资金 800 万元，同时，为了配合农业部的举措，为广大用户带来更多实惠，约翰迪尔融资租赁有限公司也提供了利息优惠补贴 1200 万元。两项补助资金共计 2000 万元，大大地缓解了农民资金紧张的困难。

2. 为广西甘蔗收获机械化作出贡献

广西是中国最大的甘蔗生产基地，甘蔗总产量和蔗糖总产量均占全国 60% 以上，甘蔗生产是广西的经济支柱和中国糖业的支柱。但是广西的甘蔗收割机械化经过 20 多年的研究推广，仍然处于起步阶段；大型甘蔗收割机是全世界最复杂的农机之一，虽然在美国、巴西等国家已经运用成熟，但是适合中国甘蔗产区地理条件和农艺状况的甘蔗收割机还没有生产出来。

推广甘蔗机收，是广西甘蔗产业持续健康发展的唯一出路。约翰迪尔的甘蔗收割机在巴西、美国、澳大利亚、印度和泰国等甘蔗产区享有盛誉，占领了全球近七成的甘蔗收割机械市场。在中国，因为甘蔗主产区特殊的地理因素，约翰迪尔需要开发适合中国市场的甘蔗收割机。为了提高我国甘蔗机械化水平，约翰迪尔融资租赁有限公司调动技术研发和市场团队不断对中国广西、广东、云南主要甘蔗产区进行系统调研，走访蔗农、农机管理部门、糖厂和其他相关机构，实地采集数据，全面了解中国甘蔗机械化所面临的问题。针对中国市场的特点，约翰迪尔研发出新一代小型甘蔗收割机，取得了良好效果。通过融资租赁的方式，新研制的甘蔗收割机得到迅速推广，大大提高了广西甘蔗产业的机械化水平，农户收益大幅增加。

同时，约翰迪尔积极探索与广西农业厅的合作模式，并得到广西农业厅的支持，被广西农业厅纳入到甘蔗收获机贴息补贴计划中，又一次实现公私合作支持“三农”的创新模式。

第13章

农产品期货、期权市场创新与发展

2016年是我国“十三五”规划和供给侧改革的开局之年，农业供给侧结构性改革深入推进，农产品市场化改革加快发展，农产品价格波动较以往更加剧烈，农业相关企业参与期货市场规避风险的需求大幅提升，我国期货、期权市场服务实体经济的功能得以进一步发挥。随着产业经济平稳运行，我国农产品期货、期权市场出现了许多新的发展和创新。在2016年中央一号文件指导下，“保险 + 期货”、场外期权等创新模式试点项目范围扩大，服务实体经济的期货交割制度加快创新，豆粕、白糖等农产品期权正式获得批准上市，农产品期货、期权市场服务实体经济迈上新台阶。农产品期货、期权市场创新发展过程中，也面临着可持续发展问题、自身发展水平较低、产业资本参与度不足、人才瓶颈以及政策限制等诸多问题。为促进我国农产品期货、期权市场健康快速发展，提高服务实体经济的能力和水平，建议加大财政补贴与政策引导，加快推进农产品期货、期权市场建设，加强产业客户引导，重视期货人才培养等，为我国农产品期货、期权市场发展创造良好的制度和市场环境。

一、2016年农产品期货、期权市场发展现状

（一）农产品期货交易规模不断扩大

2016年，我国农产品期货市场的总成交量达到14.37亿手，总成交金额为

62.35万亿元，分别占我国期货市场总成交量和总成交额的34.73%和31.87%。其中，大连商品交易所（以下简称“大商所”）的10个农产品期货成交量为8.68亿手，占全国农产品期货成交量的60.39%，成交额为29.93万亿元，占全国农产品期货成交额的48.00%。郑州商品交易所（以下简称“郑商所”）的10个农产品期货成交量为4.72亿手，占全国农产品期货成交量的32.83%，成交额为20.06万亿元，占全国农产品期货成交额的32.18%。上海期货交易所（以下简称“上期所”）的1个农产品期货（天然橡胶）成交量为0.97亿手，占全国农产品期货成交量的6.78%，成交额为12.36万亿元，占全国农产品期货成交额的19.82%。就农产品期货品种而言，豆粕、棕榈油、玉米、天然橡胶、棉花、玉米淀粉等品种成交活跃，成交规模增长较快。根据美国期货业协会（FIA）统计，2016年世界交易量排名前20位农产品期货和期权产品中，中国农产品期货品种有11个，占比过半（见表13.1）。

表13.1　2016年全球前20位农产品期货和期权合约成交量排名

排名	合约	交易所	2016年（手）	2015年（手）	增长率（%）
1	豆粕期货	大连商品交易所	388949970	289496780	34.35
2	菜籽粕期货	郑州商品交易所	246267758	261487209	-5.82
3	棕榈油期货	大连商品交易所	139157899	111515010	24.79
4	玉米期货	大连商品交易所	122362964	42090235	190.72
5	白糖期货	郑州商品交易所	117293884	187323456	-37.38
6	天然橡胶期货	上海期货交易所	97371256	83067547	17.22
7	豆油期货	大连商品交易所	94761814	92504264	2.44
8	玉米期货	芝加哥期货交易所	85625219	83094271	3.05
9	1号棉花期货	郑州商品交易所	80530129	22613311	256.12
10	玉米淀粉期货	大连商品交易所	67445264	27053680	149.30
11	大豆期货	芝加哥期货交易所	61730753	54095051	14.12
12	11号糖期货	ICE美国期货交易所	33115334	34394482	-3.72
13	黄大豆1号期货	大连商品交易所	32570158	18810903	73.15
14	软红冬小麦期货	芝加哥期货交易所	31059726	31100598	-0.13
15	豆油期货	芝加哥期货交易所	29429298	28897275	1.84
16	菜籽油期货	芝加哥期货交易所	27312246	7780455	251.04
17	豆粕期货	芝加哥期货交易所	25953938	24315276	6.74

续表

排名	合　约	交易所	2016 年（手）	2015 年（手）	增长率（%）
18	玉米期权	芝加哥期货交易所	22794484	24150182	-5.61
19	鸡蛋期货	大连商品交易所	22474739	14718738	52.69
20	大豆期权	芝加哥期货交易所	20109648	18663389	7.75

资料来源：全球期货业协会（FIA）。

（二）玉米、大豆等农产品期货价格回落，市场化程度提高

2016 年，受供给侧结构性改革深入推进及黑色、能源等品种价格上涨推动，多数农产品价格重心有所抬升。大豆、豆粕、豆油、棕榈油、白糖、棉花等农产品期货价格年涨幅分别达 18.56%、17.89%、22.17%、27.04%、21.13%、31.86%。而玉米市场作为农业供给侧结构性改革的重点推进方向，“市场定价、价补分离”的补贴政策加快了玉米市场化进程，玉米期货价格全年下跌 16.94%。玉米下游淀粉产品期货价格全年下跌 10.43%（见图 13.1）。2016 年，玉米市场价格回归基本供需，受市场供需影响波动明显，充分体现出农业供给侧结构性改革政策实施以来，玉米市场化改革效果显著。

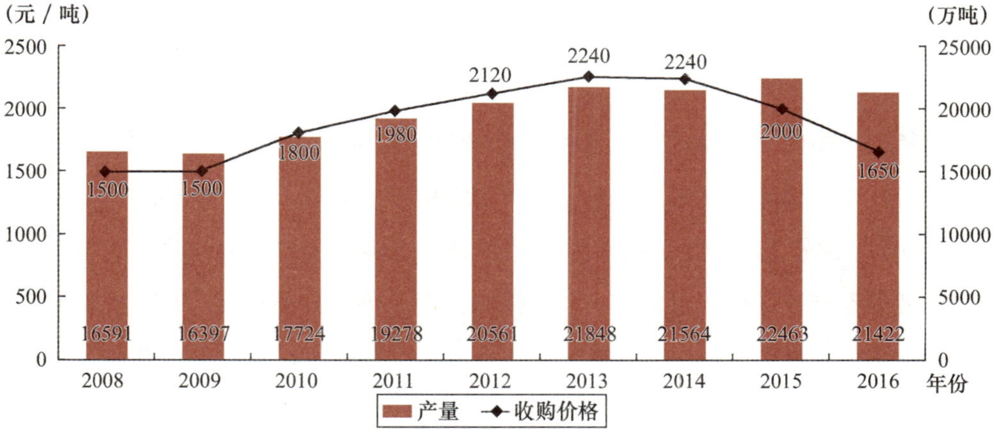

图 13.1　2008 年以来玉米产量及产区收购价格

资料来源：北京大商所期货与期权研究中心。

由三大主粮及大豆四个农产品期货价格走势对比图可见，2016 年市场化改革调整后的玉米和大豆期货价格走势连贯，波动平稳，全年价格收跌。其中，2016 年玉

米期货价格由年初的 1835 元/吨回落至 1525 元/吨；大豆期货价格由年初的 3602 元/吨上涨至 4274 元/吨。小麦和水稻两个品种受托市收储政策支撑，价格继续保持小幅上涨态势，郑麦期货 2016 年全年价格上涨 4.70%，早稻期货全年价格上涨 1.82%（见图 13.2）。

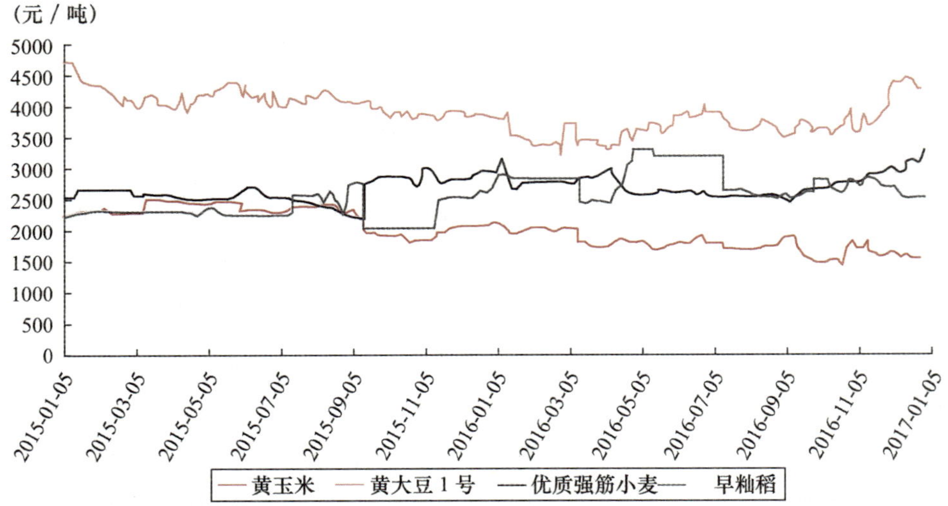

图 13.2　2015～2016 年三大主粮及大豆期货价格变化

资料来源：北京大商所期货与期权研究中心。

（三）农产品期货市场投资者结构不断完善

期货市场中的交易者按照交易目的可以划分为投机者、套期保值者和套利者，按交易者自身结构可以划分为个人投资者和机构投资者等。随着我国农产品期货市场日趋成熟，产业客户对农产品期货市场的认知和参与度在不断提高，套期保值者和套利者的参与数量越来越多，基金等机构投资者数量日渐增多，套期保值和套利需求比重增长，投机对市场的影响比重正在减弱，投资者结构正在逐步优化。期货市场投资者结构的主要表现指标是法人客户持仓占比。随着我国农产品期货市场产业链品种不断完善，以及相关套期保值和套利政策日益完善，法人客户参与期货市场的需求提升，法人客户持仓占比不断提升。2016 年，我国 21 个农产品期货市场中，法人客户持仓占比超过 50% 的品种有 5 个，其中，豆油期货的法人客户持仓占比最高，达到 60%；豆粕期货和棕榈油期货的法人客户持仓占比也比较稳定，整体维持在 50% 以上（见图 13.3）。

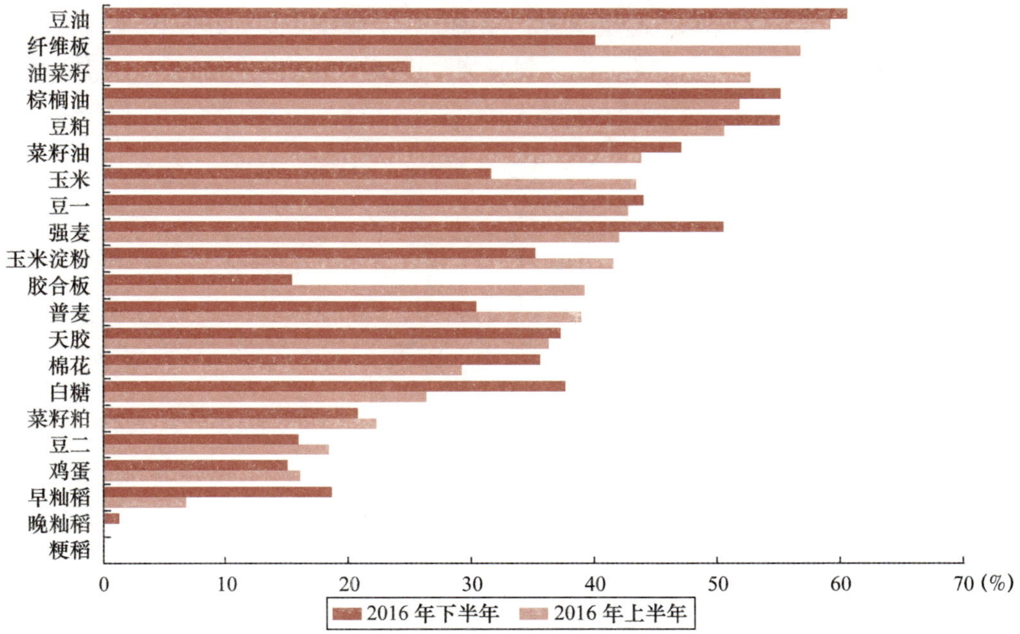

图 13.3　2016 年农产品期货法人持仓占比

资料来源：2016 年证监会期货品种功能评估报告。

以玉米和玉米淀粉期货市场为例，2016 年，我国正式将玉米临储政策调整为“市场定价、价补分离”新机制后，玉米和玉米淀粉期货交投活跃、交易规模达到历史新高。目前，参与大商所玉米和玉米淀粉期货交易的生产、贸易、加工、饲料养殖等大型企业超过 50 家，参与玉米期货交易的饲料企业生产规模占到全国的 15% 以上，参与玉米淀粉交易的淀粉企业生产规模占到全国的 70% 左右；部分玉米企业已开始使用期货点价方式开展现货贸易活动，玉米期货市场功能逐步强化。2016 年玉米期货和玉米淀粉期货的法人客户交易数较 2015 年分别增长了 167.13%% 和 303.86%，持仓客户数较 2015 年分别增长了 194.40% 和 178.41%（见表 13.2）。

（四）农产品期货市场功能发挥良好

从价格发现情况看，我国活跃农产品期货品种的期现价格相关性均保持在较高水平。2016 年，在 21 个期货品种中，期现价格相关性在 0.8 以上的期货品种有 7

表 13.2　　2016 年大商所农产品期货市场投资者结构情况

品种＼项目	参与客户数（户）		法人客户数（户）		持仓客户数（户）	
	2016 年	同比增减（%）	2016 年	同比增减（%）	2016 年	同比增减（%）
玉米	43721	171.71	2121	167.13	32717	194.40
玉米淀粉	27804	173.07	1676	303.86	17810	178.41
豆一	20858	36.55	1399	91.91	13149	47.34
豆二	17	-60.47	2	-66.67	11	-63.33
豆粕	76536	23.22	3300	49.66	51950	24.66
豆油	33623	3.87	2594	52.95	20136	-4.16
鸡蛋	28516	34.05	1534	56.69	17796	-38.22
棕榈油	45227	21.37	2705	67.49	28232	17.77
胶合板	85	-88.79	6	-92.11	1007	105.51
纤维板	15	-95.56	2	-90.00	10	-95.24

资料来源：2016 年大商所期货市场运行情况白皮书。

个，且存在期货价格引导现货价格或期现价格相互引导的关系。其中，天然橡胶、棕榈油、豆油等品种的期现货价格相关系数均在 0.9 以上，白糖、菜籽油、菜籽粕、油菜籽等品种期现货价格相关系数也都高于 0.8。从套期保值效果看，2016 年套期保值效率超过 50% 的农产品期货品种达到 11 个，即半数以上农产品期货套期保值效果较好，能够帮助企业较好地规避现货市场价格波动风险（见图 13.4、图 13.5）。

（五）产业大会等系列服务稳步推进

多年来，期货交易所创办的产业大会已成为现货产业客户与期货市场投资人士沟通交流的重要平台，在发挥期货市场功能、共享行业信息和服务实体经济等方面发挥了积极的推动作用，已经或正在成为行业知名盛会。以大商所为例，每年举办的油脂油料大会、玉米产业大会、塑料产业大会和煤焦矿黑色品种产业大会等，吸引越来越多国内外行业人士和机构参与。大商所通过办好产业大会、不定期开展培训交流会等开展系列产业及市场服务工作，推动期货市场与实体产业深度融合，深入推进“三农”服务，构建良性、健康、共赢发展的期货市场新常态。此外，大商

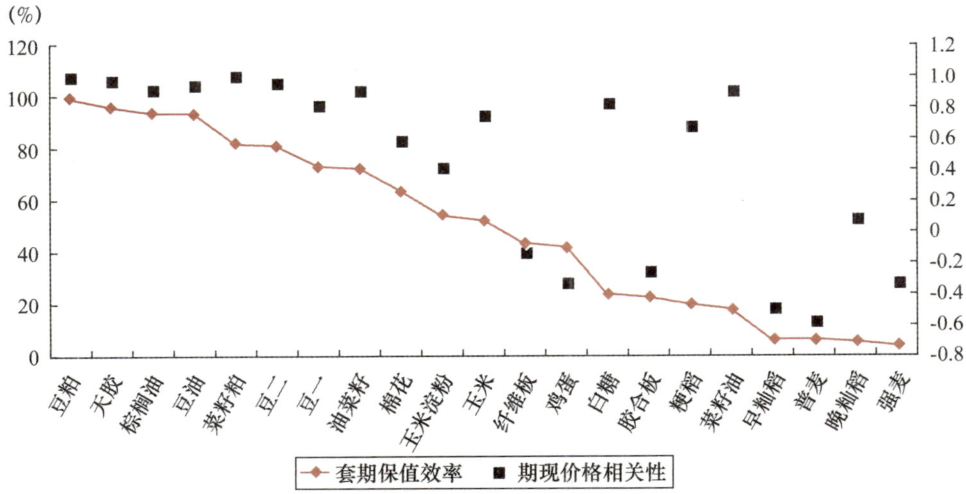

图 13.4　2016 年上半年农产品套期保值效率与期现价格相关性

资料来源：2016 年证监会功能评估报告

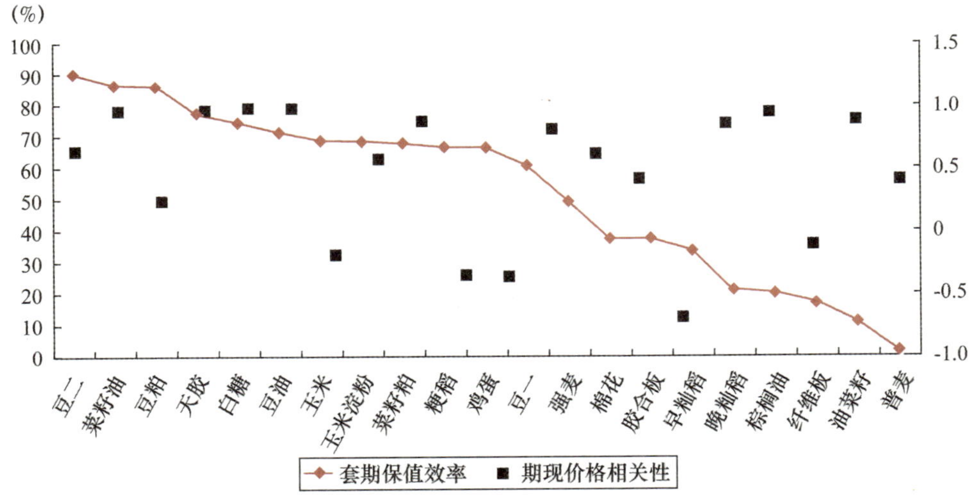

图 13.5　2016 年下半年农产品套期保值效率与期现价格相关性

资料来源：2016 年证监会功能评估报告

所还利用期货学院、“十大期货投研团队”评选、产业链调研等服务模式，加强期货公司各类人才培养，充分借助外部力量，加大产业企业和机构投资者培育力度，构筑全方位市场服务体系，将期货服务实体经济做深做细。

二、2016 年农产品期货、期权市场创新与发展的特点

（一）“保险＋期货”试点项目进一步扩大

1. 试点项目规模和范围均有扩大

为贯彻落实 2016 年中央一号文件关于“稳步扩大‘保险＋期货’试点”的政策精神，探索推进农产品价格风险管理市场化进程，积极推动期货市场围绕服务实体经济进行创新性发展，2016 年我国农产品期货市场对“保险＋期货”服务“三农”试点建设工作继续予以大力支持。其中，大商所“保险＋期货”试点规模明显扩大，郑商所也正式启动“保险＋期货”试点工作。除两家期货交易所外，2016 年共有 8 家保险公司获得了“保险＋期货”试点批复，在全国 12 个省份开展试点，涉及大豆、玉米、鸡蛋、白糖、棉花等多个农产品品种。其中，大商所以大豆、玉米两个品种为试点，开展了 12 个“保险＋期货”试点项目，覆盖 5 个省份；每个试点的扶持资金为 160 万～200 万元，共有 12 家期货公司参与其中。2016 年，郑商所首次启动了“保险＋期货”试点，并选择棉花和白糖作为试点品种，确定了 10 个试点项目，涵盖 8 个省份。

2. 业务流程逐步清晰完善

2016 年，我国农产品期货市场继续以“保险＋期货”试点作为服务“三农”的重要抓手，并将相关业务流程进行了梳理和完善。以大商所为例，2016 年试点项目的基本模式为：保险公司基于期货市场上相应的农产品期货价格开发农产品价格险；农户或者合作社通过购买保险公司的农产品价格险规避价格下跌风险；保险公司通过购买期货公司风险子公司的场外期权产品进行再保险，以对冲农产品价格下降可能带来的赔付风险；期货公司风险子公司在期货交易所进行相应的风险对冲操作，最终形成风险由期货市场承担、各方受益的闭环。其流程如图 13.6 所示。

3. 试点项目取得良好效果

“保险＋期货”模式是通过衍生品对价格下跌的风险进行分散，相比农产品的临时收储政策，在较好保证农民收益的同时，对农产品的现货市场价格不产生影响，也不会对农民的种植结构产生大的影响。此外，“保险＋期货”试点项目的流程较

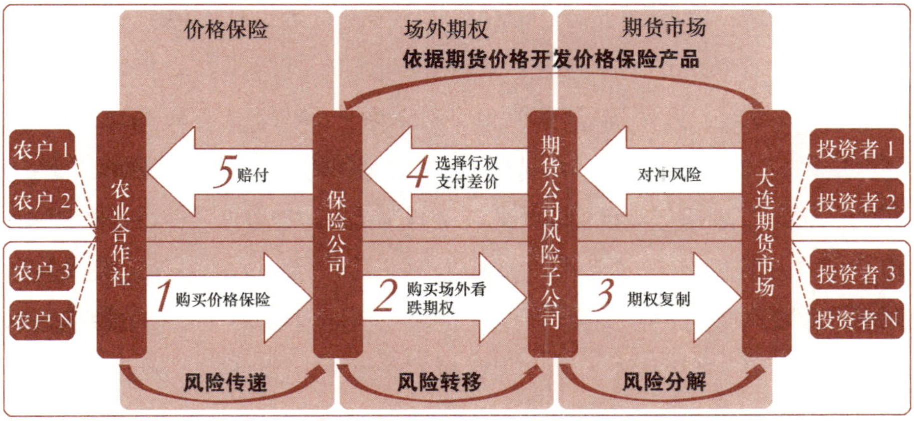

图 13.6 2016 年“保险 + 期货”模式流程图

资料来源：大连商品交易所。

短，环节清晰，补贴资金只需按照核定保费的一定比例支付给保险公司即可，农民的获赔资金直接由保险公司支付，资金流向公开透明，容易审核和监督，极大地提高了补贴资金的使用效率（见表 13.3）。

表 13.3 2016 年大商所“保险 + 期货”试点项目信息表

序号	地区	品种	现货量（吨）	目标价格（元/吨）	理赔参考价格（元/吨）	是否理赔	赔付水平（元/吨）	赔付总额（元）
1	安徽	玉米	28200	1508	1472	是	36	1015200
2	黑龙江	玉米	15000	1500	1491.2	是	8.76	131400
3	黑龙江	玉米	15000	1500	1491	是	9	135195
4	黑龙江	玉米	5000	1600	1546.5	是	53.5	267350
	吉林	玉米	10000	1600	1546.5	是	53.5	534700
5	吉林	玉米	15073	1513	1504.4	是	8.5	128650
6	辽宁	玉米	18300	1650	1563.1	是	86.9	1590819
7	辽宁	玉米	15000	1600	1563.1	是	36.9	553950
8	内蒙古	玉米	15000	1500	1527.4	否	0	0
9	内蒙古	玉米	30000	1500	1564.6	否	0	0
10	黑龙江	大豆	14500	3750	3809.7	否	0	0
11	黑龙江	大豆	10000	3800	3712.4	是	87.6	876100
12	黑龙江	大豆	10000	3645	3809.7	否	0	0

资料来源：大连商品交易所。

以大商所为例，12 个试点项目中，有 9 个玉米试点，3 个大豆试点。玉米试点分布在黑龙江、吉林、辽宁、内蒙、安徽等 5 个省（区），共计投保 16.65 万吨，涉及土地 33 万亩（玉米平均亩产按照 0.5 吨计算），4022 个农户和 39 个合作社参保，保险的平均目标价格为 1537 元/吨，平均保费为 122 元/吨。截至 2016 年底，12 个试点全部按计划运行完成。9 个试点中有 7 个试点产生赔付，平均每吨赔付 36 元，共计赔付 435.7 万元。3 个大豆试点在黑龙江开展，共计投保大豆 3.45 万吨，涉及土地 23 万亩（大豆平均亩产 0.15 吨计算），136 个农户和 2 个合作社参保，保险平均目标价格为 3734 元/吨，平均保费为 178 元/吨。大豆试点项目中，黑龙江农垦赵光农场试点产生了赔付，每吨赔付 87.61 元/吨，共计赔付 87.61 万元。

（二）场外期权试点持续推进

1. 场外期权试点品种范围扩大

场外交易是指交易双方不在交易所场内交易标准化的产品，而是在场外经过双方的洽谈，或者中间机构的撮合，根据双方的需求自行制定交易的金融衍生品。目前我国期货市场对应的场外试点主要是指场外期权交易。与场内期权相比，场外期权操作上灵活多变，有利于满足现货企业个性化的产品需求。从境外市场发展经验来看，场外市场的交易体量远远大于场内市场（见表 13.4）。

近年来，大商所不断探索场外期权服务实体经济的新模式，随着场外市场的不断成熟，场外期权日益受到实体企业的青睐。作为“场外期权”升级版本的“保险 + 期货”模式还被写入我国中央“一号文件”。为促进探索农产品期权及场外市场建设相关工作，鼓励期货公司拓展创新业务并切实有效地服务实体经济，2016 年大商所加大对期货公司开展“场外期权”服务产业链试点项目的支持力度，并对参与试点项目的期货公司进行手续费减免等鼓励。与往年相比，2016 年大商所支持场外期权试点的品种数量、单个试点规模和支持额度等，均有大幅提高。其中，试点品种涉及大豆、玉米、豆粕、豆油、棕榈油、玉米淀粉和鸡蛋共 7 个农业品种，并对单个试点项目的现货规模提出最低要求，与去年相比有不同程度的提高。例如，场外期权试点项目所涉及的玉米和大豆品种项目规定，现货量玉米不少于 15000 吨、大豆不少于 10000 吨，试点项目的操作周期应涵盖玉米和大豆的种植、收割和销售整个周期，操作时间为 2016 年 4 月至 2017 年 3 月。

表 13.4　场外期权市场与场内期权市场对比

对比指标		场内期权	场外期权
产品设计	产品特征	标准化	个性化
	灵活性	小	大
	流动性	高	低
交易场所		交易所	交易所以外柜台市场
主要风险		市场风险	市场风险、流动性风险、信用风险、结算风险
市场监管体系		交易所和行业自律	以行业自律为主，政府监管为辅
主要功能		投资、投机、避险	避险、产业开发、投机

资料整理：北京大商所期货与期权研究中心。

2. 场外期权的优势在于满足企业的多样化个性需求

场外期权市场的建立，可以使期货风险管理公司的个性化定制服务、期货市场的标准化产品与产业企业的多样化需求更好、更高效地对接。另外，在促进企业资金流动、价格和运营风险管理等方面，场外期权市场也可助产业企业一臂之力。通过运用场外衍生工具，产业企业可以创新经营模式，助力企业转型升级。目前我国场外期权的试点模式主要是复制场内期权业务。随着场内期权品种陆续推出和期权品种的丰富，场内期权的透明性对做普通期权的客户将更有吸引力。场外市场未来的发展方向将是满足企业的多样化和个性化的产品需求，而场内市场则是场外市场的良好对冲工具。

（三）集团化交割制度试点开展

1. 玉米临时收储政策改革使产业客户对期货市场需求增加

2016 年，随着农业供给侧结构性改革深入推进，玉米市场实施了长达 8 年的临时收储政策退出历史舞台，由于玉米是种植面积最大的单一农作物以及粮食领域产业链最长的品种，其政策调整、价格波动所带来的产业影响非常深刻。对于玉米期货市场来说，随着临时收储政策调整为“市场化收购”加“补贴”的新机制，玉米价格波动较以往将更加剧烈，玉米产业链相关客户迫切需要对冲风险的工具。而玉米现货贸易日趋活跃，进一步促进玉米期货交易量、持仓量不断提升，屡创历史新高，客户参与玉米期货交割的需求进一步增加。为配合我国农产品市场化改革，切实服务玉米产业发展需求，大商所积极开展玉米交割制度创新研究工作，先是在2013年提出玉米延伸交割和集团交割的新思路，并于2014年着手开展研究，随后在2015年成功推出玉米延伸交割制度并开始推进玉米集团交割的前瞻性研究。2016年国家取消玉米临时收储政策，大商所随之加快完善玉米期货相关规章制度，积极推进玉米集团交割创新工作。

2. 玉米集团化交割工作分三步走稳步推进

集团交割是指以集团方式进行交割仓库管理，依托集团企业信用，建立交割风险分层承担机制，采用实物仓单的交割业务方式。集团交割仓库包括集团交割仓库总部和集团交割仓库分库。集团总部设立多个具有控股、参股或合作关系的仓储企业为分库，授权分库办理交割业务。集团交割的核心是管理方式的改变，仓库具有集团信用、风险分层、仓单串换等特点。

大商所玉米集团交割制度的设计思路是分三步走，第一步将在东北设库，第二步将在华北和其他地区设库，第三步将推广“信用仓单 + 基差”交易。2016年9月，大商所在东北产区选择设置交割地。未来将会选取更多玉米产业龙头企业，作为大商所的交割仓库，共同为产业服务。同时，将以东北港口为基准地，以东北产区为依托，通过集团交割辐射全国，引导市场形成以期货价格为基准价格，通过基差进行定价的全国玉米大市场。

3. 玉米集团化交割业务有三个明显特点

大商所玉米集团化交割业务有三个显著特点：一是集团信用，交易所选择玉米产业内银行资信好、行业内信誉程度高的大型企业作为集团交割仓库，要求其注册实物仓单前需缴纳一定金额的银行保函用于解决交割纠纷，并承担交割风险；二是风险分层，集团交割仓库授权分库办理交割业务、收取相关费用和开具发票，负责对分库进行管理，分库产生的交割风险、交割纠纷引发的赔偿等经济和法律责任均由集团交割仓库承担；三是仓单串换，大商所将以协议的方式规定集团交割仓库在一定限度内提供仓单串换服务，并要求分库向交易所报送每日现货价格，现货价格将成为未来调整升贴水和仓单串换时价差补偿的重要依据。

4. 玉米集团交割制度创新将大力助推玉米期货服务实体经济

玉米收储制度改革使玉米市场化程度提高，玉米相关企业的套期保值需求明显提升。参照美国经验，玉米期货持仓量约为现货产量的1/2，以此推算，我国玉米期货市场规模增长的空间将非常大。2016 年大商所玉米期货市场运行情况表明，伴随着玉米市场化进程的推进，玉米期货市场的活力开始回升，玉米及玉米淀粉品种期货成交量大幅增长，持仓量创出历史新高。通过集团化方式设置交割仓库，建立交割风险分层承担机制、开展仓单串换及现货报价，既可有效满足市场交割需求，解决在东北产区设库带来的管理难度加大问题，切实提升玉米期货市场服务实体经济功能，也可为玉米品种走出东北、走向全国探索新的发展路径。

（四）农产品期权上市进程加快推进

1. 农产品期权是期货市场服务“三农”的必要工具

期权是国际衍生品市场成熟的基础性风险管理工具，与期货、远期、互换等共同构成大宗商品市场完整的风险管理工具体系。农产品期权指标的物为农产品实物或农产品期货的期权，如农产品中的小麦、大豆等农产品期权，是很好的农产品风险规避和管理的金融工具。发展农产品期权是贯彻落实 2016 年中央“一号文件”和国务院《关于进一步促进资本市场健康发展的若干意见》的重要举措。大商所在新品种和新工具研发时，一直着眼于服务国家相关政策和实体经济，自 2002 年开始研究商品期权设计之初，便同步论证了农产品期权对服务我国“三农”的意义和作用。农产品期权的研发与上市，有利于丰富我国农业支持手段，减轻农业补贴带来的财政负担，是政府以市场化方式支持农业发展的有力抓手。同时，农产品期权上市有利于完善相关农产品价格形成机制，丰富实体企业的风险管理工具，推动我国农产品期权及产品策略服务，拓展农产品期货、期权市场服务实体经济的广度和深度，使期货、期权市场更加有效地服务“三农”。

2. 农产品期权上市筹备工作基本就绪

我国农产品期权上市研究历时多年。大商所自 2002 年便开始进行农产品期权的研究开发。在大商所农产品期货品种中，豆粕期货市场运行稳健，市场参与群体成熟且具有强烈避险需求，品种涉及的产业链广，期货公司和交易者等各方的准备工作充分，大商所首先确定豆粕期货作为试点品种上市期权交易。2012 年大商所开展豆粕期权的仿真交易，仅上市筹备工作就长达 5 年之久。2015 年大商所还将豆粕期权作为交易所转型发展的三大重点工作之一，从业务规则体系完善、技术系统升级、市场培育和仿真交易等多个方面加速推进豆粕期权上市进程。

2016 年，大商所豆粕期权上市筹备工作已准备就绪，进入全面加速推进阶段。主要表现在以下几个方面：一是充分听取市场意见，进一步完善豆粕期权合约及相关规则，保障市场稳定运行和功能发挥。2016 年，大商所多次组织业内专家、期货公司、实体企业以及市场各类投资者进行反复研讨论证，在充分调研的基础上，不断完善豆粕期权的合约及细则内容。此外，通过开展期权仿真交易，验证包括规则体系、技术系统等在内各环节的可行性和操作性。二是结合对 15 家意向做市商进行电话摸底和现场走访情况，通过多次修改完善，制定了包含组建评审委员会以及补选池机制的公平、完备的做市商遴选方案。三是全面梳理并建立了豆粕期权各项必备运维和操作流程。四是期权仿真交易和市场演练持续进行。2016 年 8 月 1 日至 2016 年底举行的豆粕期权仿真交易活动中，共有 117 家会员接入，累计参与客户数 20.4 万，日均成交量达 280 万手（双边）。

此外，大商所端技术系统支持期权业务运行的能力不断提高，市场投资者教育持续开展。为保障期权业务顺利开展，大商所不断提高技术系统的性能容量，使之完全满足期权业务发展需要，有力地支持了期权业务对系统容量的要求。为有效推进会员端技术系统支持期权业务，大商所多次组织相关会员、软件开发商和信息商进行沟通交流，从技术需求到测试验收，全流程跟踪系统开发，确保会员端技术系统与交易所技术系统的兼容，大商所授权的 18 家信息商都已支持期权行情接收与发布。大商所自 2012 年开始，针对期权基础知识、期权规则、策略应用、套期保值、做市商业务等多个方面，面向会员单位、产业客户、投资者、媒体记者等多个层次，持续开展了相关培育活动。截至 2016 年底，大商所已举办各类期权相关市场活动近 300 场次，涉及全国绝大部分区域。其中联合 26 个期货学院分院开展 56 场覆盖 130 多家会员单位的培训活动，覆盖 8100 个期货从业人员；面向核心产业与机构客户，开展期权专题培训 50 场，覆盖 3000 人次；在日常产业链和市场推广活动中面向产业、机构和普通投资者增加期权基础培训内容，覆盖投资者上万人。

3. 农产品期权于年底获得批准上市交易

2016 年 12 月 16 日，中国证监会批准郑商所和大商所分别开展白糖、豆粕期权交易。在国内已有相关农产品期货的基础上，进一步开展期权交易，能够更好地满足农业企业精细化、多样化的风险管理需求，对完善农产品定价机制，提高农业产业化水平，加快转变农业发展方式都将产生重要的作用。此外，豆粕期权的加速推进不仅有利于丰富大连农产品期货市场的发展内涵和层次，更将为农户、合作组织及涉农产业提供更具针对性、精准进行风险管理的工具和市场，将期货市场服务“三农”、服务产业的效率和水平提升至更高的水平。

三、农产品期货、期权市场创新与发展中面临的主要问题

（一）试点扩大与完善是期货市场创新模式发展的首要问题

对于近几年期货服务“三农”的创新模式，如场外期权、“保险+期货”等，试点扩大与模式完善是其面临的首要问题。“保险+期货”试点业务被写入2016年中央“一号文件”文件并发布后，服务“三农”创新模式的推广范围仍有限，有待进一步完善，主要表现在以下三个方面：一是构建适合我国国情的模式需要不断的探索。以美国农业风险体系为例，其历经80年的摸索发展至今，期间亦有过多次显著的变革和调整，现已成为农作物生产平稳运行最重要的制度保障。可见，建立适合国情的成熟模式一般需要经历一个较长的探索过程。二是我国农民尚不具备直接参与并用好期货等衍生品工具的能力，也缺乏相关引导。我国是农业大国，“三农”工作是重中之重，农民稳产增收的需要更为迫切，但我国农民尚不具备直接参与并用好期货等衍生品工具进行风险管理的能力，亟待相关部门在我国农业风险管理体系的构建和发展过程中明确主导作用，从政策制定、财政补贴、机构设立、运营管理等各方面统筹考虑并予以支持。三是“保险+期货”模式推广发展面临一些问题。“保险+期货”模式通过运用价格保险代替农民直接参与期货市场进行风险管理，能有效规避农产品价格下跌风险，精准保障农民收益，但目前该试点在规模扩大与模式完善面临一些问题，如财政资金支持力度有限，试点规模和试点范围的难以拓展，试点模式风险对冲工具和场所单一、灵活性有待提高、各主体对农业保险的认识也不统一等，一定程度上限制了“保险+期货”规模和试点的扩展进程。

（二）期货、期权市场自身发展水平是限制创新的根本问题

经过20多年发展，我国农产品期货市场已经初具规模，但与国际农产品期货市场相比，仍处于较低水平。主要表现在以下五个方面：一是农产品期货市场总量还

比较小。从持仓合约规模来看，目前我国农产品期货品种单边持仓规模仅为美国的9%。美国玉米期货单边持仓量占美国玉米现货产量的比例，近 10 年来一直稳定在 50%左右，而我国这一比例仅有 10%左右。这反映了我国农产品期货市场风险管理规模总量与成熟市场相比仍有较大差距。二是农产品品种体系还比较单一。虽然我国已上市 21 个农产品期货品种，但现货市场规模大、市场需求也大的生猪、化肥等农产品尚未开展期货交易。国际市场已上市 60 多种农产品期权，而我国农产品期权刚起步。三是农产品期货产品对实体经济的覆盖面较小。由于我国农产品期货主要是标准化大宗农产品，与大量不同品质的个性化农产品存在不协调问题，难以满足涉农企业个性化、差异化的风险管理需求，也不能有效解决各地的农产品定价问题。四是农产品期货合约自身存在一定局限性。目前我国期货市场活跃合约不连续现象仍然存在，1、5、9 合约相对活跃，近月合约不活跃现象较为明显，导致期现价格相关性有待提高，期货价格和现货价格长期倒挂或期现价格收敛性不稳定等，使套保参与者在进行套期保值操作时难以做到无缝对接。五是农产品期货市场投资者结构尚不完善。主要表现在农产品期货市场仍以个人投资者交易为主，产业企业参与程度仍较低，缺乏机构投资者，期货市场参与者的投机炒作氛围仍相对较重。例如，2016 年我国 21 个农产品期货市场中，法人客户持仓占比超过 50%的只有 4 个，占比不足 20%。

（三）产业资本参与度不足是制约期货市场创新发展的核心问题

期货市场服务实体经济最终的落脚点是在实体企业上，产业客户应是期货市场的“定海神针”。随着国内期货市场的发展，越来越多的实体企业参与到期货市场中，产业客户的力量在不断壮大。但在目前期货市场服务“三农”的创新模式试点中，产业客户参与程度有待进一步提高：一方面，由于期货及期权比较专业，中小企业客户对期货公司及期货工具对冲风险的认识有限，针对他们进行的场外期权等保值服务很难大范围推广，市场培育需要一个过程；另一方面，目前期货公司（或期货风险管理子公司）的场外期权等业务模式仍处于摸索阶段，相关基础制度和市场监管需要逐步完善，尤其是场外期权的合约设计、定价、风险对冲，以及当价格朝着不利于价格方向发展时可能引发的违约风险等，都需要进行深入研究并做好周全安排，以防发生风险事件。受上述两方面因素影响，期货市场创新业务在产业客户中推广较慢。目前期货市场的产业客户参与度虽在不断提升，但仍以中小投资者为主，产业资本对期货市场的参与力度还不够多，使得在某些情况下市场多空双方力量悬殊，容易导致市场向不利于产业客户套保的角度发展，这也需要国内期货市场培育更多的成熟产业客户参与来对市场进行纠偏。

（四）人才瓶颈越来越成为制约期货市场创新发展的关键问题

在当前重要的历史机遇期，期货市场发展对人才的渴求日益增强。对于期货、期权合约研究与开发与来说，不管是新品种上市开发，还是老品种维护和制度创新完善，都需要大量品种研发人才；对于期货市场服务来说，随着期货品种上市进程加快，期货上市合约和新工具越来越多，需要更多具有期货、期权专业化知识与服务意识的高素质人才；对于期货、期权投资交易来说，随着投资者结构逐步完善，期货市场越来越需要专业化的人才从事专业化的投资与咨询服务，掌握期货、现货和期权等专业知识的人才显得越来越紧缺。但目前期货市场人才的现状是人员流动性大，进入市场容易，留住人才不易。期货、期权人才总量严重不足，从业人员规模总体持续减少。据中期协披露数据，2015 年期货公司新申请从业资格 6114 人，注销 7916 人，人员流入 20.85%，流出 29.99%，离职人员 50% 以上流向其他金融机构。此外，人才结构分布不均衡，高校在期货和衍生品人才培养方面滞后的问题同样很严重。人才问题是当前我国农产品期货、期权市场发展的瓶颈，要使农产品期货市场更好的服务实体经济，必须人才兴业，人才兴市。

（五）政策与制度限制是期货市场创新发展的主要难题

我国期货、期权市场发展机遇前所未有。一方面，近几年来监管机构出台了很多支持期货试点创新以及金融机构发展的政策法律法规，监管总基调是创新、转型、监管放松，从之前的审核审批，转向事中、事后的一个监督和监管。另一方面，资本补充机制陆续推出，期货公司、期货子公司可以上市，也可以股权融资，还可以债务融资，同时业务范围从全国的经纪业务，扩展到资产管理业务，从“一对一”到“一对多”，推动期货市场服务实体经济长效发展。不过，从部分市场、品种和产业看，也还存在有一些政策及制度限制，制约了农产品期货、期权市场创新发展的进程及其服务实体经济功能发挥，主要表现在以下几个方面：第一，从期货、期权品种上市看，受政策制约，目前我国期货品种整体审批程序复杂，新品种上市所需时间周期仍较长。第二，从期货市场资金监管看，政策监管对资金限制严格，例如期货市场仍是银行资金与投资基金的禁区，导致银行与投资基金缺乏更多的投资领域，而期货市场又面临资金严重短缺问题，最为重要的是，产业企业的正常套期保值业务由于期货市场规模较小而受到限制。第三，从期货市场经营主体看，期货公司业务单一，单纯的经纪业务造成了期货公司资金和人才的浪费。在“保险＋期货”、场外期权等创新业务发展过程中，期货公司风险管理子公司以其灵活的经营模式，对促进相关试点工作发展起到了良好的纽带和桥梁作用，有的公司积极参与场外等试点业务发展，甚至成为相关规则和制度的设计者。期货公司作为对农村基层组织、农民专业合作社、种粮大户、农户、农业相关企业等涉农主体开展系统化的期货知识培训的主体，限制其业务模式不利于激发期货公司作为促进期货市场服务实体经济的中坚作用。

四、相关政策建议

（一）加大财政补贴与政策引导，支持期货市场服务“三农”创新工作可持续发展

稳步扩大“保险＋期货”试点，积极探索期货市场服务“三农”的新渠道、新机制，加大对服务“三农”创新模式的政策引导与支持力度，建议从以下几个方面开展相关工作：一是建议增加财政支持，稳步扩大“保险＋期货”试点，积极推动期货市场服务“三农”新渠道、新机制的试点项目进一步扩大。同时，为金融机构和产业客户探索创新业务模式提供更加宽松的政策环境，积极推动探索信贷服务、保险服务与期货套期保值相结合的有效途径，促进相关业务可持续发展，提升金融服务“三农”的整体效果。二是建议加快研究和开展农业收入保险试点项目。收入险不仅是发达国家农业风险管理的主流模式，更是保障农民基本收入最直接有效的手段。国内外研究和实践表明，收入险要取得成功依赖于三个基本条件，即有效的区域产量信息、高效的价格发现机制、广泛而有力的财政资金和监管支持。目前，虽然这三个方面各自存在一些不足，但整体上已经具有了一定基础，初步具备了开

展农作物收入险试点的条件。建议政府对农户、农业合作社等购买价格保险和收入保险提供一定补贴支持，探索农业补贴制度改革新途径，为试点推广提供支持。三是建议研究组织构架为农业收入险试点做好配套。依照美国经验，成立联邦作物保险公司，统一负责全美农业收入险的产品设计、费率确定、对接财政支持、提供再保险，取得了比较好的效果。因此建议对成立适合国情的农业保险管理体系和核心主体进行深入研究，为农业收入险的发展做好配套。

（二）深入推进农产品期货、期权市场建设，不断开创期货市场服务“三农”工作新局面

农产品期货、期权市场的健康有效发展是促进现代经济发展的必要手段，对于我国农产品期货、期权市场来说，深入推进市场建设和发展，不断开创期货市场服务“三农”工作新局面，建议从以下四个方面展开相关工作：一要做好品种体系规划，创新完善期货品种上市机制，积极推动研发上市新的农产品期货品种，拓展期货市场服务“三农”的新领域。二要在推动豆粕、白糖农产品期权市场建设基础上，积极着手其他农产品期权品种的上市工作，通过农产品期权工具的开发与运用，为涉农主体提供更加精细化的风险管理服务。三要做精做细已上市期货合约维护，通过减少交易成本、完善交割制度、放宽保证金及持仓规模限制等一系列措施来不断完善期货品种交易、交割制度，促进合约完善和流动性增加，吸引买方主动参与期货市场，活跃相关合约市场流动性，促进期货市场功能有效发挥。四要进一步推动农产品期货交割制度完善。加快期货交割制度创新，推进基差交易发展，加快仓单串换、集团化交割制度、车船板交割制度等交割制度创新，着力解决由于交割库分布于不同区域而产生的异地接货问题，为中小微企业参与期货交易、交割的积极性创造便利条件。

（三）加强对产业客户的引导，建立期货投资者教育长效机制

在国外成熟的期货市场中，产业及金融资本是市场的参与主体，国际大型企业往往不在意农产品价格波动可能带来的收益，而更为重视价格波动对自己不利时可能产生的损失，在套期保值方面往往操作较为严格，且会针对价格的突发波动制定操作预案，对期货服务实体经济的创新模式也更容易接受。当前国内期货市场的参

与结构还不尽完善，参与主体也不够成熟，更应该关注和保障产业客户群体的健康发展，积极加以引导和培育，增强其抗风险能力。一方面，要引导产业客户加强自律，在价格不利变动情况发生后，可以进行深度的自我调节，对风险做到有效的对冲。另一方面，应着力建立期货投资者教育长效机制，帮助实体企业经营管理者树立科学的投资理念，增强其风险管理意识，不断提高相关企业对期货市场投资的风险管理能力。对此，一是要引导企业经营管理者完善公司法人治理结构，重视高风险业务及金融市场知识的专业培训，引导企业树立正确的风险管理理念，增强风险意识，建立并切实执行有效防范和监控市场风险、信用风险、流动性风险、操作风险、法律风险等的管理制度和内控制度，加强内部风险管理，提高应其管理风险的能力和水平。二是要充分考虑企业承受能力，对于从事境外农产品期货等衍生品业务的企业，确保其严格遵守国家有关企业境外套期保值业务的相关准则，积极培养和使用通晓国际惯例、精通相关衍生品业务的国际化专业人员。三是应鼓励企业审慎理性地开展套期保值业务，大力支持企业期货管理制度建设，积极引导期货市场和产业发展相结合，提高农产品期货市场服务实体经济的水平。

（四）重视期货人才建设，加强产学研紧密合作和后备期货人才培养

在农产品期货、期权市场发展的同时，期货行业的发展已经进入发展机遇期，期货市场创新业务平台不断地完善和拓展，迫切需要加强产学研紧密合作和后备期货人才的培养。期货行业的人才建设是一项系统性工程，应从以下几个方面，促进我国期货行业人才发展和队伍建设：一要整合资源，构建社会化的期货教育培训体系；二要加强合作，建立高校期货后备人才培养基地；三要分类管理，促进期货业人才结构的调整和完善；四要创新手段，进一步加强期货从业人员后续职业培训；五要突出重点，加强高层次专业和管理人才队伍建设。探索期货市场人才培养的渠道和方式，加大中层业务培训力度，开展高级分析师评选，促进研发团队建设。六要高度重视，加强期货教育培训师资队伍和教材建设；七要德才并重，建立规范有效的人才评价和激励机制；八是要多管齐下，提升期货人才资源配置和使用效率。

（五）调整相关政策和制度约束，激发市场创新发展活力

期货市场监管体制是现代期货市场不可缺少的基本条件。随着我国农产品期货

市场逐步走向规范发展，在积极寻找适当控制风险方式的前提下，建议调整相关政策和制度约束，激发市场创新发展活力。第一，转变监管方式，优化监管环境，期货监管部门应以“放松管制、加强监管”为改革重点，深化“五位一体”监管体制改革，提高期货市场监管水平。第二，从体制上加快论证研究，构建银行与投资基金等机构进入期货市场的市场监管和介入途径。在全球市场范围内，银行等金融机构历来都是期货市场主要参与者，国外众多著名的商业银行，如德意志银行、法国兴业银行等，都设立了商品期货部门参与期货市场的套利与投机，在期货市场中占据了重要的地位。银行通过与期货业合作不仅可以扩大业务范围，增加中间业务收入，而且可以优化银行资产质量，有效降低投资组合的风险。同时，也有利于优化期货市场投资者结构，促进期货市场创新发展。第三，建议深化期货公司服务“三农”的中介工作，切实立足期货公司发展需要，提高经纪、清算、咨询、资产管理及风险管理服务能力，充分发挥期货公司在促进农产品期货市场服务“三农”功能发挥方面的能动性和积极作用。

第 14 章

农村互联网金融[1]

——技术与数据驱动下的普惠金融

农村互联网金融是互联网金融与农村金融的交融，是依托于金融科技和数据的互联网金融在农村金融领域的运用。根据中国人民银行等十部委联合发布的《关于促进互联网金融健康发展的指导意见》（银发〔2015〕221 号），互联网金融指的是“传统金融机构与互联网企业利用互联网技术和信息通信技术实现资金融通、支付、投资和信息中介服务的新型金融业务模式”。

值得强调的是，要坚持“实质重于形式”的原则，准确把握互联网金融的内涵，不宜将与互联网渠道相关的金融形态都归入互联网金融。互联网金融的本质是金融科技和数据双轮驱动，特色在于对金融科技和海量数据的依赖。这使其在成本、速度、风险控制和金融可及性等方面较传统金融更具优势。因此，本章并不将虽有互联网之形（如借助互联网渠道），但既缺乏科技支撑又缺乏海量数据积累，主要依托于线下经营的金融业态视为农村互联网金融，如目前绝大多数 P2P 平台提供的农村金融业务。

① 在本报告撰写过程中，蚂蚁金服和京东金融提供了大量背景资料，在此表示感谢！

一、发展农村互联网金融的必要性

（一）“三农”可持续发展离不开农村金融的支持

一是农业现代化需要农村金融的支持。“十三五”规划纲要提出，中国要“着力构建现代农业产业体系、生产体系、经营体系，提高农业质量效益和竞争力，走产出高效、产品安全、资源节约、环境友好的农业现代化道路”。要有效推进农业现代化，就需要从增强农产品安全保障能力（提高粮食生产能力保障水平、加快推进农业结构调整、推进农村一二三产业融合发展、促进农业可持续发展），构建现代农业经营体系（发展适度规模经营、培育新型农业经营主体等），提高农业技术装配和信息化建设等多个方面综合施策。这些农业现代化的举措或趋势，既为农村金融创造了新的需求，也给农村金融转型升级提出了新的要求。比如，提高粮食生产能力保障水平需要大规模推进农田水利、土地整治、中低产田改造和高标准农田建设，这就催生了有别于传统农村基础设施融资的金融需求。又如，推进农业结构调整和农村一二三产业融合发展，一个重要方向是发展观光农业、体验农业、创意农业，这带来了有别于传统农林牧副渔业、农产品加工业金融服务的金融需求。再如，培育新型农业经营主体涉及发展种养大户和家庭农场、大力培养新型职业农民、鼓励和支持工商资本投资现代农业，这也会带来有别于传统农户融资及保险需求的金融服务需求。

二是农村新型城镇化需要农村金融的支持。动态地看，需要把“三农”纳入到城镇化的历史进程中去，“三农”问题的解决离不开新型城镇化的推进。根据“十三五”规划纲要，新型城镇化不仅包括推动农村城镇化，使农村变城市，农民变市民；还包括农村本身的建设，如加快建设美丽宜居山村。农村新型城镇化意味着大量的基础设施建设需求、庞大的农业转移人口消费升级需求和创新创业需求，这为农村金融提出了新的命题。比如，与传统城市基础设施融资可以依靠土地财政（土地出让金）或土地金融（以具有较高价值的城市土地为抵押进行融资）不同，美丽乡村基础设施缺乏相应的融资机制；与此同时，地方政府债务，特别是县乡等较低层级地方政府债务负担已经很高，再融资能力严重受限。这对农村金融可持续服务农村新型城镇化提出了现实挑战。

三是农村全面进入小康社会需要农村金融的支持。“小康不小康，关键看老乡。”“没有农村的小康，特别是没有贫困地区的小康，就没有全面建成小康社会。”截至 2015 年底，我国还有 5630 万农村建档立卡贫困人口，多数西部省份的贫困发生率在 10% 以上。现有贫困人口贫困程度更深、减贫成本更高、脱贫难度更大，依靠常规举措难以摆脱贫困状况。为此，《“十三五”脱贫攻坚规划》（国发〔2016〕64 号）提出，从产业发展脱贫、转移就业脱贫、异地搬迁脱贫、教育扶贫、健康扶贫、生态保护扶贫等方面综合施策，破解贫困地区区域发展瓶颈制约，不断增强贫困地区和贫困人口自我发展能力，确保与全国同步进入全面小康社会。这些举措，都有赖于农村金融的支持，都需要农村金融的转型升级。此外，投资、支付、贷款、保险等基本金融服务的均等化也应是全面建成小康社会的应有之义，这对大幅提高农村金融可及性提出了迫切要求。

（二）农村金融服务“三农”的效率亟待提高

金融服务实体经济效率不高是当前中国金融体系存在的主要问题之一。为此，“十三五”规划纲要明确提出，“提高金融服务实体经济效率和支持经济转型的能力”。具体到农村金融领域，农村金融也存在着服务“三农”效率不高的问题，难以有效满足农业现代化、农村新型城镇化和全面建设小康社会所带来的金融服务需求。

农村金融效率不高集中体现在可及性低、成本高、速度慢等方面。以农户贷款服务为例，主要体现为贷款难、贷款贵、发放速度慢，难以及时满足需求。根据李勇坚等（2016）的调查数据，截至 2014 年年末，从正规渠道获得贷款的农户比例仅为 27%；农村信用社在农村地区提供一笔贷款的平均成本高达 5000 元左右。

农村金融效率不高，表面上是优质客户缺失，有效需求不足。“三农”客户及其需求的确存在诸多不足，比如资信等级较低，信用记录缺失，合格抵质押品少，农户贷款金额短、频、小，使得“三农”金融服务风险高、成本居高不小，难以满足金融供给主体设定的要求。实际上，农村金融效率不高，主要原因还是在于有效供给不足，金融供给主体缺乏向“三农”客户提供低成本、风险可控的金融服务的能力，缺乏可持续的农村金融商业模式。因此，提高农村金融效率虽然要从需求方着力，即提高“三农”客户资信等级，降低风险，但更应着力于提高农村金融供给主体的有效供给能力。

（三）提升农村金融效率的着力点在于大力发展农村互联网金融

“理论和实践都证明，市场配置资源是最有效率的形式。市场决定资源配置是市场经济的一般规律，市场经济本质上就是市场决定资源配置的经济。”农村金融有效供给能力不足，就是农村金融供给主体缺乏向“三农”客户提供成本可控、风险可承担的，具有商业可持续性的金融服务。其原因在于受体制机制制约、技术局限及信息不对称限制，农村金融的市场边界受限，市场机制难以有效发挥。因此，提高农村金融效率，着力点还是在于拓宽市场发挥决定性作用的边界，充分发挥市场机制的作用。拓宽金融市场发挥作用的边界，既需要依靠改革或制度调整，也需要依靠技术或金融科技进步。

当前，提高农村金融效率的主攻方向是依靠制度调整或农村金融改革。近年来，中国为提高农村金融效率进行了多项改革。比如，大力推动利率市场化，使贷款利率足以覆盖贷款风险。又如，推动农村金融机构的改革和发展，全力推进农村信用社商业化改革，积极发展以村镇银行为代表的新型农村金融机构。截至 2015 年年末，农村商业银行和村镇银行数已分别达 859 家和 1311 家，较 2010 年增长 9.1 倍和 2.8 倍。再如，为贯彻脱贫攻坚国家战略，不少大型商业银行设立了金融扶贫工作领导小组，在融资政策上协调商业性和公益性的关系，以便从体制机制上保障农村金融服务的供给。2016 年年末，工商银行金融精准扶贫工作贷款余额已达 930.1 亿元，其中产业精准扶贫贷款和项目精准扶贫贷款分别达 160.1 亿元和 610.0 亿元。

尽管制度调整拓宽了农村金融市场的边界，但在扩大农村金融的可及性，降低金融服务成本等方面也存在局限性。中小农村金融机构虽然可以通过收集“三农”客户“软信息”，借助关系型借贷进行风险控制，但由于“软信息”的收集依赖于信贷人员个人经验的积累，难以编码和传递，且每个信贷员管理半径有限，并不能有效降低金融服务的成本和扩大金融可及性。

要突破这一局限性，进一步提升农村金融效率，需要大力发展农村互联网金融，利用技术的力量来拓宽农村金融市场的边界。借助互联网平台，可以几乎零边际成本地积累沉淀在平台上的“三农”客户信息，依托数据的场景并利用大数据技术，可以相对低成本地快速处理信息，从而减轻农村金融面临的信息不对称问题，信息收集处理成本高的问题。当然，农村互联网金融自身的发展也需要一个好的制度环境，也有赖于发挥制度调整的力量。

二、农村互联网金融的发展状况

（一）农村互联网金融的发展历程

农村互联网金融发展历程尚短，目前仍处于初步发展阶段。由于对金融科技和海量数据的高度依赖，当前农村互联网金融的供给主体主要是两大互联网金融平台——蚂蚁金服和京东金融。可以说，农村互联网金融的发展历程与两大互联网金融平台发展过程中的重大事件密切相关。

在对蚂蚁金服和京东金融发展脉络进行详细梳理后（见表 14.1），我们发现，可以 2014 年为界，将农村互联网金融发展历程粗略划分为两个阶段：萌芽阶段和初步发展阶段。

表 14.1　　农村互联网金融大事记

时　间	事　件
2004 年 12 月	支付宝上线
2013 年 3 月	阿里巴巴集团宣布筹备成立阿里小微金融服务集团，主要业务范畴包括支付、小贷、保险、担保等领域
2013 年 6 月	余额宝上线。用户可以通过支付宝 APP 直接购买或赎回，投资门槛低至 1 元
2013 年 10 月	京东金融集团（京东金融）正式成立
2014 年 10 月	蚂蚁金融服务集团（蚂蚁金服）正式成立，并发布平台、农村、国际化三大发展战略
2014 年 10 月	阿里巴巴集团启动“千县万村”计划
2015 年 3 月	京东发布 3F 农村电商战略，其中包括农村金融战略，提供针对农村全产业链的金融服务
2015 年 5 月	蚂蚁金服农村金融业务团队成立
2015 年 6 月	京东金融筹备组建专门负责农村金融的业务部门
2015 年 7 月	蚂蚁金服发放第一笔农村纯信用贷款

续表

时间	事件
2015 年 7 月	京东金融上线农村消费信贷产品“农村白条”，用户全线上申请，3 分钟激活开通，最高可获得 3 万元消费信贷额度
2015 年 8 月	京东农村白条迭代升级为开店宝 & 消费宝产品，将理财和白条的界限打通，使得农村地区的用户在享受理财收益的同时，还可以使用白条进行消费
2015 年 9 月	京东金融发布京东农村金融战略，同时发布了农业产业链信贷品牌“京农贷”，致力于解决“三农”融资难题，通过整合产业链，推进农业产业化、规模化、现代化发展，切实增加农户收入
2015 年 10 月	蚂蚁金服上线第一款互联网农业保险产品
2015 年 11 月	蚂蚁金服推出“三农”信贷品牌“旺农贷”
2015 年 12 月	京东金融正式开展农村理财业务，具体产品包括小金库、固收理财、保险理财、小银票等
2016 年 1 月	蚂蚁金服成立农村金融事业部，形成旺农贷、旺农保和旺农付三大拳头产品
2016 年 5 月	蚂蚁金服农村金融事业部宣布推出首个农产品供应链金融解决方案
2016 年 6 月	蚂蚁金服宣布联合中国扶贫基金会旗下的小贷机构中和农信推进“精准扶贫”，计划 3 年覆盖 300 个国家级或省级贫困县
2016 年 12 月	蚂蚁金服发布“谷雨”计划农村金融战略，未来 3 年，蚂蚁金服将联合 100 家龙头企业，为大型种养殖户提供金融服务；与合作伙伴一起为 1000 个县提供综合金融服务，包括支付、信贷、保险等；面向国内所有“三农”用户，拉动合作伙伴及社会力量提供累计 10000 亿元信贷；战略入股中和农信，并与中华保险联合宣布成立合资公司，将专注为农业龙头企业的种养殖户提供“融资 + 保险 + 农业”的一体化服务
2017 年 2 月	京东金融将农村金融部独立出来，成为京东金融集团的一级部门
2017 年 2 月	蚂蚁金服战略入股中和农信
2017 年 3 月	蚂蚁金服与中华保险成立合资公司“农联中鑫科技股份有限公司”

资料来源：蚂蚁金服、京东金融。

萌芽阶段：2014 年之前。公开信息显示，2014 年之前，两大互联网金融集团要么尚未成立，要么已成立但尚未聚焦农村金融。战略层面上，两大互联网金融集团均未明确提出农村金融战略。机构设置层面上，均未设置专门的或具有较强独立性的农村金融部门。产品层面上，尚未推出针对“三农”客户的农村金融产品。这一阶段是农村互联网金融自发发展阶段，是互联网金融业务在“三农”领域的自然延伸。比如，支付宝、余额宝、互联网小贷在发展过程中，不可避免地会延伸至部分已互联网化的“三农”客户。

初步发展阶段：2014 年至今。这一阶段，农村互联网金融由自发发展进入有意识的自觉发展阶段，互联网金融平台开始聚焦农村金融。战略层面上，蚂蚁金服和京东金融分别于 2014 年 10 月和 2015 年 9 月正式发布各自的农村金融战略。机构设置层面上，蚂蚁金服则于 2015 年 5 月成立了独立的农村金融业务团队，2016 年 1 月升级为农村金融事业部；京东金融于 2015 年 6 月组建了专门负责农村金融的部门，并于 2017 年 2 月将其独立为京东金融的一级部门。产品层面上，京东金融和蚂蚁金服分别于 2015 年 9 月和 11 月上线各自的农村金融明星产品——京农贷和旺农贷。随后，两家集团均不断丰富其农村金融产品，如支付、保险、理财、众筹等。随着传统金融机构的智能化转型，传统金融机构在农村互联网金融方面也开始涉及。

（二）农村互联网金融的发展现状

当前，农村互联网金融仍处在初步发展阶段，在规模方面仍与传统农村金融存在很大差距，仍是传统农村金融的补充。不过，得益于经济社会生活互联网化程度的提高以及互联网金融本身的发展，农村互联网金融近年来也呈现出快速发展、服务多元化的态势。

一是发展速度快，覆盖面广。以蚂蚁金服为例，截至 2017 年 3 月末，其在支付、保险、信贷方面服务的“三农”用户数分别达到 1.63 亿、1.4 亿和 4205 万。其中，服务了 175.7 万家农村小微企业、农村个体工商户和农村种养殖户。2017 年 1 月初，余额宝的农村用户已突破 1 亿人。

二是服务类别充分多元化。农村互联网金融为“三农”提供了形式多样的信贷服务。比如，依托产业链核心企业为农村企业和农户提供产业链金融服务（如旺农贷产融模式、京农贷）；针对农村小微商户的经营需求提供经营型信贷服务（旺农贷线上 + 线下熟人模式）；为“三农”客户提供消费信贷业务（如旺农贷数据化模式、京东白条）。除互联网信贷服务外，农村互联网金融还为“三农”客户提供支付（如旺农付）、保险（如旺农保）、理财甚至众筹等金融服务。

（三）农村互联网金融的发展特征

农村互联网金融发展过程中呈现出如下特征。

首先，以市场驱动为主。一般认为，农村金融存在一定的市场失灵，需要政府的干预。为此，传统金融机构在提供农村金融服务时，通常享有较强的政策激励，如存款准备金率优惠、扶贫再贷款、税收减免、贷款贴息等。与此相区别，农村互联网金融较少享有政策优惠，其发展和创新主要是市场驱动的。造成这一差别的原因有两个。一是农村互联网金融业务与互联网金融平台母公司或大股东的业务之间存在较强的协同效应。二是农村互联网金融借助金融科技和海量数据积累，缓解了部分领域的市场失灵，拓宽了市场起决定性作用的边界。

其次，参与主体以大型互联网金融平台企业为主。互联网农村金融门槛高，对于金融科技能力和数据累积具有较高要求。目前，满足这两方面条件的主要是大型互联网金融平台企业。传统金融机构（如银行）的智能化转型虽取得一定进展，但其提供的农村金融服务仍主要属于传统农村金融范畴。号称提供农村互联网金融服务（如 P2P）的准金融机构，由于技术能力和数据积累的制约，其业务类似于传统的民间金融，仅仅是民间农村金融的网络化。

再次，提供其他增值服务。与传统金融机构相比，农村互联网金融平台依托于母公司或关联方（如阿里巴巴之于蚂蚁金服，京东之于京东金融），具有整合产业链的独特优势，可以为客户提供产业链方面的增值服务，如农资购买、农产品销售等。这既有利于与客户共同成长，又有利于控制金融风险，从而实现农村互联网金融机构与“三农”客户之间的良性循环，健康发展。

最后，效率高。基于技术能力和数据优势，依托大数据风险控制手段，农村互联网金融服务“三农”的效率相对较高。一个典型例子是蚂蚁金服的“310”模式，即在申请贷款过程中，贷款客户只需要花 3 分钟在网上填写申报材料，蚂蚁金服可实现 1 秒钟贷款到账，整个信贷过程中 0 人工干预。

三、农村互联网金融典型案例[①]

农村互联网金融实践中已涌现出了不少创新型金融服务模式，涉及信贷、保险、众筹、理财等各个领域。代表性案例包括旺农贷产融模式、京农贷模式、“线上 +

① 农村互联网金融案例部分根据蚂蚁金服和京东金融提供的资料以及网上公开资料编写。

线下熟人”信贷模式、风力指数险、扶贫保险、“恋乡村”众筹、农村理财，等等。

（一）产业链金融——蒙羊旺农贷

蒙羊旺农贷模式是蚂蚁金服旺农贷的一种典型模式，2016 年 2 月蚂蚁金服与供应链核心企业蒙羊、中华保险合作，向蒙羊的重点养殖户提供贷款的产业链金融产品。

该模式操作流程如下：贷款发放前，蒙羊向中华保险推荐长期合作（合作 2 年以上）且已预先签订育肥羊收购协议的重点养殖户；中华保险对养殖户开展尽职调查，了解其资金需求和资金用途，收集养殖户自身基本信息，养殖信息，负债状况等，核保后出具信用保证保险保单，并将所有资料交付网商银行。与此同时，锡大担保向中华保险提供反担保，并缴纳 3000 万保证金。网商银行对贷款申请进行；审核通过后，贷款可立刻实现发放。

贷款使用时，网商银行直接将贷款资金打入蒙羊饲料和羔羊的企业支付宝账户，该中间账户由中华保险内蒙古分公司管控。养殖户只能通过阿里巴巴农村淘宝平台购买蒙羊指定的饲料，在支付时选择企业支付宝账户进行代付。中华保险对订单内容复核后交易成功，农村淘宝相应地将养殖户的饲料信息作为溯源依据同步给蒙羊。当育肥羊达到出栏标准时，蒙羊进行回购，并与农户进行结算。

贷款偿还时，养殖户直接通过支付宝账户自行完成还款工作。若发生违约时，根据信用保证保险条款，当拖欠达到保单约定期限以上时中华保险代偿养殖户未偿还本息，并取得追偿权。

（二）产业链金融——仁寿京农贷

京农贷是 2015 年 9 月京东金融与京东商城产品供应商合作推出的依托农产品收购订单，为订单农户提供流动资金贷款的产业链金融模式。其中，仁寿京农贷颇具代表性，它是京东金融在四川仁寿与四川福仁缘农业开发有限公司（以下简称福仁缘）合作，为当地“三农”客户提供贷款服务的产业链金融产品。

仁寿京农贷的操作流程有三个步骤。一是农产品收购订单的生成。福仁缘与枇杷种植户签订收购协议，协议规定福仁缘高于市场价收购枇杷，种植户按协议将枇杷通过合作社直接送到福仁缘。二是京东金融贷款。种植户以订单和土地承包权作质押，在京东金融申请京农贷贷款。三是种植户还款。枇杷收成时，已贷款种植户将与贷款本息等值的枇杷送到福仁缘，福仁缘将生产的枇杷深加工产品送到京东商城售卖，京东金融扣除种植户应还贷款本息。

这一模式中，农民、企业、京东（金融）各取所需，打通了整个产业链，并形成闭环，既解决了种植户融资难问题，又解决了农产品销路问题。

（三）“线上＋线下熟人”信贷——中和农信模式

农村产业链金融主要针对的是互联网化程度较高的三农客户。对于互联网化程度较低的客户，蚂蚁金服则与中和农信合作，开发了“线上＋线下熟人”信贷模式。

2016 年 6 月，蚂蚁金服宣布与中国扶贫基金会下的中和农信达成战略合作意向，开展“互联网＋保险＋小额信贷”模式。中和农信作为国内比较成功的公益金融机构，在农村地区耕耘数 10 年，在全国 17 省（市、区）、147 县拥有分支机构、建立了农村信贷员体系，累计放款金额 100 多亿元，平均不良率控制在 1% 以内。为更好地服务农村客户，发挥各方优势，蚂蚁金服同中和农信达成了深入广泛的共识，从信贷资金、技术、风控到股权等的多层次合作。

在合作模式上，蚂蚁金服引入信用保证保险，让农户可以经由中和农信的推荐直接对接蚂蚁金服的融资平台，基于中和农信对借款人的风险把控和历史数据的分析，保险公司采取网点尽调、抽样检查等形式，为农户提供借款人信用保证保险产品。在风险有效控制的前提下，有效降低农户的借款资金成本，用互联网的方式引导城市富余资金投向农村地区、贫困人口。

（四）互联网保险——风力指数险

2015 年 9 月，蚂蚁金服联合安信农险推出了全国第一个互联网风力指数保险产品，为遭受台风“杜鹃”袭扰的农户进行了 24 小时内线上及时赔付，成为 10 月 1 日互联网保险新规施行以来首批进行理赔的互联网保险产品。

1 块钱 1 亩地，农户通过支付宝在线即可下单购买，根据官方发布的气象状况，风力指数达到一定等级后，自动理赔，即刻到账。新型的农业保险给农户带来了全新体验，降低了申请和理赔门槛，让农民切实得到了实惠。上线 1 个月，便为超过

4 万名农户提供保险保障，对约 3000 名投保人进行了赔付，切实保证了投保人的利益，减少了农民的损失，支持了农业生产。

（五）扶贫保险——泗洪模式

2016 年 6 月，在江苏泗洪县，蚂蚁金服推出“扶贫 100”项目，保障范围包含教育、医疗、意外伤害、家庭财产四大部分，每人保费 100 元，覆盖全县 13.26 万低收入人口，人手一份。老百姓不需出一分钱，即能享受基本医疗保障待遇，同时，在教育、大病、伤残、身故、房屋受损等情况下，继续享受商业保险带来的二次补偿。如果年保费理赔后有结余，会转入下一年的保费，继续为低收入户投保。

蚂蚁金服提供技术和数据，通过区块链技术的运用，使扶贫保险从前期的资金募集，到保单情况的更新，再到后期的理赔，结余转入下一年，全程都实时可查询，让整个扶贫保险更为透明化、公开化，接受大众的监督。

（六）农村互联网众筹——恋乡村

“恋乡村”是京东金融 2016 年 4 月推出的针对农村的众筹产品。该众筹有利于打通农产品销路，推动农产品标准化、品牌化，既让农户不为销路犯愁，同时也带动了当地特色农业发展。目前，“恋乡村”已成功众筹 20 余个项目，辐射四川、云南、贵州、新疆、吉林、福建、江苏等地区。下面是一个使用“恋乡村”众筹的具体案例。

邬前坤，重庆市云阳县栖霞镇人，京东农村推广员，经营杂货店时间达 20 多年。他成为京东推广员后，参加互联网知识培训，使用了京东“恋乡村”众筹，几天之内便将自家约 288 升菜籽油卖到了全国，销售额比在当地的传统线下销售多了近一倍。政府看到了邬前坤的“好学”和“敢闯”，镇政府帮助注册了一家名叫“老邬家”的电商公司，让其专门负责栖霞镇农特产资源的整合和电商渠道的开拓。

（七）农村理财业务

2015 年 12 月，京东农村金融正式开展农村理财业务。依托京东商城乡村项目部的 30 万乡村推广员渠道及山东大粮、神州土地等外部合作渠道，在全国范围内推广理财产品，所推广的产品由京东金融财富管理部提供，包括但不限于小金库、固收理财、保险理财、小银票等产品。根据不同的产品，将给予推广员 1.5‰~5‰的佣金返还，推广员可以从佣金系统中自主提现到银行卡中。

为了普及理财知识，促进理财业务的推广，京东农村金融在各个区域定期组织骨干推广员开展培训。同时结合农村地区的实际情况，开发了一系列的创新型理财产品，以满足农户多样化的理财需求。

四、农村互联网金融前景及政策建议

（一）农村互联网金融面临较好的发展前景

受经济互联网化程度提高、金融科技进步较快、金融智能化转型快速推进和互联网金融治理整顿等因素影响，未来较长一段时间内，农村互联网金融将面临较好的发展前景。

首先，经济的互联网化程度不断提高。中国经济正在并将持续经历数字化转型，经济、社会、生活的互联网化程度不断提高。以网络零售占社会消费品零售总额比重为例，2016 年已达到 14.9%，预计 2017 年将继续上升至 16.6%（见图 14.1）。农业产业化的推进也有助于提高“三农”的互联网化程度，借助互联网化的核心企业，产业链上的众多小而散的“三农”客户也能实现互联网化。互联网化程度的提高，有利于将更多农户互联网化，使“三农”客户处于“在线”状态，便于农村互联网金融平台累积并动态掌握“三农”客户的具有信用属性的“软信息”，从而有利于其提供农村金融服务。

其次，金融科技日新月异。技术可以拓宽市场发挥决定性作用的边界。近年来，以大数据、云计算、区块链、物联网、人工智能为代表的金融科技已取得长足进步。目前，大量资金持续涌入这一领域，支持金融科技创新。可以预见，未来一段时间内，在充裕资金支持和强劲市场需求牵引的综合作用下，金融科技将会取得较大突破。金融科技的进步将在一定程度上逐步化解农村金融领域存在的市场失灵问题，推动农村互联网金融的发展。

再次，金融业智能化转型快速推进。过去几年来，金融业智能化转型集中体现

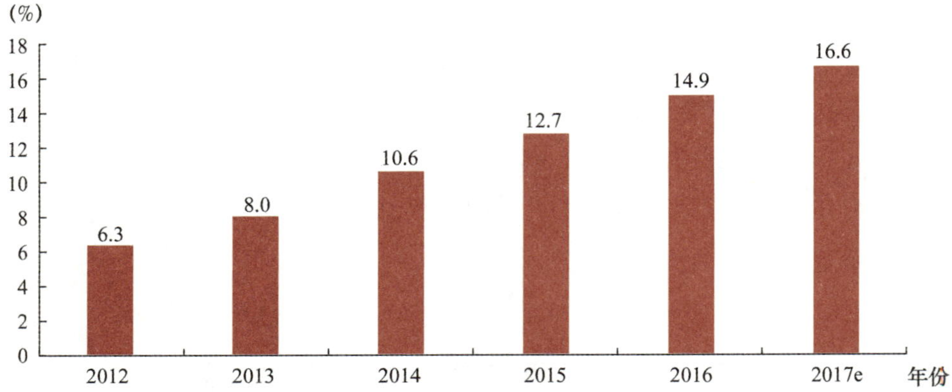

图 14.1 网络零售占社会消费品零售总额比重

资料来源：2016 年度中国网络零售市场数据监测报告。

为增量领域，即新生的具有互联网背景或元素的金融组织的发展。当前及未来一段时间内，金融智能化转型将快速扩展到传统金融机构。进入 2017 年以来，商业银行与互联网企业合作呈现井喷态势。四大商业银行和部分股份制银行均已与具有较强技术或数据能力的互联网企业达成战略合作，着力推动智能化转型（见表 14.2）。可以预见，未来一段时间，在经营压力不断加大，智能化转型的大背景下，大型商业银行将继续加快智能化转型；农商行、农信社等传统中小农村金融机构也将启动智能化转型，发展农村互联网金融。

表 14.2　　主要银行与互联网企业合作一览表

合作开始时间	银行	合作企业	合作内容
2017 年 3 月 28 日	建设银行	阿里巴巴 蚂蚁金服	签订《战略合作协议》和《合作备忘录》，就信用卡线上开卡业务，线下线上渠道业务、电子支付业务，打通信用体系等方面开展合作
2017 年 6 月 16 日	工商银行	京东金融	达成金融业务合作框架协议，启动全面业务合作，重点在金融科技、零售银行、消费金融、企业信贷、校园生态、资产管理、个人联名账户等领域展开全面深入的合作
2017 年 6 月 20 日	农业银行	百度	签订战略合作协议，共建金融科技联合实验室，主要围绕金融科技领域开展，包括共建金融大脑以及客户画像、精准营销、客户信用评价、风险监控、智能投顾、智能客服等方向的具体应用，并将围绕金融产品和渠道用户等领域展开全面合作

续表

合作开始时间	银行	合作企业	合作内容
2017 年 6 月 22 日	中国银行	腾讯集团	成立中国银行——腾讯金融科技联合实验室，重点基于云计算、大数据、区块链和人工智能等方面开展深度合作，共建普惠金融、云上金融、智能金融和科技金融
2017 年 7 月 3 日、4 日、5 日	民生银行	小米、联通、搜狐	与搜狐开展汽车、房产、影视、游戏、小微、直销银行等多个领域合作；与联通合作，在基础通信、金融、支付、数据、电子渠道等领域积极开展合作，协同构建“通信 + 金融”新生态；与小米合作，在金融、电商、生态链等业务板块展开深入合作

资料来源：根据网络公开资料整理。

最后，政策环境不断优化。一方面，普惠金融政策支持体系将进一步完善。2017 年 7 月中召开的全国金融工作会议指出：“要积极发展普惠金融，大力支持小微企业、‘三农’和精准脱贫等经济社会发展薄弱环节。”另一方面，互联网金融发展环境将进一步净化。全国金融工作会议再次重申，“加强互联网金融监管”。互联网金融监管加强，有利于避免“劣币驱逐良币”，推动互联网金融组织依靠技术和数据，不断提升服务“三农”客户的能力。

（二）推动农村互联网金融发展的政策建议

从农村互联网金融发展历程看，市场驱动，技术及数据主导是两大驱动力。进一步推动农村互联网金融发展，仍需继续依赖这两大驱动力，并以充分发挥这两大驱动力的作用作为营造农村互联网金融良好发展环境的出发点和落脚点。

一是继续推动“互联网 +”或“ + 互联网”，推动经济和农业的数字经济转型或互联网化。农村互联网金融发展的经济基础在于经济社会生活，特别是“三农”的互联网化。从农村互联网金融的实践看，其边界往往决定于“三农”客户的互联网化程度。互联网化程度高，农村互联网金融能发挥作用的余地就越大，反之则越小。

二是加强农村金融基础设施建设。农村互联网金融的边界，除了受“三农”互联网化程度影响外，与农村金融基础设施也息息相关。即便“三农”互联网化程度不变，若农村金融基础设施完善，能够为金融供给主体的风险控制、数据获取提供便利，也能进一步拓宽农村互联网金融作用的边界。目前，加强农村金融基础设施建设，主要是要加强农村信用体系建设，搭建“三农”信息平台并向农村互联网金融机构开放。

三是推动传统金融机构智能化转型。当前，农村互联网金融的供给主体还局限于蚂蚁金服、京东金融等互联网金融平台，传统金融机构参与度不高。在目前农村金融的总供给结构中，传统金融机构，特别是农商行、农信社等中小农村金融机构仍然占据主导地位。因此，从供给主体视角看，发展农村互联网金融，既有赖于现有的农村互联网金融平台，也有赖于传统金融机构的智能化转型。

参考文献

[1] 李勇坚，王弢主编．中国“三农”互联网金融发展报告（2016）．北京：社会科学文献出版社，2016

第 15 章

典型地区农村金融改革的试点与探索

一、浙江省“三位一体”综合合作的经验及启示

（一）浙江省推进“三位一体”综合合作的做法与经验

1. 浙江“三位一体”综合合作改革的基本思路和原理

农业的难点问题是：如何实行“统”“分”有机结合，在分田到户的基础上，用市场化的方式把农户“统”起来，做实双层经营体制，惠及广大农户。

浙江省推进农村生产、供销、信用“三位一体”综合合作的基本思路是：以降低成本与风险、增强市场竞争力为导向，统筹推进“自下而上”市场化联合与“自上而下”协调监督，促进协同共享，提升农户的市场地位，增加农户收入。其核心是围绕打造“农有、农治、农享”的综合服务平台，促进农户通过市场化机制实现联合发展，提供农户急需的技术、销售、融资等关键服务，并通过政府协调使综合合作体系的治理机制得到改善。基本原理包括以下三点。

一是通过自下而上的劳动联合与组织再联合形成规模效应。针对农业生产的“统”，浙江的做法是在农户劳动联合的基础上，再推进组织联合，以发挥规模优势和组织优势。重点是推进农户之间的专业生产合作，以兼顾农业生产的适度规模经营导向和市场化竞争的规模化要求。通过生产经营主体劳动联合，形成的基层生产合作社法人规模受内部治理规律约束，需要保持在合理的规模范围之内，并非越大越好，否则内部沟通、服务的效果受到影响。这种规模离市场竞争的经济规模存在差距，而市场竞争则需要更大范围的联合。例如，国内外经验表明 100 户以内的基层合作社较容易实现管理层与社员的有效沟通，对社员的需求和意见作出有效响应。

但这种规模的合作组织缺乏足够的实力开拓生产加工、市场营销等方面业务。推进合作社之间的组织再联合，则有助于解决这一两难问题。从国际趋势看，专业生产合作社之间的组织再联合是普遍现象，也是适应市场化竞争的必然选择。这种组织再联合一方面有助于借助规模化效应提升市场地位，增强投资能力和市场开拓能力，例如有能力对技术服务、生产加工、品牌营销等领域进行投资；另一方面有助于更好分摊成本，使农业生产经营的刚性成本得到有效分摊，降低农户负担，并通过分担内部风险方式提高农户个体抵抗经营风险的能力。同时，劳动联合、组织再联合还具备一系列的机制优势，包括通过协同优化资源配置，通过内部化降低交易成本，通过自助、互助机制降低成本，等等。

二是通过强化综合服务尤其是销售服务支持农户。农业合作组织的发展定位是服务社员农户，而农户需要综合化服务，故农业合作组织的服务模式向综合化发展是必然趋势。从国际合作组织发展历史看，无论是发达国家还是发展中国家，农业合作组织提供综合化服务的趋势都十分明确，但具体形式存在差异。例如，在欧洲发达国家，合作金融体系跨界提供农业技术、市场销售等服务并不罕见，原因在于可以通过综合服务吸引并留住客户。同时，不同类型的合作组织之间，也存在很大的合作空间，原因在于通过共享客户、优势互补，可以提供更好服务，并更好控制成本和风险；例如可以通过信息共享，降低因信息不对称导致的信用风险。从农户生产经营面临的挑战看，农产品销售难、丰产不丰收是普遍性难题，农户单家独户的市场推销、运输成本过高是核心问题。尽管互联网技术为农产品销售提供了新的渠道，但运输成本、品牌建设仍是影响销售的关键障碍。这些都需要合作社体系提供有效的服务。从农业价值链结构看，农产品的深加工、销售环节的增值占绝大部分，但这些环节既是家庭经营型农户的天然软肋，也是合作社体系特别是经过组织再联合的合作社体系的相对优势。经过组织再联合，合作社体系的专业化生产经营规模可以超过普通农业企业，甚至超过大型农业企业生产规模，后者在发达国家并不罕见。

三是通过自上而下协调监督，改善合作社体系发展的治理机制。合作组织具有与股份制组织的明显不同，表现为基层法人数量众多，基层具有一定的自治性。基于组织再联合形成的各级联合组织也需要外部协调监督。原因在于对合作组织体系而言，自下而上的选举授权机制意味着产权高度分散，存在潜在的委托代理问题，内部监督制衡受监督人员的专业化能力、利益分配、人际关系等方面因素影响，实际效果不尽人意，在基层尤其如此。我国建国之后有过诸多教训。相反，专业化外部监督则可以在相当程度上避免上述问题。在外部监督结果与奖惩机制严格挂钩的情况下，可以有效防止内部人控制问题。从国际经验看，专业化外部监督机制运作良好的合作体系，一般具有良好的可持续发展能力和抗风险能力；而那些缺乏有效外部监督及配套严格奖惩机制的合作体系，在内部风险管理方面往往存在隐患，即使在发达国家也难免存在可持续性问题。同时，基层合作组织通过共有、共治、共享融入组织再联合的合作体系，其决策和行为必须考虑整体利益；无论是从控制个体风险角度，还是从优化个体决策角度，都应接受上级联合组织的协调，以兼顾自身利益和整体利益。这在发达国家的合作体系尤其是信用合作体系，是比较普遍的事实。

2. 重点措施

浙江推进“三位一体”综合合作发展的基本途径是根据市场竞争规律，通过创新组织模式和治理机制改善对农户的综合服务。浙江省最早开展了农业生产、供销、信用“三位一体”综合合作的改革试点工作。2006 年 12 月，时任浙江省委书记的习近平同志亲自在浙江温州的县级市瑞安主持召开全省农村新型合作经济体系建设现场会，推动瑞安“三位一体”模式在全省推广。浙江把“农合联”定性为党委、政府领导下的非营利性社会组织，以为农服务为宗旨，实行“农有、农治、农享”，是介于政府与市场主体之间的社会服务综合体，设置省、市、县、乡镇四级组织体系，提供生产、供销和信用服务。十多年来，浙江省“三位一体”综合合作的改革工作得到加强和推广，主要如下。

（1）创新生产合作机制，促进专业合作。

浙江省的农民专业合作社经历了从探索到规范的过程。2000 年诞生了全国第一家在工商注册登记的农民专业合作社，2004 年出台了我国第一部农民专业合作社的地方性法规。在依法规范和尊重民意的基础上，浙江省通过创新机制和增强活力，促进农业产业发展，增加农民收入。截至 2017 年 3 月底，浙江省共有农民专业合作社 48688 家，合作社成员 122 万户，带动非成员农户 416 万户，共占承包农户总数的 60%。浙江省创新农民专业合作的重点措施包括：一是以家庭农场为基础组建农民专业合作社，使家庭农场的经营效率优势与合作社服务效率优势得到互补。二是完善合作社示范创建工作，形成省、市、县三级联创的动态管理系统，推动管理规范化、生产标准化、产品安全化、经营品牌化、成员技能化。三是推进联合合作，提升合作水平。围绕拓展产业链，提升价值链，并拓展合作社服务范围，浙江省出台基于专业合作社组织再联合的联合社登记办法和示范章程，提供指引。全省农民专业合作社的联合社数量超过300家，提供品牌营销、财务代理、电子商务等服务，包括为生产合作、供销合作、信用合作提供全程服服务。四是完善围绕专业合作社的金融服务。出台了《关于开展农民专业合作社信用体系建设的意见》，建立信用评价指标体系，对全省的农民专业合作社开展信用评定等工作，作为农信社对专业合作社授信的重要参考。同时，完善种粮贷款贴息、粮食生产保险等政策，促进信贷发放，提高风险保障水平。

（2）成立基于合作组织再联合的农合联，转变政府职能。

在专业合作基础上，为转变政府职能，浙江省通过农民合作经济组织联合会（农合联）将政府服务嵌入到合作体系中，扩大农民合作经济组织的横向合作和纵向合作，加快农民合作经济组织联合发展，形成以农户家庭经营为基础、合作与联合为纽带、农业社会化服务体系为支撑的立体式复合型现代农业经营体系，促进农业现代化和城乡发展一体化。按自愿加入、民主管理、共建共享原则完善合作治理机制。通过自下而上，从乡镇、县、市一直到省逐级组建农合联。县及县以上的农合联主要依托供销社组建。县级农合联设立农民合作基金，具体由农合联资产经营公司收益、政府扶持基金、财政奖补收入、社会捐赠等资金组成，具体用于风险补偿、参股合作金融组织、参办农业投资基金、奖励农民合作社、支持农业技术研发推广等。乡镇农合联则主要依托农业公共服务中心组建。县、乡镇的农合联以股份合作制方式组建农业专业合作社联合体，兴办服务实体和经济实体，联合发展产业一体化经营。与此同时，建立外部指导监管机制，提供专业技术、合作金融、组织管理、企业营销等方面的专业指导，并建立针对农合联的年度绩效考核评估制度，结果与奖惩挂钩。

从农合联的核心功能看，服务和监督（审计）是关键，严格有效的奖惩机制是确保监督有效性的重要条件。

（3）创新供销合作，促进产销对接。

销售流通环节是农产品增值的关键阶段，既是难点所在，也是凝聚农户人心的切入点。浙江的主要做法是围绕降低成本、增加收入，通过规模化服务、统一采购农资、共享区域品牌、创办加工企业等产加销一体化服务，覆盖全省 60% 以上的合作社。试点地区的具体措施包括：一是构建多层次的市场网络。支持农合联兴办和管理各类农产品市场、展示中心，鼓励投资各类配送公司、物流中心，发展农产品配送业务。鼓励农合联发展线上线下融合的农产品互联网销售模式，建设区域性特色农产品仓储集散设施。二是搭建农产品销售平台。推动多渠道、多形式的产销对接。通过农合联与超市、学校、机关、企事业单位等开展合作，拓展农产品流通渠道。如依托超市、社区蔬菜直销店实行平价农产品的产销对接。三是创建区域性农产品公共品牌。实行统一的质量标准、生产管理、产品包装，吸引专业合作社和龙头企业加盟，通过开设品牌体验店、推介优质农产品等措施，围绕品牌经营推进农有、农管、农享。四是依托农产品生产基地，合作社与社员签订供销协议，实行抱团销售，配套提供冷库保鲜、包装销售、质量监测、技术培训、农业保险等一条龙服务，形成统一技术、统一种植、统一防治、统一销售的规模农业经营机制，吸引外地农产品经纪人进驻本地的农产品生产基地。同时，发挥农产品经纪人协会作用，推进信息互通、资源共享，通过各类农产品展销会、全国各地销售办事处等渠道推销农产品。

（4）创新信用合作，创新农信社体系服务模式，拓展服务领域。

2006 年浙江省委推广“三位一体”综合合作现场会期间，习近平同志走访基层农信社，指出“农村合作金融要把‘支农、兴农、富农’作为工作的出发点和落脚点，充分发挥在农村金融服务中的主力军作用和联系农民的金融纽带作用”。浙江省“三位一体”的金融服务主要涉及三方面：一是发挥农信社体系的支农主力作用，创新支农服务模式。包括基层合作银行、农商行等法人与农合联、专业合作社联合社等组织联合发起成立具有担保职能的机构，分摊不良贷款造成的损失；引入合作社参与对贫困农户的授信机制，例如将低收入农户的授信额度集中到合作社；围绕农业产业链提供配套金融服务等。二是有条件的农合联成员合作社按会员制、封闭性原则组建农民资金互助会，在民政部门登记，省、市、县三级组建农民资金互助会联合会。各级农信机构作为会员加入农合联，为农民资金互助会及联合会提供资金托管等服务。三是供销系统控股建立担保服务体系，提供担保服务；部分地区政府支持农合联成立风险保障基金，为会员提供融资担保。

3. 相关案例

（1）瑞安。

瑞安市构建“三位一体”农民合作经济组织体系的具体思路是，以提升农业生产经营及其服务的组织化程度为导向，推动农民合作经济组织的横向规模化、纵向一体化发展，通过组建市、镇两级农民合作经济组织联合会，将各类农民合作经济组织、农业生产经营主体和农业服务组织、涉农企事业单位等联合起来，结合配套改革和涉农政府部门职能转变，建立起实行生产、供销、信用“三位一体”综合合作的组织体系，促进农业生产经营主体及其社会化服务体系发展。

主要做法包括：一是建立健全覆盖市、镇两级的农合联组织体系和治理机制。首先是健全组织体系。在设立市、镇两级农合联的基础上，组建瑞安农合联执行委员会（执委会）。市级农合联由镇级农合联、部分农民专业合作社、家庭农场、农业龙头企业、农业专业协会、为农服务经营主体、涉农企事业单位等自愿加入。非农企业和各类组织组织可以加盟，但不具选举权和被选举权。农合联选举产生理事会、监事会，再由理事会聘任执委会委员。执委会内设“一室五部一公司”，具体职能为：办公室负责人事、政工、财务、档案、宣传等综合工作，合作经济发展部负责培育市场主体和管理农民合作基金，生产技术服务部（农技推广服务中心）负责生产技术服务，产销经营合作部负责拓展电商平台等销售渠道，信用合作部（资金互助联合会）负责资金互助、信用担保等事务，监察审计部负责信访监察和审计等工作，资产经营公司负责资产经营和农资、种子、再生资源等事务。市级农合联根据产业发展需要，组织相同或相近产业的成员组成专业委员会。在乡镇一级的农合联依托镇级农业服务中心组建，成员包括各类农民专业合作社、农业专业协会、合作农场、农业企业、专业大户、家庭农场、农商行分支机构、基层供销社以及各类涉农服务组织，鼓励家庭经营农户通过加入农民合作社或以专业协会成员身份加入到农合联。并考虑区域、产业相关性，将 10 个镇农合联整合成 6 个区域性基层农合联。其中马屿农合联提供金融创新、公共服务、电商孵化、农资物流、科技示范、智能信息等服务。其次是完善治理机制，以农合联会员（代表）大会为最高权力机构。市级农合联的理事会与执委会分设，即“议、行分立”；在乡镇一级则由理事会直接从事执行工作。同时，建立外部指导监管机制，建立专家指导组，提供技术、管理、营销等方面专业指导；由相关部门联合对农合联执行机构进行考核，提供培训、指导等支持。农合联下设的资产经营公司为独立企业法人，按现代企业制度经营管理。农合联成立的农民合作基金用于建立合作金融风险补偿基金、参办合作金融组织、现代农业投资基金、奖励农民合作社以及农业技术的研发和推广。农合联成员通过股份合作制方式参与相关投资活动。农合联体系的服务以生产、供销、信用为基础，拓展农业技术、品牌运营、市场营销、农产品加工、培训咨询等服务，并承担部分公共服务、政策调研、资金发放、质量监测等职能，促进休闲旅游发展。

二是发挥体系功能。首先，围绕发展农业生产合作体系，通过鼓励推动投资创办家庭农场，促进农村土地适度规模经营，提高农业经营的集约化水平；通过组建农技推广服务中心，整合农技推广、标准化生产、信息发布、农机服务等社会化服务职能；通过鼓励农民合作经济组织与大专院校合作建立民办农业社会化服务组织、推进农业科技联盟发展，以及探索种苗供应、技术培训、技术服务、产品供销等服务，完善涵盖农业生产的产前、产中、产后一体化服务模式；通过政府购买服务方式，推动农民专业合作社成为社会化服务的主要提供者；通过完善保底收购、股份分红、利润返还等利益分配机制，推动规范化建设，并促进农民专业合作社在劳动、技术、产品、资本、品牌方面实行联合，发展专业合作社的联合社。在瑞安示范性农民专业合作社中，有国家级 6 家，省级 11 家，市级 31 家，辐射带动农户 22586 户。其次，围绕发展供销合作体系，支持农合联兴办农产品市场、展示中心，鼓励各类配送公司、物流中心、仓储集散机构发展，发展各类农产品电子商务，构建多层次市场网络；通过促进农产品销售平台发展，鼓励创建品牌，带领各类农业经营者参与展销，推动生产联合体与消费端大客户、基层零售网络直接对接，搭建农产品产销服务平台。打造县级区域性农产品公共品牌“瑞安农产”，并逐步开设品牌旗舰店。瑞安有注册商标的合作社 156 家，家庭农场 22 家，通过农产品质量认证的合作社有 42 家。在农资连锁服务方面，通过组织合作社等进行农资联购、强化农业技术服务，以及提供农业育种、播种、植保、机收、销售一体化服务，完善农资连锁服务体系。在农产品销售主体培育方面，通过扶持各类农产品加工与流通企业、批发市场、直销网点，通过培育购销龙头企业，通过培养农产品的经纪人队伍，完善农产品销售渠道。瑞安先后建成市农贸城、五大区域性特色农产品展销平台和一批农产品专业交易市场及配套物流仓储、冷库、接待中心等设施。再次，围绕农村信用合作体系，通过在农民合作组织内部完善信用相关的教育、数据采集、评价等工作，推进农民专业合作社的信用建设；通过促进农信社系统与农合联加强战略合作，瑞安农商行加入农合联，为农民资金互助会提供开户结算、资金托管、借款复核、信贷融资、业务指导、技术支持、信息管理、人员培训、财务顾问等综合服务；通过瑞安农信融资担保公司分担风险，并完善担保风险补偿机制，提高农贷担保覆盖面；通过财政出资提供风险担保，定向为农民合作组织提供融资支持。同时，农合联对资金互助会加强体系内的监督考核，并由瑞安市农合联牵头组建瑞安农民资金互助会联合会，履行对各农民资金互助会的业务指导、资金余缺调剂、运行监管、风险防范救助等职能。

三是推进涉农部门和单位的改革发展。在供销社改革方面，通过推动供销社融入农合联，强化服务平台功能，向“社企规范化、流通现代化、服务联合化、考核业绩化”转型。在涉农政府部门和事业单位改革方面，逐步将涉农部门具体服务职能转入农合联，并逐步将涉农部门管理的涉农中介机构、提供涉农服务的国企转入农合联。党委、政府的涉农部门指导监督农合联，并向农合联购买服务，通过改革从直接供给公共服务、直接配置公共资源的具体事务中脱离。

与此同时，加大财政支持力度，整合涉农财政扶持资金，为农合联公益服务提供补助资金，对农合联股份合作制成员的经营活动按规定减免税收。

（2）省农信社。

浙江省农信系统作为浙江支农支小主力金融机构，多年深耕农村市场，拥有坚实的农村金融服务基础，参与“三位一体”改革的条件最为成熟，是在基层开展信用合作最有效的抓手。早在习近平同志于2006年初在浙江农村工作会议上提出探索“三位一体”合作体系之后，浙江省农信联社就高度重视，当地瑞安农村合作银行作为主要发起者之一参与了瑞安市“三位一体”农村合作协会；2006年12月，省农信联社及17个县的农信机构参与了在全省推广“三位一体”改革的现场会，习近平同志还走访瑞安农合行马屿支行，要求发挥农信社系统的支农主力军作用和金融纽带作用。目前“三位一体”建设过程中，浙江农信也始终积极发挥作用。截至2017年3月末，全省农信系统农户贷款余额达4458亿元，占全省银行业一半；为4300家农民专业合作社及近3万户社员分别提供21亿元和33.60亿元信贷支持。81家农信机构均在当地农合联体系中发挥重要作用，有79家县级农信机构当选为农合联副理事长单位、1家当选为理事长单位、1家当选为常务理事单位；已为479家农合联和 1753 家互助会开立基本结算账户，覆盖面达 100%。为 8108 户“三位一体”体系内的互助会会员提供授信服务，授信金额 19.86 亿元，贷款余额 12.35 亿元。投入 2000 万元开发互助会管理系统，搭建互助会“账款分离”制度，提供师资力量，安排农合联、互助会员工进行相关财务、风险培训；各地农商行、农村合作银行创新服务模式，支持农合联发展。具体做法包括以下三点。

一是打通服务农户的“最后一公里”，自上而下注入金融资源。推广丰收驿站，通过配备专兼职服务人员，布设各类金融机具，有效整合金融、电商、物流、政务、公益等各类社会资源，推动金融与社区、金融与科技的深度融合，提供“一站式、多功能、综合性”金融服务，还利用省农信联社开发的丰收购电商平台，为农民专业合作社网上代销农特产品，为农民网上代购日用百货，推动“农产品进城、工业品下乡”，并提供其他各类生活便民服务。丰收驿站模式充分利用浙江农信遍布全省村级服务点网络，整合了信用、供销等职能，并引进了互联网 + 的新技术。截至 2016 年年末，全系统共建成丰收驿站 3993 家，其中标准型 536 家、简约型 3457 家，分别比年初增加 420 家和 2232 家。共布设机具 4888 台，实现各类金融业务交易 1180.22 万笔，交易金额 168.37 亿元，累计服务客户 366.86 万人，进一步完善了覆盖城乡的服务网络，有效提升了农村金融服务的质量和效率。

二是依托农合联的利益联结和信用共享机制，形成信用纽带。例如安吉财政部门向农民专业合作社联合社注入启动资金，后者提供担保服务，农商行为合作社提供信贷支持，一旦发生担保代偿，农商行和联合社以2∶8比例分别承担贷款损失，从而调动双方尽职调查和风险管控的积极性。瓯海农商行与当地农合联、供销社发起设立农合实业公司，瓯海农商行持股 54%、供销社占 45%、农合联占 1%，由瓯海农商行董事长兼任公司董事长。为农合联提供包括农业生产、加工、销售服务、农林牧渔技术指导和农业融资担保等的综合服务，涵盖生产、贸易、金融等领域，吸引 227 家农民专业合作社加盟。农民可将农房、林权、承包土地的经营权、村股份经济合作社股权、农业装备等资产授权公司托管，承诺托管期内如有违约可处置变现偿还债务，瓯海农商行据此向农民发放贷款。截至 2017 年 3 月已发放此类贷款 5160 笔，金额达 13.71 亿元，未发生一笔贷款逾期及欠息。

三是构建基于联合机制的综合金融体系，推出产业链金融服务。以农民专业合作社、农业龙头企业为核心，在“三位一体”体系内推出“龙头企业 + 基地（合作社、家庭农场）+农户”的产业链金融，能充分发挥银行、农民专业合作社、农业龙头企业、小微企业、以及农户各自的优势，降低银行的信用风险和信贷成本，有效地解决农户的融资瓶颈，也为让利“三农”客户打下基础。如临海农商行创新农业产业链金融服务，以农民专业合作社、农业龙头企业为中心，以其上下游农户为延伸，梳理了柑桔、西兰花、渔业等 14 条产业链，提供结算、融资等服务。截至 2017 年 3 月，对产业链上客户授信 14350 户，授信金额 9.82 亿元，贷款余额 6.56 亿元。

4. 重要启示

合作社的活力来自社员参与交易。为社员提供切实有效服务，增进社员利益，则是吸引社员积极参与合作社交易的基础。增进社员利益的前提，在于帮助社员增加收入，控制成本和风险。为此，需要围绕生产、加工、销售各环节发挥合作机制的规模效应、协同效应和内部化效应，通过压缩交易环节、信息共享、优势互补等方式提升合作体系的整体竞争力。

（1）重视“三位一体”综合合作体系的内部互补性。

“三位一体”的综合合作体系包括了农民专业合作社、专业合作社联合社、农合联等不同组织。要提高体系的整体效率和市场化竞争力，提高体系的互补性是关键。为此，专业合作社与联合社之间，合作社、联合社与农合联之间，需要形成有效的互补机制，以更好地服务农户。

其中，农民专业合作社与联合社之间，应基于市场化竞争需要加强互补互助。成立专业合作社联合社的目的在于围绕产业链拓展高增值业务，重点是深加工、品牌营销等业务。针对单家专业合作社规模有限、资金调剂不便、经营人员不足等问题，通过成立专业合作社联合社可以提供资金互助、品牌塑造、网络营销、财务代理、项目包装等服务，提升整体竞争力。因此，专业合作社联合社的服务重点在于这些单家农民专业合作社急需开展而又受到自身条件制约的业务。

在农户社员参与的专业合作社、联合社与政府主导的农合联之间，需要发挥农合联在政策协调、政府资源配置、供需协同、政商互动等方面的独特优势，为合作社发展创造良好的外部环境，并有效发挥服务、协调、监督作用。由于典型的农民专业合作社具有民主决策特点，产权分散，一方面政府服务、协调有助于促进合作社发展；另一方面政府通过审计等途径加强监督，也有助于促进合作社规范运作。

因此，农合联的服务需要针对专业合作社及其联合社的实际发展需要，有针对性地提供相关服务，并加强必要的监督和指导，防止基层合作社的内部人控制，防范信用合作的操作风险。

（2）发挥合作体系在加工、销售环节的组织优势。

加工、销售是农产品增值的关键环节，也是改变农民在价值链分工中的弱势地位、增加农民收入的主要依托。充分发挥合作体系在加工、销售环节组织优势，有助于通过内部分工实现规模效应与内部化交易的有效叠加，切实提高生产经营的成本效率。

只有农业经营规模达到一定水平，才能有效分摊加工、销售环节的资金投入。推进专业合作社的再联合、组建联合社有助于扩大整体经营规模，投资加工设备。在此基础上，不同类型专业合作组织加盟的农合联可以在销售环节发挥重要作用。运输成本是农产品销售的重要制约因素，与销售量有关。单批销售的农产品数量越多，运输成本越低。农合联通过整合不同产品，可以满足消费者的多样化需求，从而通过扩大销售量有效降低运输成本。同时，农合联以及内部的专业合作分会、联合社等机构可通过内部分工，组织人员加强与专业市场、大型单位等重点客户的联系，并统一开展品牌运作。

消费者角度，食品的质量安全是各方关注的焦点问题。在落实农产品质量追溯制度的同时，合作体系建立有效的质量监督机制是赢得消费者信心的保障。这种质量监督机制需要配套建立针对基层合作社的管理制度，确保农产品质量与安全，这是扩大农产品销售量、树立品牌的前提和基础。但现实中针对合作社的农产品质量管理还面临诸多难点问题，需要联合社、农合联及其专业生产分会等机构发挥组织优势，创新治理机制，切实把好质量关。

（3）利用新技术推进创新发展。

当前，我国正深入推进创业创新和“互联网＋”发展战略。互联网销售、大数据技术为农产品销售提供了重要技术支撑。与传统模式相比，基于互联网的电商等销售平台显著降低了供需双方的信息搜寻成本，效率得到显著提高。与此同时，基于现金流和信用信息分析的小额信贷技术正在快速普及推广。这些新技术除了能够有效降低成本，也能够通过降低交易双方的信息不对称来有效控制交易风险。

针对合作社融资、销售等关键环节面临的难点问题，在创新管理机制的同时，应发挥新技术对创新突破的重要支撑作用。例如，针对合作社以及农户的融资难问题，通过整合政府部门、公共服务单位、银行机构等方面的信用相关信息，可对合作社和农户的信用进行评估，为银行机构授信提供参考。从目前试点地区看，针对信用等级较高的合作社提供免抵押贷款是可行的做法。再如，目前针对农村地区的农产品销售、运输以及农村旅游等业务，出现多种基于互联网技术的销售平台和营销模式创新。其中，农产品销售、乡村旅游、休闲度假等业务的互联网营销活动方兴未艾，为这类新技术的应用提供了很大空间。

（4）处理好市场决定与政府主导的关系。

在试点地区推进“三位一体”综合合作的改革过程中，自下而上的市场决定与自上而下的政府主导并存。农户的劳动联合、合作社的组织再联合取决于自下而上的市场化竞争需要，包括合作社、联合社参与农合联活动也取决于自下而上的市场竞争需要。因而，农户与合作社是否积极参与合作体系的内部交易和活动，关键取决于合作组织体系是否为农户与合作社带来切实利益，包括增加收入以及控制成本、风险。而农户参与交易则是促进合作社可持续发展的活力源泉。因而，合作体系的联合社、农合联需要把重心放在提高合作社的市场竞争力上，把增加农户的市场经营收入作为重要切入点。

政府角度看，由于自下而上的联合、再联合直至形成规范的内部治理机制，若通过市场化机制自发形成则需要较长时间，且不一定能形成规范的治理机制。因而政府推动形成具有服务、监管功能的体系框架是必要的。包括针对基层信用合作组织的监管，对基层生产合作社加强外部监督也有助于促使管理层规范运作。

（5）释放产消直连模式蕴含的巨大经济动能。

从农产品销售环节的具体流程看，传统销售模式依赖中间商，农产品生产方与消费者之间并不直接关联。但从农产品增值过程看，中间商参与的批发、零售环节是增值最多的部分。如果实现农产品产销直连，例如由合作社直接卖给消费者，则扣除运输等成本，节约的流通成本可以惠及消费者和农户。

从国际经验看，消费合作是过去两个世纪合作运动发展的重要动力源泉。从消费合作社的治理机制看，其主要经济动力在于通过批量采购并进行加工、分发，实现加工、零售环节的内部化，结合社员的互助合作机制，使消费合作社的社员享受到切实好处。例如 19 世纪早期的合作组织，包括法国的消费合作社、英国的罗虚戴尔先锋合作社、德国的雷发巽合作社等合作组织，都从消费合作起步。其中，德国雷发巽消费合作社在 19 世纪中叶的大饥荒期间，把社员的食品消费价格降低了一半。

当前，我国“三位一体”综合合作试点地区的合作社及其联合社已经把销售触角伸向学校、企业等大宗消费者。在互联网、大数据等技术支撑下，把消费者组织起来可以形成有效的需求规模，形成农产品的产消直连机制。我国目前流行的互联网团购模式在本质上属于消费合作行为。因此，通过新技术推进消费合作已经具备现实可行性，可借鉴市场经济发达国家的历史经验，通过完善组织机制，包括形成消费合作组织，可以探索农户和消费者直连互惠的新型商业模式。这种模式健康可持续发展的关键在于确保农产品的质量安全，提供优质低价的农产品。

二、湖南沅陵农村金融综合改革案例

沅陵县位于湖南省西北部，沅水的中游，上通云贵，下接潇湘，素有“湘西门户”之称。[①] 全县总面积 5832 平方公里，辖 21 个乡镇，369 个村，34 个社区居委会，67 万人，是湖南省地域面积最大的县。2011 年 12 月，沅陵县被确定为全国首批 6 个农村金融改革试验区之一，承担着农村金融服务体系改革的任务。2014 年 11 月，沅陵又被列入全国第二批 3 个农村金融改革试验区之一，着力于探索发展农村新型合作金融组织。5 年多来，沅陵县按照国家农村改革试验区“先行先试、封闭运行、风险可控、有所突破”基本原则的要求，大胆探索，不断尝试，在搭建农村金融服务管理体系、激活农村金融市场、解决农村融资担保、推动农村产权抵押融资、探索金融支持产业扶贫模式等方面迈出了坚实的步伐，取得了阶段性成果，创造了农村金融综合改革试点的“沅陵模式”。

（一）农村金融主要改革举措

在没有顶层设计、没有可借鉴经验、没有可操作模式的条件下，沅陵结合自身

① 沅陵于汉高祖五年（公元前 202 年）置县，至今已有 2200 多年历史。秦汉以后，沅陵历为州、路、府、道省府、行署治所。东与桃源、安化接壤，南与溆浦、辰溪相连，西与泸溪、永顺交界，北与张家界永定区毗邻。

实际，创造性地提出了“一二三四”的工作思路，即围绕一个目标：破解“三农”贷款难题。打开两个通道：打开民间资本进入金融领域的通道，建设新型农村金融组织，激活现有金融市场；打开金融领域服务农村经济的通道，为农村全面小康社会提供资金支撑。实行三个结合：农村金融服务体系改革与农业产业化经营相结合，与实现扶贫攻坚战略目标相结合，与建设社会主义新农村相结合。突破四个难题：突破金融机构以往固有贷款模式，创新金融服务品种，开发适合新型农业经营主体资产权属特征的信贷产品，多方位、多形式满足新型农业经营主体对金融服务的需求；突破农村抵押财产范围，探索开展农村土地承包经营权、林权、农村房屋和宅基地等抵押贷款业务，将农村沉睡的资产变成可流动的资本；突破农村信用贷款和保证担保障碍，在第二还款来源上做文章，拓展联保互保，扩大“龙头企业 + 农户、信贷 + 保险”等组合业务，提高贷款农户抵御风险能力和保证人担保能力；突破质押限制，开展基于农业主体动产、资金流、产品流的贷款业务，如应收账款、农机具、库存质押、股权质押、土地流转收益、涉农直补资金质押等。

第一，构建金融服务体系，搭建银农联结桥梁。地方各级政府通常对金融既感陌生，又不擅于运用金融理念谋划经济工作，造成政府部门与金融机构脱节和断层。为改变这一状况，沅陵在推进农村金融服务体系改革中，首先成立了县、乡、村三级金融管理服务机构，形成了县有金融改革办、乡（镇）有金融服务中心、村（居）有金融服务站的工作格局。县金改办负责组织、领导、协调全县金融改革等工作职能。乡（镇）金融服务中心和村（居）金融服务站承担金融政策和金融知识的宣传、为农户向银行推荐贷款、协助银行清收贷款以及农业保险等工作职能，成为银农对接、银企联姻的窗口，是“金融政策的宣传员、农民信贷的联络员、金融机构的服务员”。在政府、金融机构、农村群众之间搭建起一座银农联结的桥梁，从而有效降低银信部门的信息成本和执行成本，提高贷款办理的工作效率，减少了农户办理贷款过程中的交通和时间成本，让农户享受到了金融服务的便利。2015年，全县共为农业产业龙头企业、农民专业合作社及产业大户向银行推荐贷款 2.5 亿元，协助县农信社收回不良贷款本息 9235 万元。

第二，完善金融服务主体，激发金融市场活力。作为农村金融后发地区，沅陵农村金融存在体系不健全、服务功能弱、金融机构网点覆盖率低、金融供给严重不足和竞争不充分等问题。为破解这些难题，沅陵进行了一系列改革创新：一是充分发挥现有商业银行的主渠道作用。引导金融机构参与到金融服务体系改革中来，支持商业银行扩大营业网点，延伸分支机构，加强乡村金融基础设施建设，在全县499 个村（居）布置机具 536 台，将小额汇兑、小额现金存取等业务服务窗口延伸到最基层，实现了农村支付结算“村村通”，满足和适应了农民的实际金融服务需求。二是引进新的金融机构，打破过去商业银行独大、一统天下的沉寂局面。2015 年，华融湘江银行、长沙银行先后落户沅陵设立支行。2017 年 4 月，沅陵县人民政府与湖南宁乡农商行成功签订设立村镇银行合作协议，标志着村镇银行即将正式落户沅陵，沅陵也将真正实现“一县两行”的目标。三是强力推进县农村信用联社改制农商行工作。2015 年，县财政支持 4000 万元用于置换涉政不良贷款，降低农信社贷款不良率，并出资 2000 万元占股 10%，成为农商行大股东之一。2016 年 11 月 27 日，沅陵县农村商业银行正式挂牌运营。在推进县域农村金融改革中，沅陵通过催生内力，借助外力，激发活力，基本实现了传统金融机构发力，新型金融机构助阵的良好运行态势。

第三，创新融资担保模式，解决农村担保难题。过去，沅陵农村一直面临谁来为农民贷款提供担保的困惑。为解决这一难题，沅陵创新融资担保体系建设，探索建立了县有担保机构、乡有信用协会、村有金融咨询公司的三级融资担保模式。一是引进担保公司，开办县级大额担保贷款服务。2014 年，成功引进省财政厅下属企业农信担保公司在沅陵设立办事处，开办县域农村产业发展领域大额担保业务。目前，农信担保公司已为农业产业提供担保贷款 1.5 亿元。二是探索建立以产业信用协会为载体的合作性融资担保基金，开展乡级联保互保业务。自改革以来，先后在马底驿、荔溪、麻溪铺、筲箕湾、杜家坪、官庄等乡镇分别成立了产业信用协会。由协会会员保证金和财政风险金组成信用基金，协会以信用基金为纽带在会员之间开展担保互助，银行按照信用等级和规模放大 5 ~ 10 倍为其授信。凡是获得协会理事会通过，并向协会签订反担保协议的会员贷款项目，由协会向银行出具担保函即可放款。目前，全县已创建产业信用协会 10 余家，拥有会员 500 多人，共筹集信用保证金 400 多万元，银行授信额度达 3800 万元，已为会员担保获得贷款 2680 万元。这种“担保互助，抱团增信”的产业信用协会模式，充分发挥了财政资金的杠杆作用，撬动了更多的金融资金，解决了农户发展农业产业的资金需求。三是探索村级担保新模式。在农村建立了由农村能人或产业大户发起，在县工商部门注册登记成立的农村金融咨询服务公司，与金融机构签订担保合作协议，为农户提供担保贷款和咨询服务的新模式，成了建在“农民家门口的担保公司”。辉煌金融咨询服务公司由官庄镇太平铺村党支部书记刘辉发起成立，自成立以来为农户和小微企业担保贷款 43 笔，担保金额 194 万元。

第四，激活农村沉睡资产，拓宽农业融资渠道。农民有房、有山、有地，但就是贷不到款，不能将这些最有价值的资产和资源变成资本。为了将农村的“死资产”变成“活资本”，沅陵先后探索开展了农村土地承包经营权、林权、农村房屋、集体建设用地使用权，农村动产所有权、农民专业合作社股权等抵（质）押贷款业务。截至目前，全县累计发放林权抵押贷款 1.3 亿元，土地承包经营权抵押贷款 4200 万元、农村房屋抵押贷款 1.1 亿元、农机具抵押贷款 1200 万元。抵押物范围的扩大，有效破解了农民贷款难题，使农村沉睡的资产变成了流动的资本，实现了农村物权与融资的有效结合，取得了“叶子变票子、青山变金山、荒地变宝地、资源变资本”的成效。

第五，探索金融扶贫模式，“贷”动农民脱贫致富。为探索具有沅陵特色的金融支持精准扶贫模式，解决农业产业发展的资金需求，帮助贫困人口加快脱贫，沅陵先后探索出“七大平台 + 开发性贷款、异地搬迁 + 政策性贷款、农户评级授信 + 小额信用贷款、农民专业合作社 + 资金互助、信用共同体 + 信用保证金、农村产业大户 + 村级融资担保、政策性保险 + 商业性保险”七种金融扶贫模式。其中“农户评级授信 + 小额信用贷款”模式，是针对建档立卡贫困农户，依据信用等级确定信用额度，分别为贫困农户提供 5 万元以下、3 年以内，免抵押、免担保，实行基准利率的贴息小额信贷，助力自主创业扶贫。截至 2016 年 10 月末，县农商行已累计为贫困农户投放小额信贷 1.5 亿元。这些具有地方特色的金融扶贫模式，疏通了扶贫开发金融血脉，实现了扶贫资金与信贷资金的有效结合，由过去“救济型帮扶”向现在“资本型帮扶”转变，激发了贫困农户的内生动力，促进了扶贫产业的长足发展。

第六，开展信用合作试点，发展合作金融组织。沅陵作为全国农村改革试验区，第二轮改革任务是承担发展“新型农村合作金融组织”试点工作。接受新的试验任务后，沅陵严格坚持区域性、封闭性、为农性的基本原则，先期在凉水井镇王家岭养鸡专业合作社开展新型农村合作金融组织试点，指导该社以发展产业为依托，以社员合作为手段，以资金互助为保障，成立农民创业资金互助部，坚守“吸股不吸储、对内不对外”的红线，在社员内部只吸收成员股金，不吸纳公众存款，只为成员提供互助服务，不对成员外放贷。通过这种形式，该社在 126 户养鸡社员中吸收股金 400 万元，设立专户存入当地农商行托管。目前，已累计投放互助金 300 多万元，有效解决了社员产业发展中的资金周转问题，探索出了一种产业依托、社员合作、资金互助“三位一体”的新型农业经营模式和新型农村合作金融组织，促进了当地农村产业的发展。2016 年，王家岭养鸡专业合作社总收入达到 5000 万元，户均收入近 40 万元。

第七，抢抓国家政策机遇，助推企业上市融资。在推进农村金融改革中，沅陵抢抓资本市场扶贫优惠政策，充分利用以创业板、“新三板”、区域性股权交易市场等为主体的多层次资本市场融资体系，支持中小企业到“新三板”和区域性股权交易市场挂牌融资。在湖南省金融办和财政厅的支持下，沅陵先后与省财富证券、省股权交易所签订战略合作协议，共同助力推进沅陵中小微企业进入资本市场融资，支持政府类投融资公司利用债券、票据、信托、PPP 等方式直接融资。目前，省财富证券和省股交所已进驻沅陵设立分部，围绕重点目标企业，开展培训、整合、规范和补短等上市前点对点服务。现已举办 5 场资本市场知识业务培训，近百名县、乡领导干部和 120 多家企业负责人接受了培训，加强了对资本市场业务知识的学习和运用。未来的 2～3 年，沅陵县将有 1～2 家企业可以进入上市报批绿色通道，有 50 多家企业将进入区域性股权交易市场挂牌融资。

（二）农村金融改革成效

5 年多来，沅陵县引导信贷资金向“三农”投放，金融促进县域经济发展和促进农民增收的效应已经初步显现。2016 年，全县实现地区生产总值 175.7 亿元，增长 8.4%；规模工业增加值增长 7.1%；公共财政收入 11.84 亿元，增长 15.06%；地方财政收入 6.9 亿元。增长 11%；全社会固定资产投资 114.3 亿元，增长 18.5%；社会消费品零售总额 54.1 亿元，增长 12%；城、乡居民人均可支配收入分别为 19313 元、7803 元，增长 9.6%、10.8%。对比改革前后的信贷状况，也已有了明显的变化，截至 2016 年 12 月，全县贷款余额 51.8 亿元，较上年同期增长 9.1 亿元，增幅达 21.2%，排名全市第一；其中涉农贷款余额 40.23 亿元，较上年同期增加 9.8 亿元，增幅达 32.33%。

历经两轮改革试点，沅陵农村金融改革工作取得了长足进步，推动了农村经济得到了较快发展。

一是探索出了一批试验成果。沅陵在构建金融服务体系，搭建银农联结桥梁；完善金融服务主体，激发金融市场活力；创新融资担保模式，解决农村担保难题；激活农村沉睡资产，拓宽农业融资渠道；探索金融扶贫模式，贷动农民脱贫致富；开展信用合作试点，发展合作金融组织等方面进行了大胆探索和改革创新。这些探索都很有意义，也取得了积极进展，充分体现了改革创新精神，为全县乃至全国提供了有益参考和借鉴。

二是转化出了一批改革政策。近几年，国务院研究室、国务院发展研究中心、国家农业部、银监会等部门的领导和专家曾先后专程来沅陵开展调研，沅陵的一些改革做法、政策、建议都得到了肯定和采纳。中央的一些会议精神和出台的一些农村改革政策，究其源头，不少都来自于我们的探索与实践。如我们探索出的以产业信用协会为载体的互助性融资担保模式和以农民专业合作社内部开展的信用合作模式，被国家农村改革试验区编印成改革案例，得到了国务院的高度肯定。其中在农民专业合作社内部开展的信用合作模式有望被转化为全局性政策，在全国范围内予以推广。

三是出现了一批改革的典型。典型引路、示范带动，是深化农村金融改革的重要途径。“动人以言者，其感不深”，仅靠一般性号召，改革有时不知从何做起。但是，把鲜活典型树起来，可看、可学、可用，大家看到了改革的好处，把握了改革的要领，就能够大大推进改革。典型引路方式特别适合农民的思维习惯和学习方式。近年来，沅陵在推进农村金融改革中，涌现出一批各具特色的改革典型。2016 年 12 月，在全国农村改革试验区工作会议上，中央政治局委员、国务院副总理汪洋出席会议并作了重要讲话，沅陵的改革经验作了会议书面交流。新华社、人民日报、人民网、金融时报、湖南日报、湖南卫视等多家媒体对沅陵的金融改革工作也纷纷进行了专题报道，农村金融改革已成为沅陵最好的宣传名片。

四是培养出了一批金融干部。过去，沅陵县熟悉或从事金融工作的干部少，认知程度非常有限，总认为金融是银行部门的事情。对金融工作不了解、不熟悉、不擅于与金融部门打交道、不擅长发挥金融对发展县域经济的支撑和杠杆作用。通过推进农村金融改革，加深了对金融知识的学习和了解，加强了与金融部门的联系和合作，一些县、乡干部由过去的“门外汉”逐渐变成了农村金融工作的“土专家”。

（三）沅陵农村金融改革值得推广的经验和做法

沅陵在推进农村金融改革的进程中，先后探索出了在农民专业合作社内部开展资金互助和以产业信用协会为载体的互助性融资担保基金的新型农村合作金融组织新模式，值得推广和借鉴。

1. 探索开展农村专业合作社内部信用合作试点

沅陵选择凉水井镇王家岭养鸡专业合作社开展信用合作试点，按照区域性、封闭性、为农性的基本原则，以发展产业为依托，以社员合作为前提，以熟人社会为基础，以资金互助为保障，探索出了一种农村新型合作金融组织模式，促进了当地农村产业的发展，带动了贫困农户脱贫致富。

（1）明确农民专业合作社开展资金互助方式。在凉水井镇王家岭养鸡专业合作社内部开展资金互助，主要是为保障产业资金投入，解决社员在产业发展中的资金周转问题，为社员提供采购仔鸡、养殖饲料等生产链条上的各个项目所需资金。明确规定资金互助不越“雷池”、不踩“红线”，坚持“吸股不吸储、对内不对外”的原则，在社员内部只吸收成员股金，不吸纳公众存款，只为社员提供互助服务，不对成员外放贷。

（2）依托合作社经营管理模式、实行互助金“直贷”。一是借助交易信息数据库对社员评级授信。王家岭合作社建立了包括社员鸡苗供应、饲料采购、产品销售、现金往来等方面的交易信息数据库。合作社依据信息数据库的各项指标信息，结合邻里对社员本人的信誉评议，对每位社员进行信用评级授信。信用等级越高，获得互助资金越多，一级信用户借款额度最高为 10 万元，二级户 5 万元，三级户 2 万元。二是资金互助实行“以产定贷”。社员在建鸡棚、蔬菜大棚以及购买鸡苗、饲料、肥料等方面有资金需求时，合作社按产业类别确定社员贷款申请额度，如蛋鸡养殖社员按 10 元/只、蔬菜种植社员按 5000 元/亩的标准提出资金互助申请，具体发放额度参照社员的信用等级，由资金使用评议小组集体决定，审议通过后，除少量发放现金外，大多以实物折抵方式记入社员专门账户，借款期限与养鸡、蔬菜种植的生产周期相吻合，最长为 15 个月，最短 3 个月，资金使用费率在 8% ~12% 之间。三是从社员销售款中抵扣互助金。互助金到期后，合作社利用为社员提供统一销售、统一结算的便利条件，从社员生产的鸡蛋、肉鸡、蔬菜销货款中直接抵扣借款，但对确有困难的社员也可给予一定的延展期。至 2016 年 12 月末，王家岭合作社累计发放互助金 854 万元，余额 389 万元，社员借款多在 5 万元左右，67 户社员从中受益。

（3）与银行合作放大融资能力。沅陵县农商行对王家岭合作社整体授信 200 万元，合作社内部对社员进行风险评估，通过“批发”转“零售”的方式对内部社员进行小额资金调剂。当信用合作资金不能满足借贷需求时，社员可向资金互助部提出贷款申请，并提供反担保措施，资金使用评议小组对申请人贷款项目、信用状况、管理能力等进行综合评估审议，决定是否放款和放款额度。目前合作社实际用信 100 万元，贷款到期由合作社统一负责偿还，还款资金从社员销售款中扣回。

（4）运用保险工具兜底风险。王家岭合作社充分利用保险工具的风险保障作用，按每只鸡 0.6 元的保费标准，为合作社及社员的 40 万只鸡购买了农业保险，如果出现瘟疫等人力不可抗拒的损失时，保险公司按照每只鸡 12 元的标准理赔，这就为信用合作建立了风险保障。

2. 探索建立以产业信用协会为载体的互助性担保基金

随着农村新型农业经营主体的不断涌现，农民对信贷的需求越来越迫切。如何激活农村沉睡资产，拓宽农业融资渠道，已成为农村金融改革中亟待解决的问题。沅陵通过深化农村金融改革，探索出了以产业信用协会为载体的互助性融资担保模式，有效破解了农民贷款难题。其创建过程分三个步骤进行。

（1）筹备。由乡（镇）人民政府发挥组织优势，进行动员部署，加强宣传引导。对当地产业大户进行走访和摸底，了解其产业状况、资金需求，从中筛选出产业基础牢固、影响力较大、信用较好、服务意识较强、干事创业热情较高的产业大户作为产业信用协会的发起人人选，并通过面对面沟通交流，详细向其介绍产业信用协会的特点，运作模式及组建产业信用协会的重要意义等，激发其创建积极性。

（2）组建。由所在乡镇金融服务中心按照产业信用协会组建标准，指导发起人准备相关资料，并向县金融改革办提交产业信用协会组建申请，获得批复同意之后在民政局登记注册成立。

（3）运作。产业信用协会成立后，通过采用会员制吸收镇域范围内的龙头企业、农民专业合作社以及种养殖产业大户自愿参加。每位协会会员需要缴纳 5000 元作为信用保证金，县财政为每家信用协会配套 20 万元风险基金一并存入当地农商行，实行专款专户专存，农商行则按照 8 ~ 10 倍对产业信用协会进行授信。凡是获得协会理事会通过，并向协会提供反担保物的会员贷款项目，由协会向银行出具担保函即可放款。一旦贷款发生风险，由担保基金先行代偿，再由其他会员接管其经营的产业或处置反担保物，以弥补担保基金和偿还剩余贷款。目前，沅陵已在官庄、马底驿、荔溪、麻溪铺、筲箕湾、杜家坪、七甲坪等乡镇分别成立了 10 余家产业信用协会，拥有会员 500 多人，共筹集信用保证金 400 万元，银行授信额度达 3800 万元，已为会员担保获得贷款 2680 万元。

建立合作社资金互助和产业信用协会取得的成效包括如下几个方面。

（1）破解了融资难题，支持了产业发展。农民融资难、融资贵问题一直制约着农村产业的发展。无论是王家岭养鸡合作社内部开展的资金互助还是以产业信用协会为载体的互助性担保基金，均不同程度地解决了农村种植和养殖户在产业发展中的资金周转问题，从而支持了当地的产业发展。2016 年，王家岭合作社总收入达到 5000 万元，户均收入近 40 万元。

（2）发挥了有限资金杠杆作用，撬动了银行更多资金。农业是一个周期较长，见效较慢的弱质产业，需要各级财政的持续扶持，但财政资金有限，不可能完全满足农业发展所需。而通过与银行合作，把有限的财政资金和农民自身的少量资金充分利用起来，为农村新型农业经营主体增信授信，起到“四两拨千斤”的作用，撬动更多的金融资金投向农业农村，不仅扩大了生产规模，而且促进了产业发展。

（3）降低了融资成本，提高了办事效率。过去，沅陵各金融机构面对的是千家万户农民，贷前调查费时费力，且信息不对称，每放一笔贷款时间成本、交通成本都很高。而现在“贷与不贷，贷多贷少，一切权力交协会，贷款和互助金的发放权掌握在合作社社员和信用协会会员自己手里”，使投贷双方彼此信任，信息对称，节约了成本。特别是抵押物设置的门槛低，成本少，选择反担保的方式更接地气，风险控制能力更强。会员在贷款时与信用协会签订《反担保措施承诺书》，以产业或宅基地、房屋等农村产权向所在的信用协会提供反担保，明确双方的权利和义务，并利用双方认可的“土办法”评估资产价值，与担保公司相比不特别苛求资产的正式确权、登记和评估，大大节约了评估、担保等费用，让农户得到了更高效、更便捷、更实惠的金融服务。

（4）优化了金融生态环境，营造了诚实守信氛围。无论是在专业合作社内部开展的资金互助抑或是以产业信用协会为载体的互助性担保基金，都是一种基于信用基础建立起来的合作平台。由于专业合作社资金互助、信用协会融资担保只为社员和会员提供服务，会员或社员之间的信任和个人的诚信就显得尤为重要，一旦某一位成员因为道德原因造成失信，必然影响整体信用水平，损害其他成员利益，因此，每位成员都会站在较高道德水准上约束自己行为，同时，也会监督其他成员自觉遵守规章制度。加之专业合作社和信用协会将成员之间的血缘、地缘、亲缘关系融入信用合作之中，大家彼此了解，知根知底，在共同价值认同的基础上建立起了一定的信用利益共同体，形成以信用为载体的社会资本，使得信用利益共同体更加巩固和维系。这种在一定层面上的自我约束，对优化金融生态环境，营造诚实守信、人人讲信用的良好氛围有着潜移默化的深远影响。

（四）制约农村金融发展的突出问题

尽管通过一系列的改革措施，沅陵农村金融资源供需矛盾有所缓解，但随着农村经济市场化程度越来越高，农村金融发展面临的一些深层次问题并未得到有效解决，大量的农村金融需求依然没有真正得到满足，金融支农作用有待进一步放大。

1. 农村贷款缺乏有效的担保和抵质押物

当前各金融机构实行严格的担保抵押信贷管理机制，广大农民、农村中小微企业贷款难，难就难在缺乏有效的担保和抵质押物。农民拥有的房屋、土地承包经营权、种养殖产权及大型农机具缺乏有关部门的确权登记认定，难以依法转化为贷款抵押物。此外，沅陵实际拥有的融资担保资源十分稀缺，县内尚无一家县属独立法人担保机构，仅有的一家政策性担保机构农信担保公司也仅属于办事处级别，机构规模小、费用高、放大倍数低、反担保条件高、风险承担比例不合理，担保审批期限长，缺乏自主决策权，且最多也只能为中小企业和农户担保贷款 2 亿元，相对于县内巨大的资金缺口无异于杯水车薪。缺乏有效的担保和抵质押物已成为沅陵当前抑制金融机构加大农村信贷投入的主要障碍。

2. 金融机构参与度不高，金融支农资金缺乏

沅陵虽然是国家农村金融改革试验区，但缺乏顶层设计和政策支持，缺乏强有

力的推手，致使县域金融机构对农村金融改革没有引起高度重视，有的金融机构只停留在开会、发言层面，改革意识、创新意识不强，积极性、主动性发挥不够。此外，由于现有金融机构均认为“三农”风险大、收益低，不符合商业化经营的原则，贷款投放只有向大城市、大企业转移，才能降低信贷风险，这在一定程度上造成贷款投向的行业偏好和地域偏好，最终导致农村产业化资金严重缺乏，“三农”投入严重不足。而农村金融服务网点覆盖率低、服务人员较少，也减弱了农村金融服务“三农”的应有作用。

3. 金融服务主体不多，市场竞争不够充分

近年来，随着大型国有银行商业化改制，各大银行纷纷实行扁平化经营管理手段，仍保留在县城的网点也大都是单一网点，且大多没有贷款发放权限，致使承担农村金融服务使命的仅剩邮政储蓄和农商行两家金融机构。但邮政储蓄仅限于小额信贷业务，存多贷少，信贷支持地方经济发展能力有限；农商行由于自身包袱沉重，基础薄弱，资金实力不强，在农村基层“一行独大”的垄断地位突出，导致金融效率低下、贷款成本偏高等问题，极大地弱化了金融对“三农”的支持力度。

4. 金融服务创新滞后，金融产品同质化

目前，沅陵金融体系依然是单一的银行信用，县内金融机构所能提供的服务主要集中在“存、贷、汇”等传统业务上，城市金融服务中所提供的十分普遍的业务诸如个人消费信贷、投资理财、支票结算、代缴税费、电话银行等在县域范围内发展较缓，在广大的乡镇农村基本处于空白状态。沅陵虽然是全国农村金融改革试点县、全国农村产业融合试点示范县，但呈现“老、少、边、穷、库”的基本县情，金融产品特色不明显，对推动我县经济发展的针对性有待提高。农村金融创新体制尚不健全，服务半径也比较狭窄，基本上围绕中心城镇业务，难以延生到偏远行政村。

5. 农村信用体系建设滞后，金融生态环境欠佳

加强农村信用体系建设是改善沅陵金融生态环境、形成金融洼地效应、增强金融机构对沅陵经济发展信心和加大信贷投放力度的重要举措。但沅陵金融安全区、信用乡镇、信用社区、信用村的创建工作严重滞后，自 2008 年湖南省启动县级金融生态状况评估以来，沅陵一直得分低、排名靠后。2015 年，沅陵金融生态评估综合得分仅 57.27 分，在全省 87 个参评单位中排 81 位，在怀化市 11 个县市区中排第 10

位；从分项指标看，沅陵的司法环境得分排在全省倒数第一、其余几项也多排在 70 名开外。此外，农户信用评级授信工作尚未全面完成，欠账太多，任重道远。

（五）对推进农村金融改革的政策建议

虽然沅陵的农村金融改革取得了一定的成绩，但还不足以满足蓬勃发展县域经济社会日益增长的金融服务需求，亟需在普惠金融总体目标框架内，发展农村金融有效需求和提升农村金融长效供给内在动力相结合的模式，创新基于多种信息获取方式上的贷款技术，建立有效的信用风险分散转移机制，提升农村信贷资金长效供给动力。

1. 进一步创新农村贷款担保抵押形式，缓解“三农”贷款难问题

一是加快广大农户、农村中小企业房屋所有权、集体土地使用权、土地承包经营权、林权、大型农业机械所有权、水面承包经营权、合作组织股权等动产和不动产权益确权登记颁证工作，在更大范围内推进各类农村产权抵质押贷款试点工作。二是进一步完善农村信贷担保体系。成立由沅陵县人民政府出资控股的融资性担保公司，不断培育县域金融有效需求和提升金融长效供给内在动力相结合的发展模式，弥补金融供给不足，满足多层次、多元化的金融服务需求，并着力为中小微企业、现代农业、政府融资平台的发展壮大，提供各阶段、多品种、全方位的融资性担保服务。三是总结推广各种联保互保信用担保贷款模式。针对农村中小企业、种养殖大户的贷款需求现状，加快农村产业信用协会和农民专业合作组织建设，积极培育有实力的承贷主体，总结推广在农民专业合作社内部开展资金互助模式和以产业信用协会为载体的互助性融资担保基金模式，通过聚集项目、捆绑资金、定向投放，为农村中小企业和种养殖大户解决贷款难问题。

2. 进一步开放农村金融市场，扩充农村金融服务主体

一是加快村镇银行组建步伐。成立村镇银行是解决沅陵农村地区银行业金融机构覆盖率低、金融供给不足、竞争不充分、金融服务缺位等“金融抑制”问题的唯一出路，对于促进农村地区投资多元、种类多样、覆盖全面、治理灵活、服务高效的新型农村金融体系的形成，进而更好地改进和加强农村金融服务，促进农村经济社会和谐发展和进步，具有十分重要的意义。二是促进小额贷款公司健康发展。小额贷款公司对增强农村金融市场活力、提升农村金融服务水平有着积极的作用，但

由于小额贷款公司在注册登记管理上的尴尬身份，其本身并不具备金融企业的本质属性，面对旺盛的“三农”资金需求，资金供给难以持续。建议修订相关法律法规，明确小额贷款公司金融机构的性质定位，使其能够享受金融机构的相关权利。鼓励和支持小额贷款公司在乡镇设立分支机构，引导更多的民间资金流向农村。三是大力引进外地金融机构。鼓励省内有影响力的银行、证券、期货、专业性保险机构来沅陵设立分支机构，逐步健全农村金融服务组织体系，不断增强沅陵农村金融市场竞争活力。

3. 进一步创新金融产品和服务方式，提高金融服务质量

县内金融机构要进一步提供优质、便捷、高效的金融服务。一是创新金融产品。围绕沅陵“两茶一鱼”等特色农业产业、核心企业，借助社会组织平台，大力支持“公司 + 农户 + 担保”“行业协会 + 联保基金 + 银行信贷”“农户 + 合作社 + 金融”模式，创新多元联保信贷产品。着力探索土地（水面）收益保证贷款融资模式。扩大抵质押物范围，重点推进林权、土地承包经营权、农村集体建设用地使用权和农房、宅基地、农业保险保单、旅游景点门票收益权等抵质押物品创新，完善农村金融咨询服务公司运行机制，创新 1 ~2 个在全省甚至全国具有影响力和独特价值的金融产品。二是创新金融服务模式。加大对农业产业化龙头企业的上市培育力度，力争 1 ~2 家企业进入全省上市后备资源库。同时要完善农村综合产权运行机制建设，盘活农村资产。加紧跟进配套服务，建立健全农村权证、产权评估、流转中介、农村信用、融资担保、资产管理、金融消费权益、纠纷调处机制等配套服务平台。不断完善交易规则，针对不同权益、不同资源的交易制定了相关交易规则、交易流程、交易办法及各类操作细则和格式文本，在维护交易双方合法利益前提下，严格按照制度规范运作，努力推动农村产权顺畅流转。乡镇根据需要逐步建立农村综合产权交易服务站，形成县、乡交易平台统一管理、协作联动的农村产权交易市场体系。探索“交易—鉴证—抵押”模式，建立农村产权确权发证、交易处置、抵押登记等等全方位的信息数据库，避免发生“一权多抵”可能形成的金融风险。

4. 进一步完善农村金融服务风险防范和分担机制

一是健全农村金融服务保险体系。完善财政支持的农业大灾风险防范机制，促进农业保险持续健康发展。以国家列入沅陵茶叶收入保险试点为契机，探索将油茶、渔业等特色产业相继纳入保险范围，着力推动农业保险业务发展，充分发挥农业保险风险保障职能，保障农业收益，促进沅陵特色产业健康发展，为全国重要农产品收入保险提供可复制、可推广的经验。设立政府财政风险补偿基金，引入政策性农业保险，通过保费补贴方式吸引农民或合作社参加农业保险，将保险与信贷有机结合起来，以“保险＋信贷”模式提高借款人的抗风险能力，降低银行信贷风险。二是加快社会信用体系建设。各部门、各行业要加快自身行业信用体系建设，通过政府推动、市场运作、行业主导，推进“沅陵县信用信息共享平台”建设，完善信用信息归集机制、信用信息互通互用机制、信用信息运用机制、信用评估机制、信用奖惩机制等“五项机制”，深化行业信用体系、中小企业信用体系、农村信用体系等“三个体系”，推进信用信息有序规范开放，建立健全覆盖全社会的征信系统，切实推进政务诚信、商务诚信、社会诚信和司法公信。深入开展信用乡（镇）、信用村（社区）创建活动，力争三年内创建信用乡（镇）、信用村（社区）、信用农户实现“全覆盖”。发挥政府主导作用，严厉打击恶意逃废债行为，大力整顿农村社会信用秩序，提高农村信贷质量，降低不良贷款率。

5. 进一步拓宽融资渠道，扩大融资规模

一是着力加强信贷管理与投放。引导金融机构牢牢把握金融服务实体经济的本质要求，切实加大对沅陵经济的支持力度，确保基础设施、支柱产业、战略性新兴产业、现代服务业等重点产业领域和重大项目的信贷投放。认真贯彻落实各级政府支持小微企业的信贷政策和措施，不断转变服务方式，切实解决小微企业融资难问题。各金融机构要认真落实“区别对待、有扶有控”的信贷原则，找准金融支持县域经济发展的有效着力点，根据不同的产业特点、资源禀赋和经济社会发展趋势，结合不同主体的差异化金融需求，创新信贷产品和服务方式，让更多的群众和经营主体得到更高效、更实惠的金融服务。鼓励银行机构开展并购贷款、银团贷款、搭桥贷款、小企业联保贷款；鼓励推广保理融资，保单融资，股权、知识产权和应收账款质押融资以及融资租赁等业务；探索发展供应链金融、金融保理等新兴综合性金融服务方式，多形式地满足企业的融资需求。二是用好增量资产，盘活存量资产。按“产权集中，利益不变”的原则，通过产权划转、兼并重组、产权融资合作多种方式，下大气力整合现有县直行政事业单位经营性门面、机构调整后的办公楼以及全民所有制企业的地产、厂房等资源，做大投融资公司资产规模和报表收益。切实增强投融资公司的造血功能，业务范围由原来单纯的土地经营转变为片区综合开发管理、户外广告资源、砂石场港口等项目经营，从根本上扭转缺乏实质性经营、信用等级低、融资能力弱的局面，改变国有资源浪费、资产低效、资金分散、资本缺位的状况，为城市基础设施建设和重大公益类项目建设构建一个开放式的投融资平台。三是发展多层次资本市场融资。抢抓发挥资本市场作用服务国家脱贫攻坚战略的政策机遇，助推符合基本条件的企业成功上市。充分利用以创业板、“新三板”、湖南省股权交易市场等为主体的多层次资本市场融资体系，发挥多层次资本市场投融资功能，扩大直接融资规模，提高融资效率，降低融资成本。支持政府类投融资公司利用债券、票据、信托、PPP 等方式直接融资，助力新型城镇化基础设施和重点产业建设。鼓励和引进非贫困地区有上市挂牌意愿的企业来沅注册办厂和设立总部，或与沅陵企业并购重组等方式上市挂牌。培育优质上市后备资源，对拟申报上市企业，采取一对一的服务，一个企业一个工作组，一套人马，全力助推企业上市。对拟上市挂牌企业在收费、用地、财税、人才、金融、厂房建设等方面给予政策扶持。对助推企业成功上市的牵头服务单位实行重奖，由县财政奖励 50 万元。鼓励支持中小企业到“新三板”和区域性股权交易市场挂牌融资。对成功上市企业，每家企业由县财政奖励 200 万元；对在“新三板”挂牌并达到一定融资额度的企业，每家企业由县财政奖励 50 万元；对在区域性股权交易市场挂牌并达到一定融资额度的企业，每家企业由县财政奖励 30 万元。

6. 进一步强化政策激励措施，不断改善农村金融发展环境

一是优化财政支出结构，发挥财政资金杠杆作用。财政资金尽可能不直接投资到项目和企业上，要适当聚拢，形成拳头，通过嫁接金融市场和金融工具发挥杠杆作用，引导更多社会资金投入到实体经济。对于“三农”和扶贫方面的资金，也不采取简单的直补方式，要更多地通过贴息、担保、风险补偿等，为融资者增信。对半公益性的项目，财政资金要更多通过 PPP 模式进行拼盘融资。对财政救灾资金，尽可能通过事前购买保险的方式，通过市场化解风险。对财政资金发起设立的各类基金，财政主要发挥“劣后”作用，基金主要发挥引导作用，基金运作要兼顾政府导向和市场规则，使财政资金使用效率最大化。二是完善金融业发展激励机制。制定金融机构迁入及新设奖励机制、金融创新重大贡献奖励政策。对新设立的银行类机构，县财政给予 100 万元的奖励；对新设立的证券、保险机构，县财政给予 50 万元的奖励；对股权投资企业、私募基金、公募基金的设立，参照证券、保险金融机

构设立进行奖励。认真贯彻落实中央、省、市关于加快金融业发展的各项政策措施，完善对“三农”贷款、中小企业贷款和融资担保机构的风险补偿机制，对支持“三农”和小微企业发展的金融机构，在土地使用、相关税费等方面给予支持和优惠。三是建立财政性存款与信贷支持挂钩考核制度。建立县内金融机构信贷投入与财政性存款比例相对等的“存贷同比”机制，通过科学合理分配财政性资金额度，综合考虑各金融机构存款基数、存贷比例、年末贷款增量、参与农村金融改革工作指标等因素，确定次年财政性存款在该机构的存量份额。对有效提高信贷规模、合理调整信贷结构、积极支持沅陵重要产业、公共基础设施建设和中小微企业发展的金融机构，在财政性资金存放上予以倾斜。加强农村金融工作考核，完善“三农”贷款考核制度，对“三农”贷款情况定期通报考核情况，激励各金融机构切实改善服务，增加支农信贷投放，更好地发挥金融促进“三农”发展的支撑作用。

未来农村金融改革的成功还有赖于对微观主体创新行为的鼓励与宽容，那些基层的农村金融机构，尤其是村镇银行、农村资金互助组织以及基层的农商行，与农民有着密切的内在联系，其内部创新的动力和意识都非常强，在实践中创造了很多行之有效的组织形式、运作模式和治理模式，应该对这些自主创新行为给予鼓励，并及时总结经验，以利于将这些成功试验在其他区域进行推广。可以预见，将来的农村金融市场必将出现投资主体多元化、竞争主体多元化、农村资金供给不断增加、农户资金需求得到更好满足的良好局面，农村金融市场的竞争结构、产权结构都会得到极大的改善和优化，农村经济发展必将获得更大、更有效的金融支持。